珠江流域投入产出表的编制及应用研究

孟彦菊 等 编著

科学出版社

北京

内 容 简 介

本书将珠江流域各省区所表现出的经济、社会联系和生态羁绊融合在一起,编制了珠江流域区域间投入产出表,并以此表为基础进行了应用研究.本书的内容分为五部分.第一部分编制珠江流域区域间投入产出表,包含绪论、区域间投入产出表编制准备、区域间投入产出表编制,共 3 章内容.第二部分产业关联分析,包含珠江流域区域和目标区域间产业关联分析,共 2 章内容.第三部分产业集群分析,包含珠江流域产业集群及其结构和效益分析,共 2 章内容.第四部分溢出效应分析,包含珠江流域地区溢出与反馈效应分析、珠江流域工业空间溢出效应分析,共 2 章内容.第五部分建议与总结,包含研究结论与政策启示,共 1 章内容.

本书的研究成果主要体现在两个方面,一是编制出珠江流域滇黔桂粤四省区的区域间投入产出表,二是对编制好的区域间投入产出表进行相应的应用分析.这一方面可为珠江流域生态补偿等研究提供一些数据支撑,另一方面也为其他区域投入产出表的编制及应用提供了一种思路.

本书可供高校相关专业的教师及在读本科生和研究生阅读,也可作为从事区域经济学和投入产出分析的科研人员和相关科技工作者的研究参考书.

图书在版编目(CIP)数据

珠江流域投入产出表的编制及应用研究/孟彦菊等编著. —北京:科学出版社,2023.3
ISBN 978-7-03-074708-2

Ⅰ.①珠… Ⅱ.①孟… Ⅲ.①投入产出表–编制–研究–中国 Ⅳ.①F223

中国国家版本馆 CIP 数据核字(2023)第 018590 号

责任编辑:王丽平 孙翠勤 / 责任校对:郝璐璐
责任印制:吴兆东 / 封面设计:无极书装

科学出版社 出版
北京东黄城根北街 16 号
邮政编码:100717
http://www.sciencep.com

北京建宏印刷有限公司 印刷
科学出版社发行 各地新华书店经销
*
2023 年 3 月第 一 版 开本:720×1000 1/16
2023 年 3 月第一次印刷 印张:18
字数:360 000
定价:158.00 元
(如有印装质量问题,我社负责调换)

课题组构成

课题组组长：

孟彦菊（教授，博士生导师，云南财经大学统计与数学学院）

课题组成员：

李卓然（职员，国网河南省电力公司洛阳供电公司）

孙晓宇（讲师，广西工商职业技术学院）

罗　西（讲师，四川大学体育学院）

成蓉华（副教授，云南财经大学统计与数学学院）

曹改改（讲师，云南财经大学统计与数学学院）

杨　娟（副教授，云南财经大学统计与数学学院）

王秀荷（讲师，云南财经大学统计与数学学院）

前　言

　　党的十九大报告提出,在区域发展战略体系中,要坚定地实施区域经济协调发展战略[①]. 珠江流域跨六个省区: 云南、贵州、广西、广东、湖南、江西; 水系支流众多, 水道纵横交错. 本书所研究的珠江流域界定为: 珠江水系的主流, 西江流经的大部分区域, 主要包括云南、贵州、广西、广东, 即滇黔桂粤四省区.

　　在珠江流域, 广东省与滇黔桂三省区之间经济往来历来都十分密切, 彼此依据自身经济发展进程的特点和需求, 建立了长期而频繁的商贸交流. 但珠江流域内四省区经济发展差距较大, 特别是改革开放以来, 广东省经济发展迅速, 2000年后 GDP 稳居全国第一, 在一定程度上带动了中上游的广西、贵州和云南三省区的经济发展. 但是自 2002 年以来, 特别是 2004 年以后, 由于珠江流域的持续干旱, 其水面下降, 引起海水倒灌, 珠江咸潮出现, 且发展成为近几十年来最为严重的自然灾害. 为了尽快改善珠江流域生态环境, 滇黔桂三省区先后实施了退耕还林和珠江防护林一期、二期工程, 也取得了一定的成效.

　　针对"珠江咸潮"的严峻形势, 全国政协委员陈开枝与流域内各省区委员联名提出设立"流域生态补偿"机制的提案, 建议除了国家应该继续提供生态补偿给滇黔桂三省区以外, 广东省也应该对这三省区给予补偿, 毕竟广东省才是流域下游地区的生态受益者. 这一提案不但对珠江流域生态建设、经济协调发展有十分重要的现实意义, 对我国跨区流域协调系统的建立也具有开创性意义.

　　基于以上现实, 本书提出了初步解决思路, 即编制珠江流域区域间投入产出表, 为珠江流域补偿机制提供一些数据支撑, 并以此表为基础进行三方面的应用: 珠江流域内区域产业关联关系研究、珠江流域产业集群形成分析、珠江流域各省区经济发展的溢出效应分析. 研究报告的主要内容共涉及六个部分, 分别说明如下.

　　第一部分, 珠江流域区域间投入产出表编制. 主要包含三方面的工作: 其一, 收集珠江流域四省区投入产出表以及经济、社会、交通等数据资料; 调查收集四省区际间流入、流出、出口、进口的货物和服务数据资料. 其二, 确立贸易模型与地区间贸易系数模型, 从而研制地区间投入产出表的数据关系模型, 如引力模型、最大熵模型、省区间流入与流出系数模型、进出口系数模型等. 其三, 研制四省区经济流量矩阵及其平衡方法, 确定"距离"函数的具体形式, 运用地区间流量矩阵

[①] 习近平在中国共产党第十九次全国代表大会上的报告. 人民网, [2022-10-29]. http://cpc.people.com.cn/n1/ 2017/1028/c64094-29613660.html.

平衡方法研制地区间投入产出模型.

第二部分, 珠江流域产业关联分析. 该部分以前文编制的珠江流域滇黔桂粤区域间投入产出表为基础, 通过计算影响力与感应度系数等展开分析. 首先从珠江流域整体角度展开分析, 讨论流域内每个省区对流域整体的产业关联与影响; 其次, 探讨流域内省区间的产业关联关系, 分析滇黔桂粤各省份产业对其他三省区的影响; 最后以制造业为例, 分析四省区特定产业对珠江流域整体的关联关系, 以及对滇黔桂粤各省其他产业的影响情况.

第三部分, 珠江流域产业集群分析. 该部分分析珠江流域各省及流域整体产业集群形成及发展情况, 主要包括三个方面: 其一, 首先对各省产业集群进行识别, 然后根据识别结果计算区位商以描述产业集群成员在不同年份间的变动情况, 以及各集群的聚集程度. 其二, 通过可达矩阵绘制产业集群网络图和结构图, 深入探究集群内部的产业关联状况. 其三, 通过构建指标体系, 运用熵值法进行赋权并计算综合指数, 以识别产业集群中的优势产业和主导产业.

第四部分, 珠江流域产业溢出效应分析. 从两个方面分析珠江流域四省区各部门对全国其他地区, 以及滇黔桂粤省区间的空间溢出效应. 一是基于区域间投入产出分解分析模型, 分析珠江流域四省区与全国其他地区间、四省区之间的乘数效应、溢出效应以及反馈效应, 对珠江流域区域间的产业关联及其对各个经济体的影响进行测量; 二是基于 SP-EC + IO(空间计量经济与投入产出) 联合模型的空间溢出效应分析, 即将区域间投入产出表与空间计量经济模型结合, 分析四省区各工业部门在珠江流域省区间和产业间的空间溢出效应, 探讨珠江流域工业集聚溢出对经济的影响.

第五部分, 建议与总结. 根据课题研究结论, 提出具有针对性和可行性的政策建议, 总结全书.

第六部分, 附录. 本节是对前文使用的方法和数据进行补充. 附录 1 为珠江流域区域间投入产出表, 此附录包含两部分: 一部分是对于本书中投入产出表的部门合并进行补充说明; 另一部分是 2012 年珠江流域 4 省区 19 部门区域间投入产出表. 附录 2 为各省区对珠江流域两种系数及排序, 此附录主要为 2002、2007 和 2012 年任一省区对珠江流域的影响力系数、感应度系数及它们排序. 附录 3 为目标区域间各部门两种系数及排序, 此附录主要为珠江流域单独省区对剩余省区的影响力系数、感应度系数及它们排序. 附录 4 为珠江流域四省区产业集群投入产出表, 此附录主要为各省区 2002、2007 和 2012 年合并后的产业集群投入产出表. 附录 5 为熵值赋权法及其计算公式, 此附录主要介绍熵值赋权方法.

通过以上所述研究内容, 拟得出以下基本观点: ① 通过本研究为珠江流域设立 "流域生态补偿" 机制提供数据支撑; ② 以广东省制造业为增长极、以珠江三角为龙头, 促进珠江流域经济、生态协调发展; ③为进一步研究泛珠江流域、泛珠三角社会、经济、生态环境提供基础数据;④促进珠江流域四省区经济的协调发展,进一步实施区域发展总体战略,深层次构筑区域经济的优势互补.

在此向所有支持和帮助过本书成书的人致谢.

感谢云南财经大学统计与数学学院杨泽祥教授和石磊教授的关心与帮助;感谢西南财经大学向蓉美教授对本书撰写过程的指导;感谢所有参与本书成书的老师和同学们的帮助.

感谢中国国家社会科学基金(项目编号:14CTJ004)对本研究工作的资助.

感谢为本书书稿进行仔细校对的老师和同学们.

随着本领域研究的不断推进和数据的更新,我们将适时修订本书,恳请读者将使用本书的建议和意见及时反馈给我们,对此我们表示衷心的感谢.

孟彦菊

2022 年 10 月

目 录

前言
第 1 章 绪论···1
  1.1 引言···1
    1.1.1 珠江流域界定···1
    1.1.2 研究问题源起···2
    1.1.3 研究意义··2
  1.2 研究内容···3
    1.2.1 主要研究内容···3
    1.2.2 研究思路··4
  1.3 研究创新点··5
第 2 章 区域间投入产出表编制准备···7
  2.1 区域间投入产出模型概述···7
    2.1.1 投入产出理论···7
    2.1.2 区域间投入产出模型···8
  2.2 区域间投入产出表编制综述··11
    2.2.1 国外研究现状述评··11
    2.2.2 国内研究现状述评··12
  2.3 珠江流域滇黔桂粤发展现状···13
    2.3.1 珠江流域经济发展概述···13
    2.3.2 珠江流域经济发展质量···14
第 3 章 区域间投入产出表编制··19
  3.1 CK 引力模型··19
    3.1.1 区域间投入产出模型的类型··19
    3.1.2 CK 引力模型简介··23
  3.2 区域表编制三步法···27
    3.2.1 "其他"地区各象限数据推算方法··28

    3.2.2 "部门 × 地区"表的编制方法 ··· 29

    3.2.3 "地区 × 地区"表的编制方法 ··· 30

3.3 珠江四省区域表编制 ··· 34

    3.3.1 第一象限流量 x_{ij}^{pq} 的测算 ··· 34

    3.3.2 第二象限最终使用的计算 ·· 36

    3.3.3 第三象限最初投入的计算 ·· 37

3.4 需特别说明的几个问题 ·· 37

    3.4.1 关于 2012 年区域间编制说明 ·· 37

    3.4.2 关于其他年份区域表编制说明 ·· 38

    3.4.3 区域间投入产出表部门代码说明 ·· 38

应用之一：产业关联分析

第 4 章 珠江流域区域产业关联分析 ··· 43

4.1 关联关系测度 ··· 43

    4.1.1 关联关系测度文献综述 ·· 43

    4.1.2 关联系数计算方法 ·· 45

4.2 区域产业关联分析 ·· 47

    4.2.1 各省区对全国经济的总体影响 ·· 47

    4.2.2 各省区对珠江流域经济的影响 ·· 50

    4.2.3 产业关联关系的象限图分析 ··· 52

4.3 区域间产业关联分析 ··· 55

    4.3.1 各省区对其他地区的影响 ·· 55

    4.3.2 各省区对珠江流域的影响 ·· 60

第 5 章 目标区域间产业关联及演化 ··· 64

5.1 目标区域间产业关联 ··· 64

    5.1.1 2002 年系数计算 ··· 65

    5.1.2 2007 年系数计算 ··· 66

    5.1.3 2012 年系数计算 ··· 66

5.2 珠江流域制造业产业关联分析 ··· 68

    5.2.1 基于地区投入产出表分析 ·· 68

    5.2.2 基于区域间投入产出表分析 ··· 68

目录

- 5.3 珠江流域产业关联演化 ... 71
  - 5.3.1 社会网络分析方法 ... 71
  - 5.3.2 珠江四省区产业关联网络图 ... 74
  - 5.3.3 珠江流域省区间产业关联 ... 81

应用之二：产业集群分析

- 第6章 珠江流域产业集群分析 ... 93
  - 6.1 产业集群测度的理论方法 ... 93
    - 6.1.1 产业集群功能联系及度量标准 ... 93
    - 6.1.2 三角化方法识别准产业集群 ... 94
    - 6.1.3 产业集群的识别原则 ... 95
    - 6.1.4 区位商方法识别产业集群 ... 96
  - 6.2 珠江四省区产业集群的识别 ... 96
    - 6.2.1 广东产业集群 ... 97
    - 6.2.2 广西产业集群 ... 101
    - 6.2.3 云南产业集群 ... 103
    - 6.2.4 贵州产业集群 ... 108
  - 6.3 珠江流域省区间产业集群识别 ... 111
    - 6.3.1 流域产业集群识别方法 ... 111
    - 6.3.2 流域产业集群识别结果与分析 ... 112
- 第7章 产业集群的结构及效益分析 ... 114
  - 7.1 产业集群内部结构剖析 ... 114
    - 7.1.1 广东重点产业集群结构 ... 115
    - 7.1.2 广西重点产业集群结构 ... 121
    - 7.1.3 云南重点产业集群结构 ... 127
    - 7.1.4 贵州重点产业集群结构 ... 133
    - 7.1.5 流域内集群结构图 ... 139
  - 7.2 经济结构与功能特征 ... 144
    - 7.2.1 产业集群投入产出表 ... 144
    - 7.2.2 产业集群功能综合评价 ... 145
  - 7.3 产业集群的效益评价 ... 147

7.3.1　广东产业集群效益评价 ·· 148

7.3.2　广西产业集群效益评价 ·· 150

7.3.3　云南产业集群效益评价 ·· 151

7.3.4　贵州产业集群效益评价 ·· 152

应用之三：溢出效应分析

第 8 章　珠江流域地区溢出与反馈效应分析 ·· 157

8.1　地区溢出与反馈效应分析概述 ·· 157

8.1.1　两区域间的溢出与反馈模型 ·· 157

8.1.2　三区域间的溢出与反馈模型 ·· 159

8.2　四省区整体溢出与反馈效应分析 ·· 161

8.2.1　四省区及其他地区溢出与反馈效应 ·· 161

8.2.2　产业部门之间溢出与反馈效应 ·· 163

8.3　滇黔、粤桂及其他溢出与反馈效应 ·· 167

8.3.1　经济影响总效应 ·· 167

8.3.2　分产业经济影响 ·· 168

8.4　珠江流域省区间溢出与反馈效应分析 ·· 179

8.4.1　粤、滇黔桂及国内其他省区间 ·· 180

8.4.2　桂、滇黔粤及国内其他省区间 ·· 181

8.4.3　滇、黔桂粤及国内其他省区间 ·· 182

8.4.4　黔、滇桂粤及国内其他省区间 ·· 183

第 9 章　珠江流域工业空间溢出效应分析 ·· 185

9.1　相关研究综述 ·· 185

9.1.1　溢出效应分析综述 ·· 185

9.1.2　EC + IO 联合模型综述 ·· 186

9.2　基于产业关联的溢出效应模型 ·· 187

9.2.1　计量经济基础模型 ·· 187

9.2.2　溢出效应模型 ·· 187

9.3　空间溢出效应模型估计与分析 ·· 189

9.3.1　部门分类、数据来源与说明 ·· 189

9.3.2　产业部门空间相关性检验 ·· 191

9.3.3 产业部门间空间溢出效应 ·· 192
  9.3.4 省区间产业关联空间溢出效应 ··· 195
第 10 章 研究结论与政策启示 ·· 197
  10.1 研究结论 ··· 197
  10.2 政策启示 ··· 199
    10.2.1 促进区域经济一体化 ·· 199
    10.2.2 培育产业集群稳健发展 ·· 200
    10.2.3 提升省区间的溢出水平 ·· 200
  10.3 研究不足与展望 ·· 201
    10.3.1 研究不足 ·· 201
    10.3.2 研究展望 ·· 202

参考文献 ··· 203
附录 ·· 212
  附录 1 珠江流域区域间投入产出表 ··· 212
  附录 2 各省区对珠江流域两种系数及排序 ·································· 250
  附录 3 目标区域间各部门两种系数及排序 ·································· 253
  附录 4 珠江流域四省区产业集群投入产出表 ······························· 265
  附录 5 熵值赋权法及其计算公式 ··· 271

第 1 章 绪　　论

世界经济发展的实践充分证明,区域经济走区域合作的道路,能够很好地为区域内各地区、各部门带来共同利益,从整体上提高区域经济竞争力. 国家 "十二五" 规划对区域经济发展的总体要求与核心思想是:"促进区域协调发展,实施区域发展总体战略和主体功能战略,构筑区域经济优势互补."[①] 党的十九大报告提出,在区域发展战略体系中,要坚定地实施区域经济协调发展战略[②]. 在国家 "十三五" 规划中也指出:"以区域发展总体战略为基础,以 '一带一路' 建设、京津冀协同发展、长江经济带建设为引领,形成沿海沿江沿线经济带为主的纵向横向经济轴带."[③] 在国家 "十四五" 规划中再次提出:"推进京津冀协同发展、长江经济带发展、粤港澳大湾区建设、长三角一体化发展,打造创新平台和新增长极." 以及 "健全区域战略统筹、市场一体化发展、区域合作互助、区际利益补偿等机制."[④] 在新常态下,我国的区域发展要打破地区封锁和利益藩篱,从而全面提高资源配置效率,以实现更有效率、更加公平、更可持续发展的区域协调发展格局.

1.1　引　　言

珠江流域自古以来就是一个相对完整统一的人文地理和经济地理空间单元,流域人民千百年来在政治、经济、文化等方面交流越来越频繁、活跃,共同创造了珠江流域灿烂的文明史. 近年来,广东省经济发展迅速,珠三角成为我国经济增长极之一,同时也带动了中上游广西、贵州和云南的经济发展.

1.1.1　珠江流域界定

珠江 (the Pearl River) 是我国七大江河之一,发源于云南省曲靖市沾益区马雄山,其干流先后流经云南、贵州、广西、广东四个省区的 35 个地市、216 个县 (市、区),在广东省磨刀门水道附近注入南海,全长 2214 公里. 珠江为中国境内

[①] 国民经济和社会发展第十二个五年规划纲要. 新华社, [2022-10-29]. http://www.gov.cn/2011lh/content_1825838.htm.

[②] 习近平在中国共产党第十九次全国代表大会上的报告. 人民网, [2022-10-29]. http://cpc.people.com.cn/n1/2017/1028/c64 094-29613660.html.

[③] 中华人民共和国国民经济和社会发展第十三个五年规划纲要. 新华社, [2022-10-29]. http://www.gov.cn/xinwen/2016-03/17/content_5054992.htm.

[④] 中共中央关于制定国民经济和社会发展第十四个五年规划和二〇三五年远景目标的建议. 新华社, [2022-10-29]. http://www.gov.cn/zhengce/2020-11/03/content_5556991.htm.

第三长河流,年径流量仅次于长江位居第二. 珠江流域总长约 2300 公里,共约 45 万平方公里面积的土地,大体呈现西高东低、北高南低的地势; 流域地处亚热带气候、雨量充沛、资源丰富. 流域内现有通航河道 1088 条,通航里程总计 14156 公里,占全国通航总里程的 13%.[①]

珠江为西江、北江、东江和珠江三角洲诸河的总称. 珠江流域跨六个省区: 云南、贵州、广西、广东、湖南、江西; 其水系支流众多,水道纵横交错. 本书所研究的珠江流域界定为珠江水系主流西江流经的大部分区域: 云南 (滇)、贵州 (黔)、广西 (桂)、广东 (粤) 四省区.

1.1.2 研究问题源起

本书的研究计划源起于珠江流域补偿问题, 珠江流域内经济发展不平衡, 差距较大, 特别是改革开放以来, 广东省经济发展迅速, 2000 年后 GDP 稳居全国第一, 在一定程度上带动了中上游的广西、贵州和云南三省区的经济发展. 但是自 2002 年以来, 特别是 2004 年秋以后, 珠江流域由于持续干旱, 珠江水面下降, 引起海水倒灌, 珠江咸潮出现, 且发展成为近几十年来最为严重的自然灾害. 在 2005 年、2006 年初又两次遭遇大咸潮的袭击, 造成了巨大的社会影响和经济损失.

专家认为,"咸潮"出现最根本的原因是珠江中上游地区的云南、贵州、广西三省区森林覆盖率不断下降, 森林的涵养水源功能持续减弱, 生态环境恶化, 削弱了涵养水源的能力, 水土流失日益严重, 致使每年约亿吨泥沙进入珠江干流. 为了尽快改善珠江流域生态环境, 滇黔桂三省区先后实施了退耕还林和珠江防护林一期、二期工程, 亦取得了一定的成效.

基于以上现实, 本书提出了初步解决思路, 即编制珠江流域区域间投入产出表, 为珠江流域补偿机制提供一些数据支撑, 并以此表为基础拟进行一些应用.

1.1.3 研究意义

针对"珠江咸潮"的严峻形势, 珠江流域的环保问题成了一年一度"两会"热议的重大话题之一. 2006 年全国政协委员陈开枝与流域内各省区委员联名提出设立"流域生态补偿"机制的提案[②]. 2020 年全国政协委员、时任广西壮族自治区政协主席蓝天立牵头, 联合广东、云南、贵州、湖南、江西五省政协主席以及住桂全国政协委员再次联名提交类似提案, 呼吁将珠江流域生态保护和高质量发展上升为重大国家战略[③]. 提案提出, 建立珠江流域生态综合补偿制度, 开展流域横向

---

① 数据来源于百度百科——珠江流域.

② 赵琳琳, 柯学东, 窦丰昌, 刘旦, 刘彦广, 周方, 舒涓. 应速建跨行政区域协调机制. 广州日报, 2006-03-04(003).

③ 六省区全国政协委员联名提案建议. 将珠江流域生态保护上升为重大国家战略. 人民政协报, [2022-10-29]. http://www.cppcc.gov.cn/zxww/2020/06/03/ARTI15911454608 74167.shtml.

生态保护补偿机制试点,持续推进粤赣东江流域横向生态补偿工作,完善重点流域跨省断面监测网络和绩效考核机制. 这些提案不但对珠江流域生态建设、经济协调发展有十分重要的现实意义,对我国跨区流域协调系统的建设也具有开创性意义.

事实上,珠江流域的广东与滇黔桂之间经济往来历来都十分密切,彼此依据自身经济发展进程的特点和需求,建立了长期而频繁的商贸交流. 在这样的背景下,本课题组申请开展对珠江流域经济投入产出模型构建与应用研究,对贯彻执行国家 "促进区域协调发展"、"实施区域经济协调发展战略" 和 "经济高质量发展" 等一系列方针政策具有重要意义.

1.2 研究内容

本课题的研究目的,主要体现在以下三个方面:一是为珠江流域设立 "流域生态补偿" 机制提供数据支撑;二是论述以广东省制造业为增长极、珠江三角洲为龙头,促进珠江流域经济协调发展的政策建议;三是为进一步研究泛珠江流域、泛珠三角社会经济、生态环境提供基础资料.

本课题拟运用区域投入产出分析法,从产业角度展开分析. 区域投入产出模型能够全面、系统地反映各个区域、各个产业之间的经济联系,是进行区域经济研究的一种有效工具. 区域投入产出分析能较精确刻画区域间经济发展的彼此关联关系和经济增长的驱动力源泉.

1.2.1 主要研究内容

课题研究的主要内容涉及以下五部分.

第一部分,编制珠江流域滇黔桂粤省区间投入产出表. 主要包含三方面的工作:其一,收集珠江流域滇、黔、桂、粤四省区及全国 2002、2007、2012 年投入产出表以及经济、社会、交通等数据资料;调查收集四省区间流入、流出、出口、进口的货物和服务数据资料;基于大数据思想编制四省区间投入产出表. 其二,确立贸易模型与地区间贸易系数模型,从而研制地区间投入产出表的数据关系模型,如引力模型、最大熵模型、省区间流入与流出系数模型、进出口系数模型等. 其三,研制四省区经济流量矩阵及其平衡方法;确定 "距离" 函数的具体形式,运用地区间流量矩阵平衡方法研制地区间投入产出模型. 基于以上三方面的工作编制出珠江流域滇黔桂粤四省区间的区间投入产出表.

第二部分,珠江流域产业关联研究. 该部分以前文编制的珠江流域滇黔桂粤区域间投入产出表为基础,通过计算影响力与感应度系数进行区域间产业关联研究. 主要包括三个方面:其一,从珠江流域整体角度展开分析,讨论流域内每个省区对流域整体的产业关联与影响；其二，探讨流域内省区间的产业关联关系，分析滇黔桂粤各省份产业对其他三省区的影响；其三，以制造业为例，分析四省区特定产业对珠江流域整体的关联关系，以及对滇黔桂粤四省区其他产业的影响情况.

第三部分，珠江流域产业集群研究. 该部分基于珠江四省区分省区投入产出表和区域间投入产出表，分析珠江流域各省及流域整体产业集群形成及发展情况. 分析内容主要包括三个方面. 其一，产业集群的识别与变动分析. 首先对各省产业集群进行识别，然后根据识别结果计算区位商以描述产业集群成员变动情况以及各集群的聚集程度. 其二，研究产业集群功能和结构. 通过可达矩阵绘制产业集群网络图和结构图，深入探究集群内部的产业关联状况. 书中根据所识别的集群产业构成合并投入产出表，计算各种系数指标以分析产业集群特征. 其三，识别产业集群中的优势产业和主导产业. 通过构建指标体系，运用熵值法进行赋权并计算综合指数，以识别优势产业和主导产业.

第四部分，珠江流域产业溢出效应分析. 从两个方面分析珠江流域四省区各部门对全国其他地区，以及滇黔桂粤省区间的空间溢出效应. 一是基于区域间投入产出分解分析模型，分析珠江流域四省区与全国其他地区间、四省区之间的乘数效应、溢出效应以及反馈效应，对珠江流域区域间的产业关联及其对各个经济体的影响进行测量. 二是基于 SP-EC + IO(空间计量经济与投入产出) 联合模型的空间溢出效应分析，即将区域间投入产出表与空间计量经济模型联合，分析四省区各工业部门在珠江流域省区间和产业间的空间溢出效应，探讨珠江流域工业集聚溢出对经济的影响.

第五部分，总结与建议. 根据课题研究结论，提出具有针对性和可行性的政策建议，总结全文.

通过以上所述研究内容，拟得出以下基本观点：①通过本研究为珠江流域设立"流域生态补偿"机制提供数据支撑；②以广东为增长极、以珠江三角洲为龙头，促进珠江流域经济、生态协调发展；③为进一步研究泛珠江流域、泛珠三角社会、经济、生态环境提供基础数据；④促进珠江流域四省区经济的协调发展，进一步实施区域发展总体战略，深层次构筑区域经济的优势互补.

1.2.2 研究思路

本课题拟以珠江为纽带把流域内云南、贵州、广西和广东四省区，用投入产出模型连接起来，形成经济的有机整体，以"一元整体论"对流域经济展开定性与定量分析研究.

研究方法与步骤可总结为如下流程：

收集资料 → 编制地区间投入产出表 → 计算投入产出系数 → 建立地区间投入产出模型 → 进行地区及地区间经济投入产出分析 → 结论.

研究思路用框图表示如图 1.1 所示.

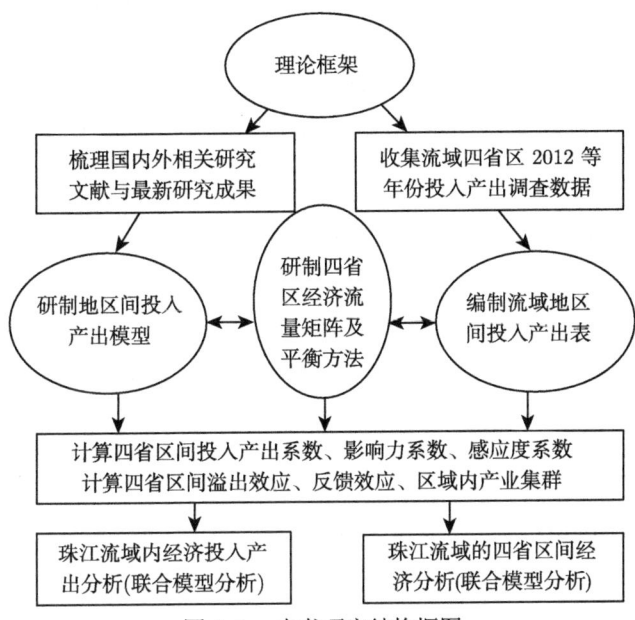

图 1.1 本书研究结构框图

1.3 研究创新点

本课题可能存在的创新点主要体现在以下三个方面.

第一, 珠江流域区域间投入产出表的编制. 课题组在课题研究过程中编制的区域间投入产出表包括: 2002、2007、2012 三个年份 19 部门珠江流域四省区区域间投入产出表; 2012 年 42 部门珠江流域四省区区域间投入产出表. 在编制珠江流域区域间投入产出表的过程中, 主要运用了 CK 引力模型. CK 引力模型是本课题组按引力模型的基本原理, 写出一般表达式, 并将其模式化、程序化, 增强其实用性. 且证明求解引力模型两个重要参数 c_i^p 和 k_i^q 用到的系数矩阵有可能是奇异矩阵, 当系数矩阵为奇异矩阵时, 需采用广义矩方法求其广义逆, 得到方程组的极小范数最小二乘解; 当系数矩阵为非奇异矩阵时, 求其逆矩阵并解出方程组的解. 创新点在于构建 CK 引力模型的程序化过程.

第二, 珠江流域产业关联及集群研究的应用型创新. 课题组基于编制的珠江流域滇黔桂粤区域间投入产出表, 层层深入地分别讨论了流域内产业关联、流域内省区间产业关联, 以及关于制造业的目标区域间产业关联. 并运用社会网络分析方法根据区域间完全消耗系数与直接消耗系数, 绘制出珠江流域 2002、2007、2012 三个年份各产业间关联关系的社会网络图, 以直观展示珠江流域各产业间关联关系的演化过程. 本书基于产业间关联关系, 识别出滇黔桂粤各省区以及珠江流域区域整体的产业集群, 并按各集群产业构成情况重新合并数据得到产业集群投入产出表, 从而计算各集群的各项效益评价指标以分析产业集群特征. 这种探索珠江流域各省区产业间关系, 对珠江流域各省区以及珠江流域区域间投入产出表进行深入数据挖掘的研究方法形成了本课题的一个应用型创新.

第三, 溢出效应分析视角及其分析方法创新. 珠江流域溢出效应分析主要基于两个模型进行效应分解与讨论, 其一是区域间投入产出分解分析模型; 其二是空间计量经济与投入产出 (SP-EC + IO) 联合模型. 区域间投入产出分解分析模型主要用于探讨滇黔桂粤四省区与全国其他地区之间、四省区间的乘数效应、溢出效应以及反馈效应. SP-EC + IO 联合模型将空间计量经济模型与区域间投入产出系数进行融合, 试探性地建立联合模型以分析工业部门在珠江流域省区间和产业间的空间溢出效应, 探讨珠江流域工业集聚溢出对经济的影响. 创新点主要体现在运用两种方法, 从不同视角对珠江流域区域经济的溢出效应进行研究.

综上所述, 本研究报告在编制珠江流域区域间投入产出表, 以及运用该表进行相应分析的过程中主要进行了以上几方面的研究工作, 努力在现有文献的基础上进行新发展, 以丰富目前的相关研究成果.

第 2 章 区域间投入产出表编制准备

珠江流域内各省区间联系便利且密切, 在编制珠江流域区域间投入产出表的过程中除了运用投入产出相关理论之外, 还需要深入了解四省区的产业发展优劣, 以便更加客观、科学地处理数据. 珠江–西江经济带连接我国东部发达地区与西部欠发达地区, 是珠江三角洲地区转型发展的战略腹地, 在全国区域协调发展和面向东盟开放合作中具有重要战略地位. 历经改革开放 40 多年的高速发展, 中国正面临着一系列不平衡、不协调、不可持续的问题. 通过对珠江流域四省区经济发展现状的描述, 较为深入地了解了四省区的基本发展情况, 为编表和应用分析可能用到的经济数据调整服务.

2.1 区域间投入产出模型概述

2.1.1 投入产出理论

投入产出理论最早是由华西里·里昂惕夫 (Wassity Leontief) 在 20 世纪 30 年代提出的, 它作为一种经典的分析理论及方法在产业经济分析中得到了广泛应用, 并且在几十年的实践运用中, 不同国家的学者不断地对其进行完善和发展. 现有投入产出表可以为研究者提供非常详细的部门分类结构, 它已经被普遍用于经济预测、政策模拟、经济控制和事件影响等方面, 是产业部门间产业关联分析的有力工具[①]. 常用的投入产出表多是价值型投入产出表, 如表 2.1 所示.

在表 2.1 中, 第一象限是中间流量象限, 反映了国民经济中各部门之间的一种生产技术之间的联系. 第一象限的主栏和宾栏均是产品部门, 部门名称、部门个数以及部门之间的排序一致, 其中 x_{ij} 表示 j 产品部门生产过程中所使用的 i 产品部门的产品价值.

第二象限是最终使用象限, 是第一象限水平方向的延伸, 包括最终消费、资本形成总额、调入及出口四个部分, 其中 Y_i 表示 i 产品部门提供的最终需求量, 第二象限是把以支出法核算的地区生产总值各个项目按产品部门进行了分解, 反映出社会最终使用的产品部门及项目构成. 第三象限是增加值象限, 是第一象限在垂直方向的延伸, 反映出了增加值的项目及部门构成; 包括固定资产折旧、劳动者报酬、生产税净额、营业盈余. 第四象限为理论象限, 在理论上反映增加值经过分

---

① 向蓉美, 孟彦菊. 地区投入产出模型扩展研究. 成都: 西南财经大学出版社, 2011.

配和再分配形成各部门的最终收入, 这些最终收入用于何种最终使用, 目前还不能填充.

表 2.1 价值型投入产出表表式

		中间使用		最终使用					调入	进口	总产出
		$1,2,\cdots,n$	合计	最终消费	资本形成	调出	出口	合计			
中间投入	部门 1 ⋮ 部门 n	x_{ij} 第一象限		Y_i 第二象限							X_i
	合计										
增加值	固定资产折旧 ⋮ 营业盈余	D_j ⋮ M_j 第三象限		第四象限							
	合计										
总投入		X_j									

价值型投入产出表中的行平衡关系恒等式如式 (2.1) 所示.

$$\sum_{i=1}^{n}\sum_{j=1}^{n}x_{ij}+\sum_{i=1}^{n}Y_i=\sum_{i=1}^{n}X_i \quad (i,j=1,2,3,\cdots,19) \tag{2.1}$$

记

$$a_{ij}=\frac{x_{ij}}{X_j} \tag{2.2}$$

式中, a_{ij} 为直接消耗系数, 表示第 j 部门的单位产出直接消耗的 i 产品部门的产品价值, 式 (2.1) 可用矩阵表示为式 (2.3).

$$AX+Y=X \tag{2.3}$$

其中, i 表示横行部门, j 表示纵列部门; Y_i 表示 i 部门最终使用合计, X_i 表示 i 部门的总产出, A 表示直接消耗系数矩阵, Y 表示最终使用向量, X 表示总产出 (总投入) 向量.

2.1.2 区域间投入产出模型

区域间投入产出模型 (Inter-regional Input-Output Model) 是将投入产出技术与区域间经济分析结合在一起的分析方法, 最早由美国经济学家 Isard 提出. 区域间投入产出表一般表式如表 2.2 所示, 该表表示了 m 个区域, 且每个区域均为 n 个部门的区域间数据分布格式. 与地区投入产出表相比, 区域间投入产出表中的横行数据反映了每个区域的每一个部门产品在不同区域不同部门的中间使用和

2.1 区域间投入产出模型概述

最终使用情况; 纵列数据反映了每个区域的每一个部门产品来自不同区域不同部门的中间投入和最初投入情况.

表 2.2 区域间投入产出表的一般表式

			中间使用						最终使用			总产出
			区域 1			...	区域 m		区域 1	...	区域 m	
			部门 1	...	部门 n		部门 1	...	部门 n			
中间投入	区域 1	部门 1	x_{11}^{11}	...	x_{1n}^{11}	...	x_{11}^{1m}	...	x_{1n}^{1m}	F_1^{11}	...	F_1^{1m}	X_1^1
		...	...	...	...	...	...	...	...	...	...	...	...
		部门 n	x_{n1}^{11}	...	x_{nn}^{11}	...	x_{n1}^{1m}	...	x_{nn}^{1m}	F_n^{11}	...	F_n^{1m}	X_n^1
	...	...	...	...	...	...	...	...	...	...	...	...	...
	区域 m	部门 1	x_{11}^{m1}	...	x_{1n}^{m1}	...	x_{11}^{mm}	...	x_{1n}^{mm}	F_1^{m1}	...	F_1^{mm}	X_1^m
		...	...	...	...	...	...	...	...	...	...	...	...
		部门 n	x_{n1}^{m1}	...	x_{nn}^{m1}	...	x_{n1}^{mm}	...	x_{nn}^{mm}	F_n^{m1}	...	F_n^{mm}	X_n^m
最初投入			V_1^1	...	V_n^1		V_1^m	...	V_n^m				
总投入			X_1^1	...	X_n^1		X_1^m	...	X_n^m				

区域间投入产出表与单一地区投入产出表的差异在于, 在产业部门之上又具体细分了区域. 其模型与一般投入产出模型类似, 可计算各种投入与产出系数, 包括直接和间接以及完全消耗系数; 可依据行平衡关系和列平衡关系分别建立其行模型和列模型.

区域间投入产出行模型, 依据中间使用与最终使用之和等于总产出, 则有式 (2.4).

$$\sum_{q=1}^{m}\sum_{j=1}^{n} x_{ij}^{pq} + \sum_{q=1}^{m} F_i^{pq} = X_i^p \quad (i=1,2,\cdots,n; p=1,2,\cdots,m) \tag{2.4}$$

引入区域间直接消耗系数 a_{ij}^{pq}, 即第 q 区域第 j 部门生产 1 个单位产品需直接消耗 p 区域第 i 部门产品的数量, 计算公式如式 (2.5).

$$a_{ij}^{pq} = \frac{x_{ij}^{pq}}{X_j^q} \quad (i,j=1,2,\cdots,n; p,q=1,2,\cdots,m) \tag{2.5}$$

由式 (2.5) 得 $x_{ij}^{pq} = a_{ij}^{pq} X_j^q$, 将其代入式 (2.4), 并令 $\sum_{q=1}^{m} F_i^{pq} = Y_i^{p0}$, 则有式 (2.6).

$$\sum_{q=1}^{m}\sum_{j=1}^{n} a_{ij}^{pq} X_j^q + Y_i^{p0} = X_i^p \quad (i=1,2,\cdots,n; p=1,2,\cdots,m) \tag{2.6}$$

式 (2.6) 的矩阵表示形式如式 (2.7).

$$\sum_{q=1}^{m} A^{pq} X^q + Y^{p0} = X^p \quad (p=1,2,\cdots,m) \tag{2.7}$$

其中, X^p 表示区域各部门的总产出列向量; Y^{p0} 表示区域各部门产品用于各地区最终使用的产品合计列向量; A^{pq} 为分区域直接消耗系数矩阵, 即区域 q 的各部门产品生产过程中对区域 p 各部门的直接消耗系数矩阵.

将 A, Y, X 以分块矩阵表示, 即 $A = \begin{bmatrix} A^{11} & A^{12} & \cdots & A^{1m} \\ A^{21} & A^{22} & \cdots & A^{2m} \\ \vdots & \vdots & & \vdots \\ A^{m1} & A^{m2} & \cdots & A^{mm} \end{bmatrix}$, $Y = \begin{bmatrix} Y^1 \\ Y^2 \\ \vdots \\ Y^m \end{bmatrix}$, $X = \begin{bmatrix} X^1 \\ X^2 \\ \vdots \\ X^m \end{bmatrix}$, 则式 (2.7) 可表示如式 (2.8).

$$AX + Y = X \tag{2.8}$$

从而有式 (2.9) 和式 (2.10).

$$Y = (I - A) X \tag{2.9}$$

$$X = (I - A)^{-1} Y \tag{2.10}$$

其中, I 为与 A 同阶的单位矩阵.

区域投入产出列模型, 依据中间投入与最初投入之和等于总投入, 则有式 (2.11).

$$\sum_{p=1}^{m} \sum_{i=1}^{n} x_{ij}^{pq} + V_j^q = X_j^q \quad (j=1,2,\cdots,n; q=1,2,\cdots,m) \tag{2.11}$$

由式 (2.5) 得 $x_{ij}^{pq} = a_{ij}^{pq} X_j^q$, 将其代入式 (2.11), 得式 (2.12).

$$\sum_{p=1}^{m} \sum_{i=1}^{n} a_{ij}^{pq} X_j^q + V_j^q = X_j^q \quad (j=1,2,\cdots,n; q=1,2,\cdots,m) \tag{2.12}$$

式 (2.12) 的矩阵表示形式为

$$\sum_{q=1}^{m} \hat{A}_c^q X^q + V^q = X^q \quad (q=1,2,\cdots,m) \tag{2.13}$$

其中, $\hat{A}_c^q = \text{diag}\left(\sum_{p=1}^{m}\sum_{i=1}^{n} a_{i1}^{pq}, \sum_{p=1}^{m}\sum_{i=1}^{n} a_{i2}^{pq}, \cdots, \sum_{p=1}^{m}\sum_{i=1}^{n} a_{in}^{pq}\right)$ 为分区域直接消耗系数合计对角矩阵; V^q 为 q 区域各部门的增加值列向量.

令 $\hat{A}_c = \text{diag}\left(\hat{A}_c^1, \hat{A}_c^2, \cdots, \hat{A}_c^m\right)$, 令 $V = \begin{pmatrix} V^1 & V^2 & \cdots & V^m \end{pmatrix}^{\text{T}}$, 则式 (2.13) 可表示为

$$\hat{A}_c X + V = X \tag{2.14}$$

从而有式 (2.15) 和式 (2.16).

$$V = \left(I - \hat{A}_c\right) X \tag{2.15}$$

$$X = \left(I - \hat{A}_c\right)^{-1} V \tag{2.16}$$

与此类似, 可用分配系数建立区域间投入产出行模型和列模型.

2.2 区域间投入产出表编制综述

2.2.1 国外研究现状述评

美国经济学家 Leontief 在 1936 年开创了投入产出分析法, 并随后提出了 Leontief 地区间模型, 将编表地区的生产部门分为两类, 一类是部门生产的产品只满足本地区生产使用, 不提供给其他地区生产使用, 即在本地区内达到供需平衡的 "地区性部门"; 另一类是部门生产的产品要在全国范围内分配, 满足其他地区需要, 并达到全国范围内的产销平衡的 "全国性部门". 该模型要求编表数据资料高, 难以取得, 未能普遍使用. 1961 年, Leontief 和斯特劳特 (Strout) 为解决地区间各种产品流量数据搜集困难的问题, 提出了地区间引力模型, 以此确定了美国 1954 年 9 个地区钢材的供给系数和需求系数. Leontief 将地区间投入产出模型拓展为国家间的投入产出世界模型, 他曾领导研究组编制了 15 地区 43 部门的世界投入产出表, 并于 1977 年出版专著《世界经济的未来》, Leontief 对地区间投入产出模型作出了极大贡献.

此外, 还有很多学者也致力于这一模型的理论、方法和应用研究, 起到了积极推动作用, 如 Isard 和 Ostroff(1960) 提出了区域投入产出方法, 并将该方法应用到区域经济空间联系的研究中; Ronald E. Miller(1963) 提出了两区域模型的处理分析方法; 又如 Chenery(1958)、Polenske(1970)、Miller(1985, 2009)、Oosterhaven(1997) 等也提出过相关理论与方法. 在研制地区间投入产出模型核心技术方面, 也创造了列系数模型、行系数模型等多种 "贸易系数" 估算模型, 促进了地

区间投入产出模型较早进入实用阶段. 摩赛西 (L. Moses) 采用列系数编制了美国 1955 年东中西三地区间投入产出表; 哈佛大学经济研究组 (1970) 建立了美国 1963 年 44 地区 78 部门投入产出模型. 法国也分别编制了 1954 年 7 地区 16 部门, 以及 1969 年和 1970 年的 5 地区 10 部门地区间投入产出表.

地区间投入产出模型发展较快, 不但创造了列系数等二维度量模型, 还研制了三维度量的空间地区间模型, 英国勃莱特福特大学提出了各国部门数目不同的世界模型. 进入 21 世纪后, 区域间投入产出模型在许多国家和著名的国际研究项目中都发挥了重要作用, 扩展应用日益广泛, 其中影响较大的有欧盟国际投入产出数据 (World Input-Output Database, WIOD) 项目、全球贸易分析项目 (GTAP) 数据库和澳大利亚莫纳什 (MONASH) 大学开发的区域间可计算一般均衡 (CGE) 模型等. 荷兰格罗宁根大学 (2002~2006 年) 完成了欧盟–全球增长与生产率研究项目 (EU-KLEMS), 建立了涵盖欧盟 25 国及美国、日本的国家可比投入产出数据库, 并基于此数据库广泛开展了欧盟地区的经济增长、生产力评估、就业创造、资本形成和技术进步等方面的研究. 从 2009 年开始, 该数据库发展为涵盖 39 个国家、超过 30 个产业和 60 种产品的 WIOD, 经济总量占全球的 80% 以上. 澳大利亚 MONASH 大学的政策研究中心 (COPS), 最新开发了 57 区域 172 产业的区域模型 (Enormous Regional Model) TERM, 该模型区域划分与澳大利亚的统计分区一一对应. 这在一定程度上表明区域间投入产出在国外的发展运用较为广泛.

2.2.2 国内研究现状述评

我国在投入产出模型理论、方法方面具有较深入的研究和应用, 1987 年规定逢 "2、7" 年份编制全国和地区投入产出表, 已制度化、规范化、序列化. 但地区间模型的研究稍为滞后, 应用更有待加强, 已经有成果如江苏省研制了苏南-苏北模型 (1985), 新疆研制了疆南–疆北地区间投入产出模型. 杨根子 (1993) 将长江中上游实物型地区间投入产出模型, 应用于长江中下游地区金属物料平衡. 国家信息中心参加了亚洲国家间投入产出模型的研制, 具体年份有 1985、1990、1995、2000 和 2005 年. 国家信息中心 (2005) 出版了我国 1997 年份 8 个地区、30 个产业投入产出模型, 之后该模型在国内外得到了广泛应用. 市村真一、王慧炯 (2007) 利用数学推算方法研制出了中国 1987 年 7 个地区 9 个产业的区域间投入产出模型. 黄伟、张阿玲、张晓华 (2005) 编制了我国 2000 年 5 大区域间投入产出模型, 分析我国地区经济差距产生的原因. 张亚雄和赵坤 (2006) 编制了中国八大区域 17 部门的投入产出表, 编制过程采用了中国国家信息中心与日本亚洲经济研究所的数据资料. 上海市信息中心 (2007) 研制了 2005 年长三角区域间投入产出模型, 该研究利用引力模型计算彼此之间贸易关系, 得到贸易系数矩阵, 并根据列系数模型的形式研制区域间模型. 许召元、李善同 (2008) 探求了在给定初始的区域间贸易矩阵的基础上,通过最小交叉熵(minimize cross-entropy)方法修正来估算 2002 年区域间贸易矩阵. 张亚雄、齐舒畅 (2012) 出版了《中国区域间投入产出表》,提出了新的贸易系数估算模型,进一步完善了我国区域间投入产出模型研制方法和步骤,使模型的研制理论和方法更加规范化.

纵观国内外研究文献,对一江河流域经济采用地区间投入产出模型进行研究,在我国属探索性研究,本课题成果进一步丰富了国内地区间投入产出领域的研究.

2.3 珠江流域滇黔桂粤发展现状

如今在经济转型的大背景下,衡量地区经济发展水平除了依靠经济指标,还需依靠工作(发展)过程、实现途径、资源配置方式以及目标的实现程度等. 如李岳平 (2001) 在对经济增长质量及其评价指标体系的研究中,将经济增长质量指标体系划分为经济的稳定性、技术进步的贡献、经济效益、经济结构、居民生活以及增长代价 6 大方面,其中增长代价这一领域中主要包括生态环境及自然资源的指标. 陈森良和单晓娅 (2002) 增加了"竞争能力"这一概念,从出口水平、引入外资能力和信息能力三个方面表现地区发展的"竞争能力".

本节基于近几年《中国统计年鉴》、《云南统计年鉴》、《贵州统计年鉴》、《广西统计年鉴》、《广东统计年鉴》以及《中国环境统计年鉴》等数据资料,从经济发展质量的角度对珠江流域四省区发展现状进行了描述与分析.

2.3.1 珠江流域经济发展概述

珠江上连滇黔,下通两广和港澳,上游矿产资源丰富,自然环境优越;下游人力资源充足,技术先进,产品制造业发达;流域区位优越,具有巨大的发展潜力. 将珠江流域四省区的地区生产总值合计与全国国内生产总值做对比,如图 2.1 所示. 2007~2015 年,滇黔桂粤四省区经济发展趋势与全国保持一致;四省区的地区生产总值占全国 GDP 的比重每年均维持在 17.0% 左右,2015 年滇黔桂粤四省区的生产总值为 113737.40 亿元,约占全国生产总值的 16.6%.

由于各地区的经济基础、自然环境、开放政策等存在较大差别,各地区的主导产业选择和发展方向不一致,增长速度出现了分化,当前滇黔桂粤四省区经济状况差异极大,广东已经跃居全国第一经济大省,而滇黔则处于经济总量的末尾. 总体而言,近年来流域内四省区的地区生产总值均体现了稳步提升的态势,具体如图 2.2 所示.

根据图 2.2 可知, 2007~2015 年,珠江流域四省区的经济取得了较大发展. 其中,广东经济实力最为雄厚,发展迅速,由 2007 年的 31777.01 亿元增加到 2015 年的 72812.55 亿元,地区生产总值翻了一番;2015 年贵州地区生产总值为 10502.56

亿,较 2007 年的 2884.11 亿元增长了约 2.6 倍,增速最快;云南和广西的地区生产总值也有近 1.9 倍的增长.

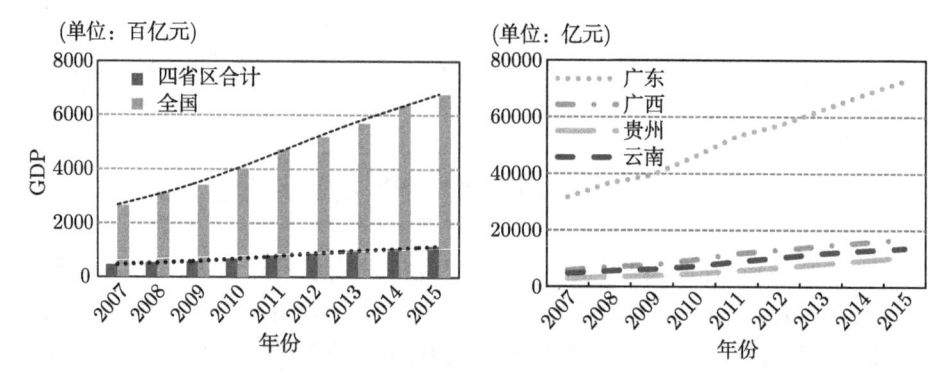

图 2.1　2007~2015 年滇黔桂粤地区 GDP 与全国 GDP

图 2.2　2007~2015 年滇黔桂粤地区生产总值

2.3.2　珠江流域经济发展质量

2015 年确立的"第十三个五年规划纲要"指出,经济社会发展应强调发展的平衡性、包容性以及可持续性.根据经济发展与社会、生态、资源、要素之间的平衡关系,本节从经济结构、经济增长稳定性、经济发展效率以及人民生活四个方面来分析珠江流域四省区的经济发展质量.

2.3.2.1　经济结构

经济结构是影响社会经济增长情况的重要因素,而产业结构作为经济增长的结果和继续增长的起点,其对经济增长的作用至关重要.经济的持续增长,需以提高经济发展质量、提升经济发展效益为中心,目前促进经济增长的方式应由主要依靠第二产业带动向依靠第二、第三产业协同带动转变.滇黔桂粤四省区"第二、三产业产值占地区产值总值的比例"如图 2.3 和图 2.4 所示.为了对比投入产出表编表年份的情况,将 2007、2012 和 2015 年四省区三次产业的产值结构进行展示.

由图 2.3、图 2.4 可知,珠江流域四省区第二、三产业产值占比均在 30% 以上,相应地,第一产业产值占比则比较低,约在 10%.

图 2.3 显示,动态来看,自 2007 年以来,云南和广东两省份第二产业占比有所下降,贵州和广西则有所增加.静态来看,珠江流域四省区中,广东省每年第二产业占比均比其他三个省区高,这与广东制造业等产业较为发达相关;贵州与云南两省份三个年度中第二产业占比相对略低.

2.3 珠江流域滇黔桂粤发展现状

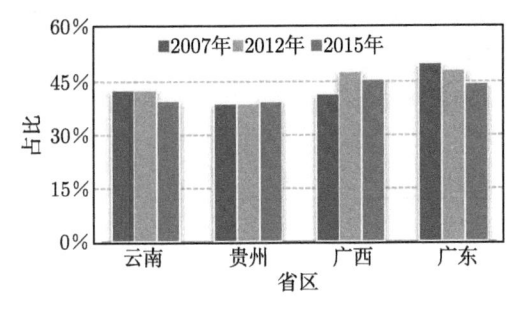

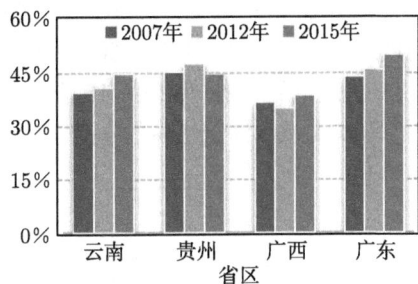

图 2.3　滇黔桂粤第二产业产值占比

图 2.4　滇黔桂粤第三产业产值占比

图 2.4 显示，动态来看，除贵州外的珠江流域其他省区三个年份中第三产业产值占比大体呈现上升趋势，如云南、广东两省上升较为明显. 从静态来看，2015年广东省第三产业产值占比最高，接近 50%；云南、贵州也达到了 45% 的高水平，这可能和滇黔两省近年来由旅游业带动的服务业等第三产业强力发展有着密切的关系.

2.3.2.2　经济增长稳定性

经济稳定通常是指实现充分就业，稳定物价和平衡国际收支. 经济发展的稳定性是经济增长的基础，更是经济高质增长的保证. 经济增长的波动情况反映了经济增长过程中的稳定性情况，经济的快速发展容易导致区域间发展不平衡，从而导致贫富分化，社会不稳定. 因此经济增长的稳定性是衡量地区经济发展质量的重要因素. 消费者价格指数是用来反映居民家庭购买消费商品及服务的价格水平的变动情况. 失业率在一定程度上是经济发展状况的标志，在经济衰退或萧条时期，社会失业率普遍较高. 此处选择消费者价格指数、城镇登记失业率两项指标来衡量经济增长的稳定性，将珠江流域滇黔桂粤四省区近年来的消费者价格指数 (CPI) 做折线图如图 2.5 所示；城镇登记失业率如表 2.3.

表 2.3　2007~2015 年滇黔桂粤城镇登记失业率 (%)

年份	云南	贵州	广西	广东
2007	4.20	4.00	3.80	2.50
2008	4.20	4.00	3.80	2.60
2009	4.30	3.80	3.70	2.60
2010	4.20	3.60	3.70	2.50
2011	4.10	3.60	3.50	2.50
2012	4.00	3.30	3.40	2.50
2013	4.00	3.30	3.30	2.40
2014	4.00	3.30	3.20	2.40
2015	3.96	3.29	2.92	2.45

根据图 2.5 可知, 2009 年滇黔桂粤四省区的 CPI 均处于低谷且明显低于 100%, 这可能与 2008 年经济危机的影响有关. 其他年份四省区的 CPI 均在 100% 以上, 且逐渐稳定在 102%~103% 之间, 即滇黔桂粤四省区近几年消费品的物价多保持每年上涨 2% 到 3% 的态势.

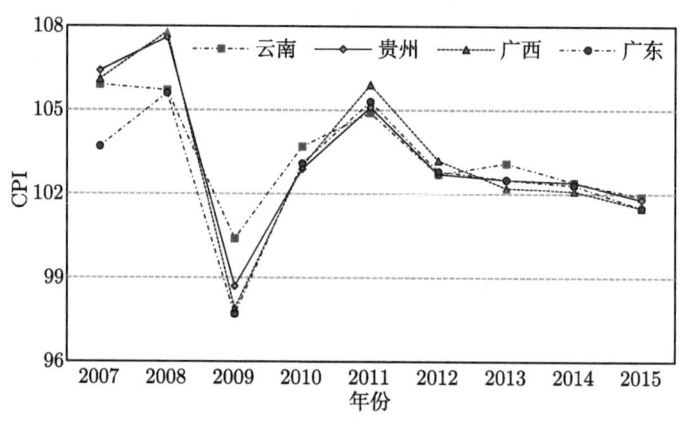

图 2.5　2007~2015 年滇黔桂粤消费者价格指数变动 (%)

从四省区的城镇登记失业率来看, 广东的失业率最低, 维持在 2.50% 左右; 云南最高, 在 4.00% 左右. 2007~2015 年, 四省区的城镇登记失业率呈逐年下降的态势, 广西的失业率降幅最大, 9 年来由 3.80% 降低到 2.92%. 城镇登记失业率显示珠江四省区在近 9 年来经济状况稳步提升.

综上可知, 珠江流域四省区近几年的 CPI 逐渐稳定在 102%~103% 之间, 2015 年的 CPI 较 2007 年普遍降低. 四省区中, 广东的城镇登记失业率最低, 云南最高; 2007~2015 年, 四省区的城镇登记失业率呈逐年下降的态势.

2.3.2.3　经济发展效率

习近平主席曾提出: "我们既要金山银山, 也要绿水青山, 宁要绿水青山, 不要金山银山, 而且绿水青山就是金山银山."[①]. 这充分说明经济社会发展必须建立在如此基础之上: 资源能支撑、环境可容纳、生态受保护. 近年来我国生态环境的恶化与过度追求经济增长有一定相关性, 因此单位地区生产总值所消耗的能源量可在一定程度上反映经济发展的粗放程度. 要把过去的生产格局转变为 "低投入、高产出" 的经济增长方式, 突出把绿色化作为推进现代化建设的重要取向, 让人民群众切实在良好的生态环境中生产生活. 因此, 选取地区万元生产总值能耗来反映地区经济发展效率, 四省区的比较如图 2.6 所示.

---

① 绿水青山就是金山银山 (人民观点). 人民网, [2022-10-30]. https://theory.people.com.cn/nl/2022/0929/c40531-32536460.html.

2.3 珠江流域滇黔桂粤发展现状

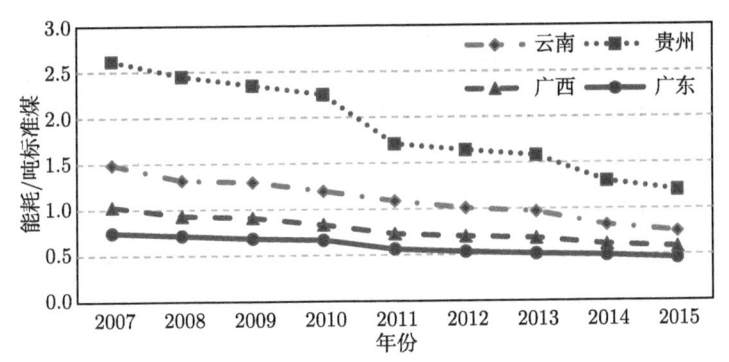

图 2.6　2007~2015 年滇黔桂粤年份万元生产总值能耗 (吨标准煤)

图 2.6 显示, 从万元生产总值能耗来看, 广东的能耗最低, 生产效率较高; 2007 年其每万元地区生产总值耗费的能源量为 0.75 吨标准煤, 2012 年和 2015 年分别降低到每万元 0.53 吨标准煤和 0.46 吨标准煤. 云南和广西 2015 年万元生产总值能耗分别为 0.75 吨标准煤和 0.58 吨标准煤. 贵州的万元能耗最高, 2007 年每万元消耗 2.62 吨标准煤, 2012 年和 2015 年分别降低到每万元 1.64 吨标准煤和 1.20 吨标准煤, 能耗情况有所好转, 但仍高于其余省份至少 0.4 个单位. 总体而言, 四省区的万元生产总值能耗逐年下降, 可见珠江流域四省区的经济领域的生产效率逐渐提高.

能源消耗是反映生产效率的一个方面, 中国是一个水资源短缺、水灾害频繁的国家, 珠江更是流域内居民饮用水和灌溉土地水的来源. 图 2.7 为四省区万元产出排放的废水量.

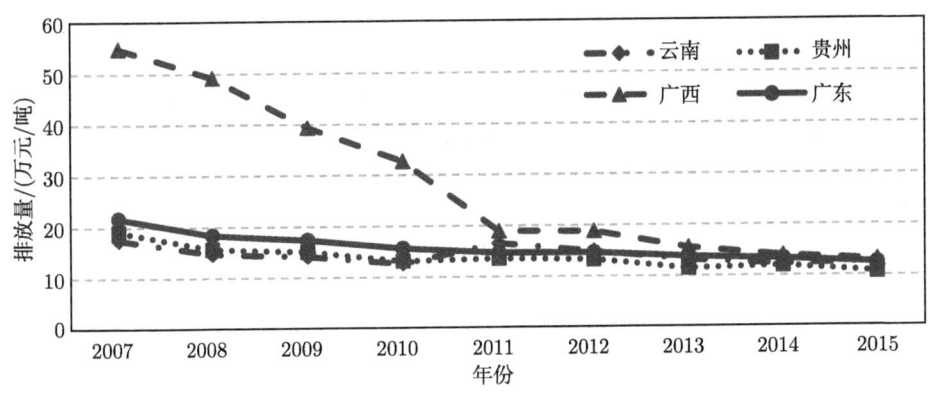

图 2.7　滇黔桂粤万元产出废水排放量 (万元/吨)

由图 2.7 可知, 通过近几年对环境的治理和严格把关, 珠江流域四省区万元地区生产总值的废水排放量已呈现逐年下降的趋势. 四省区中, 广西万元产出废水排放量最高,尤其是在 2011 年之前远高于其他三省,如 2007、2008 年分别高达 54.92 万元/吨、49.19 万元/吨;其余三省区的万元产出废水排放量由 2007 年的 20 万元/吨左右下降到 2015 年的 10 万元/吨左右,近十年来,四省区的万元产出废水排放量呈现逐年下降的趋势,且贵州最低.

2.3.2.4 人民生活

经济发展的最终目的是提高人民生活质量,因此要坚持经济发展以保障和改善民生为出发点和落脚点,从而全面解决好人民群众关心的几个大问题,如教育、就业、收入、社保、医疗卫生等,让改革发展成果更好地惠及广大人民群众. 运用城镇居民和农村居民恩格尔系数来分析人民生活状况,四省区城镇和农村居民恩格尔系数如表 2.4 所示.

表 2.4 珠江四省区 2007~2015 年居民恩格尔系数

指标	地区	2007 年	2008 年	2009 年	2010 年	2011 年	2012 年	2013 年	2014 年	2015 年
城镇居民恩格尔系数	云南	44.9	47.1	43.7	41.5	39.2	39.4	37.9	30.7	30.2
	贵州	40.2	43.1	41.5	39.9	40.2	39.7	35.9	34.9	34
	广西	41.7	42.4	39.9	38.1	39.5	39	37.9	35.2	34.4
	广东	35.3	37.8	36.9	36.5	36.9	36.9	33.6	33.2	33.2
农村居民恩格尔系数	云南	46.5	49.6	48.2	47.2	47.1	45.6	44.2	42.7	41.1
	贵州	52.2	51.7	45.2	46.3	47.7	44.6	43	41.7	39.8
	广西	50.2	53.4	48.7	48.5	43.8	42.8	40	36.9	35.4
	广东	49.7	49.0	48.3	47.7	49.1	49.1	42.1	39.5	40.6

数据来源: 四省区统计年鉴、统计公报.

恩格尔系数是逆指标,指标越小代表居民生活水平越高. 如表 2.4 所示,2007 年,仅从城镇居民恩格尔系数来看,广东在四省区中最低;仅从农村居民恩格尔系数来看,云南最低;从两系数相比的角度看,云南地区的城镇、农村居民生活水平相差最小,但均不高;广东相差最大,城镇居民生活水平远高于农村. 到 2015 年,四省区的城镇、农村居民恩格尔系数均有所降低,其中云南的城镇居民恩格尔系数、贵州和广西的农村居民恩格尔系数下降幅度均较大;广西城镇、农村居民恩格尔系数相差不多.

可见,2007 年四省区中广东城镇居民恩格尔系数较低,农村居民恩格尔系数较高;除云南外,其余三地区中城镇和农村居民生活水平差异较大;2015 年,广西的差异较小. 2007~2015 年,城镇、农村居民恩格尔系数逐渐呈下降趋势,代表居民的生活水平在 9 年来有所提高.

第 3 章 区域间投入产出表编制

本章在借鉴本领域研究文献的基础上,主要介绍了珠江流域区域间投入产出表的编制方法,即主要运用了 CK 引力模型进行编制. 在求解 CK 引力模型中的两个重要参数 c_i^p 和 k_i^q 时,用到的系数矩阵可能是非奇异矩阵,也可能为奇异矩阵,当系数矩阵为非奇异矩阵时,则用其逆矩阵并解出方程组的解即可;当系数矩阵为奇异矩阵时,需采用广义矩方法求其广义逆,得到方程组的极小范数最小二乘解. 在编制珠江流域区域间投入产出表的过程中,结合珠江流域四个省区的实际情况,对一些部门的相关数据进行了细节方面的调整与处理,具体见 3.4 节的说明.

3.1 CK 引力模型

3.1.1 区域间投入产出模型的类型

区域间的投入产出模型主要用于分析各地区间的经济、产品之间的联系,需要大量的资料. 通常情况下,都采用对数据资料要求较少的投入产出模型,主要有以下三种类型: 地区间列系数模型、地区间行系数模型、地区间引力模型.

3.1.1.1 地区间列系数模型

地区间列系数模型最早是由美国经济学家列昂·摩赛西 (L. Moses) 提出来的. 此模型的特点是: 先计算报告期各个地区在某些方面每种产品的消耗量中,由各个地区 (包括本地区) 供应的比例,再经过适当修改作为编制计划期地区流量的依据[1].

用 t_i^{pq} 表示 p 地区对 q 地区的第 i 种产品的供应系数,则有式 (3.1).

$$t_i^{pq} = \frac{r_i^{pq}}{r_i^q} \quad (p, q = 1, 2, \cdots, m) \tag{3.1}$$

式中, r_i^{pq} 为 p 地区供应给 q 地区的 i 部门产品的数量, r_i^q 为 q 地区实际使用的 i 种产品的数量,包括中间使用和最终使用部分. 这意味着,如果计划期内 q 地区的

---
[1] 刘起运, 陈璋, 苏汝劼. 投入产出分析. 北京: 中国人民大学出版社, 2006: 94.

i 种产品的需求量增加了,那么各个地区都按比例增加其对 q 地区的供应量. 因此,有式 (3.2).

$$r_i^q = \sum_{p=1}^m r_i^{pq} = \sum_{p=1}^m t_i^{pq} r_i^q \qquad (3.2)$$

q 地区对 i 种产品的需求量等于本地区对 i 种产品的中间使用需求量和最终使用需求量之和,即如式 (3.3).

$$r_i^q = \sum_{j=1}^n a_{ij}^q X_j^q + Y_i^{pq} \quad (i=1,2,\cdots,n; q=1,2,\cdots,m) \qquad (3.3)$$

同时,p 地区第 i 种产品的产量等于各地区的中间使用和最终使用的需求量之和,即如式 (3.4).

$$X_i^p = \sum_{q=1}^m r_i^{pq} + Y_i^{p,m+1} \quad (i=1,2,\cdots,n; p=1,2,\cdots,m) \qquad (3.4)$$

由此得到式 (3.5).

$$X_i^p = \sum_{q=1}^m t_i^{pq}(\sum_{j=1}^n a_{ij}^q X_j^q + Y_i^{oq}) + Y_i^{p,m+1} \quad (i=1,2,\cdots,n; p=1,2,\cdots,m) \qquad (3.5)$$

对于 p 地区所有产品的产量来说,则有等式如式 (3.6).

$$X^P = \sum_{q=1}^m \hat{T}^{pq}(A^q X^q + Y^{oq}) + Y^{p,m+1} \quad (p=1,2,\cdots,m) \qquad (3.6)$$

式中,$\hat{T}^{pq} = \mathrm{diag}(t_1^{pq}, t_2^{pq}, \cdots, t_n^{pq})\,(p,q=1,2,\cdots,m)$.

将所有地区的合并写成一个方程如式 (3.7).

$$X = T(\hat{A}X + Y) + Y^{m+1} \qquad (3.7)$$

其中,$T = \begin{bmatrix} \hat{T}^{11} & \hat{T}^{12} & \cdots & \hat{T}^{1m} \\ \hat{T}^{21} & \hat{T}^{22} & \cdots & \hat{T}^{2m} \\ \vdots & \vdots & & \vdots \\ \hat{T}^{m1} & \hat{T}^{m2} & \cdots & \hat{T}^{mm} \end{bmatrix}$ 为供应系数矩阵,$\hat{A} = \begin{bmatrix} A^1 & & & \\ & A^2 & & \\ & & \ddots & \\ & & & A^m \end{bmatrix}$.

由此得到地区间列系数模型如式 (3.8).

$$X = \left(I - T\hat{A}\right)^{-1}(TY + Y^{m+1}) \qquad (3.8)$$

3.1.1.2 地区间行系数模型

从生产者出发, 将每一个地区生产的某种产品分配给不同的地区, 则可构造地区间行系数模型. 若记 h_i^{pq} 为分配系数, 表示 p 地区第 i 种产品的生产量中分配给 q 地区的使用量, 则有式 (3.9).

$$h_i^{pq} = \frac{r_i^{pq}}{X_i^p} \quad (i = 1, 2, \cdots, n; p, q = 1, 2, \cdots, m) \tag{3.9}$$

式 (3.9) 表明, 如果计划期内 p 地区的 i 种产品的供应量增加了, 那么 p 地区则按比例增加其对各个地区的供应量.

供应给 q 地区的第 i 种产品的全部供应量如式 (3.10).

$$\sum_{p=1}^{m} r_i^{pq} = \sum_{p=1}^{m} h_i^{pq} X_i^p \tag{3.10}$$

而 q 地区对 i 种产品的需求量如式 (3.11).

$$r_i^q = \sum_{j=1}^{n} a_{ij}^q X_j^q + Y_i^{pq} \quad (i = 1, 2, \cdots, n; q = 1, 2, \cdots, m) \tag{3.11}$$

由供应量等于需求量, 则有式 (3.12) 成立.

$$\sum_{p=1}^{m} h_i^{pq} X_i^p = \sum_{j=1}^{n} a_{ij}^q X_j^q + Y_i^{pq} \quad (i = 1, 2, \cdots, n; q = 1, 2, \cdots, m) \tag{3.12}$$

写为矩阵形式如式 (3.13).

$$\sum_{p=1}^{m} \hat{H}^{pq} X^p = A^q X^q + Y^{oq} \tag{3.13}$$

式中,

$$\hat{H}^{pq} = \mathrm{diag}\,(h_1^{pq}, h_2^{pq}, \cdots, h_n^{pq}) \quad (p, q = 1, 2, \cdots, m).$$

合并所有地区后, 得矩阵方程如式 (3.14).

$$H^{\mathrm{T}} X = \hat{A} X + Y \tag{3.14}$$

式中, $H = \begin{bmatrix} H^{11} & H^{12} & \cdots & H^{1m} \\ H^{21} & H^{22} & \cdots & H^{2m} \\ \vdots & \vdots & & \vdots \\ H^{m1} & H^{m2} & \cdots & H^{mm} \end{bmatrix}$ 为分配系数矩阵.

由此得到地区间行系数模型如式 (3.15).

$$X = (H^{\mathrm{T}} - \hat{A})^{-1}Y \tag{3.15}$$

3.1.1.3 地区间引力模型

引力模型的思想和概念源自物理学中牛顿提出的万有引力定律: 两物体之间的相互引力与两个物体的质量大小成正比, 与两物体之间的距离平方成反比, 其广泛应用于物理等自然科学. Isard 是引力模型的奠基人, 他与 Peck 在 20 世纪 50 年代初发现地理位置上越相近的国家, 其贸易流动规模越大. Tinbergen(1962) 和 Poyhonen(1963) 最早研究贸易模型, 两人分别使用引力模型研究分析了双边贸易流量, 并得出了相同的结果: 两国或两地区的双边贸易量与二者的经济总量成正比, 与二者间的 "距离" 成反比. 贸易引力模型的数学表达式如式 (3.16).

$$X_{ij} = A\left(Y_i Y_j\right)/D_{ij} \tag{3.16}$$

式 (3.16) 中, 双边贸易流量对应于万有引力定律中的引力大小, 各国经济规模对应于物体质量, 即经济总量, 常用 GDP 来衡量; 经济距离是物体之间距离的一种经济度量, 分为绝对距离 (两国首都间的距离)、相对距离 (两贸易伙伴之间的距离与它们和其他贸易伙伴之间距离的比值) 以及引申的距离 (双边贸易壁垒). 此后, Anderson(1979)、Wilson(1976)、Alonso(1973, 1978)、Fotheringham(1984) 等继续研究引力模型, 在此方面做出了巨大贡献[①].

1963 年, Leontief 和 Strout 提出区域间引力模型, 表达式如式 (3.17)~ 式 (3.19).

$$X_i^{oq} = \sum_{j=1}^{n} a_{ij}^q X_j^{qo} + Y_i^{oq} \quad (i=1,2,\cdots,n; q=1,2,\cdots,m) \tag{3.17}$$

$$X_i^{po} = \sum_{q=1}^{m} X_i^{pq} \quad (i=1,2,\cdots,n; p=1,2,\cdots,m) \tag{3.18}$$

$$X_i^{oq} = \sum_{p=1}^{m} X_i^{pq} \quad (i=1,2,\cdots,n; p=1,2,\cdots,m) \tag{3.19}$$

式 (3.17) 中, X_i^{oq} 为 q 地区对第 i 种产品的总使用量, 它等于 q 地区对第 i 种产品的中间使用量和最终使用量之和; 式 (3.18) 表示 p 地区供应给所有地区的第 i 种产品数量之和等于 p 地区第 i 种产品的产量; 式 (3.19) 表示 q 地区的总使用量等于各地区供应给 q 地区的第 i 种产品数量之和.

---

① 张亚雄, 齐舒畅. 2002—2007 年中国区域间投入产出表. 北京: 中国统计出版社, 2012.

3.1 CK 引力模型

将第 i 种产品的供应量按地区加总, 得式 (3.20).

$$\sum_{p=1}^{m}\sum_{q=1}^{m}X_i^{pq}=\sum_{p=1}^{m}X_i^{po}=\sum_{q=1}^{m}X_i^{oq}=X_i^{oo} \tag{3.20}$$

X_i^{oo} 为第 i 种产品的全国总产量, 式 (3.20) 表示所有地区的第 i 种产品的供应量之和等于需求量之和, 也等于全国的总产量.

在这个模型中, 假设第 i 种产品的地区间流量是由式 (3.21) 的引力方程决定.

$$X_i^{pq}=\frac{X_i^{po}X_i^{oq}}{X_i^{oo}}\cdot Q_i^{pq} \quad (i=1,2,\cdots,n;p,q=1,2,\cdots,m) \tag{3.21}$$

式中, X_i^{pq} 为 p 地区与 q 地区间的第 i 种产品的流量, 它与 p 地区的第 i 种产品的生产量 X_i^{po} 和 q 区域 i 产品的需求量 X_i^{oq} 成正比, 与全国第 i 种产品的总产量 X_i^{oo} 成反比. Q_i^{pq} 是常数, 称为贸易参数 (trade parameter), 也称为摩擦系数.

3.1.2 CK 引力模型简介

3.1.2.1 CK 引力模型简介

无论区域间投入产出表采用上述哪一种类型, 都需要计算第 i 部门产品在各地区间的使用流量 x_i^{pq}[1]. x_i^{pq} 是不可或缺的, 推算 X_i^{pq} 的关键和难点在于贸易参数 Q_i^{pq} 测算, 至今仍是研究的重要课题, 如张阿玲和李继峰 (2004) 指出该参数为"经验参数"[2], 而石敏俊、张卓颖等 (2012) 指出该参数的确定如式 (3.22).

$$Q_i^{pq}=(c_i^p+k_i^q)d_i^{pq}\delta_i^{pq} \quad (i=1,2,\cdots,n;p,q=1,2,\cdots,m) \tag{3.22}$$

式中, Q_i^{pq} 由四个参数决定[3], d_i^{pq} 为产品由地区 p 运到地区 q 的运费的倒数, 为已知常数; δ_i^{pq} 为已知常数, 如果 p 地区不能向 q 地区运输 i 产品, 则 $\delta_i^{pq}=0$, 否则 $\delta_i^{pq}=1$; 对于 c_i^p 和 k_i^q 两个参数, 早在钟契夫、陈锡康、刘起运 (1993) 的文献中提及过, 刘起运、陈璋、苏汝劼等 (2006[4]、2011[5]) 两篇文献中的相关阐述也一致, 指出两个参数可在统计资料基础上利用最小二乘法确定, 文献指出: "对于每种产品 $i(i=1,2,\cdots,n)$, 可由 $2m$ 个方程, $2m$ 个未知数中确定出 $c_i^s(s=1,2,\cdots,m)$ 和 $k_i^t(t=1,2,\cdots,m)$", 但没有一般计算表达式与测算例子.

---

[1] 钟契夫, 陈锡康, 刘起运. 投入产出分析 (修订本). 2 版. 北京: 中国财政经济出版社, 1993(1997 年第二次印刷): 259-270.
[2] 张阿玲, 李继峰. 地区间投入产出模型分析. 系统工程学报, 2004, 19(6): 615-619.
[3] 石敏俊, 张卓颖, 等. 中国省区间投入产出模型与国际经济联系. 北京: 科学出版社, 2012.
[4] 刘起运, 陈璋, 苏汝劼, 等. 投入产出分析. 北京: 中国人民大学出版社, 2006.
[5] 刘起运, 陈璋, 苏汝劼, 等. 投入产出分析. 2 版. 北京: 中国人民大学出版社, 2011.

鉴于此，为了能求解该模型中的关键参数 Q_i^{pq}，这里对引力模型作了进一步的探索研究，写出求解 c_i^p 和 k_i^q 两个参数的一般表达式，称为 CK 引力模型，并应用于珠江流域区域间投入产出表的编制.

3.1.2.2 C, K 系数的估计方法

本节对贸易系数中的供给系数 c_i^p 和需求系数 k_i^q 两个重要参数的确定过程如下：在式 (3.21) 中，依据最小二乘法原理，得式 (3.23). 令

$$Q_i = \sum_{p=1}^{m}\sum_{q=1}^{m}\left[\bar{X}_i^{pq} - X_i^{pq}\right]^2$$

$$= \sum_{p=1}^{m}\sum_{q=1}^{m}\left[\bar{X}_i^{pq} - \frac{X_i^{po}X_i^{oq}}{X_i^{oo}}\cdot(c_i^p+k_i^q)\,d_i^{pq}\delta_i^{pq}\right]^2 \quad (i=1,2,\cdots,n) \qquad (3.23)$$

式中各个字母代码含义如下.

$\bar{X}_i^{pq}$：报告期 p 地区与 q 地区间第 i 种产品的实际流量.

X_i^{pq}：利用引力模型得到的 p 地区对 q 地区的第 i 种产量供应量的估计量.

X_i^{po}：报告期 p 地区的第 i 种产品的总产出量.

X_i^{oq}：报告期 q 地区对第 i 种产品的总使用量.

X_i^{oo}：报告期第 i 种产品所有地区的总产出与总使用量之和.

d_i^{pq}：p 地区与 q 地区的"距离"，常需构造出距离函数 $f(d_i^{pq})$.

δ_i^{pq}：已知常数，如果 p 地区向 q 地区提供第 i 种产品，则 $\delta_i^{pq}=1$；如果 p 地区不能向 q 地区提供第 i 种产品，则 $\delta_i^{pq}=0$. 对于引力模型的两个重要参数 c_i^p 与 k_i^q，有待进一步确定其计算过程.

对于引力模型的两个重要参数 c_i^p 与 k_i^q，在式 (3.23) 中，令 $\dfrac{X_i^{po}X_i^{oq}}{X_i^{oo}}\cdot d_i^{pq}\delta_i^{pq} = b_i^{pq}(i=1,2,\cdots,n;p,q=1,2,\cdots,m)$，则式 (3.23) 可表示为式 (3.24).

$$Q_i = \sum_{p=1}^{m}\sum_{q=1}^{m}\left[\bar{X}_i^{pq} - b_i^{pq}(c_i^p+k_i^q)\right]^2 \quad (i=1,2,\cdots,n) \qquad (3.24)$$

在式 (3.24) 的两端对 c_i^p 和 k_i^q 求其偏导数，并令其等于零，则得到最小二乘法的标准方程组式 (3.25).

$$\begin{cases} \dfrac{\partial Q_i}{\partial c_i^p} = 2\sum\limits_{q=1}^{m}\left[\bar{X}_i^{pq} - b_i^{pq}(c_i^p+k_i^q)\right](-b_i^{pq}) = 0 \\ \dfrac{\partial Q_i}{\partial k_i^q} = 2\sum\limits_{p=1}^{m}\left[\bar{X}_i^{pq} - b_i^{pq}(c_i^p+k_i^q)\right](-b_i^{pq}) = 0 \end{cases} \begin{pmatrix} i=1,2,\cdots,n; \\ p,q=1,2,\cdots,m \end{pmatrix} \quad (3.25)$$

3.1 CK 引力模型

将式 (3.25) 整理, 得方程组 (3.26).

$$\begin{cases} \sum_{q=1}^{m} (b_i^{pq})^2 (c_i^p + k_i^q) = \sum_{t=1}^{m} \bar{X}_i^{pq} b_i^{pq} \\ \sum_{p=1}^{m} (b_i^{pq})^2 (c_i^p + k_i^q) = \sum_{t=1}^{m} \bar{X}_i^{pq} b_i^{pq} \end{cases} \quad (i = 1, 2, \cdots, n) \quad (3.26)$$

这个线性方程组的方程个数与未知变量数均为 $2m$, 矩阵形式如式 (3.27).

$$\begin{bmatrix} \sum_{q=1}^{m} (b_i^{1q})^2 & \cdots & 0 & (b_i^{11})^2 & \cdots & (b_i^{1m})^2 \\ \vdots & \ddots & \vdots & \vdots & \ddots & \vdots \\ 0 & \cdots & \sum_{q=1}^{m} (b_i^{mq})^2 & (b_i^{m1})^2 & \cdots & (b_i^{mm})^2 \\ (b_i^{mm})^2 & \cdots & (b_i^{m1})^2 & \sum_{p=1}^{m} (b_i^{p1})^2 & \cdots & 0 \\ \vdots & \ddots & \vdots & \vdots & \ddots & \vdots \\ (b_i^{m1})^2 & \cdots & (b_i^{mm})^2 & 0 & \cdots & \sum_{p=1}^{m} (b_i^{pm})^2 \end{bmatrix} \begin{bmatrix} c_i^1 \\ \vdots \\ c_i^m \\ k_i^1 \\ \vdots \\ k_i^m \end{bmatrix}$$

$$= \begin{bmatrix} \sum_{q=1}^{m} \bar{X}_i^{1q} b_i^{1q} \\ \vdots \\ \sum_{q=1}^{m} \bar{X}_i^{mq} b_i^{mq} \\ \sum_{p=1}^{m} \bar{X}_i^{p1} b_i^{p1} \\ \vdots \\ \sum_{p=1}^{m} \bar{X}_i^{pm} b_i^{pm} \end{bmatrix} \quad (3.27)$$

其分块矩阵形式如式 (3.28).

$$\begin{bmatrix} \hat{B}_{11} & B_{12} \\ B_{21} & \hat{B}_{22} \end{bmatrix} \begin{bmatrix} C \\ K \end{bmatrix} = \begin{bmatrix} X_1 \\ X_2 \end{bmatrix} \quad (3.28)$$

式中:
$$C = \left(c_i^1, c_i^2, \cdots, c_i^m\right)^{\mathrm{T}}, \quad K = \left(k_i^1, k_i^2, \cdots, k_i^m\right)^{\mathrm{T}}$$

$$\hat{B}_{11} = \mathrm{diag}\left(\sum_{q=1}^{m}\left(b_i^{1q}\right)^2, \sum_{q=1}^{m}\left(b_i^{2q}\right)^2, \cdots, \sum_{q=1}^{m}\left(b_i^{mq}\right)^2\right)$$

$$\hat{B}_{22} = \mathrm{diag}\left(\sum_{p=1}^{m}\left(b_i^{p1}\right)^2, \sum_{p=1}^{m}\left(b_i^{p2}\right)^2, \cdots, \sum_{p=1}^{m}\left(b_i^{pm}\right)^2\right)$$

$$B_{12} = \begin{bmatrix} \left(b_i^{11}\right)^2 & \left(b_i^{12}\right)^2 & \cdots & \left(b_i^{1m}\right)^2 \\ \left(b_i^{21}\right)^2 & \left(b_i^{22}\right)^2 & \cdots & \left(b_i^{2m}\right)^2 \\ \vdots & \vdots & & \vdots \\ \left(b_i^{m1}\right)^2 & \left(b_i^{m2}\right)^2 & \cdots & \left(b_i^{mm}\right)^2 \end{bmatrix}$$

$$B_{21} = \begin{bmatrix} \left(b_i^{11}\right)^2 & \left(b_i^{21}\right)^2 & \cdots & \left(b_i^{m1}\right)^2 \\ \left(b_i^{12}\right)^2 & \left(b_i^{22}\right)^2 & \cdots & \left(b_i^{m2}\right)^2 \\ \vdots & \vdots & & \vdots \\ \left(b_i^{1m}\right)^2 & \left(b_i^{2m}\right)^2 & \cdots & \left(b_i^{mm}\right)^2 \end{bmatrix}$$

B_{12} 与 B_{21} 互为转置矩阵, 即 $B_{21} = (B_{12})^{\mathrm{T}}$.

$$X_1 = \left(\sum_{q=1}^{m}\bar{X}_i^{1q}b_i^{1q} \quad \sum_{q=1}^{m}\bar{X}_i^{2q}b_i^{2q} \quad \cdots \quad \sum_{q=1}^{m}\bar{X}_i^{mq}b_i^{mq}\right)^{\mathrm{T}}$$

$$X_2 = \left(\sum_{p=1}^{m}\bar{X}_i^{p1}b_i^{p1} \quad \sum_{p=1}^{m}\bar{X}_i^{p2}b_i^{p2} \quad \cdots \quad \sum_{p=1}^{m}\bar{X}_i^{pm}b_i^{pm}\right)^{\mathrm{T}}$$

$$\begin{bmatrix} C \\ K \end{bmatrix} = \begin{bmatrix} \hat{B}_{11} & B_{12} \\ B_{21} & \hat{B}_{22} \end{bmatrix}^{-1} \begin{bmatrix} X_1 \\ X_2 \end{bmatrix} \tag{3.29}$$

对于式 (3.27) 或式 (3.29) 中的系数矩阵, 可通过正常经济系统编制的投入产出表来建立系数矩阵, 如果此矩阵是非奇异矩阵, 则其逆矩阵存在, 求出方程组的解即得参数 C 和 K. 假若式 (3.29) 中的系数矩阵为奇异矩阵, 即 $\begin{bmatrix} \hat{B}_{11} & B_{12} \\ B_{21} & \hat{B}_{22} \end{bmatrix}^{-1}$

不存在, 则可用广义矩①方法求其广义逆 $\begin{bmatrix} \hat{B}_{11} & B_{12} \\ B_{21} & \hat{B}_{22} \end{bmatrix}^+$, 求出方程组如式 (3.30) 的极小范数最小二乘解即可.

$$\begin{bmatrix} C \\ K \end{bmatrix} = \begin{bmatrix} \hat{B}_{11} & B_{12} \\ B_{21} & \hat{B}_{22} \end{bmatrix}^+ \begin{bmatrix} X_1 \\ X_2 \end{bmatrix} \tag{3.30}$$

需要指出的是, 通过以上方式建立 CK 模型时, 为推演方便, 且不失一般性, 假设 "距离" 系数 $d_i^{pq} = 1$, 两地区的贸易往来系数 $\delta_i^{pq} = 1$, 应用时需根据实际情况确定.

3.2 区域表编制三步法

课题研究目的是探析滇、黔、桂、粤间及其他省区之间的经济关系, 需编制《2012 珠江流域区域间投入产出表》, 表中所涉及的区域为滇黔桂粤其他五区域. 利用国家统计局国民经济核算司编《中国地区投入产出表 2012》及 2012 年各省区投入产出表②, 采用 CK 引力模型编制. 珠江流域四省区区域间投入产出表编制过程如图 3.1 所示.

2012 年中国投入产出表及各省区投入产出表, 是按照《国民经济行业分类》(GB/T 4754—2011), 将国民经济生产活动划分为 139 个部门, 由国家统计局统一部署, 编制全国及各个省区 139 及 42 部门投入产出表. 本书按应用的需要, 分别编制了珠江流域 19 部门和 42 部门的区域间投入产出表, 其中编表采用的 19 部门原始数据是通过 139 部门数据合并得到, 对应的部门见附录 1 中的附表 1.1. 表式与其他 31 个省区 2012 年投入产出表结构相同.

本节以 2012 年 42 部门珠江流域区域间投入产出表编制方法为例进行说明.

---

① 对于一个线性方程组, 若系数矩阵为 $m \times n$ 矩阵或系数方阵不可逆, 可以利用广义逆求解; 而在求线性方程组的极小范数解或最小二乘解时, 可以采用 Moore-Penrose 广义逆 (又称加号逆) 进行求解, 有如下定理:

定理 相容线性方程组 $Ax = b$ 的唯一极小范数解或矛盾线性方程组 $Ax = b$ 的唯一极小范数最小二乘解 $x_0 = A^+ b$. 若 $A = FG$ 为系数矩阵 A 的满秩分解, 其中 F 为列满秩矩阵, G 为行满秩矩阵, 则 $A^+ = G^H (GG^H)^{-1} (F^H F)^{-1} F^H$, 公式看起来复杂, 但若利用数学软件 MATLAB 中的 orth 函数和 inv 函数计算就十分简便, 即 $F = \text{orth}(A)$ 表示: 对矩阵 M 作满秩分解, 矩阵 F 为列满秩矩阵; $G = F' \times M$ 表示: 矩阵 G 为行满秩矩阵; $A^+ = G' \times \text{inv}(G \times G') \times \text{inv}(F' \times F) \times F'$ 表示矩阵 A 的广义加号逆. 其中 orth 表示矩阵正交基, inv 表示矩阵的逆.

② 国家统计局国民经济核算司编的《中国 2012 年投入产出表编制方法》和《中国地区投入产出表 2012》, 北京: 中国统计出版社.

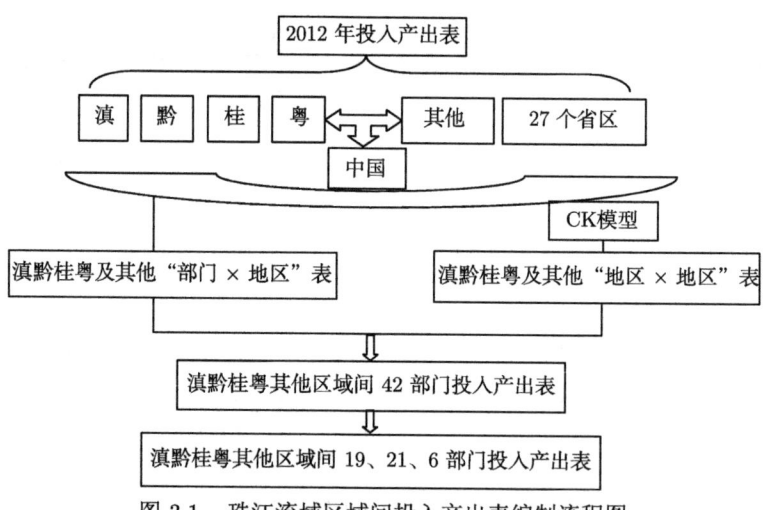

图 3.1 珠江流域区域间投入产出表编制流程图

3.2.1 "其他"地区各象限数据推算方法

1) 第一象限流量的推算

第一象限中各部门的总投入，以 2012 年中国投入产出表为基础，将各部门的总投入减去滇黔桂粤四省区相应部门的总投入合计，即可得到"其他"地区表对应部门的总投入 (总产出)，从而构成总投入行向量 $X = (X_1, X_2, \cdots, X_{42})$；"其他"地区表的直接消耗系数 a_{ij} 沿用 2012 年中国投入产出表的直接消耗系数，于是"其他"地区表的流量 x_{ij} 可用式 (3.31) 推算出来.

$$(x_{ij})_{42\times 42} = A\hat{X} \tag{3.31}$$

式中, $A = (a_{ij})_{42\times 42}$ 为 2012 年中国 42 部门投入产出表的直接消耗系数矩阵, $\hat{X} = \text{diag}(X_1, X_2, \cdots, X_{42})$ 为"其他"地区表各部门总投入对角矩阵.

经测算得到流量矩阵 $Q = (x_{ij})_{42\times 42}$ 的行和以及列和，行和以及列和分别为 42 部门各部门的中间使用合计和中间投入合计. 即

$$\text{行和 } Q_h = \sum_{i=1}^{42} x_{ij}(j=1,2,\cdots,42), \quad \text{列和 } Q_c = \sum_{j=1}^{42} x_{ij}(i=1,2,\cdots,42)$$

2) 第二象限最终使用的推算

对于第二象限数据，即各部门的最终使用来说，有以下关系式成立：

各部门最终使用合计 = 总产出 − 中间使用合计 + 进口 + 国内省外流入 − 其他

3.2 区域表编制三步法

将各部门最终使用合计数分别减去该部门的出口和流出,得到各部门的最终消费支出与资本形成总额合计;再按全国的最终消费支出与资本形成总额结构,推算出各部门最终消费支出和资本形成总额.

其中,即将编出的投入产出表中涉及的"出口"、"进口"、"流出"和"流入"四列,是直接将其 27 个省区 "4 列表" 的相应列、相应部门的出口、进口、流出、流入加总得到.

3) 第三象限最初投入的推算

关于第三象限最初投入的推算,即纵向看,各个部门增加值部分的推算.

第 j 部门增加值 $= j$ 部门总投入 $- j$ 部门中间投入合计,如式 (3.32) 所示.

$$Z_j = X_j - \sum_{i=1}^{42} x_{ij} \quad (j = 1, 2, \cdots, 42) \tag{3.32}$$

第 j 部门增加值细分为以下四项:固定资产折旧、劳动者报酬、生产税净额和营业盈余. 其计算方法是先按国家表中的数据将各部门增加值细分项目的结构比例测算出来,然后按此结构计算出"其他"地区表的相应项目数据.

从而编制出 2012 年 "其他" 地区 42 部门投入产出表,留待进一步应用.

3.2.2 "部门 × 地区" 表的编制方法

"部门 × 地区" 表式如表 3.1.

表 3.1 "部门 × 地区" 表式

部门	中间使用										中间使用合计
	广东		广西		贵州		云南		其他		
	部门1	⋯	部门42	部门1	⋯	部门42	部门1	⋯	部门42	部门1	⋯	部门42	部门1	⋯	部门42	
部门 1																
⋯																
部门 42																
合计																
总投入																

部门	最终使用										总产出
	广东					广西	贵州	云南	其他	
	1	2	3	4	5	6	1,⋯,6	1,⋯,6	1,⋯,6	1,⋯,6	
	最终消费支出	资本形成总额	出口	流出	进口	流入					
部门 1											
⋯											
部门 42											
合计											

表 3.1 中数据可直接由 2012 年滇、黔、桂、粤和其他五地区 42 部门投入产出表得到. 各地区部门间产品的流量分别记为 x_{ij}^p, y_{ik}^p, X_i^p, 则直接消耗系数的计算可用公式 (3.33).

$$a_{ij}^p = \frac{x_{ij}^p}{X_j^p} \quad (i,j = 1,2,\cdots,42; p = 1,2,3,4,5) \tag{3.33}$$

3.2.3 "地区 × 地区" 表的编制方法

编制 i 部门产品在地区间流动的 "地区 × 地区" 表, 是编制地区间投入产出表的难关. 如前所述, 无论用列系数模型还是用行系数模型, 或是用引力模型编制地区间投入产出表, 都必须测算部门产品在地区间分配使用的流量 x_i^{pq}, 从而编制 "地区 × 地区" 表. 一般采用引力模型, 主要过程如下文.

3.2.3.1 测算供需参数矩阵 B

1) 初始流量 b_i^{pq} 和 $(b_i^{pq})^2$ 的测算

根据前文公式 (3.24), 以及相关的假设条件, 在此处进行数值的测算, 公式重写如下.

$$\frac{X_i^{po} X_i^{oq}}{X_i^{oo}} \cdot d_i^{pq} \delta_i^{pq} = b_i^{pq} \quad (i = 1,2,\cdots,n; p,q = 1,2,\cdots,m)$$

$$Q_i = \sum_{p=1}^{m} \sum_{q=1}^{m} \left[\bar{X}_i^{pq} - b_i^{pq} (c_i^p + k_i^q) \right]^2 \quad (i = 1,2,\cdots,n)$$

在公式 (3.24) 中, 涉及的参数为 d_i^{pq} 和 δ_i^{pq}, 为方便运算处理, 先假设为 $d_i^{pq} = 1$ 和 $\delta_i^{pq} = 1$, 则根据广东、广西、贵州、云南和其他五个地区 2012 年投入产出表可计算得到第 i 部门 p 地区的中间使用合计 X_i^{po}, 以及第 i 部门 q 地区的中间投入合计 X_i^{oq}. 从而得到式 (3.34).

$$b_i^{pq} = \frac{X_i^{po} X_i^{oq}}{X_i^{oo}} \quad (i = 1,2,\cdots,42; p,q = 1,2,3,4,5) \tag{3.34}$$

式中, X_i^{oo} 表示各地区第 i 部门的中间投入与中间使用的总计[①]. 测算出 p 地区 i 部门单位产品供给 q 地区使用的数量 b_i^{pq}, 即 i 部门的产品在广东、广西、贵州、云南和其他省区间的供求流量系数. 据此编制出 "滇黔桂粤其他"42 部门 "地区 × 地区" 表.

---

① 注: 这是因为各部门的中间使用合计与中间投入合计不相等, 故用两者的总计.

3.2 区域表编制三步法

以部门 1 为例, 部门 1 产品在 5 个地区间供求情况 "地区 × 地区" 表, 见表 3.2. 表 3.2 表明, 42 部门中农业部门 ($i = 1$) 产品在广东、广西、贵州、云南及 "其他" 五地区的初始流量情况.

表 3.2　部门 1(农业) 产品 "地区 × 地区" 初始流量 b_1^{pq} 表　　(单位: 万元)

部门 1	广东	广西	贵州	云南	其他	中间使用合计
广东	556372	405337	167475	315590	9950382	11395356
广西	340179	247832	102398	192959	6083890	6967258
贵州	98153	71508	29545	55675	1755408	2010289
云南	200630	146166	60392	113803	3588141	4109132
其他	10154315	7397773	3056585	5759809	181603827	207972309
中间投入合计	11349649	8268616	3416395	6437836	202981648	232454144

注: 农业部门 1 产品在各地区的流量测算办法, 是从广东、广西、贵州、云南、"其他" 的原投入产出表中, 得到中间使用合计和中间投入合计, 从而得到其总合计 994151833, 于是其流量可计算得到.

从横行看, 第 1 行为广东农业部门产品, 用于本地及广西、贵州、云南、"其他" 生产中使用, 分别是 556372 万元、405337 万元、167475 万元、315590 万元、9950382 万元. 类似地可知广西、贵州、云南和其他地区农业部门产品在各地区的使用情况.

从纵列看, 第 1 列反映广东农业部门产品在生产过程中的投入情况, 分别是本地广东 556372 万元、广西 340179 万元、贵州 98153 万元、云南 200630 万元、其他 10154315 万元. 与此相似, 可知其余 41 个部门产品在各地区的供给与需求流量. 可测算出 $(b_i^{pq})^2$, 如农业部门 1 的 $(b_1^{pq})^2$ 见表 3.3.

表 3.3　农业部门 1 "地区 × 地区" $(b_1^{pq})^2$ 表

部门 1	广东	广西	贵州	云南	其他	合计
广东	3.10E+11	1.64E+11	2.80E+10	9.96E+10	9.90E+13	9.96E+13
广西	1.16E+11	6.14E+10	1.05E+10	3.72E+10	3.70E+13	3.72E+13
贵州	9.63E+09	5.11E+09	8.73E+08	3.10E+09	3.08E+12	3.10E+12
云南	4.03E+10	2.14E+10	3.65E+09	1.30E+10	1.29E+13	1.30E+13
其他	1.03E+14	5.47E+13	9.34E+12	3.32E+13	3.30E+16	3.32E+16
合计	1.04E+14	5.50E+13	9.39E+12	3.33E+13	3.31E+16	3.33E+16

2) 构造系数矩阵 B

根据数据 $(b_i^{pq})^2$ 的行和与列, 分别计算出其行和与列和 $\sum_{q=1}^{m}(b_i^{pq})^2$ ($p = 1$,

$2,\cdots,m$), $\sum_{p=1}^{m}(b_i^{pq})^2$ ($q=1,2,\cdots,m$), 从而构造出各部门的 "供需参数矩阵" B. 农业部门 1 的供需参数矩阵 B, 见表 3.4.

表 3.4　农业部门 1 的供需参数矩阵 B

部门 1	1	2	3	4	5	6	7	8	9	10
1	9.96E+13	0	0	0	0	3.10E+11	1.64E+11	2.80E+10	9.96E+10	9.90E+13
2	0	3.72E+13	0	0	0	1.16E+11	6.14E+10	1.05E+10	3.72E+10	3.70E+13
3	0	0	3.10E+12	0	0	9.63E+09	5.11E+09	8.73E+08	3.10E+09	3.08E+12
4	0	0	0	1.30E+13	0	4.03E+10	2.14E+10	3.65E+09	1.30E+10	1.29E+13
5	0	0	0	0	3.32E+16	1.03E+14	5.47E+13	9.34E+12	3.32E+13	3.30E+16
6	3.10E+11	1.16E+11	9.63E+09	4.03E+10	1.03E+14	1.04E+14	0	0	0	0
7	1.64E+11	6.14E+10	5.11E+09	2.14E+10	5.47E+13	0	5.50E+13	0	0	0
8	2.80E+10	1.05E+10	8.73E+08	3.65E+09	9.34E+12	0	0	9.39E+12	0	0
9	9.96E+10	3.72E+10	3.10E+09	1.30E+10	3.32E+13	0	0	0	3.33E+13	0
10	9.90E+13	3.70E+13	3.08E+12	1.29E+13	3.30E+16	0	0	0	0	3.31E+16

3.2.3.2　构造列向量 X

编制区域间投入产出表的一个难点即确定 $\bar{X}_i^{pq}$ 的值, 但 $\bar{X}_i^{pq}$ 为实际值, 目前统计资料不可得. 本课题运用第 i 部门各地区的中间使用合计 X_i^{p0} 和中间投入合计 X_i^{0q} 的简单算术平均数代替, 仍用 $\bar{X}_i^{pq}$ 表示, 其中部门 1 的计算结果见表 3.5.

表 3.5　部门 1(农业) $\bar{X}_1^{p0}$ 和 $\bar{X}_1^{0q}$ 的简单算术平均数 $\bar{X}_1^{pq}$ 　　(单位: 万元)

部门 1	广东	广西	贵州	云南	其他	中间使用合计
广东	2.43E+07	2.19E+07	1.80E+07	2.04E+07	1.77E+08	3.06E+07
广西	1.84E+07	1.59E+07	1.21E+07	1.45E+07	1.71E+08	1.87E+07
贵州	1.17E+07	9.29E+06	5.42E+06	7.83E+06	1.65E+08	5.39E+06
云南	1.46E+07	1.21E+07	8.23E+06	1.06E+07	1.67E+08	1.10E+07
其他	2.88E+08	2.86E+08	2.82E+08	2.84E+08	4.41E+08	4.41E+08
中间投入合计	1.81E+07	1.32E+07	5.45E+06	1.03E+07	3.24E+08	9.94E+08

注: 表中流量的计算, 如 "广东–广东" 2.43E+07∼(3.06E+07)×(1.81E+07)/2.

在确定了 b_i^{pq} 和 $\bar{X}_i^{pq}$ 的值之后, 可计算出 $\bar{X}b$, 即构造出列向量 X. 将矩阵 B 的元素与相应的 $\bar{X}_i^{pq}$ 相乘, 即各部门各地区对应流量值相乘, 并由其行和与列和构成列向量 X, 部门 1 农业部门地区间流量测算结果见表 3.6.

3.2 区域表编制三步法

表 3.6 部门 1(农业) 的 $\bar{X}b$ 及列向量 X 表 (单位: 万元)

部门 1	广东	广西	贵州	云南	其他	合计	列向量 X
广东	1.35E+13	8.87E+12	3.02E+12	6.44E+12	1.76E+15	1.79E+15	1.79E+15
广西	6.26E+12	3.95E+12	1.24E+12	2.79E+12	1.04E+15	1.06E+15	1.06E+15
贵州	1.15E+12	6.64E+11	1.60E+11	4.36E+11	2.89E+14	2.91E+14	2.91E+14
云南	2.92E+12	1.77E+12	4.97E+11	1.21E+12	6.00E+14	6.07E+14	6.07E+14
其他	2.92E+15	2.11E+15	8.61E+14	1.64E+15	8.00E+16	8.76E+16	8.76E+16
合计	2.95E+15	2.13E+15	8.66E+14	1.65E+15	8.37E+16	9.13E+16	2.95E+15
							2.13E+15
							8.66E+14
							1.65E+15
							8.37E+16

3.2.3.3 测算参数 c_i^p, k_i^q 和流量 X_i^{pq}

CK 模型测算, 得到参数 c_i^p, k_i^q 和 $c_i^p + k_i^q$, 其中部门 1(农业) 的参数 c_1^p, k_1^q 和 $c_1^p + k_1^q$ 见表 3.7.

表 3.7 部门 1(农业) 的 c_1^p、k_1^q 和 $c_1^p + k_1^q$ 的值

	k_1^q	广东	广西	贵州	云南	其他
c_1^p	—	27.1139	37.4709	90.9692	48.2901	1.2693
广东	16.4903	43.6042	53.9612	107.4595	64.7804	17.7596
广西	27.0118	54.1257	64.4827	117.981	75.3019	28.2811
贵州	92.39	119.5039	129.8609	183.3592	140.6801	93.6593
云南	45.2132	72.3271	82.6841	136.1824	93.5033	46.4825
其他	1.1572	28.2711	38.6281	92.1264	49.4473	2.4265

注: 表中右下方 5×5 方块中的数为 $c_i^p + k_i^q$ 值.

以上较详细地阐述了计算供给系数和需求系数的过程.

将以上计算得到的 $c_i^p + k_i^q$ $(p,q = 1,2,3,4,5,;i = 1,2,\cdots,42)$ 代入

$$Q_i^{pq} = (c_i^p + k_i^q) d_i^p \delta_i^{pq} \quad (p,q = 1,2,3,4,5; i = 1,2,\cdots,42)$$

"距离" d_i^{pq} 的取值说明: 当 p,q 是云南、贵州、广西和广东时, 取其行政中心城市间的铁路干线长度; 当 p,q 是 "其他" 时, 取北京与该行政中心城市间的铁路干线长度. 各省区内部的 "距离", 以该行政中心城市与邻近行政中心城市铁路干线长度的 1/4 计算[①]. 距离及其倒数值见表 3.8.

[①] 行伟波, 李善同. 引力模型、边界效应与中国区域间贸易: 基于投入产出数据的实证分析. 国际贸易问题, 2010(10): 32-41.

贸易参数由地区间的实际情况确定, 如广东不生产煤炭采选产品, 则其 $\delta_2^{广东q}$ = 0; 云南不生产石油和天然气开采产品, 则 $\delta_3^{云南q} = 0$. 有贸易往来的地区间贸易参数均设为 1, 即 $\delta_i^{pq} = 1$.

表 3.8 行政中心城市间的距离及其倒数取值

	广州		南宁		贵阳		昆明		其他省区 (北京)	
	距离	倒数	距离	倒数	距离	倒数	距离	倒数	距离	倒数
广州	151	0.006623	603	0.001658	1444	0.000693	1650	0.000606	2294	0.000436
南宁	603	0.001658	151	0.006623	865	0.001156	828	0.001208	2566	0.000390
贵阳	1444	0.000693	865	0.001156	160	0.00625	638	0.001567	2300	0.000435
昆明	1650	0.000606	828	0.001208	638	0.001567	160	0.00625	3174	0.000315
北京	2294	0.000436	2566	0.00039	2300	0.000435	3174	0.000315	574	0.001742

将以上计算结果代入引力模型, 如式 (3.21) 与式 (3.22), 即代入

$$X_i^{pq} = \frac{X_i^{p0} X_i^{0q}}{X_i^{00}} (c_i^p + k_i^q) d_i^{pq} \delta_i^{pq} \quad (p, q = 1, 2, 3, 4, 5; i = 1, 2, \cdots, 42)$$

计算出 42 部门 "地区 × 地区" 流量 X_i^{pq}, 其中部门 1(农业) 产品在各地区间的流量, 见表 3.9.

表 3.9 42 部门产品在各地区流量 X_1^{pq} (单位: 万元)

	广东	广西	贵州	云南	其他
广东	160675	36265	12472	12389	77048
广西	30528	105841	13966	17552	67103
贵州	8129	10735	33859	12273	71518
云南	8794	14599	12888	66506	52538
其他	125164	111447	122493	89714	767633

3.3 珠江四省区域表编制

用滇、黔、桂、粤、"其他" 这 5 张表和相关统计资料, 编制 "滇黔桂粤其他" 地区间投入产出表.

3.3.1 第一象限流量 x_{ij}^{pq} 的测算

"滇黔桂粤其他" 地区间投入产出表的基本表式见表 3.10.

通过编制 "部门 × 地区" 表和 "地区 × 地区" 表分别得到的初始流量 x_{ij}^p 和 x_i^{pq}, 在行系数不变或在列系数不变的假设下推算出 x_{ij}^{pq}. 实际编表操作时, 由于实际资料不完整、不充分, 可设定各地区各部门的中间使用系数或中间投入系数不变, 以中间使用合计和中间投入合计为控制数, 推算 x_{ij}^{pq}, 公式如式 (3.35).

3.3 珠江四省区域表编制

$$x_{ij}^{pq} = r_{ij}^q x_j^{pq} \quad (p,q=1,2,3,4,5; i,j=1,2,\cdots,42) \tag{3.35}$$

然后再采取常用的 RAS 法调整使其中间使用总计与中间投入总计相等.

表 3.10 2012 年 "滇黔桂粤其他" 地区间 42 部门投入产出表 (单位: 万元)

			中间使用					最终使用							流入	进口	其他	总产出
			广东	广西	贵州	云南	其他	合计	广东	广西	贵州	云南	其他	流出	出口	合计				
			$1\cdots n$	$1\cdots n$	$1\cdots n$	$1\cdots n$	$1\cdots n$													
中间投入	广东	1⋮n																		
	广西	1⋮n																		
	贵州	1⋮n																		
	云南	1⋮n																		
	其他	1⋮n																		
	中间投入合计																			
最初投入	劳动者报酬																			
	生产税净额																			
	固定资产折旧																			
	营业盈余																			
	合计																			
总投入																				

注: $n=42$.

需说明的有如下三点.

其一, 用 CK 模型计算得到的第 21 部门仪器仪表的供应系数和需求系数, 即贵州 c_{21}^3, k_{21}^3 和云南 c_{21}^4, k_{21}^4 有负数, 导致此两数之和有负数存在, 课题组根据该两省对仪器仪表的投入和使用情况进行了调整, 使其供应系数与需求系数之和为正, 使初始流量均为正.

其二, 按中间使用系数测算的流量, 有的部门列和结果为零, 但其相应的行和非零，按 RAS 法的要求对这样的部门进行了调整，具体涉及的数据有：广东煤炭采选产品按引力模型测算的结果显示其中间投入合计为 59389 万元，而该部门的中间投入控制数却为 0，这样导致用 RAS 法调整时，该列中间投入合计为 0，无法进一步迭代；同样，广西的石油和天然气开采产品的中间投入合计为 9862 万元；贵州石油和天然气开采产品的中间投入合计为 11498 万元；云南的石油和天然气开采产品的中间投入合计为 7546 万元. 调整的原则是，直接将该部门的中间投入控制数调整为中间投入数.

其三，有的部门行和非零，但其控制数却为零，也需要进行调整，调整的原则是将中间使用控制数直接调整为该部门的实际中间使用，具体涉及的部门有：广东第 2 部门煤炭采选产品；广西、贵州、云南三省区第 3 部门石油和天然气开采产品.

3.3.2 第二象限最终使用的计算

滇黔桂粤其他投入产出表第二象限基本表式如表 3.11 所示.

表 3.11 滇黔桂粤其他投入产出表第二象限表式

		广东 1		广西 2		贵州 3		云南 4		其他 5		出口	合计	最终使用
		最终消费总额	资本形成总额	最终消费总额	资本形成总额	最终消费总额	资本形成总额	最终消费总额	资本形成总额	最终消费总额	资本形成总额			实际值
广东 1	1	w_1^1	u_1^1									EX_1^1	u_1^1	y_1^1
	...	...	...									...	...	...
	42	w_{42}^1	u_{42}^1									EX_{42}^1	u_{42}^1	y_{42}^1
广西 2	1			w_1^2	u_1^2							EX_1^2	u_1^2	y_1^2
	...			...	...							...	...	...
	42			w_{42}^2	u_{42}^2							EX_{42}^2	u_{42}^2	y_{42}^2
贵州 3	1					w_1^3	u_1^3					EX_1^3	u_1^3	y_1^3
	...					...	...					...	...	...
	42					w_{42}^3	u_{42}^3					EX_{42}^3	u_{42}^3	y_{42}^3
云南 4	1							w_1^4	u_1^4			EX_1^4	u_1^4	y_1^4
	...							...	...			...	...	...
	42							w_{42}^4	u_{42}^4			EX_{42}^4	u_{42}^4	y_{42}^4
其他 5	1									w_1^5	u_1^5	EX_1^5	u_1^5	y_1^5
	...									...	...	...	...	...
	42									w_{42}^5	u_{42}^5	EX_{42}^5	u_{42}^5	y_{42}^5
	合计	W^1	U^1	W^2	U^2	W^3	U^3	W^4	U^4	W^5	U^5			
	实际值	TC^1	GCF^1	TC^2	GCF^2	TC^3	GCF^3	TC^4	GCF^4	TC^5	GCF^5			

注：表中"合计"项由各省区投入产出表直接合计得到；"实际值"是根据引力模型推算获得的调整数与"合计"项的代数和.

第二象限最终使用的数据，可通过如下等式计算得到.

最终使用 = 总产出 − 中间使用 + 进口 + 国内省外流入

其他项目,如最终消费支出、资本形成总额、出口、国内省外流入,均可以由各省区投入产出表直接得到. 需要进行分解的是国内省外流入和进口产品中用于中间使用和最终使用的量, 这在各省区表中已经包含在内, 但要将这些数量拆分出来, 目前没有十分可靠的统计资料, 仍采用引力模型进行推算.

3.3.3 第三象限最初投入的计算

第三象限最初投入的编制较为简单, 第一象限的流量经 RAS 法调整, 它与各省区各部门的中间使用和中间投入分别都相等. 因此, 最初投入与各省区各部门的最初投入是一样的, 故直接沿用各省区的最初投入.

经以上各个步骤的计算, 即可得到以中间投入和中间使用为基础编制的《2012 年滇黔桂粤其他 42 部门区域间投入产出表》, 可以用同样的方法编制出 2012、2007、2002 年三个年份珠江流域四省区 19 部门区域间投入产出表.

3.4 需特别说明的几个问题

3.4.1 关于 2012 年区域间编制说明

编制 2012 年珠江流域区域间投入产出表过程中, 存在一些细节调整的处理, 特别说明如下几点.

第一, 编制珠江流域 2012 年投入产出表, 虽然花了较长的一段时间, 用到了海关统计年鉴、中国统计年鉴、中国交通运输统计年鉴以及云南、贵州、广西和广东统计资料等种种统计数据, 以及对各省区统计部门的实地走访与学习, 但终因数据不配套、统计口径不一致以及实物量与价值量的换算等因素, 均不能很好地直接用于编表数据的计算. 因此, 课题组在编制区域间投入产出表的过程中主要参考了国家统计局国民经济核算司编《中国地区投入产出表 2012》、31 个省区编制的该省区 2012 年投入产出表、2007 中国地区投入产出表等; 另一个资料获取的重要途径是参考一些权威著作, 如张亚雄、齐舒畅 (2012) 主编的《2002—2007 年中国区域间投入产出表》(中国统计出版社); 刘卫东、唐志鹏、韩梦瑶等著的《2012 年中国 31 省区市区域间投入产出表》(中国统计出版社) 和石敏俊、张卓颖等著的《中国省区间投入产出模型与区际经济联系》(科学出版社) 等等.

第二, 对于 2012 年珠江流域 19 部门投入产出表的编制, 采用了两种途径, 一是直接用引力模型编制; 二是将上文编制的 2012 年珠江流域 42 部门投入产出表进行部门合并, 缩编为 19 部门表, 两表有一定差异, 均可用.

第三, 在应用引力模型的过程中作了一定的改进, 如在测算第一象限流量时, 采用了各部门的中间使用合计和中间投入合计; 在测算第二象限最终消费支出时采用了各部门的消费支出合计，在测算资本形成总额时采用了各部门资本形成总额合计. 对于调整平衡的方法，均采用 RAS 法进行调整，效果较好.

第四，课题组通过建立 CK 模型，能较好地直接测算出供给与需求两个重要参数. 不足之处是可能出现负数，当出现负数时需查其原因，如资料问题或是地区特殊部门所致，并进行妥善的解决与处理.

3.4.2 关于其他年份区域表编制说明

在珠江流域区域经济分析的应用中，为纵向对比方便，本课题研究组还编制了 2002 年、2007 年的区域间投入产出表，相关说明如下.

第一，2002 "滇黔桂粤其他" 19 部门区域间投入产出表的编制，是根据 "中国省区间投入产出模型的数据库"[①]中的 2002 年 30 个省区间 21 部门投入产出表，将广东、广西、贵州、云南四省区和其他 26 个省区归并为 "其他"，从而得到 5 地区的 21 部门地区间投入产出表，进一步进行部门合并可得 5 地区 19 部门区域间投入产出表. 21 个部门分类的特点是，制造业分类较为详细. 而 19 部门是依据国民经济行业分类标准 (GB/T 4754—2011)，以门类分为 19 个行业，其特点是第三产业分类较细，主要优点是更贴近于现实经济发展，更有利于第三产业的研究，更有利于现代服务业的研究. 如有关部门做规划、常规管理均以此分类；统计部门日常统计与统计年鉴均以此分类进行统计与发布.

第二，2007 "滇黔桂粤其他" 19 部门区域间投入产出表的编制，是根据国家统计局国民经济核算司编《2007 中国地区投入产出表》[②]提供的 30 个省区[③]数据，以及《中国 2007 年投入产出表》的数据编制而成.

第三，在编表及后文的分析应用过程中，曾参考由刘卫东等编制的《2010 年中国 30 省区市区域间投入产出表》[④]以及《中国 2007 年 30 省区市区域间投入产出表编制理论与实践》，正式出版的专著中分别公布了 2002、2007 两个年份 6 个部门区域间投入产出表，与本课题所编制的 19 部门表分类有所不同，因此本课题组采用了延长表的编制方法进行了一系列的试算.

3.4.3 区域间投入产出表部门代码说明

按照本章的编表方法，本课题组分别编制出 2002、2007、2012 年三个年份珠江流域 4 省区 19 部门区域间投入产出表，以及 2012 年珠江流域 4 省区 42 部门区域间投入产出表. 其中 19 个部门的代码分别用英文字母表示，部门名称以及对应代码如表 3.12 所示；42 个部门的代码分别用数字表示，部门名称以及对应代码如表 3.13 所示.

---

① 石敏俊，张卓颖. 中国省区间投入产出模型与国际经济联系. 北京：科学出版社，2012.
② 国家统计局国民经济核算司. 2007 中国地区投入产出表. 北京：中国统计出版社，2011.
③ 表中的 30 个省区中除云南、贵州、广西和广东四省区外其他 26 个省区.
④ 刘卫东，唐志鹏. 2010 年中国 30 省区市区域间投入产出表. 北京：中国统计出版社，2014.

本书后续章节涉及 19 个产业部门时均采用表 3.12 中的代码表示,涉及 42 个产业部门时均采用表 3.13 中的代码表示.

表 3.12 珠江流域区域间投入产出表 19 部门名称分类及代码

序号	产业部门代码	产业名称
1	A	农、林、牧、渔业
2	B	采矿业
3	C	制造业
4	D	电力、热力、燃气及水生产和供应业
5	E	建筑业
6	F	批发和零售业
7	G	交通运输、仓储和邮政业
8	H	住宿和餐饮业
9	I	信息传输、软件和信息技术服务业
10	J	金融业
11	K	房地产业
12	L	租赁和商务服务业
13	M	科学研究和技术服务业
14	N	水利、环境和公共设施管理业
15	O	居民服务、修理和其他服务业
16	P	教育
17	Q	卫生和社会工作
18	R	文化、体育和娱乐业
19	S	公共管理、社会保障和社会组织

表 3.13 珠江流域区域间投入产出表 42 部门名称分类及代码

代码	产业名称	代码	产业名称
01	农林牧渔产品和服务	22	其他制造产品
02	煤炭采选产品	23	废品废料
03	石油和天然气开采产品	24	金属制品、机械和设备修理服务
04	金属矿采选产品	25	电力、热力的生产和供应
05	非金属矿和其他矿采选产品	26	燃气生产和供应
06	食品和烟草	27	水的生产和供应
07	纺织品	28	建筑
08	纺织服装鞋帽皮革羽绒及其制品	29	批发和零售
09	木材加工品和家具	30	交通运输、仓储和邮政
10	造纸印刷和文教体育用品	31	住宿和餐饮
11	石油、炼焦产品和核燃料加工品	32	信息传输、软件和信息技术服务
12	化学产品	33	金融
13	非金属矿物制品	34	房地产
14	金属冶炼和压延加工品	35	租赁和商务服务
15	金属制品	36	科学研究和技术服务
16	通用设备	37	水利、环境和公共设施管理
17	专用设备	38	居民服务、修理和其他服务
18	交通运输设备	39	教育
19	电气机械和器材	40	卫生和社会工作
20	通信设备、计算机和其他电子设备	41	文化、体育和娱乐
21	仪器仪表	42	公共管理、社会保障和社会组织

本课题组编制的珠江流域四省区区域间投入产出表由于表式较大,不再放入正文中,其中 2012 年珠江流域 4 省区 19 部门区域间投入产出表见附录 1 中的附表 1.2.

应用之一：产业关联分析

第 4 章 珠江流域区域产业关联分析

在社会经济活动中,产业间的关联关系表现为各产业间的供给与需求关系,即产业间的投入与产出关系,实质上是指各产业之间的技术经济联系. 通过珠江流域区域间投入产出表,可以更直接地剖析产业间的这种经济联系,即产业关联分析.

4.1 关联关系测度

4.1.1 关联关系测度文献综述

产业关联,即从 "量" 的角度来研究与分析在一定时期内产业间联系,以及联系方式的数量关系 (李雪梅, 李学伟, 2009). 在社会经济活动中, 产业间的关联关系表现为各产业间供给与需求的关系, 实质上是产业间的投入与产出关系, 即各产业之间的技术经济联系. 因此, 产业关联分析, 重在描述产业间的相互关联状况, 研究各产业之间由于供给推动和需求拉动产生的相互影响; 并以此为基础, 进一步探究产业结构的变动特征, 从而为制定相关的产业政策提供可参考的理论依据 (刘志彪, 2015).

产业关联分析一直以来都是经济领域的讨论热点, 不少学者对其进行了持续深入的研究. 从 Quesnay 的《经济表》到 Marx 的再生产公式, 以及 Walras 的一般均衡理论, 再到 Leontief 的投入产出表等, 均被视为产业关联理论的重要研究成果. 其中, 影响最大的是由 Leontief 开创的投入产出理论, 因此, 不少人直接把产业关联理论称为投入产出理论, 投入产出表是产业关联效应测度的基础. 基于投入产出表测度的产业关联效应可从不同角度进行分类, 根据联系方式不同, 可分为直接关联效应和完全关联效应; 根据联系方向的不同, 可分为前向关联效应和后向关联效应.

按产业关联的联系方式来看, 直接关联效应是基于直接消耗系数矩阵 (投入系数矩阵) 或直接分配系数矩阵 (产出系数矩阵) 进行计算; 完全关联效应则考虑了间接关联, 并基于完全需求或完全供给系数矩阵[①]进行计算. 叶安宁、张敏 (2010) 利用 2002 年中国各省市投入产出表进行分析, 发现基于 Leontief 模型所测度的直接前向关联和完全前向关联均值之间高度相关 (相关系数为 0.99); 利用 Ghosh 模型所测度的两指标也有此特征, 二者相关系数为 0.98. 基于此结论, 作者

---

① 完全供给系数矩阵即 Ghosh 逆矩阵; Ghosh 逆矩阵 $-I$ 称为完全分配系数矩阵, 其中 I 为单位矩阵.

特别指出,基于以上两种模型所测度的间接关联关系对部门排序的影响有限. 另外,无论直接关联效应,还是完全关联效应,两者均包括"一对一"或是"一对多"的关联关系 (杨灿, 2005), 杨灿、郑正喜 (2014) 认为完全关联效应的测度是当前测度产业关联效应的主流方法.

按产业关联的联系方向来看,前向关联测度某个产业部门作为中间产品提供者,即供给方的重要程度; 后向关联测度某个产业部门作为中间产品需求者对其他产业部门的依赖程度. 其中前向关联效应的测度存在较多争议, 即基于 Leontief 逆矩阵, 也称为完全需求系数矩阵, 运用其行和进行的测度遭到许多学者质疑. 如张亚雄、赵坤 (2006) 曾指出, 在现实中无法实现"每一部门的最终需求均增加一个单位"的假定. 于是 Jones(1976) 建议利用 Ghosh 模型测度前向关联, 即运用 Ghosh 逆矩阵 (完全供给系数矩阵) 行和进行测度; 这一计算方法较前者的解释能力有所提高; 自 1976 年后, 国际上也较为普遍地利用 Ghosh 逆矩阵减单位阵 (完全分配系数) 来进行计算 (陈锡康, 2004)[①]. 同样有不少学者认为 Ghosh 模型不具有合理性, 如 Dietzenbacher(1997) 证明了它是一种价格模型, 并给出另一种解释; Cai 和 Leung(2004) 也通过数学推导证明基于 Ghosh 逆矩阵测算前向关联缺乏准确性. 张亚雄、赵坤 (2006) 指出 Ghosh 逆矩阵无法反映各部门最终需求对产出的诱发效应, 因此基于 Ghosh 模型计算的关联系数应用并不广泛.

关于后向关联效应, 在实践中多以 Leontief 模型为基础, 不断发展其测度方法. 如 Rasmussen 后向关联, 虽然没有考虑规模效应, 但仍运用 Leontief 逆矩阵的列和进行测度 (叶安宁, 2007)[②]; 又如 Chenery & Wantanabe 方法; 但加权关联度法、虚拟消去法均可以弥补规模效应 (叶安宁, 张敏, 2011)[③]. 叶安宁 (2007) 运用实证分析法求证得出, 当剔除规模因素之后, Rasmussen 后向关联与虚拟消去法之间存在较大的相似性, 只是前者计算更加便捷.

在区域投入产出模型中, 完全需求系数矩阵的列和 $\sum_{i=1}^{n} b_{ij} (= 1, 2, \cdots, n)$, 表示 j 部门增加一单位的最终需求时, 对于所有部门所产生的需求或对经济系统各个部门的影响, 因此也被称为 j 部门的影响力. 若一个部门对其他部门的中间需求越大, 则其影响力越大, 也常被用来分析产业部门间后向关联度, 即对其他部门的拉动作用. 完全需求系数矩阵的行和 $\sum_{j=1}^{n} b_{ij} (i = 1, 2, \cdots, n)$, 表示当对国民经

[①] 陈锡康. 投入占用产出技术及其非线性和动态化研究. 北京: 中国统计出版社, 2004.

[②] 叶安宁. C & W, Rasmussen 和虚拟消去法后向关联比较. 彭志龙, 等主编. 中国投入产出理论与实践: 2007. 北京: 中国统计出版社, 2009: 145-153.

[③] 叶安宁, 张敏. 后向关联的稳定性和相关性研究. 彭志龙, 等主编. 中国投入产出理论与实践: 2010. 北京: 中国统计出版社, 2011: 138-150.

济各个部门的最终需求均增加一个单位时, i 部门所作出的感应, 或者说是应该增加的总产出量, 因此也被称为 i 部门的感应度. 若某一个产业部门为社会其他部门提供的中间产品越多, 则其感应度越大, 反映出这一部门对社会其他部门的支撑作用越大, 通常用于分析产业部门的前向关联度 (向蓉美, 2013).

4.1.2 关联系数计算方法

4.1.2.1 完全消耗系数矩阵

基于投入产出表所计算的直接消耗系数和完全消耗系数, 可以分析各部门间相互消耗的情况. 比如第 i 部门对第 j 个部门的直接消耗系数或者完全消耗系数越大, 说明在整个生产过程这一经济系统中, 第 i 部门对第 j 部门的需求就越多, 更加有利于拉动第 j 部门的成长, 这一关系可以表述为第 i 部门与第 j 部门高度相关. 其中, 完全消耗系数矩阵为 $\overline{B} = (I-A)^{-1} - I$.

各部门间的相互消耗情况可用来分析任意两部门间的关联程度; 影响力系数、感应度系数则可测度产业关联效应, 将这两个系数综合起来进行交叉分析还可以进行各部门的产业类别确定.

运用区域投入产出模型, 亦可测度区域产业关联关系. 张亚雄、赵坤 (2006) 定义了一组区域间产业影响力系数和感应度系数, 分别反映区域间投入产出表 (以下简称 "区域间表") 中某地区某部门对其他地区所有部门产品的需求、供给情况.

因此, 针对区域间表, 影响力系数和感应度系数的计算有不同的方法, 含义也各不相同, 分别进行如下说明.

4.1.2.2 区域影响力与感应度

区域影响力系数计算公式如式 (4.1) 所示.

$$F_j^S = \frac{\sum_{R=1}^{m}\sum_{i=1}^{n} b_{ij}^{RS}}{\frac{1}{n \times m}\sum_{R=1}^{m}\sum_{S=1}^{m}\sum_{i=1}^{n}\sum_{j=1}^{n} b_{ij}^{RS}} \quad (i=1,2,\cdots,n; j=1,2,\cdots,n) \tag{4.1}$$

区域感应度系数计算公式如式 (4.2) 所示.

$$E_i^R = \frac{\sum_{S=1}^{m}\sum_{j=1}^{n} b_{ij}^{RS}}{\frac{1}{n \times m}\sum_{R=1}^{m}\sum_{S=1}^{m}\sum_{i=1}^{n}\sum_{j=1}^{n} b_{ij}^{RS}} \quad (i=1,2,\cdots,n; j=1,2,\cdots,n) \tag{4.2}$$

在式 (4.1)、式 (4.2) 中, b_{ij}^{RS} 为 Leontief 逆矩阵中元素, 为完全需求系数; R, S 代表区域, i, j 代表部门; n 为区域间表中某个区域的部门数量, m 为区域个数, 在这里, $n = 19$, $m = 5$.

F_j^S 为区域影响力系数, 表示 S 地区 j 部门增加一单位最终需求对整个区域所有部门所产生的需求影响程度. 当 F_j^S 大于 (等于或小于)1 时, 代表 S 地区 j 部门对整个区域的影响力水平高于 (等于或低于) 社会平均影响力.

E_i^R 为区域感应度系数, 表示每一个区域的每一个产业均增加一个单位最终需求时, R 地区 i 部门对其应做出的感应程度大小. 当 E_i^R 大于 (等于或小于)1 时, 代表 R 地区 i 部门所做出的感应度水平高于 (等于或低于) 社会平均感应度.

由计算公式 (4.1) 与式 (4.2) 可知, 某区域影响力系数 (或区域感应度系数) 的含义, 指该区域对包括自身在内的整个区域的影响程度 (反馈效应).

4.1.2.3 区域间影响力与感应度

区域间影响力系数与区域间感应度系数计算公式如式 (4.3) 与式 (4.4).

$$\text{区域间影响力系数 } r_j^S = \frac{\sum\limits_{\substack{R=1 \\ R \neq S}}^{m} \sum\limits_{i=1}^{n} b_{ij}^{RS}}{\dfrac{1}{n} \sum\limits_{\substack{R=1 \\ R \neq S}}^{m} \sum\limits_{i=1}^{n} \sum\limits_{j=1}^{n} b_{ij}^{RS}} \quad (i = 1, 2, \cdots, n; j = 1, 2, \cdots, n) \tag{4.3}$$

$$\text{区域间感应度系数 } w_i^R = \frac{\sum\limits_{\substack{S=1 \\ S \neq R}}^{m} \sum\limits_{j=1}^{n} b_{ij}^{RS}}{\dfrac{1}{n} \sum\limits_{\substack{S=1 \\ S \neq R}}^{m} \sum\limits_{i=1}^{n} \sum\limits_{j=1}^{n} b_{ij}^{RS}} \quad (i = 1, 2, \cdots, n; j = 1, 2, \cdots, n) \tag{4.4}$$

在式 (4.3)、式 (4.4) 中, r_j^S 为区域间影响力系数, 表示 S 地区 j 部门增加一单位最终需求, 对除 S 地区以外的其他区域所有部门产生的需求影响程度; w_i^R 为区域间感应度系数, 表示当除 R 地区以外的其他区域所有部门最终需求均增加一单位时, R 地区 i 部门对其应做出的感应程度大小. 式中其他字母代码含义同式 (4.1) 与式 (4.2).

由计算公式可以看出, 区域间影响力系数 (或区域间感应度系数) 的含义与区域影响力系数不同, 关键区别在于区域间影响力系数指该区域对不包括自身在内的整个区域的影响程度 (反馈效应).

本章主要从区域产业联系的方向来测度产业关联效应,即运用区域影响力系数与感应度系数公式计算区域内各产业间的前、后向关联效应,分别运用完全需求系数矩阵的行和、列和进行分析.

4.2 区域产业关联分析

根据已编制的珠江流域区域间投入产出表 (共 5 个区域, 分别为粤、桂、黔、滇、除四省区之外的其他地区),计算其 Leontief 逆矩阵, 并记为 B, 运用式 (4.1)、(4.2) 计算某一区域对于整体经济的影响力系数、感应度系数. 在这里, $n = 19$, $m = 5$, 分别得出粤、桂、黔、滇、除四区域之外的其他五个区域对于全国总体产业的影响力、感应度系数.

另为单独考虑粤、桂、黔、滇对于珠江流域总体产业的影响力、感应度, 将 B 矩阵中的其他区域去掉, 作为粤、桂、黔、滇四区域间投入产出表的 Leontief 逆矩阵, 并记作 B^Z. 运用式 (4.1)、(4.2) 计算某一区域对于珠江流域经济的影响力系数、感应度系数. 在这里, $n = 19$, $M = 4$, 分别得出粤、桂、黔、滇四个区域对于珠江流域总体产业的影响力、感应度系数.

4.2.1 各省区对全国经济的总体影响

利用 2002、2007、2012 年珠江流域区域投入产出表, 计算三个年份各省区对全国的总体影响力系数和感应度系数, 即计算出粤、桂、黔、滇、其他五个区域对全国总体各产业的影响力、感应度系数, 结果如表 4.1~ 表 4.3 所示.

根据表 4.1~ 表 4.3 可知, 从区域来看, 由影响力、感应度系数合计可知, 2002、2007 年, 粤对全国总体产业的带动作用最大, 2012 年其影响力系数合计有所下降, 其他地区对全国总体产业的带动作用变为最大. 3 个年份中, 均是其他地区对全国总体产业需求最大.

从产业来看, 2002 年, 制造业 (C)、建筑业 (E)、租赁和商务服务业 (L)、居民服务、修理和其他服务业 (O)、卫生和社会工作 (Q) 这五个产业中, 每个产业下的五个区域的影响力系数均大于 1, 即这些产业对全国总体产业的带动作用较大. 五个区域的制造业 (C) 的感应度均高于社会平均水平, 说明制造业对于全国总体产业需求较大; 除黔区域外, 其余四个区域的交通运输、仓储和邮政业 (G) 的感应度系数均大于 1, 说明此产业对全国总体产业的发展有较大的推动作用. 可知, 制造业 (C) 对于全国总体产业有较强的辐射和制约作用.

2007 年, 制造业 (C)、电力、热力、燃气及水生产和供应业 (D)、建筑业 (E)、住宿和餐饮业 (H) 这四个产业对全国总体产业的带动作用较大 (每个产业下的五个区域的影响力系数均大于 1). 除黔区域外, 其余四个区域的制造业 (C) 的感应

表 4.1　2002 年区域产业影响力、感应度系数

产业代码	影响力系数 粤	桂	黔	滇	其他	感应度系数 粤	桂	黔	滇	其他
A	0.7916	0.7883	0.7703	0.7815	0.8698	0.8359	0.9947	0.8860	0.9334	1.8503
B	0.9491	0.9035	0.9137	1.0886	0.8932	0.6705	0.7798	0.8944	0.8277	1.4217
C	1.1166	1.2499	1.1134	1.0244	1.1999	**8.7293**	**3.0071**	2.2656	**3.2276**	**9.6284**
D	1.0259	0.9120	0.8898	0.9316	0.9595	1.0789	0.9395	0.9856	1.0084	1.3861
E	**1.2656**	**1.2880**	1.2642	1.2024	1.2598	0.4978	0.5643	0.5343	0.5018	0.6813
F	0.9632	0.6705	0.6992	0.8556	0.8208	0.7372	0.7278	0.7854	0.7149	1.3459
G	0.9554	0.8000	0.9353	1.0074	0.9799	1.3827	1.2912	0.8978	1.0675	**2.4756**
H	0.8458	1.0253	1.0505	1.0632	1.1096	0.7373	0.7871	0.7030	0.6344	1.3084
I	1.1961	0.8754	0.9522	1.0341	0.9342	0.7097	0.6291	0.5679	0.6593	0.9505
J	0.8969	0.9630	0.6886	0.9826	0.8137	1.1569	0.7889	0.8471	0.6723	1.6825
K	0.6921	0.8197	0.6373	0.6746	0.6336	0.6747	0.5846	0.5463	0.5193	0.8846
L	1.1842	1.2301	1.0285	1.2315	1.1098	0.8538	0.6938	0.6193	0.6421	1.2728
M	1.2587	1.1582	1.0313	1.1448	0.9907	0.5207	0.4805	0.4791	0.4965	0.6990
N	0.9938	0.8542	0.5523	1.0726	1.0925	0.4808	0.4753	0.4676	0.4646	0.5326
O	1.1174	1.1624	1.0163	1.1344	1.0964	0.5911	0.5589	0.5508	0.5223	0.8901
P	1.0494	1.0136	0.7438	0.7564	1.0582	0.4914	0.5077	0.4888	0.4899	0.5949
Q	**1.3154**	1.2221	**1.2721**	1.0567	**1.2731**	0.5048	0.4853	0.4860	0.4705	0.5564
R	1.1054	0.9796	0.8902	1.1235	1.0547	0.5203	0.5198	0.5054	0.4836	0.6671
S	1.1515	1.2538	1.1437	0.9338	1.1149	0.4665	0.4739	0.4547	0.4609	0.4807
合计	19.8742	19.1695	17.5926	19.0995	19.2643	21.6400	15.2894	13.9649	14.7969	29.3088

注 1：表中"产业代码"对应的具体产业名称见表 3.12。

注 2：表中画线加粗数字为当年区域产业影响力系数或感应度系数排名前五者，下表同，不再赘述。

注 3：表中数值存在舍入误差，下同。

表 4.2　2007 年区域产业影响力、感应度系数

产业代码	影响力系数 粤	桂	黔	滇	其他	感应度系数 粤	桂	黔	滇	其他
A	0.9567	0.9965	0.9712	0.9727	0.9734	0.8932	0.7745	0.7122	0.7498	**2.1545**
B	0.7918	0.8352	1.0685	0.7552	1.0906	0.9436	0.7329	0.7248	0.8134	1.8841
C	1.1623	1.1093	1.0182	1.0146	**1.3744**	**4.5732**	1.0493	0.8072	1.0229	**7.0517**
D	1.2784	1.2740	**1.3011**	**1.2886**	1.2186	1.4662	0.8082	0.7842	0.7884	**3.2886**
E	1.1837	1.1659	1.1056	**1.3638**	**1.3519**	0.7296	0.7062	0.7012	0.7537	0.8831
F	0.8910	0.8091	0.9094	0.8728	0.8266	0.8592	0.7598	0.7331	0.7822	1.5761
G	1.1124	1.0130	1.0232	1.0227	0.8396	0.9763	0.7640	0.7443	0.8222	1.6793
H	1.2359	1.0046	1.0253	1.0869	1.0135	0.9314	0.7450	0.7320	0.7713	1.4678
I	1.0833	0.9172	1.0573	1.1039	0.9448	0.9096	0.7233	0.7072	0.7993	1.3225
J	1.0201	1.0023	0.8242	1.0325	0.8384	1.3804	0.7495	0.7503	0.7938	**1.9274**
K	0.8631	0.8279	0.8376	0.8198	0.7545	0.9073	0.7090	0.7042	0.7162	1.0718
L	1.1516	1.0685	0.9166	1.1935	0.7134	1.1086	0.7255	0.7151	0.7534	1.4665
M	1.2052	1.0138	0.9722	1.1716	0.8747	0.7313	0.7022	0.7002	0.7083	0.8968
N	1.0135	0.7799	0.7290	0.9613	0.7217	0.7083	0.7006	0.6993	0.7010	0.7545
O	1.0694	1.0285	1.0035	1.1541	0.8765	0.7965	0.7151	0.7143	0.7293	1.0462
P	0.9605	0.8324	0.7576	0.8522	0.7941	0.7038	0.7072	0.7039	0.7199	0.8162
Q	1.2009	0.9135	1.0352	1.0810	0.9242	0.7057	0.7039	0.7039	0.7017	0.7628
R	1.1054	0.9297	0.9710	1.0385	0.7662	0.7394	0.7125	0.7052	0.7082	0.9315
S	1.0667	1.0630	1.0220	1.0636	0.7686	0.7050	0.7026	0.6986	0.7039	0.7791
合计	20.3520	18.5843	18.5488	19.8492	17.6657	20.7684	14.1914	13.7410	14.5388	31.7603

4.2 区域产业关联分析

表 4.3 2012 年区域产业影响力、感应度系数

产业代码	影响力系数 粤	桂	黔	滇	其他	感应度系数 粤	桂	黔	滇	其他
A	0.8540	0.8882	0.8952	0.8591	0.9216	0.6162	0.5561	0.4862	0.5234	2.7556
B	0.6994	0.7236	1.0240	1.0653	0.8619	0.7270	0.5489	0.5167	0.5304	**3.5527**
C	1.2330	1.0978	1.3006	1.2023	**1.3679**	4.0639	0.9921	0.6647	0.9506	**21.2312**
D	1.3199	1.1548	1.2892	1.2876	1.3066	1.1396	0.5675	0.5544	0.5800	**3.4754**
E	**1.4034**	0.9715	**1.4031**	**1.4229**	**1.4026**	0.5033	0.4655	0.4693	0.5424	0.8239
F	0.8927	0.6473	0.7348	0.7793	0.7900	0.6941	0.5198	0.4851	0.5238	2.1468
G	1.1483	1.0737	1.0831	1.0770	1.1743	0.7907	0.5344	0.5271	0.5254	2.7953
H	1.0905	1.0418	0.9577	1.1088	1.1156	0.6643	0.5057	0.4955	0.5148	1.3724
I	0.9756	0.7652	1.0537	1.1508	1.0578	0.5684	0.4735	0.4710	0.4889	1.1125
J	0.9182	0.9208	0.9478	0.8790	0.8889	0.7772	0.5126	0.5041	0.5030	**2.9767**
K	0.7261	0.5989	0.8061	0.8316	0.7252	0.6129	0.4717	0.4654	0.4699	1.1785
L	0.8780	0.9557	1.1809	1.3423	1.2593	0.7680	0.4936	0.4835	0.4849	2.1698
M	1.1029	0.9404	1.0927	1.0258	1.2272	0.4755	0.4634	0.4631	0.4694	0.9823
N	0.8773	0.7483	1.1468	0.9558	1.1032	0.4644	0.4620	0.4627	0.4636	0.5584
O	0.9574	0.7631	1.0307	0.9399	1.0237	0.5663	0.4780	0.4823	0.4778	1.0388
P	0.7847	0.6612	0.7402	0.7123	0.7583	0.4892	0.4728	0.4705	0.4747	0.5775
Q	1.0343	0.9624	1.1128	1.1103	1.1756	0.4617	0.4616	0.4647	0.4670	0.4846
R	0.9627	0.8743	1.0587	1.1163	0.9443	0.4813	0.4669	0.4656	0.4710	0.6831
S	0.8241	0.9572	0.8963	0.9235	0.9225	0.4702	0.4619	0.4632	0.4624	0.5239
合计	18.6827	16.7463	19.7544	19.7900	20.0266	15.3340	9.9079	9.3953	9.9235	50.4392

度系数均大于 1, 说明制造业对于全国总体产业需求较大. 同 2002 年情况类似, 2007 年, 制造业 (C) 对于全国总体产业依旧有较强的辐射和制约作用.

2012 年, 制造业 (C), 电力、热力、燃气及水生产和供应业 (D), 以及交通运输、仓储和邮政业 (G) 这三个产业对全国总体产业的带动作用较大 (每个产业下的五个区域的影响力系数均大于 1). 相比 2002、2007 年, 其他区域制造业 (C) 的感应度系数为 21.2312, 远高于社会平均水平, 即它对全国总体产业的推动作用很大, 同时对于全国经济的发展也有较强的制约作用.

综合 2002、2007、2012 年的情况看, 制造业 (C)、建筑业 (E) 两个产业对于全国总体产业都保持着较强的辐射和带动作用; 相比建筑业, 制造业在前两个年份中有着较强的推动作用, 但在 2012 年中, 这种作用主要由其他区域制造业 (感应度系数为 21.2312) 来推动.

在表 4.1 ∼ 表 4.3 中, 排名前五的产业标注了下划线. 从影响力系数看, 排名前五的产业中, 2002 年集中于建筑业 (E) 以及卫生和社会工作 (Q) 两个产业; 2007 年, 则分布于制造业 (C)、电力、热力、燃气及水生产和供应业 (D)、建筑

业 (E) 这三个产业; 2012 年, 则集中于制造业 (C)、建筑业 (E) 两个产业. 三年中, 建筑业的影响力系数排名均进入前五, 且在 2012 年, 除桂以外, 其余四个地区的建筑业对于全国总体产业的带动作用均较大. 感应度系数排名前五的产业中, 2002 年主要集中于制造业 (C); 2007 年较为分散, 分布于农、林、牧、渔业 (A)、制造业 (C)、电力、热力、燃气及水生产和供应业 (D)、金融业 (J) 四个产业; 2012 年与 2007 年稍有不同, 农、林、牧、渔业 (A) 已不在其列, 加入了采矿业 (B).

综合 2002、2007、2012 年的影响力、感应度系数排序情况来看, 三个编表年份中, 建筑业 (E) 的影响力系数排名均进入前五, 说明建筑业对于全国总体产业的带动作用较大; 制造业 (C) 的感应度系数排名均进入前五, 即制造业对全国总体产业的推动作用较大, 同时也有较强的制约作用.

4.2.2　各省区对珠江流域经济的影响

将 2002、2007、2012 年的任一省区对于珠江流域的影响力系数、感应度系数按照大小进行排序, 排序结果详见附录 2 中附表 2.1~ 附表 2.6. 根据排序结果, 将每年排名前 20 的挑选出来, 对其所属区域进行归类, 结果如图 4.1、图 4.2 所示.

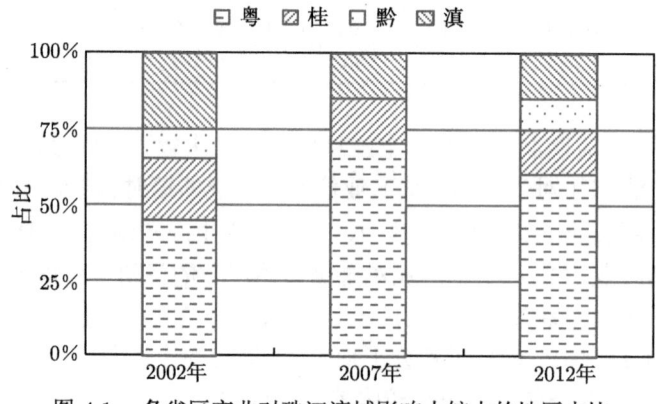

图 4.1　各省区产业对珠江流域影响力较大的地区占比

图 4.1 显示, 影响力系数排名前 20 的地区分布中, 三个编表年份均是粤区域占比最多, 且 2007、2012 年均超过 50%, 远高于其他三个区域; 黔区域占比最少, 且在 2007 年为 0. 相比其他三个区域, 珠江流域经济的发展更多的是靠粤区域的某些产业部门来拉动.

图 4.2 显示, 感应度系数排名前 20 的地区分布中, 2002 年四个省区的产业个数占比相当; 2007、2012 年则演变为粤区域占比较为突出的情况, 均超过 50%, 远

4.2 区域产业关联分析

高于其他三个区域. 黔区域占比变动较大, 2002 产业排名靠前的个数占比居首位, 2007、2012 年产业个数则降至末位. 因此, 相比其他三个区域, 粤区域有较多的产业部门对于珠江流域经济的发展有较强的推动作用.

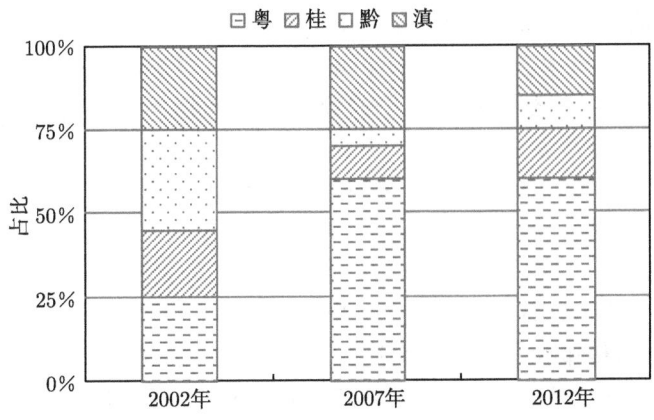

图 4.2 各省区产业对珠江流域感应度较强的地区占比

从影响力、感应度系数排名前 20 的产业的地区分布看, 相比其他三个区域, 珠江流域经济的发展更多的是靠粤地区的某些产业部门来拉动, 反过来, 流域经济的整体发展也影响着粤地区的较多产业部门的发展.

进一步将影响力系数、感应度系数排名前 20 的产业进行归类, 结果如表 4.4 所示. 表中, 2012 年的影响力系数对应的 C(2) 表示将珠江流域 4 省区的 19 个部门的影响力系数按大小排序后, 有 2 个区域的 C 产业 (制造业) 影响力系数进入了前 20 名. 同理, E(4) 表明有 4 个区域的 E 产业 (建筑业) 影响力系数进入了前 20 名.

表 4.4 各省区对珠江流域的影响力、感应度系数排名前 20 的产业分布

指标	2002 年	2007 年	2012 年
影响力系数	C(2)、E(4)、I(1)、L(2)、M(2)、O(2)、Q(3)、R(2)、S(2)	C(1)、D(2)、E(3)、G(1)、H(1)、I(1)、J(1)、L(1)、M(1)、N(2)、O(1)、Q(1)、R(1)、S(3)	C(1)、D(1)、E(4)、G(1)、I(1)、L(1)、M(1)、O(1)、P(1)、Q(4)、R(1)、S(3)
感应度系数	A(3)、B(2)、C(4)、D(4)、G(4)、J(2)、L(1)	A(1)、B(2)、C(4)、D(2)、F(1)、G(2)、H(1)、I(2)、J(2)、K(1)、L(1)、O(1)	A(1)、B(2)、C(4)、D(4)、E(1)、F(1)、G(1)、H(1)、I(1)、J(1)、K(1)、L(1)、O(1)

表 4.4 显示, 影响力系数排名前 20 的产业中, 三个编表年份中, 制造业 (C)、建筑业 (E)、信息传输、软件和信息技术服务业 (I)、租赁和商务服务业 (L)、科学研究和技术服务业 (M)、居民服务、修理和其他服务业 (O)、卫生和社会工作 (Q)、

文化、体育和娱乐业 (R)、公共管理、社会保障和社会组织 (S) 这些产业均有涉及; 且主要集中于建筑业 (E)、卫生和社会工作 (Q)、公共管理、社会保障和社会组织 (S) 这三个产业. 感应度系数排名前 20 的产业中, 三个编表年份中, 农、林、牧、渔业 (A)、采矿业 (B)、制造业 (C)、电力、热力、燃气及水生产和供应业 (D)、交通运输、仓储和邮政业 (G)、金融业 (J)、租赁和商务服务 (L) 这些产业均有涉及; 且主要集中于制造业 (C)、电力、热力、燃气及水生产和供应业 (D)、交通运输、仓储和邮政业 (G) 三个产业, 即其对珠江流域总体产业的推动作用较大.

综合来看, 影响力系数排名前 20 的主要集中于建筑业 (E)、卫生和社会工作 (Q)、公共管理、社会保障和社会组织 (S) 这三个产业, 即这三个产业对于珠江流域总体需求较大, 同时对珠江流域的经济有较强的辐射和带动作用. 感应度系数排名前 20 的主要集中于制造业 (C)、电力、热力、燃气及水生产和供应业 (D)、交通运输、仓储和邮政业 (G) 三个产业, 说明珠江流域的产业对于这三个产业的需求较大, 即这三个产业对于珠江流域的经济有较大的推动和制约作用.

4.2.3 产业关联关系的象限图分析

4.2.3.1 产业关联象限图

运用影响力系数和感应度系数绘制产业关联分布图, 这便于对各产业的类别进行划分, 从而直观地比较各产业对于流域经济的拉动作用与支撑作用, 具体如图 4.3 所示.

图 4.3 产业关联分布象限图

图 4.3 显示, 整个区域共分为四个象限, 第一象限中, $r_j^S>1$, $w_i^R>1$, 落入其中的产业具有强辐射力和强制约力的性质; 第二象限中, $r_j^S<1$, $w_i^R>1$, 落入其中的产业具有弱辐射力和强制约力的性质; 第三象限中, $r_j^S<1$, $w_i^R<1$, 落入其中的产业具有弱辐射力和弱制约力的性质; 第四象限中, $r_j^S>1$, $w_i^R<1$, 落入其中的产业具有强辐射力和弱制约力的性质.

4.2.3.2 产业分析

根据上文的分析结果可知, 珠江流域四省区中影响力系数较大的三个产业, 分别是建筑业 (E)、卫生和社会工作 (Q)、公共管理、社会保障和社会组织 (S); 感应度系数较大的三个产业, 分别是制造业 (C)、电力、热力、燃气及水生产和供应业 (D)、交通运输、仓储和邮政业 (G). 为进一步分析珠江流域四省区的这 6 个产业对珠江流域经济发展的作用, 画出这 6 个产业三个年份的象限图, 具体如图 4.4(a) 至 4.4(f) 所示. 若影响力系数 (水平方向) 上升说明该产业对珠江流域整体经济的拉动能力增强, 若感应度系数 (垂直方向) 上升则说明该产业对珠江流域整体经济的支撑能力增强.

图 4.4(a) 显示, 四省区三年的建筑业 (E), 均落入第四象限, 为强辐射、弱制约产业. 强辐射说明这类产业的生产需要珠江流域各产业投入较多的中间产品, 即对于珠江流域经济的发展有较强的拉动作用. 弱制约表示在珠江流域经济的生产过程中, 对于作为中间产品的建筑业产品的需求低于社会平均水平.

图 4.4(b) 显示广东的卫生和社会工作 (Q) 落入第四象限, 为强辐射、弱制约产业; 其他三个省区的卫生和社会工作 (Q) 则在第三和第四象限徘徊, 为弱制约产业. 较 2002 年, 2007 年, 四个省区的卫生和社会工作 (Q) 均表现出影响力系数减小, 感应度系数增大的特征; 但 2012 年的影响力系数增大, 与 2002 年水平相当, 感应度系数却稍有下降. 即近十年来, 卫生和社会工作 (Q) 的生产对于珠江流域各个产业中间产品的需求变化不大; 珠江流域各个产业的生产增加了对于作为中间产品的卫生和社会工作 (Q) 产品的需求.

在图 4.4(c) 中, 粤、黔、桂在三个编表年、滇在两个编表年中的公共管理、社会保障和社会组织 (S), 均落入第四象限, 为强辐射、弱制约产业. 三个年份中, 四省区影响力系数变动不大, 其中每个年份中广东的影响力系数均比较突出; 2002 年四个省区的感应度系数均较低, 在 0.55 左右; 2007、2012 年均上升到 0.8 以上, 表明公共管理、社会保障和社会组织对珠江流域经济的支撑力在增强.

如图 4.4(d) 所示, 制造业 (C) 的感应度系数大都高于社会平均水平, 表明在珠江流域, 制造业是经济的主要推动力. 四个省区中仅有广东的影响力系数高于平均水平, 表明广东省的制造业为强辐射、强制约部门, 广东的制造业 (C) 对于珠江流域整体经济的发展有很强的拉动和推动作用. 相比其他三个地区, 广东制造业 (C) 的感应度系数均为最高, 表明它是珠江流域整体经济发展的基础产业, 具有很强的制约性, 应给予优先发展.

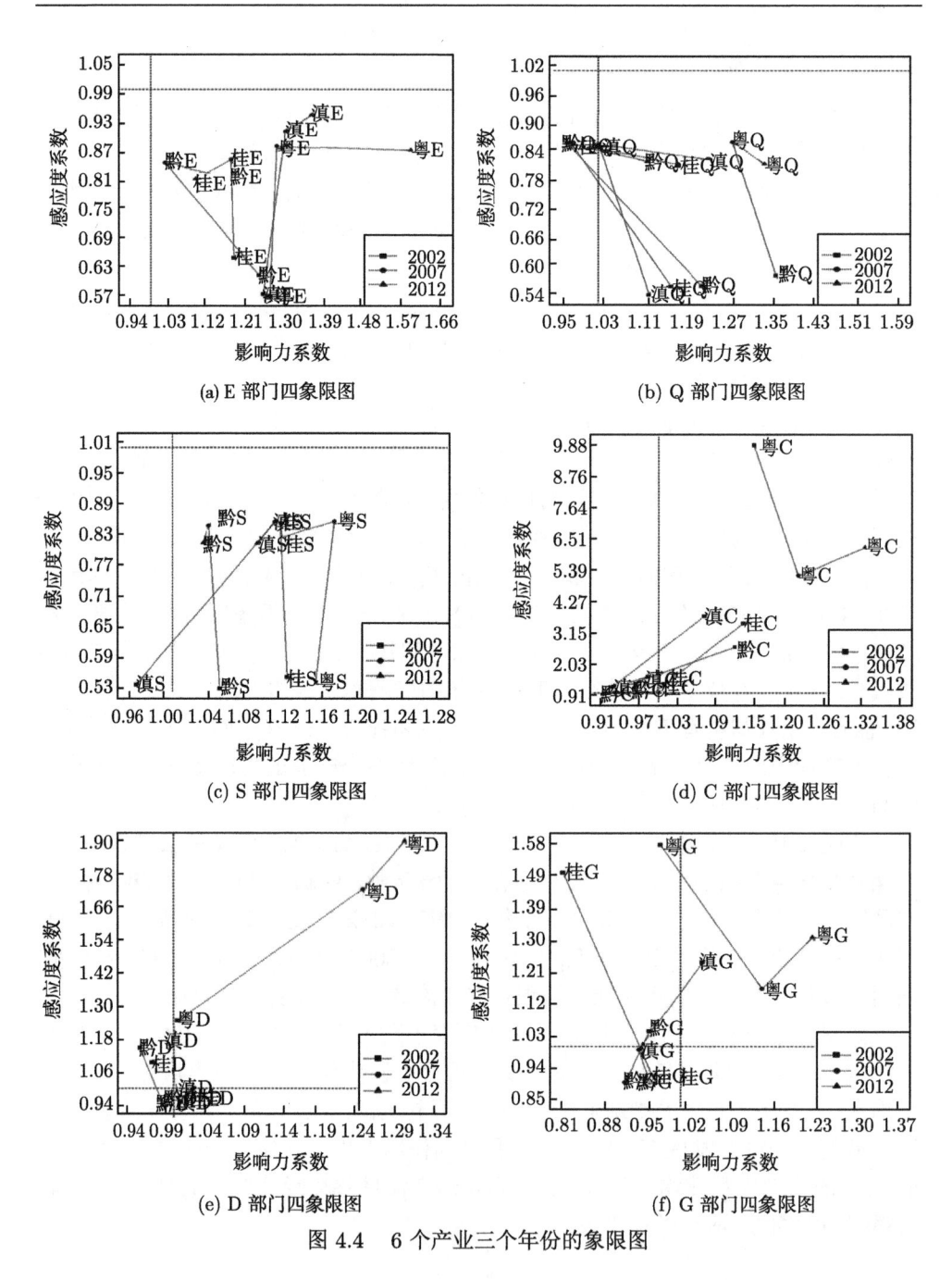

图 4.4 6 个产业三个年份的象限图

电力、热力、燃气及水生产和供应 (D) 的数据点在四个象限均有分布 (如图 4.4(e) 所示), 表明此产业对于珠江流域经济的影响作用不稳定, 且变动幅度较大. 四个省区中, 仅有广东的电力、热力、燃气及水生产和供应业, 其三个编表年份均落入第一象限, 为强辐射、强制约部门, 但其对于珠江流域整体经济发展的带动和推动作用均低于制造业 (C). 其余三个省区中, 2002 年的影响力系数较小, 即对于珠江流域整体经济的带动作用较小; 2007、2012 年稍有上升, 但感应度系数有所下降.

如图 4.4(f) 所示, 交通运输、仓储和邮政业 (G) 的各个点在四个象限中均有分布, 且在 2007、2012 年多集中于弱辐射、弱制约的第三象限. 三个年份中, 广东此产业的感应度系数均是四个地区中最高, 相比其他三个省区, 广东的交通运输、仓储和邮政业 (G) 对于珠江流域整体经济的推动作用较强.

在影响力系数较大的建筑业 (E)、卫生和社会工作 (Q)、公共管理、社会保障和社会组织 (S) 这三个产业的象限图中, 各个产业的数据点大都落入强辐射、弱制约的第四象限; 尤其是建筑业 (E), 全部落入第四象限, 说明建筑业 (E) 对于珠江流域经济的拉动作用较强, 却不是基础产业.

在感应度系数较大的制造业 (C)、电力、热力、燃气及水生产和供应业 (D)、交通运输、仓储和邮政业 (G) 这三个产业的象限图中, 与其他三个地区相比, 广东表现得最突出, 尤其是广东制造业 (C). 三个年份中广东的数据点大都落入强辐射、强制约的第一象限, 说明广东的这三个产业对于珠江流域经济的发展有较强的拉动和支撑作用.

4.3 区域间产业关联分析

同珠江流域区域关联系数分析类似, 计算珠江流域区域间产业关联系数, 其中会涉及 B^T 和 B^Z 两个 Leontief 逆矩阵. 基于 B^T 矩阵和公式 (4.3)、公式 (4.4), 可计算出某一区域对除本区域以外的全国 (或称全国其他地区) 总体产业的影响力系数、感应度系数. 基于 B^Z 矩阵和公式 (4.3)、(4.4) 计算, 可计算出某一区域对于除本区域外的珠江流域 (或称珠江流域其他地区) 总体产业的影响力、感应度系数.

4.3.1 各省区对其他地区的影响

4.3.1.1 计算结果

利用 2002、2007、2012 年珠江流域区域间投入产出表, 基于 B^T 矩阵, 运用式 (4.3)、式 (4.4) 计算各年份的区域间影响力系数和感应度系数, 结果如表 4.5~表 4.7 所示.

表 4.5　2002 年区域间影响力、感应度系数

产业代码	影响力系数					感应度系数				
	粤	桂	黔	滇	其他	粤	桂	黔	滇	其他
A	0.5030	0.5381	0.4717	0.4008	0.6150	0.3517	**1.4549**	1.1106	**1.5186**	**1.2281**
B	0.9058	0.7295	0.7748	0.9185	0.6973	0.3307	**0.6695**	0.9872	0.7807	0.7957
C	1.0254	**1.7408**	1.1787	0.7491	1.4187	**12.1523**	**11.3623**	**7.0816**	**9.4064**	**7.9558**
D	**1.2570**	0.4611	0.5325	0.5872	0.6604	0.4278	0.5464	**1.1497**	**0.9775**	0.6576
E	**1.3923**	**1.6330**	**1.6736**	0.9843	1.3810	0.0239	0.0572	0.0875	0.0409	0.0890
F	0.8438	0.3746	0.5462	0.7387	0.6713	**0.7266**	**0.7396**	**1.1375**	**0.8753**	0.9165
G	0.9720	0.6853	1.1171	1.0228	1.0109	**0.9984**	**2.1372**	**1.1728**	**1.1717**	**2.1606**
H	0.7671	0.8744	**1.4143**	0.9922	1.1183	0.5192	0.3119	0.9276	0.6324	0.8596
I	**1.2116**	0.7230	1.0962	1.0325	0.9025	0.4163	0.2582	0.6802	0.4833	0.5510
J	0.9233	0.8919	0.5357	0.9928	0.6523	**0.8568**	0.5817	**1.1528**	0.8043	1.2459
K	0.4352	0.6460	0.4329	0.5210	0.3155	0.3847	0.1348	0.5705	0.3770	0.4646
L	1.1719	**1.4778**	1.3160	**1.4342**	1.2784	**0.6583**	0.3651	0.9098	0.6635	0.8542
M	**1.2370**	1.2994	**1.3769**	**1.3670**	1.0262	0.2005	0.0790	0.3156	0.2122	0.2142
N	0.9060	0.6943	0.2302	**1.7447**	1.0925	0.0909	0.0240	0.1615	0.0997	0.0794
O	1.1245	1.3289	1.2853	**1.3655**	1.2141	0.2601	0.1272	0.4513	0.2896	0.3958
P	0.9021	0.9482	0.6126	0.6373	1.0769	0.1512	0.0468	0.2903	0.1751	0.1481
Q	1.2074	**1.5488**	**1.9480**	1.0498	1.5519	0.2036	0.0396	0.3793	0.2083	0.1318
R	0.9990	0.9636	0.8770	**1.6031**	1.1326	0.1856	0.0556	0.3340	0.2090	0.2075
S	**1.2158**	**1.4412**	**1.5804**	0.8586	1.1841	0.0614	0.0089	0.1001	0.0744	0.0446
合计	19.0000	19.0000	19.0000	19.0000	19.0000	19.0000	19.0000	19.0000	19.0000	19.0000

注: 表中数值存在舍入误差, 下同.

表 4.6　2007 年区域间影响力、感应度系数

产业代码	影响力系数					感应度系数				
	粤	桂	黔	滇	其他	粤	桂	黔	滇	其他
A	1.0148	1.0539	1.0104	0.8399	0.8802	0.5866	**1.5144**	0.7258	1.0095	1.4853
B	0.3637	0.5132	**1.3595**	0.1723	1.2757	0.8441	0.8595	1.1052	**2.0493**	1.2113
C	1.1381	**1.5327**	1.1882	0.9990	2.9405	**9.6641**	7.4932	**5.0583**	**5.1939**	6.1976
D	**1.8305**	**2.1180**	**2.1697**	**1.8387**	1.8710	**2.0964**	**2.3011**	**3.2821**	**1.9111**	2.6775
E	1.0272	**1.4654**	**1.3780**	**1.5341**	3.9377	0.0966	0.1810	0.1665	0.2494	0.1970
F	0.5771	0.4049	0.7710	0.5282	0.3450	0.5410	**1.1189**	**1.1360**	**1.3514**	0.9389
G	**1.2677**	1.1612	1.1821	1.0044	0.3874	**0.8500**	**1.1895**	**1.7496**	**1.6540**	1.0183
H	**1.5200**	1.1217	1.1966	1.1611	1.4011	0.6395	0.8102	1.0001	1.0445	0.8420
I	1.0401	0.8182	**1.3254**	1.2266	1.1677	0.4698	0.5819	0.4319	0.8721	0.6989
J	0.7774	1.1379	0.4627	1.0359	0.4038	**1.2650**	**1.3020**	**2.1811**	1.2914	1.3436
K	0.3485	0.4831	0.5151	0.3833	0.2089	0.4316	0.2347	0.2442	0.2902	0.4024
L	1.0291	**1.3883**	0.8054	**1.5120**	0.0435	**0.9083**	0.6115	0.6665	0.8517	0.8384
M	**1.5213**	1.1521	1.0161	**1.4708**	0.6362	0.0869	0.0874	0.0926	0.1332	0.1747
N	0.4568	0.2456	0.1024	0.5179	0.3753	0.0332	0.0396	0.0435	0.0430	0.0604
O	1.1022	**1.2310**	1.1211	**1.4184**	0.7886	0.2480	0.3284	0.5372	0.4105	0.3555
P	0.7647	0.4724	0.2019	0.4278	0.4104	0.0248	0.1355	0.1965	0.1974	0.1262
Q	1.1936	0.7476	**1.2031**	1.0932	1.2727	0.0272	0.0611	0.1495	0.0860	0.0680
R	**1.2605**	0.8598	0.9966	1.0430	0.2768	0.1502	0.1434	0.2154	0.2002	0.2618
S	0.7668	1.0930	0.9944	0.7934	0.3775	0.0368	0.0066	0.0180	0.1610	0.1021
合计	19.0000	19.0000	19.0000	19.0000	19.0000	19.0000	19.0000	19.0000	19.0000	19.0000

4.3 区域间产业关联分析

表 4.7 2012 年区域间影响力、感应度系数

产业代码	影响力系数 粤	桂	黔	滇	其他	感应度系数 粤	桂	黔	滇	其他
A	0.8580	1.0110	0.7599	0.6969	0.5742	0.5274	<u>**1.7759**</u>	1.0122	<u>**1.4482**</u>	1.0589
B	0.5224	0.6331	0.9736	1.0665	0.4641	<u>**0.8584**</u>	<u>**1.5223**</u>	<u>**1.7447**</u>	<u>**1.3549**</u>	1.4395
C	<u>**1.3701**</u>	<u>**1.5350**</u>	<u>**1.4713**</u>	<u>**1.3190**</u>	1.3126	<u>**10.8642**</u>	<u>**8.9727**</u>	<u>**5.9695**</u>	<u>**8.2529**</u>	9.3941
D	<u>**1.6326**</u>	<u>**1.6697**</u>	<u>**1.4323**</u>	<u>**1.4545**</u>	0.6726	<u>**1.7632**</u>	<u>**1.6584**</u>	<u>**2.7010**</u>	<u>**1.9456**</u>	1.4495
E	<u>**1.4907**</u>	1.1402	<u>**1.5922**</u>	<u>**1.4550**</u>	1.6498	0.1184	0.0721	0.3047	0.4191	0.1618
F	1.0795	0.4595	0.4816	0.5755	0.7795	0.7437	0.9303	0.8607	0.9834	0.7527
G	1.3040	<u>**1.4798**</u>	1.0799	1.0942	0.9931	<u>**0.9694**</u>	<u>**1.0970**</u>	<u>**1.9490**</u>	<u>**1.1521**</u>	1.0778
H	<u>**1.5501**</u>	<u>**1.4328**</u>	0.8745	1.1712	1.8503	0.5007	0.6136	0.8852	0.7163	0.4378
I	0.9334	0.7426	1.0342	<u>**1.2084**</u>	0.8737	0.2520	0.2059	0.3049	0.3734	0.2844
J	0.8962	1.1168	0.8503	0.7456	0.5591	<u>**0.8668**</u>	0.9278	<u>**1.3998**</u>	0.8369	1.1357
K	0.5181	0.3336	0.5990	0.6585	0.3667	0.3360	0.1729	0.1482	0.1932	0.3105
L	0.7355	<u>**1.2001**</u>	<u>**1.2541**</u>	<u>**1.5558**</u>	1.2517	0.7562	0.5705	0.7316	0.4865	0.7823
M	<u>**1.3324**</u>	1.1753	1.1093	1.0040	1.1445	0.0489	0.0359	0.0613	0.1253	0.2040
N	1.0413	0.7079	<u>**1.2069**</u>	0.8940	2.2057	0.0108	0.0081	0.0372	0.0447	0.0428
O	0.8603	0.7305	0.9821	0.8478	0.8959	0.2400	0.2396	0.4022	0.3559	0.2769
P	0.5105	0.4660	0.4777	0.4194	0.5161	0.0652	0.1124	0.2487	0.1508	0.0562
Q	0.8331	1.0783	1.0854	0.9853	1.2993	0.0003	0.0006	0.0817	0.0300	0.0102
R	0.9751	1.0027	1.0404	1.1500	0.7197	0.0630	0.0787	0.1231	0.1118	0.0990
S	0.5569	1.0851	0.6952	0.6985	0.8716	0.0155	0.0053	0.0341	0.0191	0.0261
合计	19.0000	19.0000	19.0000	19.0000	19.0000	19.0000	19.0000	19.0000	19.0000	19.0000

4.3.1.2 结果分析

根据表 4.5～表 4.7 的计算结果, 以 2002、2012 年为例, 挑选出粤桂黔滇 (暂不考虑其他区域) 四省区区域间影响力系数和感应度系数排名前五的产业, 相应的数据已在表中加粗加下划线标出, 作复合饼图, 分别如图 4.5～图 4.8 所示.

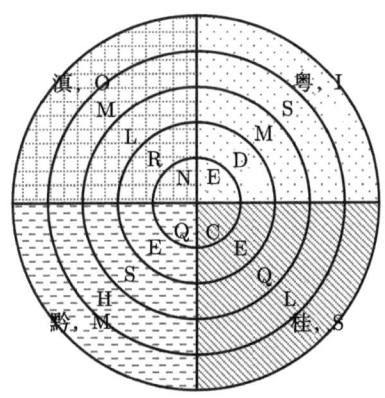

图 4.5 2002 年四省区对其他地区影响力突出部门的复合饼图

图 4.5 显示, 2002 年粤桂黔滇四省区, 各自对其他地区的影响力系数排名靠

前的产业多集中于: 建筑业 (E)、科学研究和技术服务业 (M)、公共管理、社会保障和社会组织 (S); 广东、贵州两省各产业影响力系数排在前五名的产业均包含以上三个, 在一定程度上说明这些产业对两省经济的拉动作用较大. 四个省区中仅有云南的建筑业 (E) 影响力系数排名未进前五[①], 说明与其他三省区相比, 云南的建筑业发展稍显落后.

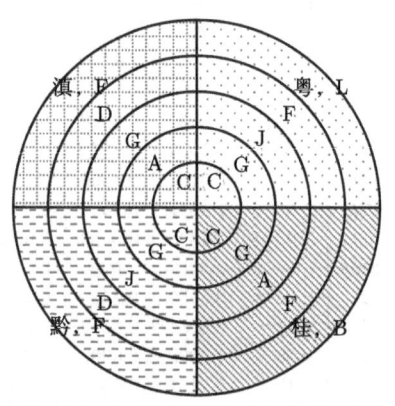

图 4.6　2002 年四省区对其他地区感应度突出部门的复合饼图

图 4.6 显示, 2002 年四个省区对其他地区的感应度系数, 排名靠前的产业表现得较为集中, 主要有制造业 (C)、批发和零售业 (F)、交通运输、仓储和邮政业 (G) 三个产业, 在四个省区中均有出现; 黔滇粤桂四个省区, 制造业 (C) 均排名第一, 即对于各省区的其他产业, 全国其他区域所有产业对制造业的需求最多, 制造业可被视为各区域的基础产业. 农、林、牧、渔业 (A) 为传统产业, 在桂、滇两省区的感应度系数排名中均进入前五, 与粤、黔两省相比, 云南与广西的发展略显落后.

对比 2002 年的产业排序情况, 2012 年四个省区各自对全国其他地区的影响力系数, 排名靠前的产业表现得更为集中, 四个省区的领头产业更为相近, 如图 4.7 所示.

经过图 4.7 与图 4.5 的对比可知, 十年期间, 影响力系数排名靠前的产业也有较大变化, 2012 年主要集中于制造业 (C)、电力、热力、燃气及水生产和供应业 (D)、建筑业 (E)、租赁和商务服务 (L) 这四个产业; 相比 2002 年, 公共管理、社会保障和社会组织 (S) 产业的影响作用明显降低, 制造业 (C)、电力、热力、燃气及水生产和供应业 (D) 两个产业的影响程度有所提升, 建筑业 (E) 的影响作用仍然比较大.

---

① 另根据附录 3 数值进行排序, 建筑业 (E) 在滇区域影响力系数排名为 11.

4.3 区域间产业关联分析

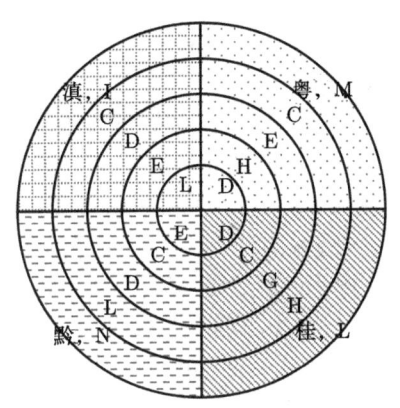

图 4.7 2012 年各省区对其他地区影响力突出部门的复合饼图

在这四张复合饼图中, 均共分为五层, 每层中的字母为产业代码[①]; 从圆心到圆边缘各产业的排列, 表示相应产业的影响力系数 (或感应度系数) 依次减小, 即离圆心最近的层代表其影响力系数 (或感应度系数) 最大.

2012 年四省区各自对其他地区的感应度系数排序中, 靠前的产业表现得也较为集中, 如图 4.8 所示.

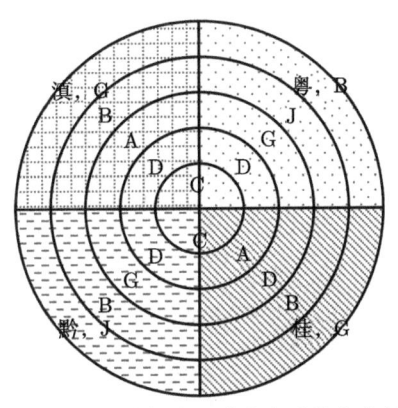

图 4.8 2012 年各省区对其他地区感应度系数突出部门的复合饼图

图 4.8 表明, 感应度系数较大的产业主要集中于采矿业 (B)、制造业 (C)、电力、热力、燃气及水生产和供应业 (D)、交通运输、仓储和邮政业 (G) 四个产业. 与 2002 年相应的感应度系数排序相比, 桂、滇两省区的农、林、牧、渔业 (A) 产业仍具有较大的支撑作用; 四个省区中, 全国其他区域对于批发和零售业 (F) 的需求减少, 对于采矿业 (B)、电力、热力、燃气及水生产和供应业 (D) 的需求增

---

① 产业代码与产业名称的对照表如表 3.12 所示.

加, 制造业 (C) 仍然保持着重要地位, 即对于各区域中其他产业, 全国其他区域所有产业对于制造业的需求最多.

与 2002 年四个省区各自对全国其他地区的影响力系数排名相比, 2012 年中四个省区的带头产业更为相近, 其中靠前的产业主要集中于制造业 (C)、电力、热力、燃气及水生产和供应业 (D). 与 2002 年四个省区各自对其他地区的感应度系数排名相比, 四个省区中, 制造业 (C) 仍均保持排名第一; 除此之外, 排名靠前的产业还集中于采矿业 (B)、电力、热力、燃气及水生产和供应业 (D)、交通运输、仓储和邮政业 (G) 三个产业. 2002 年四个省区各自对全国其他地区的影响力、感应度系数排名前五的产业交叉不多, 而 2012 年则有不少重叠, 如制造业 (C)、电力、热力、燃气及水生产和供应业 (D), 说明近十年中, 这两个产业已逐渐成为四个省区经济发展的重要引擎和支柱.

4.3.2 各省区对珠江流域的影响

4.3.2.1 计算结果

利用 2002、2007、2012 年珠江流域区域间投入产出表, 基于 B^Z 矩阵, 运用式 (4.3)、(4.4) 计算各年份的区域间影响力系数和感应度系数, 具体数值及排序见表 4.8 ~ 表 4.10.

表 4.8 2002 年区域间影响力、感应度系数

产业代码	影响力系数				感应度系数			
	粤	桂	黔	滇	粤	桂	黔	滇
A	1.7897	0.6700	0.5631	0.2965	0.3431	1.3635	1.1140	1.5017
B	0.8236	0.7177	0.8415	0.7292	0.3017	0.6776	0.9873	0.7907
C	1.0445	1.9956	1.2911	0.6082	12.1213	11.5108	7.1034	9.5552
D	0.7546	0.5048	0.5925	0.4798	0.4308	0.5496	1.1146	0.9482
E	1.1434	1.7904	2.0972	0.8728	0.0243	0.0564	0.0880	0.0403
F	0.7827	0.2607	0.3998	0.6359	0.7491	0.7363	1.1434	0.8607
G	0.7509	0.8507	1.5585	1.0091	0.9535	2.1183	1.1298	1.1280
H	0.6281	0.9286	1.0323	0.9350	0.5255	0.3038	0.9327	0.6215
I	1.8175	0.6479	1.0319	1.0317	0.4299	0.2553	0.6890	0.4783
J	0.9173	0.7359	0.4303	0.9313	0.8539	0.5705	1.1489	0.7840
K	0.4126	0.5422	0.3468	0.6037	0.3947	0.1308	0.5760	0.3753
L	1.0130	1.3802	1.1669	1.3162	0.6693	0.3585	0.9152	0.6529
M	1.0967	1.2313	1.2521	1.3856	0.2066	0.0760	0.3195	0.2071
N	0.8841	0.6694	0.1953	2.2117	0.0959	0.0231	0.1639	0.1001
O	1.2034	1.2768	1.3659	1.5226	0.2617	0.1225	0.4528	0.2823
P	0.7941	0.8327	0.5064	0.6760	0.1597	0.0457	0.2946	0.1761
Q	1.1027	1.8345	2.3305	1.1004	0.2196	0.0391	0.3867	0.2127
R	0.8812	0.9411	0.7607	1.8980	0.1929	0.0534	0.3378	0.2087
S	1.1599	1.1895	1.2372	0.7564	0.0666	0.0087	0.1023	0.0761
合计	19.0000	19.0000	19.0000	19.0000	19.0000	19.0000	19.0000	19.0000

4.3 区域间产业关联分析

表 4.9 2007 年区域间影响力、感应度系数

产业代码	影响力系数 粤	桂	黔	滇	感应度系数 粤	桂	黔	滇
A	0.5501	0.6841	0.6193	0.4675	0.5778	1.4148	0.6526	0.9200
B	0.1468	0.3399	1.0032	0.1071	0.8386	0.8154	1.0177	1.9129
C	1.0204	1.4820	1.0945	0.7933	9.3225	7.2889	4.8508	4.9450
D	1.4799	1.8363	1.9425	1.4959	2.1374	2.2956	3.1798	1.9092
E	1.8802	2.3807	2.4107	2.6965	0.1022	0.1943	0.1845	0.2433
F	0.4060	0.3143	0.5825	0.3965	0.5598	1.1281	1.1381	1.3955
G	0.8594	0.9394	0.9140	0.7529	0.8782	1.2078	1.7860	1.6938
H	1.5730	0.9095	0.9623	0.7836	0.6934	0.8803	1.0960	1.1552
I	0.9431	0.6982	1.1518	1.0815	0.5048	0.6359	0.4789	0.9297
J	0.6506	1.2861	0.4847	1.0851	1.3338	1.4063	2.3406	1.3728
K	0.3437	0.6738	0.7400	0.5165	0.4515	0.2478	0.2529	0.3031
L	0.8992	1.7913	1.0159	1.7509	0.9644	0.6489	0.6952	0.8979
M	1.0084	0.6379	0.7459	1.0248	0.0802	0.0828	0.0858	0.1212
N	1.3635	0.4526	0.1552	1.2913	0.0352	0.0385	0.0420	0.0418
O	0.8652	1.0869	0.9437	1.1688	0.2571	0.3472	0.5690	0.4360
P	0.8563	0.3046	0.2100	0.3118	0.0269	0.1470	0.2202	0.2165
Q	1.5708	0.7554	1.2265	1.1422	0.0286	0.0622	0.1543	0.0940
R	0.9671	0.5688	0.6473	0.6509	0.1655	0.1515	0.2343	0.2231
S	1.6163	1.8582	2.1502	1.4829	0.0423	0.0068	0.0215	0.1890
合计	19.0000	19.0000	19.0000	19.0000	19.0000	19.0000	19.0000	19.0000

表 4.10 2012 年区域间影响力、感应度系数

产业代码	影响力系数 粤	桂	黔	滇	感应度系数 粤	桂	黔	滇
A	0.6131	0.7161	0.5668	0.5127	0.4878	1.6078	0.9096	1.2672
B	0.3167	0.4549	0.7260	0.8208	0.9145	1.5658	1.7870	1.4122
C	1.3328	1.5633	1.3438	1.2074	10.7357	9.0575	5.9868	8.4050
D	0.9062	1.7550	1.3100	1.4021	1.9393	1.7808	2.8972	2.0952
E	2.3735	1.7970	2.3917	2.2685	0.1212	0.0781	0.3427	0.3784
F	0.6600	0.2328	0.3477	0.4012	0.7188	0.8835	0.8364	0.9167
G	1.1351	1.3675	0.9755	0.9508	0.9788	1.0765	1.9018	1.1485
H	1.1381	0.8321	0.7027	0.9050	0.5383	0.6700	0.9778	0.7929
I	0.9006	0.6596	0.9284	1.1101	0.2445	0.2008	0.2899	0.3493
J	0.7042	0.9603	0.7217	0.6131	0.8392	0.8648	1.2408	0.7578
K	0.6590	0.2763	0.4888	0.5629	0.3064	0.1620	0.1334	0.1768
L	0.7380	1.2434	1.2149	1.6007	0.7326	0.5584	0.6952	0.4653
M	1.1634	0.6740	0.7604	0.6741	0.0391	0.0290	0.0492	0.0943
N	1.0394	0.3502	0.8141	0.5511	0.0081	0.0054	0.0230	0.0264
O	1.0200	0.7442	1.0465	0.8041	0.2438	0.2485	0.3899	0.3824
P	0.8227	0.5884	0.5424	0.5142	0.0739	0.1283	0.2972	0.1778
Q	1.5052	2.0887	1.9284	1.8645	0.0003	0.0007	0.0895	0.0277
R	0.9084	0.7836	0.8746	0.9731	0.0639	0.0767	0.1223	0.1065
S	1.0636	1.9125	1.3156	1.2636	0.0140	0.0054	0.0302	0.0197
合计	19.0000	19.0000	19.0000	19.0000	19.0000	19.0000	19.0000	19.0000

将每年区域间影响力系数和感应度系数排名前五的产业进行整理,得表 4.11,排名前五的产业代码在每个单元格内由前到后依次排列.

表 4.11 各省区对珠江流域其他地区的影响力与感应度排名前五产业

指标	地区	2002 年	2007 年	2012 年
影响力系数	粤	I, A, O, S, E	E, S, H, Q, D	E, Q, C, M, H
	桂	C, Q, E, L, O	E, S, D, L, C	Q, S, E, D, C
	黔	Q, E, G, O, C	E, S, D, Q, I	E, Q, C, S, D
	滇	N, R, O, M, L	E, L, D, S, N	E, Q, L, D, S
感应度系数	粤	C, G, J, F, L	C, D, J, L, G	C, D, G, B, J
	桂	C, G, A, F, B	C, D, A, J, G	C, D, A, B, G
	黔	C, J, F, G, D	C, D, J, G, F	C, D, G, B, J
	滇	C, A, G, D, F	C, B, D, G, F	C, D, B, A, G

4.3.2.2 结果分析

根据表 4.11,可以看出 2002、2007、2012 年三个年份的影响力系数排名前五的产业中,变化较大的地区为广东、云南两省. 以 2002 年的广东省为例,建筑业 (E) 排名第五,表示在广东的 19 个产业中,其建筑业增加一单位最终需求,对于除广东以外的珠江流域其他省区所有部门产生的需求影响程度排名第五. 广东省 2007、2012 年建筑业的影响力排名均上升至第一,即广东省建筑业对于珠江流域其他地区经济的拉动作用在增强. 这两个年份中,住宿和餐饮业 (H)、卫生和社会工作 (Q) 两个产业的影响程度也有所增强.

对于广西而言,2002 年制造业 (C) 对于珠江流域其他地区经济的拉动作用最强;2007、2012 年该产业拉动作用稍有下降,影响力系数排名均为第五. 另外,建筑业 (E) 影响力系数排名略有浮动,但该产业对于珠江流域其他地区经济的拉动作用一直较强. 贵州的建筑业 (E)、卫生和社会工作 (Q) 两个产业一直保持着很强的拉动力. 云南的租赁和商务服务业 (L) 影响力系数排名一直比较靠前,对比 2002 年,2007、2012 年云南省电力、热力、燃气及水生产和供应业 (D)、建筑业 (E)、公共管理、社会保障和社会组织 (S) 三个产业对于珠江流域其他地区经济的拉动作用逐渐增强.

相比影响力系数排名情况,四个省区三个年度的感应度系数排名前五的产业表现得比较集中. 其中,广东主要集中于制造业 (C)、交通运输、仓储和邮政业 (G)、金融业 (J) 三个产业;广西主要集中于农、林、牧、渔业 (A)、制造业 (C)、交通运输、仓储和邮政业 (G) 三个产业;贵州主要集中于制造业 (C)、电力、热力、燃气及水生产和供应业 (D)、交通运输、仓储和邮政业 (G)、金融业 (J) 四个产业;云南主要集中于农、林、牧、渔业 (A)、制造业 (C)、电力、热力、燃气及水生产和供应业 (D)、交通运输、仓储和邮政业 (G) 四个产业. 三个编表年份中,

4.3 区域间产业关联分析

广东制造业 (C) 对于珠江流域其他地区的感应度系数均为最大, 表示其对于珠江流域其他地区经济的制约作用最强; 广西、贵州、云南的制造业也有此特征.

在珠江流域四省区中, 建筑业是拉动效应最强的产业. 2002、2007、2012 年三个年份中, 广东、广西、贵州三个地区的建筑业 (E) 对于珠江流域其他地区经济的拉动作用均较强; 2007、2012 年, 云南建筑业 (E) 对其的拉动作用也较强.

除建筑业以外, 广东的住宿和餐饮业 (H)、卫生和社会工作 (Q), 广西的制造业 (C), 贵州的卫生和社会工作 (Q), 云南的租赁和商务服务业 (L)、电力、热力、燃气及水生产和供应业 (D)、公共管理、社会保障和社会组织 (S), 相比各省内的大部分其他产业, 对于珠江流域其他地区经济的拉动作用更强.

四个省区中, 制造业 (C)、交通运输、仓储和邮政业 (G) 均为感应度系数排名靠前的产业, 具有基础性和制约性. 其中制造业 (C) 在四个地区各个年份中的感应度系数均为最大, 表示制造业对于珠江流域经济发展的制约性最强.

第 5 章 目标区域间产业关联及演化

随着地区交通物流业的快速发展, 珠江流域四省区省区间的产品互通更为便利, 各省区部门间的融合程度也随之不断提高, 计算珠江流域黔滇桂粤四省区之间的产业关联程度并分析区域间产业关联关系的变化状况显得非常必要. 本章主要分析了珠江流域目标区域间产业关联关系; 通过计算地区间投入产出表的影响力与感应度系数, 分析制造业在珠江流域目标区域间的关联关系; 并借助社会网络图展现出省区间产业关联关系演化过程.

5.1 目标区域间产业关联

区域间产业关联关系的分析结果显示, 四省区的主要产业对于珠江流域其他地区的拉动作用与制约作用均比较突出, 因此本节将单独讨论各省区各产业在珠江流域区域经济发展中的定向影响, 即运用韩斌 (2008) 的定义, 计算出珠江四省区各产业目标区域间产业影响力系数和感应度系数.

韩斌 (2008) 将张亚雄、赵坤所定义的区域间产业影响力系数和感应度系数进行了扩展, 定义了目标区域间产业影响力系数和感应度系数, 如式 (5.1) 与式 (5.2). 从而反映区域间表中某个地区某部门对另一个地区所有部门产品的需求、供给情况.

目标区域间影响力系数如式 (5.1).

$$r_j^{RS} = \frac{\sum_{i=1}^{n} b_{ij}^{SR}}{\frac{1}{n}\sum_{j=1}^{n}\sum_{i=1}^{n} b_{ij}^{SR}} \quad (i=1,2,\cdots,n; j=1,2,\cdots,n) \qquad (5.1)$$

目标区域间感应度系数如式 (5.2).

$$w_i^{RS} = \frac{\sum_{j=1}^{n} b_{ij}^{RS}}{\frac{1}{n}\sum_{i=1}^{n}\sum_{j=1}^{n} b_{ij}^{RS}} \quad (i=1,2,\cdots,n; j=1,2,\cdots,n) \qquad (5.2)$$

5.1 目标区域间产业关联

式 (5.1) 中, r_j^{RS} 为目标区域间影响力系数, 表示 R 地区 j 部门增加一单位最终需求, 对 S 地区所有部门所产生的需求的影响程度. 式 (5.2) 中, w_i^{RS} 为目标区域间感应度系数, 表示当 S 地区的所有部门的最终需求均增加一单位时, R 地区 i 部门对其应做出的感应程度的大小.

运用式 (5.1)、式 (5.2), 基于 B^T 矩阵计算出某一区域制造业对于另一区域的影响力系数、感应度系数. 即分别计算出 2002、2007、2012 年三个编表年份的两类系数, 具体数值及排序见附录 3 附表 3.1~ 附表 3.24.

5.1.1　2002 年系数计算

将 2002 年的计算结果进行整理, 排名前五的产业如表 5.1 所示, 排名前五的产业代码在表中每个单元格内由左至右依次排列.

表 5.1　2002 年目标区域间影响力、感应度系数排名前五产业

指标	地区	→ 粤	→ 桂	→ 黔	→ 滇
影响力系数	粤 →	Q、M、E、I、L	A、I、O、E、S	E、I、B、S、Q	I、A、S、O、M
	桂 →	C、Q、E、L、O	S、E、L、M、D	C、E、Q、L、O	Q、C、E、L、O
	黔 →	Q、E、G、O、C	Q、E、C、G、O	E、C、Q、S、D	Q、O、E、S、L
	滇 →	G、L、O、R、N	N、R、O、M、L	E、L、N、R、M	E、L、B、C、H
感应度系数	粤 →	C、G、D、J、A	C、G、J、L、H	C、G、J、F、L	C、F、J、G、L
	桂 →	A、C、J、G、L	C、G、D、A、H	C、G、A、F、J	C、G、A、B、F
	黔 →	C、G、J、D、L	C、D、F、J、G	C、D、G、B、A	C、A、F、J、B
	滇 →	C、A、G、J、D	C、A、G、D、B	C、A、F、D、G	C、G、D、A、B

表 5.1 显示, 2002 年在广东对四省区各产业的影响力系数排名中, 信息传输、软件和信息技术服务业 (I) 均排在前五名之内, 说明广东省的该产业在珠江流域的辐射力较强; 其次, 广东省建筑业 (E) 的辐射力也比较强, 仅对云南省的辐射力略弱. 此外, 广西的建筑业 (E)、租赁和商务服务业 (L), 贵州的建筑业 (E)、卫生和社会工作 (Q), 云南的租赁和商务服务业 (L), 这些产业的辐射力也比较强. 由表 5.1 可以看出, 与其他三省区不同, 广东的信息传输、软件和信息技术服务业独树一帜, 其产业影响力突出, 可成为珠江流域内该产业发展的带头军.

从感应度系数的排名来看, 广东的制造业 (C)、交通运输、仓储和邮政业 (G)、金融业 (J), 广西的农、林、牧、渔业 (A)、制造业 (C)、交通运输、仓储和邮政业 (G), 贵州的制造业 (C), 云南的农、林、牧、渔业 (A)、制造业 (C)、电力、热力、燃气及水生产和供应业 (D)、交通运输、仓储和邮政业 (G) 等产业均排在前五, 即其产业的制约性较强. 四省区的制造业 (C) 感应度系数均很高, 具有基础产业和瓶颈产业的属性; 此外, 交通运输、仓储和邮政业 (G) 的基础性作用也已体现出来.

5.1.2　2007 年系数计算

2007 年珠江流域目标区域间影响力与感应度较强的部门整理如表 5.2 所示, 排名前五的产业代码在表中单元格内由左至右依次排列.

表 5.2　2007 年目标区域间影响力、感应度系数排名前五产业

指标	地区	→ 粤	→ 桂	→ 黔	→ 滇
影响力系数	粤 →	E、Q、H、D、L	E、Q、H、S、D	D、E、S、N、H	E、S、H、Q、D
	桂 →	E、L、D、S、C	E、S、D、A、Q	S、E、D、Q、N	E、S、D、M、Q
	黔 →	D、E、S、C、L	S、E、D、Q、H	S、E、D、Q、G	S、E、D、B、Q
	滇 →	E、L、D、O、J	E、S、N、Q、D	E、S、N、D、Q	E、S、N、Q、L
感应度系数	粤 →	C、J、D、L、K	C、D、J、L、G	C、D、J、G、B	C、D、J、L、B
	桂 →	C、D、J、A、G	C、D、A、G、F	C、D、F、G、A	C、D、G、A、F
	黔 →	C、D、J、G、L	C、D、G、J、F	D、C、J、G、H	C、D、J、G、F
	滇 →	C、J、D、B、I	C、G、D、B、F	C、B、D、G、F	C、G、I、B、J

表 5.2 显示, 从影响力系数来看, 广东的电力、热力、燃气及水生产和供应业 (D)、建筑业 (E)、住宿和餐饮业 (H), 广西的电力、热力、燃气及水生产和供应业 (D)、建筑业 (E)、公共管理、社会保障和社会组织 (S), 贵州的电力、热力、燃气及水生产和供应业 (D)、建筑业 (E)、公共管理、社会保障和社会组织 (S), 云南的建筑业 (E) 等产业的辐射力较强. 与 2002 年相比, 2007 年广东、云南两省辐射力较强的部门变动较大, 其中, 广东信息传输、软件和信息技术服务业 (I) 的影响力减弱, 电力、热力、燃气及水生产和供应业 (D)、建筑业 (E)、住宿和餐饮业 (H) 三个产业的影响力有所增强; 同时, 云南的建筑业 (E) 辐射力也有所增强. 广西、贵州两省区情况类似, 电力、热力、燃气及水生产和供应业 (D)、建筑业 (E)、公共管理、社会保障和社会组织 (S) 三个产业的影响力均比较大. 珠江流域四省区建筑业 (E) 的重要作用开始凸显.

从感应度系数来看, 广东的制造业 (C)、电力、热力、燃气及水生产和供应业 (D)、金融业 (J), 广西的制造业 (C)、电力、热力、燃气及水生产和供应业 (D)、交通运输、仓储和邮政业 (G), 贵州的制造业 (C)、电力、热力、燃气及水生产和供应业 (D)、交通运输、仓储和邮政业 (G)、金融业 (J), 云南的采矿业 (B)、制造业 (C) 等产业反馈效应比较显著. 与 2002 年相比, 2007 年四省区的制造业 (C) 感应度系数依旧较高, 电力、热力、燃气及水生产和供应业 (D) 的感应程度也比较强. 广西、贵州两省区的感应度系数排名情况相似, 其中交通运输、仓储和邮政业 (G) 产业的感应度系数均较高.

5.1.3　2012 年系数计算

2012 年珠江四省区目标区域间影响力系数与感应度系数情况如表 5.3 所示.

5.1 目标区域间产业关联

表 5.3   2012 年目标区域间影响力、感应度系数排名前五产业

指标	地区	→ 粤	→ 桂	→ 黔	→ 滇
影响力系数	粤 →	E、C、Q、D、G	E、Q、C、M、G	E、H、Q、N、C	E、H、N、Q、C
	桂 →	Q、D、S、E、C	Q、S、E、D、A	S、Q、E、D、G	S、Q、E、D、C
	黔 →	E、Q、C、D、L	E、Q、S、C、L	E、S、Q、D、O	E、Q、S、D、O
	滇 →	E、L、Q、D、C	E、Q、S、L、D	E、Q、S、L、D	E、Q、S、D、L
感应度系数	粤 →	C、D、L、J、G	C、D、G、B、J	C、D、G、B、J	C、D、B、G、F
	桂 →	C、D、A、B、G	C、D、B、G、A	C、B、D、A、G	C、D、B、A、G
	黔 →	C、D、G、B、J	C、D、G、B、J	C、D、G、B、H	C、D、G、B、J
	滇 →	C、D、A、B、G	C、D、B、G、A	C、D、B、G、A	C、E、D、F、H

根据表 5.3 中影响力系数排名情况可知, 2012 年广东的制造业 (C)、建筑业 (E)、卫生和社会工作 (Q), 广西的电力、热力、燃气及水生产和供应业 (D)、建筑业 (E)、卫生和社会工作 (Q)、公共管理、社会保障和社会组织 (S), 贵州的建筑业 (E)、卫生和社会工作 (Q), 云南的电力、热力、燃气及水生产和供应业 (D)、建筑业 (E)、租赁和商务服务业 (L)、卫生和社会工作 (Q) 等产业的影响力比较大. 与 2007 年相比, 四省区的建筑业 (E) 辐射力一直较强; 卫生和社会工作 (Q) 产业在珠江流域中的地位比较重要; 但广西与贵州两省区中辐射力较强的产业出现了较大的差异. 四省区中仅有广东的制造业 (C) 影响力较强, 其生产需要珠江流域四省区投入较多的中间产品, 从而更多地带动整体经济的发展.

由表 5.3 中感应度系数排名前五的产业可以看出, 广东的制造业 (C)、电力、热力、燃气及水生产和供应业 (D)、交通运输、仓储和邮政业 (G), 广西的农、林、牧、渔业 (A)、采矿业 (B)、制造业 (C)、电力、热力、燃气及水生产和供应业 (D)、交通运输、仓储和邮政业 (G), 贵州的采矿业 (B)、制造业 (C)、电力、热力、燃气及水生产和供应业 (D)、交通运输、仓储和邮政业 (G), 云南的制造业 (C)、电力、热力、燃气及水生产和供应业 (D), 这些产业的反馈效应显著. 与 2007 年相比, 制造业 (C)、电力、热力、燃气及水生产和供应业 (D) 仍为珠江流域的基础产业, 交通运输、仓储和邮政业 (G) 表现出较强的基础性作用.

从纵向看, 2002 年, 珠江流域四省区中, 影响力较强的产业较为单一, 且四省区情况差异较大; 至 2007 年, 建筑业 (E) 在珠江流域中的重要作用开始凸显, 并于 2012 年仍保持着其对整体经济很强的辐射力; 2012 年, 卫生和社会工作 (Q) 产业的影响力也较强. 三个编表年份中, 制造业 (C)、交通运输、仓储和邮政业 (G) 两个产业的感应度系数均较高, 可被视为珠江流域四省区中基础产业; 2007、2012 年中电力、热力、燃气及水生产和供应业 (D) 的感应度系数也均较高. 较 2002 年, 2007、2012 年影响力、感应度系数排名靠前的产业出现交叉, 如电力、热力、燃气及水生产和供应业 (D), 说明此产业在珠江流域的辐射力和制约力均较强.

5.2 珠江流域制造业产业关联分析

根据上文分析可知 2002、2007、2012 年三个年份中, 相比于其他产业, 各省区制造业影响力系数较大、感应度系数均较高. 制造业直接体现着一个国家的生产力水平, 因此, 通过深入分析制造业, 探求珠江流域制造业的表现特征, 对寻找使其得到更好发展的可能路径很重要. 本节重点分析制造业在目标区域间对各省区各产业的拉动与制约情况, 以便更深入地了解在区域间投入产出表中某个省区制造业对另一个省区所有部门产品的需求、供给情况.

5.2.1 基于地区投入产出表分析

利用珠江流域四省区的地区投入产出表[①], 以 2012 年为例, 分别计算滇黔桂粤四省区的制造业影响力、感应度系数[②], 并根据其系数大小进行排名, 整理得表 5.4.

表 5.4 2012 年各地区投入产出表计算的制造业影响力、感应度系数及其排名

地区	粤 系数	粤 排名	桂 系数	桂 排名	黔 系数	黔 排名	滇 系数	滇 排名
影响力	1.4826	1	1.3075	2	1.2526	3	1.2526	3
感应度	6.7878	1	4.6998	1	3.8609	1	5.0872	1

根据表 5.4 可知, 滇黔桂粤四个省区的制造业影响力系数排名均比较靠前, 如广东的制造业影响力系数排名第一, 说明当制造业的最终需求增加一单位时, 所需要广东省各个产业投入的中间产品最多, 即对于广东经济的拉动作用最强. 四个省区的制造业感应度系数排名均为第一, 表明制造业在四省区相对独立的经济系统中, 表现出很强的制约作用. 以广东为例, 说明当广东各个产业均增加一单位的最终需求时, 所需作为中间产品的制造业产品最多, 即制造业具有基础产业的性质, 其对广东经济的制约性也较强.

5.2.2 基于区域间投入产出表分析

基于区域间投入产出表的计算结果 (附录 3), 根据 2002、2007、2012 年目标区域间影响力、感应度系数及其排名, 对制造业相关数据进行整理, 得表 5.5、表 5.6.

根据表 5.5 可知, 2002 年广东省制造业对于省内产业中间产品的需求多于省外. 相比于广东省其他产业, 就制造业对珠江流域每一省区所有部门的影响程度来看, 其排名并不靠前; 如粤对桂影响力系数为 1.0635, 排名 8, 表示广东省制造

---

① 数据来源于《中国地区投入产出表 2012》.
② 影响力、感应度系数均基于 Leontief 逆矩阵计算.

业每增加一单位最终需求时, 其对广西所有部门的需求拉动为 1.0635 个单位. 广西的制造业对广东、贵州、云南三省产业的中间需求均比较多, 对省区内各产业中间需求反而较少, 表明相比广西的其他产业, 广西制造业对于其他三省区经济的影响作用较大, 而对于广西内经济的影响较小. 贵州的制造业除对云南产业的中间需求较少外, 其余均较多. 云南与广西情况相反, 云南制造业的生产对于省内产业的中间需求远高于省外, 表明云南制造业对于本地区经济的拉动作用明显大于对其他三省区经济的拉动作用.

表 5.5 基于目标区域间计算的制造业 (C) 影响力系数及其排序

省区间	2002 年 影响力系数	排名	2007 年 影响力系数	排名	2012 年 影响力系数	排名
粤 C-粤	1.0737	7	1.0762	6	1.1840	2
粤 C-桂	1.0635	8	1.0721	7	1.4279	3
粤 C-黔	1.0970	9	0.9130	9	1.1803	5
粤 C-滇	0.9600	10	0.9747	9	1.2509	5
桂 C-粤	1.9881	1	1.5781	5	1.6475	5
桂 C-桂	1.0337	9	0.9915	9	1.0049	6
桂 C-黔	2.3229	1	0.7283	8	1.1038	6
桂 C-滇	1.8063	2	0.7106	11	1.0696	5
黔 C-粤	1.2515	5	1.2995	4	1.4927	3
黔 C-桂	1.4300	3	0.6700	11	1.1026	4
黔 C-黔	1.2095	2	0.9885	16	0.9894	11
黔 C-滇	1.3200	7	0.4319	14	0.8403	8
滇 C-粤	0.9114	13	0.8999	11	1.3079	5
滇 C-桂	0.3131	17	0.4706	15	0.9812	6
滇 C-黔	0.7947	13	0.3563	16	0.8069	9
滇 C-滇	1.1081	4	0.9600	16	0.9717	10

与 2002 年相比, 2007 年广东的情况变化较小; 广西变化较大, 广西制造业对其他三省各产业的中间需求下降较多, 其中对于云南的中间需求下降幅度最大. 在这五年间贵州变化也比较大, 如对广东产业中间产品需求稍有上升, 但对于广西及其内的需求均减少. 云南稍有变化, 其制造业对于省内产业中间产品的需求减少, 即对于珠江流域四省区各产业的中间产品需求均较少, 表明云南制造业发展状况不佳.

与 2007 年相比, 2012 年广东制造业对于珠江流域四省区产业的中间产品需求均有提高, 同时对于省内需求最多. 广西制造业对于珠江流域四省区产业的中间产品需求较多, 但低于 2002 年. 贵州制造业对于广东、广西两省区产业的中间产品需求较大. 云南稍有变化, 其制造业对于广东产业的中间产品需求大幅增加, 对于广西、贵州及省内需求仍较少.

近十年来, 广东的制造业对于珠江流域四省区产业的中间产品需求增加不少;

到 2012 年, 相比其他三省区, 广东的制造业对于珠江流域整体经济的影响力和拉动力更强. 在广西的 19 个产业中, 其制造业对于广东经济的影响一直最为明显, 对于省内及贵州、云南的影响则起伏较大; 2002 年, 其对于其他三省区经济的拉动作用较强, 2007 年大幅降低, 尽管 2012 年又有所上升, 却仍低于 2002 年的水平. 2002 年, 与广西制造业类似, 贵州制造业对于珠江流域四省区经济的辐射力较强; 但之后大幅下降, 且其更多地依靠广东、广西两省区的产业. 2002 年, 云南制造业对于省内经济的影响较大, 到 2012 年, 这种影响程度有所下降, 转为对省外经济的影响程度上升; 相比其他三省区的制造业, 其制造业发展相对落后.

表 5.6 基于目标区域间计算的制造业 (C) 感应度系数及其排序

省区间	2002 年 感应度系数	排名	2007 年 感应度系数	排名	2012 年 感应度系数	排名
粤 C-粤	6.5419	1	3.1357	1	3.1984	1
粤 C-桂	11.9460	1	9.4699	1	10.1336	1
粤 C-黔	13.6532	1	8.6931	1	10.9922	1
粤 C-滇	11.0839	1	9.5535	1	11.1430	1
桂 C-粤	4.5130	2	7.9411	1	8.6472	1
桂 C-桂	2.7951	1	1.1802	1	1.3111	1
桂 C-黔	9.4836	1	6.2792	1	9.3745	1
桂 C-滇	12.5081	1	7.1567	1	9.2115	1
黔 C-粤	5.3525	1	5.1844	1	5.6591	1
黔 C-桂	7.6162	1	4.8199	1	5.9076	1
黔 C-黔	2.9810	1	1.0419	2	1.1587	1
黔 C-滇	6.6937	1	4.7140	1	6.2270	1
滇 C-粤	5.2104	1	5.8230	1	7.7963	1
滇 C-桂	9.7322	1	5.1513	1	8.1027	1
滇 C-黔	10.4072	1	4.2551	1	8.9638	1
滇 C-滇	3.9851	1	1.2274	1	1.4511	1

根据表 5.6 可知, 2002 年广东的制造业对于珠江流域四省区的感应度系数排名均为 1; 以 "粤 C-桂" 为例, 表明相比广东的其他产业部门, 在广西经济生产过程中, 所有部门增加一单位最终需求时, 广东制造业受到的感应程度最大. 这在一定程度上说明广东省制造业相比于省内的其他产业对珠江流域的制约作用更大.

贵州境内情况与广东相似: 相比于其他产业部门, 省外经济对于贵州境内中间产品的需求更多地来自制造业; 云南亦是如此. 在广东各产业生产过程中, 对于广西境内中间产品的需求更多地来自农、林、牧、渔业 (A)(见附录 3 中的附表 3.8, 感应度系数排名第 1) 产业, 而不是制造业.

与 2002 年相比, 2007 年变化不大. 仅表现为在贵州省各产业的生产活动中, 对于省内制造业中间产品的需求不是最多, 其余在珠江流域四省区各自的生产活动中, 与每个省区的其他产业相比, 各省区的制造业均是中间产品被需求最多的产业.

与 2007 年相比, 2012 年稍有变化, 滇黔桂粤各省区的制造业对于珠江流域四省区的感应度系数排名均为 1. 相比本省区内的其他产业, 其制造业不仅是本省区进行生产活动中间产品被需求最多的产业, 同时也是其他省区进行生产活动中间产品被需求最多的产业, 制造业基础产业的性质也由此体现.

2002、2007 年, 珠江流域四省区在其各自的生产过程中, 与每个省区境内的其他产业相比, 其制造业均是中间产品被需求较多的产业; 2012 年, 则成为中间产品被需求最多的产业. 说明在珠江流域整个经济系统中, 制造业为基础产业, 同时也具有与基础性质相关的制约性. 由此可见, 制造业的良好发展是珠江流域经济发展的前提与基础.

5.3 珠江流域产业关联演化

随着西南地区交通物流业的快速发展, 珠江流域四省区省区间的产品互通更为便利, 由此推断各省区部门间的融合程度也随之不断提高, 本节尝试运用社会网络分析方法, 展现出 2002~2012 年珠江流域产业结构, 特别是产业间关联关系的变化情况.

5.3.1 社会网络分析方法

5.3.1.1 社会网络分析方法简介

社会网络分析 (SNA) 是起源于 20 世纪 30 年代的一种社会学研究方法, 最早用在心理学和人类学研究中, 用于对社会网络中的各种关系进行客观定量分析. 社会网络分析的技术基础是社会计量学和图论, 其把社会关系看成是一种网络团体, 利用社群图来构造社会的关系结构, 直观地展现社会网络的概貌, 显示结点之间的结构及信息流动方向, 进而简洁地描述网络的整体属性.

近年来, 社会网络分析方法开始逐步应用到经济学领域: 在理论研究方面, 社会网络分析应用于经济学领域, 主要研究网络结构、网络效应、网络形成等基本问题; 在应用研究方面, 社会网络分析广泛应用到劳动经济学、产业经济学、组织经济学以及交易、谈判、学习、相邻效应、传播、创新、互动等方面 (徐振宁, 2013).

对于经济关联的网络研究近期也开始增多, 他们主要从两个角度进行定量分析: 一是基于地理位置分析城市或城市群经济之间的空间关联, 如方大春、周正荣 (2013) 对安徽省城市经济联系结构研究, 方大春、孙明月 (2015) 对高铁时代下长三角城市群空间结构的研究, 潘峰华等 (2015) 在经贸视角下对中国周边地缘环境的分析, 劳昕等 (2016) 对长江中游城市群经济联系测度研究. 二是基于投入产出表, 以直接消耗系数或者完全消耗系数度量产业间关联, 构建产业关联网络, 如杜华东、赵尚梅 (2013) 以历年投入产出表为数据源, 对中国产业结构变迁的研究, 林春燕、孔凡超 (2016) 基于 1997~2012 年的投入产出表数据对中国产业结构高度化的空间网络关联效应的分析, 赵巧芝等 (2017) 基于 2002 年、2007 年和 2012 年投入产出表的中间流量数据, 对中国宏观经济的产业关联网络结构变动特征的研究等.

运用社会网络分析方法研究区域间的经济关联或者产业间关联, 不仅可以采用矩阵方便地表述经济单元之间复杂的结构, 定量测度经济单元之间关系的强弱, 而且可以针对产业结构整体, 包括部门间的相互关联、集聚以及单个部门在产业结构中的变化进行研究 (杜华东, 赵尚梅, 2014). 珠江流域四省区的产业关联, 既包含不同区域间的空间关联, 又包含同一区域内的产业关联, 其产业关联的演化更为复杂, 社会网络分析方法的优点正好可以满足这一分析的需要.

5.3.1.2 阈值和距离

1) 阈值

在区域间的投入产出表中, 一个地区的一个产业部门不仅和本地区的其他产业部门是相互关联的, 和其他地区的产业部门也是相互关联的, 这种相互关联是通过产业间的投入产出关系来反映的. 关联强度的强弱可以通过区域内和区域间直接消耗系数、完全消耗系数的大小来体现. 设 A 是区域间投入产出模型中的直接消耗系数矩阵, 如式 (5.3).

$$A = \begin{bmatrix} a_{11}^{11} & \cdots & a_{1n}^{11} & \cdots & a_{11}^{1m} & \cdots & a_{1n}^{1m} \\ \vdots & & \vdots & & \vdots & & \vdots \\ a_{n1}^{11} & \cdots & a_{nn}^{1} & \cdots & a_{n1}^{1m} & \cdots & a_{nn}^{1m} \\ \vdots & & \vdots & & \vdots & & \vdots \\ a_{11}^{m1} & \cdots & a_{1n}^{m1} & \cdots & a_{11}^{mm} & \cdots & a_{1n}^{mm} \\ \vdots & & \vdots & & \vdots & & \vdots \\ a_{n1}^{m1} & \cdots & a_{nn}^{m1} & \cdots & a_{n1}^{mm} & \cdots & a_{nn}^{mm} \end{bmatrix} = \begin{bmatrix} A^{11} & \cdots & A^{1m} \\ \vdots & & \vdots \\ A^{m1} & \cdots & A^{mm} \end{bmatrix} \quad (5.3)$$

式中, a_{ij}^{rs} 表示 S 地区 j 产品的单位总投入中, r 地区部门 i 所投入的 i 产品的比重.

完全消耗系数矩阵: $B = (I - A)^{-1} - I$.

社会网络分析中的关联矩阵是一个只含有 0 和 1 的二值矩阵, 因此需要将直接消耗系数矩阵或者完全消耗系数矩阵转化为二值矩阵. 理论上, 关联矩阵中等于 1 的元素表示对应的两个部门高度相关, 等于 0 的元素表示对应的两个部门不相关. 由于直接消耗系数矩阵或者完全消耗系数矩阵的元素是一个介于 0 与 1 之间的实数, 数值越大, 表明对应的两部门之间的关系越紧密, 反之则越松散.

如将直接消耗系数矩阵或者完全消耗系数矩阵转化为二值矩阵, 关键在于选取合适的阈值. 理论上, 阈值可以自由选取. 一个较大的阈值对应一个较为稀疏的矩阵, 对应的网络密度小, 一个较小的阈值对应着较为密集的矩阵, 对应的网络密度大. 通常在产业部门的网络分析中, 阈值选平均值的居多, 即将大于平均值的赋值为 1, 小于平均值的赋值为 0, 如方大春和王海晨 (2017), 也有学者将非 0 的直接消耗系数赋值为 1, 等于 0 的直接消耗系数赋值为 0, 如刘颖男和王盼 (2016). 当然, 也有不进行二值化, 直接使用直接消耗系数矩阵作为关系矩阵进行分析, 如杜华东、赵尚梅 (2013).

鉴于本书采用的完全消耗系数矩阵与直接消耗系数矩阵是根据区域间投入产出表计算得到, 涉及不同地区多个部门, 矩阵规模较大, 为了更突出部门之间的关联关系, 将完全消耗系数 (直接消耗系数) 进行了排序, 保留了系数较大的前 10% (或 1%), 即以 90%(或 99%) 的分位数作为阈值, 将其余元素赋值为 0, 得到关系矩阵如式 (5.4).

$$Z = \begin{bmatrix} z_{11}^{11} & \cdots & z_{1n}^{11} & \cdots & z_{11}^{1m} & \cdots & z_{1n}^{1m} \\ \vdots & & \vdots & & \vdots & & \vdots \\ z_{n1}^{11} & \cdots & z_{nn}^{11} & \cdots & z_{n1}^{1m} & \cdots & z_{nn}^{1m} \\ \vdots & & \vdots & & \vdots & & \vdots \\ z_{11}^{m1} & \cdots & z_{1n}^{m1} & \cdots & z_{11}^{mm} & \cdots & z_{1n}^{mm} \\ \vdots & & \vdots & & \vdots & & \vdots \\ z_{n1}^{m1} & \cdots & z_{nn}^{m1} & \cdots & z_{n1}^{mm} & \cdots & z_{nn}^{mm} \end{bmatrix}, z_{ij}^{rs} = \begin{cases} a_{ij}^{rs}, & a_{ij}^{rs} \geqslant a^* \\ 0, & a_{ij}^{rs} < a^* \end{cases} \quad (5.4)$$

式中, a^* 为所有 a_{ij}^{rs} 的 90%(或 99%) 的分位数.

2) 距离

通常的网络分析中, 以二值矩阵构建网络图, 并不区分两个单元之间距离的远近, 即认为相关的两个单元之间的距离是相等的, 单元是否为中心点或集聚点则通过中心性或者网络集聚系数来反映. 在投入产出关系中, 若将大于阈值的关联视为等距, 则不能准确地反映产业之间的关联程度. 为此, 笔者在网络图中利用系数来反映两个部门之间关系的亲疏, 设定直接消耗系数越大, 两个部门间的关联越紧密, 反之则越疏远.

基于关联矩阵 Z, 定义距离矩阵 D 如式 (5.5).

$$D = \begin{bmatrix} d_{11}^{11} & \cdots & d_{1n}^{11} & \cdots & d_{11}^{1m} & \cdots & d_{1n}^{1m} \\ \vdots & & \vdots & & \vdots & & \vdots \\ d_{n1}^{11} & \cdots & d_{nn}^{11} & \cdots & d_{n1}^{1m} & \cdots & d_{nn}^{1m} \\ \vdots & & \vdots & & \vdots & & \vdots \\ d_{11}^{m1} & \cdots & d_{1n}^{m1} & \cdots & d_{11}^{mm} & \cdots & d_{1n}^{mm} \\ \vdots & & \vdots & & \vdots & & \vdots \\ d_{n1}^{m1} & \cdots & d_{nn}^{m1} & \cdots & d_{n1}^{mm} & \cdots & d_{nn}^{mm} \end{bmatrix}, d_{ij}^{rs} = \begin{cases} \dfrac{1}{z_{ij}^{rs}}, & z_{ij}^{rs} > 0 \\ 0, & z_{ij}^{rs} = 0 \end{cases} \quad (5.5)$$

式中, d_{ij}^{rs} 表示网络图中 r 地区的 i 部门与 s 地区的 j 部门之间的距离, d_{ij}^{rs} 越小, 表示这两个部门之间的投入产出关系越紧密, 部门之间的关联越强, 反之, 则投入产出关系越疏远, 部门之间的关系越弱. 当 $z_{ij}^{rs}=0$ 时, 即两部门之间不相关, 理论上 d_{ij}^{rs} 应该趋于无穷大. 当一个结点附近的结点越多的时候, 就意味着这个部门是一个区域中心部门, 它对区域的经济影响越强.

5.3.2 珠江四省区产业关联网络图

基于社会网络分析理论, 运用 2002、2007、2012 年 19 部门珠江流域区域间投入产出表, 计算出区域间直接消耗系数矩阵和完全消耗系数矩阵, 并构建以产业为结点的邻接矩阵. 依据产业的中介中心性绘制产业社交网络图[①]. 通过产业关联社会网络图刻画某一特定产业在产业关联网络中所处的位置, 从网络结构角度了解珠江流域四省区各产业的重要性.

5.3.2.1 完全消耗系数绘制网络图

运用 2002 年珠江流域区域间数据, 按数值大小选取完全消耗系数矩阵中排名前 10%(矩阵为 76×76) 和前 1%的数据, 其他赋值为零, 分别绘制产业关联社会网络图, 如图 5.1(a)、图 5.1(b). 2007、2012 年两个年份的产业关联社会网络分别如图 5.2(a)、图 5.2(b); 图 5.3(a)、图 5.3(b).

根据图 5.1 至图 5.3 所示的珠江流域产业关联网络图, 各年份的 (a) 图、(b) 图, 即不同数据个数的网络图呈现了粗略的重要关联与繁杂的引致关系. 详细横向对比可知, 在珠江流域四省区错综复杂的产业关联关系中, 哪些是关键部门, 哪些是纽带产业, 哪些是被引领产业. 纵向对比三个年份的网络图可以发现, 2002 年滇黔桂粤四省区各产业部门的关联度不高, 除制造业 (即 C 部门) 以外, 整体呈现以自

---

① 图中各产业标识由省份简称和部门代码共同组成, 部门代码见表 3.12; 图中不带点标识表示产品供给部门, 如 "粤 A", 是邻接矩阵的行名称; 带点标识表示产品需求部门, 如 "粤.A", 是邻接矩阵的列名称.

5.3 珠江流域产业关联演化

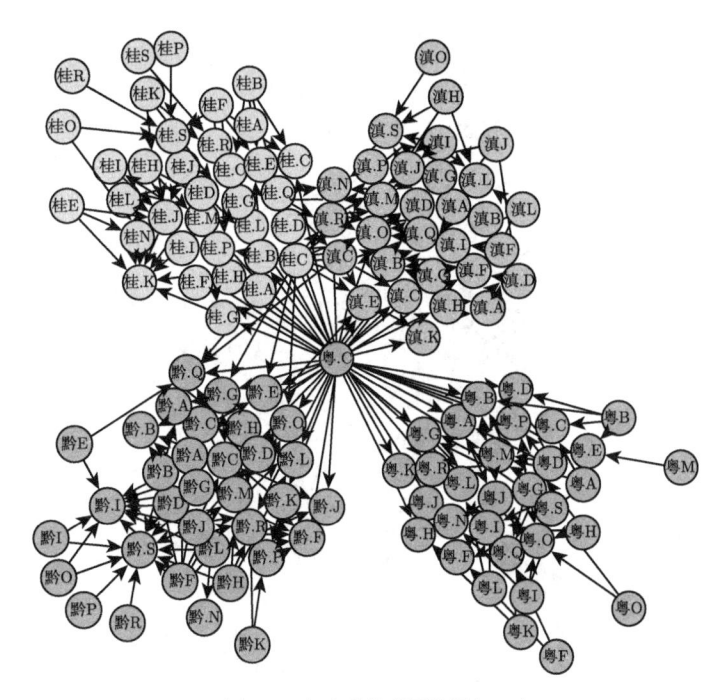

(a) 2002 年产业关联网络图(10%)

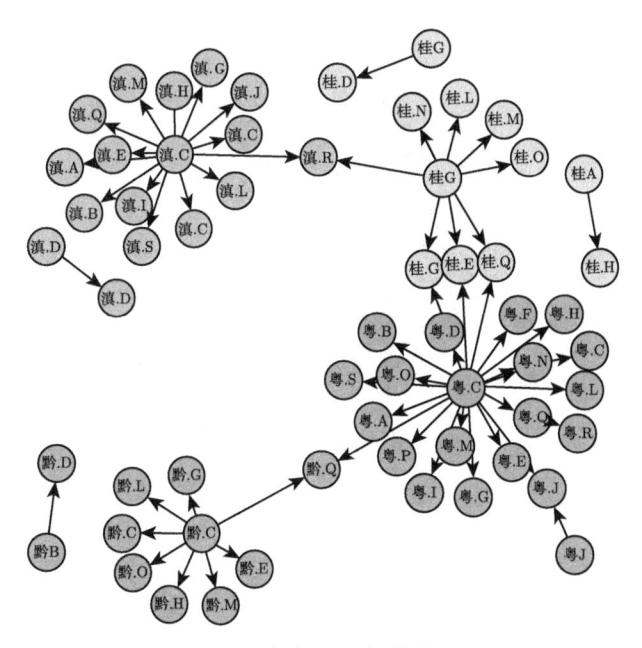

(b) 2002 年产业关联网络图(1%)

图 5.1 2002 年产业关联网络图 I

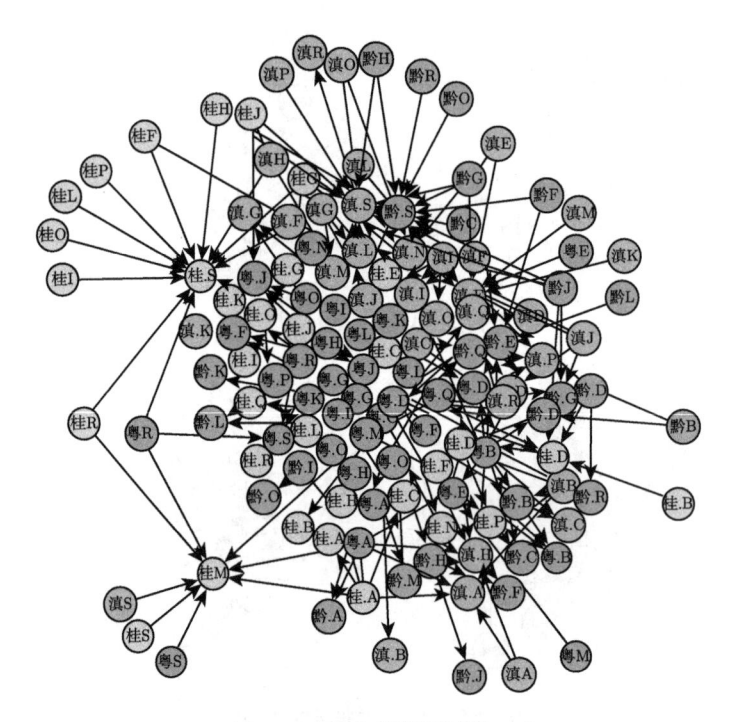

(a) 2007 年产业关联网络图(10%)

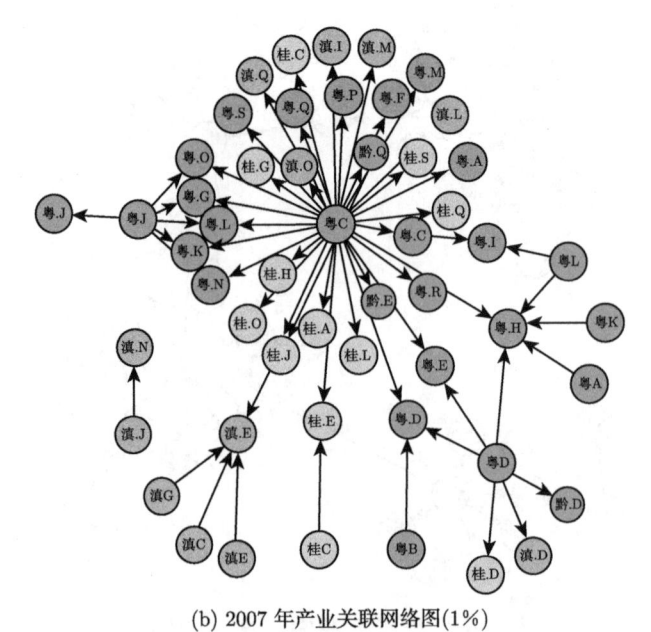

(b) 2007 年产业关联网络图(1%)

图 5.2　2007 年产业关联网络图 I

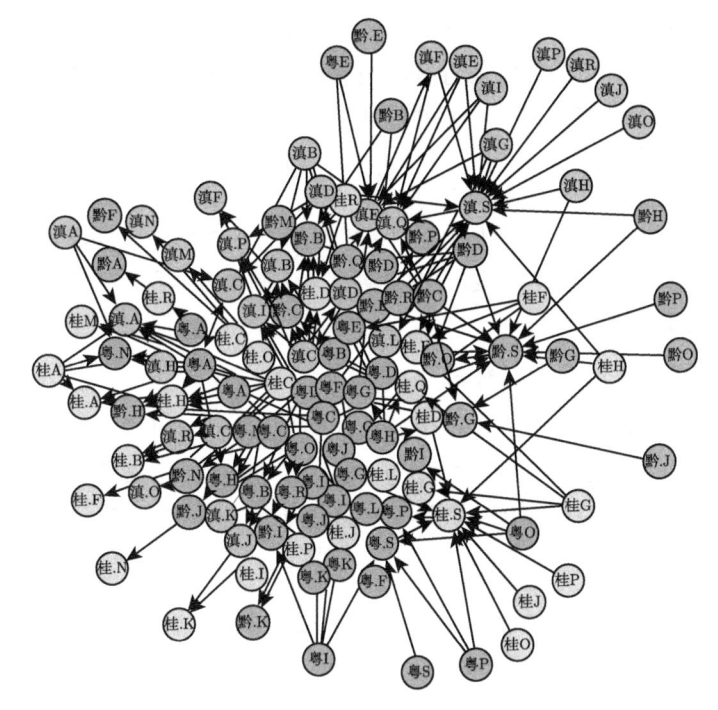

5.3 珠江流域产业关联演化

(a) 2012 年产业关联网络图(10%)

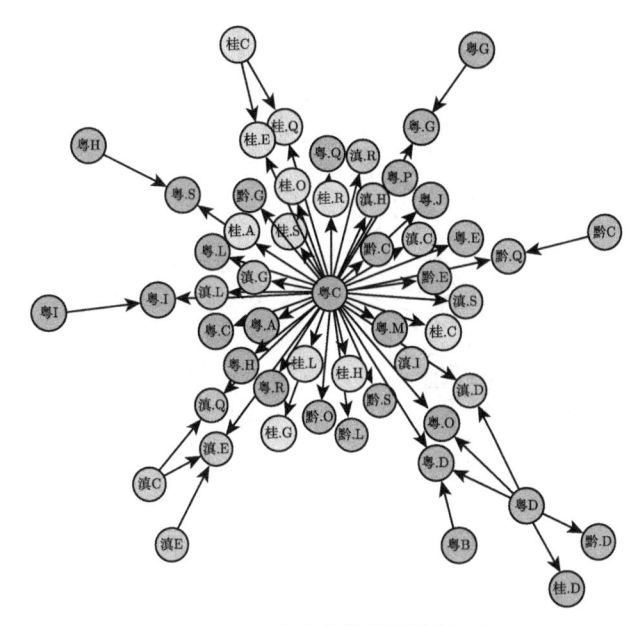

(b) 2012 年产业关联网络图(1%)

图 5.3 2012 年产业关联网络图 I

身为主中心的集聚关联现象. 2002 年珠江流域四省区制造业分别在网络图中处于较中心位置, 体现了其在省内与省区间较强的网络关联性, 广东省制造业尤其明显. 处于网络图边缘的产业在一定程度上表示地区影响较弱, 在区域经济融合发展中作用较小的部门.

2007 年与 2012 年滇黔桂粤四省区各部门开始出现复杂的跨省关联, 省区间关联关系相比 2002 年有了较大的提升, 各省制造业仍然处于网络图较中心位置. 说明近年来随着信息技术与交通业的发展, 珠江流域各省区产业部门间的关联一体化趋势在逐步加强.

5.3.2.2 直接消耗系数绘制网络图

运用 2002、2007、2012 三个年份珠江流域区域间数据, 按数值大小选取直接消耗系数矩阵中排名前 10%(矩阵为 76×76) 和前 1%的数据, 其他赋值为零, 分别绘制产业关联社会网络图, 如图 5.4(a)、图 5.4(b); 图 5.5(a)、图 5.5(b); 图 5.6(a)、图 5.6(b).

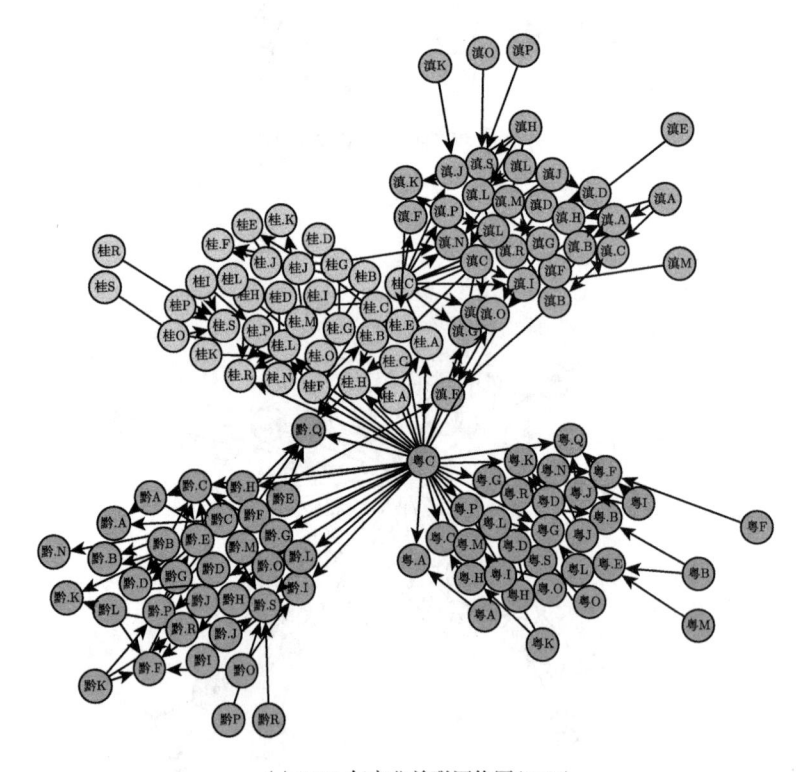

(a) 2002 年产业关联网络图(10%)

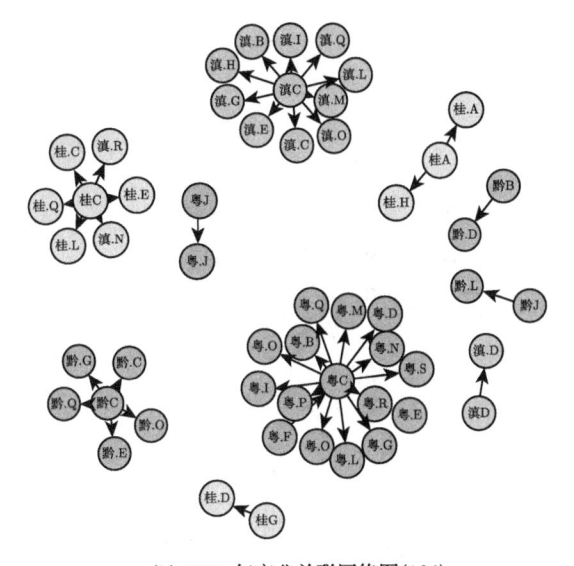

5.3 珠江流域产业关联演化

(b) 2002 年产业关联网络图(1%)

图 5.4　2002 年产业关联网络图 Ⅱ

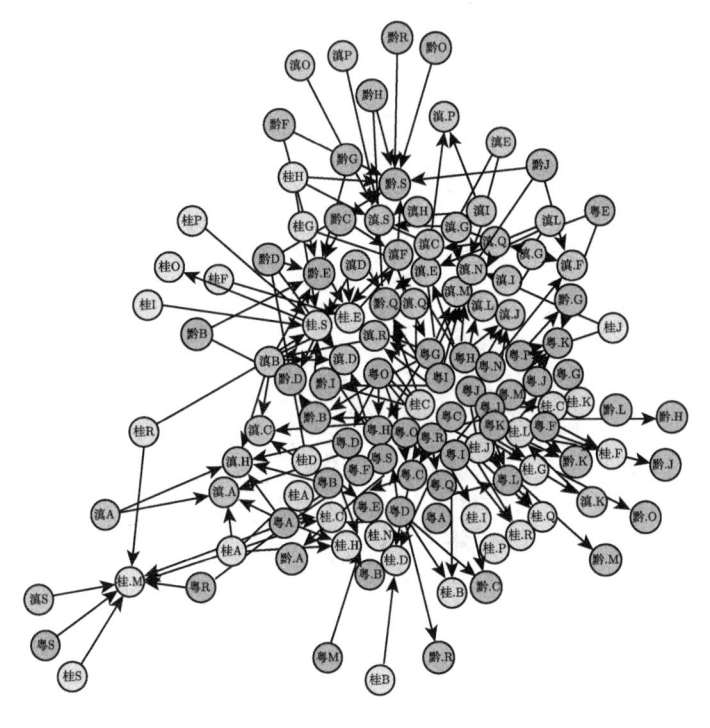

(a) 2007 年产业关联网络图(10%)

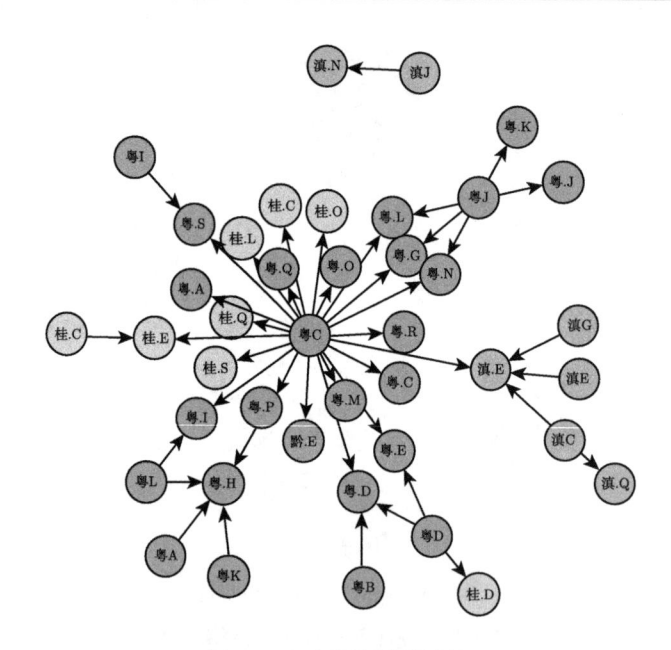

(b) 2007 年产业关联网络图(1%)

图 5.5　2007 年产业关联网络图 Ⅱ

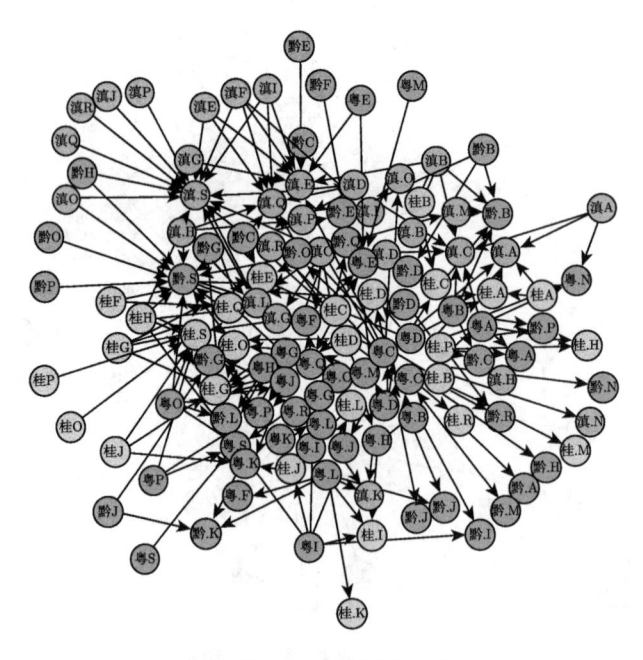

(a) 2012 年产业关联网络图(10%)

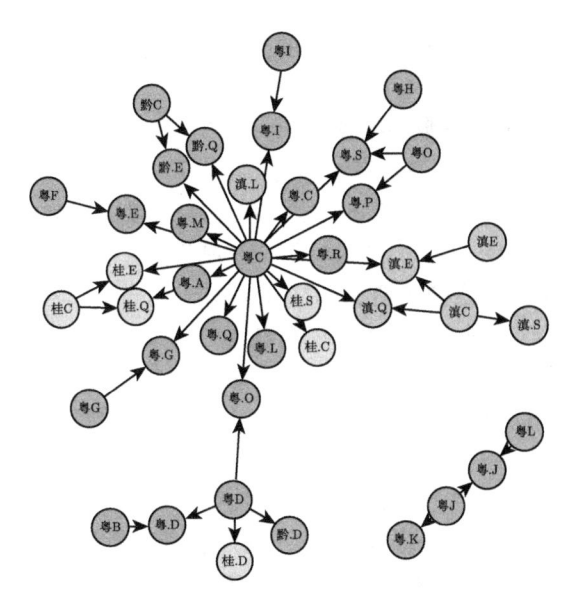

5.3 珠江流域产业关联演化

(b) 2012 年产业关联网络图(1%)

图 5.6　2012 年产业关联网络图 Ⅱ

由直接消耗系数矩阵绘制的珠江流域产业关联网络图,体现出的基本趋势与完全消耗系数绘制的基本一致,即图 5.4～图 5.6 与图 5.1～图 5.3 两组图展示了相似的关联关系演化特征.

2002、2007、2012 三个年份纵向对比可以发现,无论是 10% 数据图还是 1% 数据图均可以看出,各省区内部产业关联较强,省区间关联强弱则随着年份变化. 2002 年四省区的融合度不高,各省区均以本省区的制造业为中心带动各产业;2007 年有所改变,开始出现较多的省区间产业融汇情况,广东省制造业逐渐显现其单一中心地位;2012 年则展现出了较深入的融合状况,打破了单一中心的联系局面,呈现出较复杂的跨省关联关系,区域间的产业集聚现象渐渐多极化.

直接消耗系数产业关联网络图同样也显示出,滇黔桂粤四省区制造业仍然处于网络图较中心位置,说明 2002 年以来珠江流域各省产业部门间的关联多是以制造业为集聚结点进行越来越深入的融合.

5.3.3　珠江流域省区间产业关联

5.3.3.1　完全消耗系数绘制网络图

为了更清晰地考察珠江流域四省区间产业关联情况,将珠江区域间完全消耗系数矩阵剔除内部产业关联数据,然后按照数据大小选取完全消耗系数排名前 10%,前 1% 的矩阵数据分别绘制产业关联网络图,其他赋值为零,即绘制滇黔桂粤四省区间产业关联网络图.

运用 2002、2007、2012 三个年份的数据, 绘制产业关联网络图如图 5.7 ~ 图 5.9 所示.

根据省区间完全消耗系数网络图 5.7 ~ 图 5.9, 可知去除区域内部数据后滇黔桂粤四省区之间的关联关系进一步清晰化, 特别是每个年份完全消耗系数前 1% 的网络图. 如 2002 年滇黔桂粤四省区之间产业关联以广东省制造业 (C) 为主导, 并呈现单一性质; 网络图 5.7(b) 显示当年广东制造业 (C) 与滇黔桂三省间的多数产业均有较强的影响, 广西的制造业 (C) 主要对云南省的第三产业有较强的影响.

2007 年开始出现一些新的变化, 广东其他产业部门对滇黔桂三省区的关联关系开始加强, 如建筑业 (E) 以及卫生和社会服务 (Q) 开始受到广西的影响. 广东的金融业 (J) 开始出现在网络图 5.8(b) 中, 与相邻省份的租赁和商务服务 (L) 密切关联. 2012 年广东省的制造业依然居于主导地位, 更多省份的更多部门开始出现在图 5.9(b) 中, 省区间的融合关系进一步加强; 如广东省住宿餐饮业 (H)、建筑业 (E) 等部门开始对流域内滇黔桂三省区的产业部门发挥重要影响; 云南的建筑业 (E) 以及卫生和社会服务 (Q) 开始受到广东、广西以及贵州三省区的部门影响.

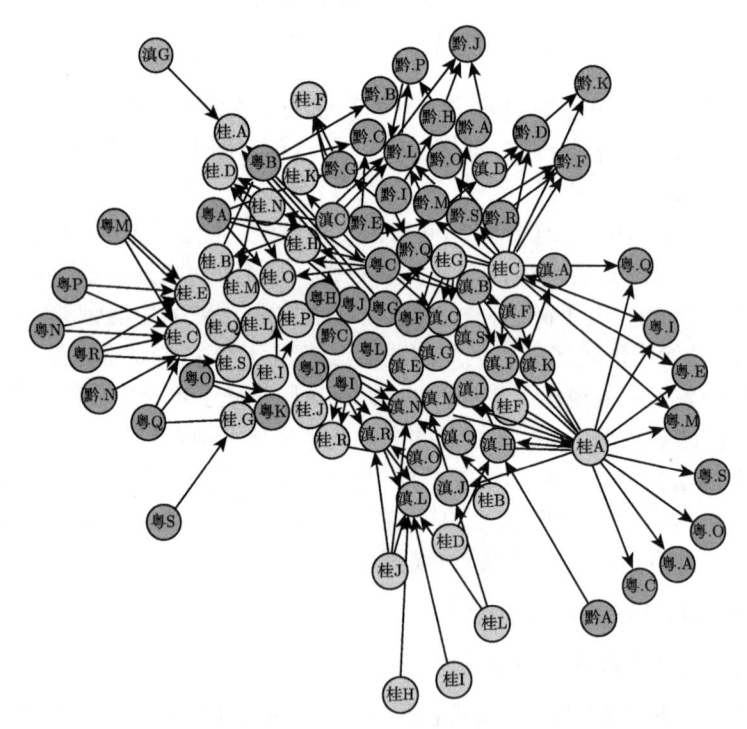

(a) 2002 年产业关联网络图(10%)

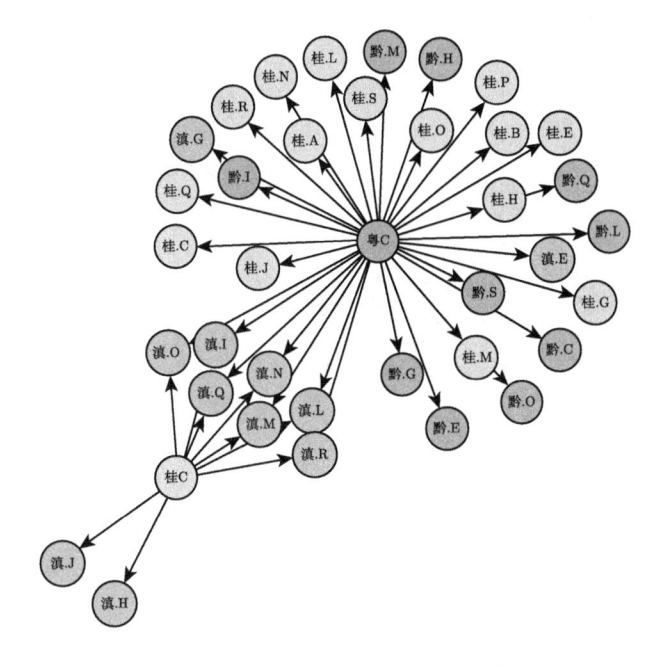

5.3 珠江流域产业关联演化

(b) 2002 年产业关联网络图(1%)

图 5.7　2002 年产业关联网络图 Ⅲ

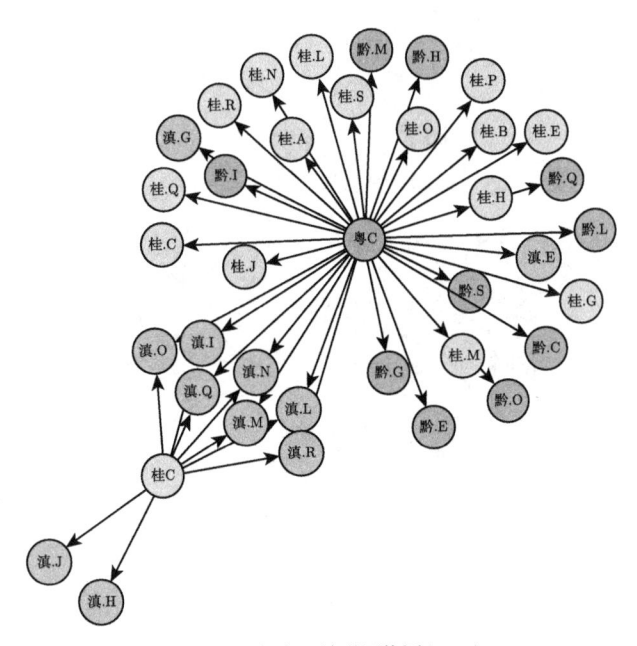

(a) 2007 年产业关联网络图(10%)

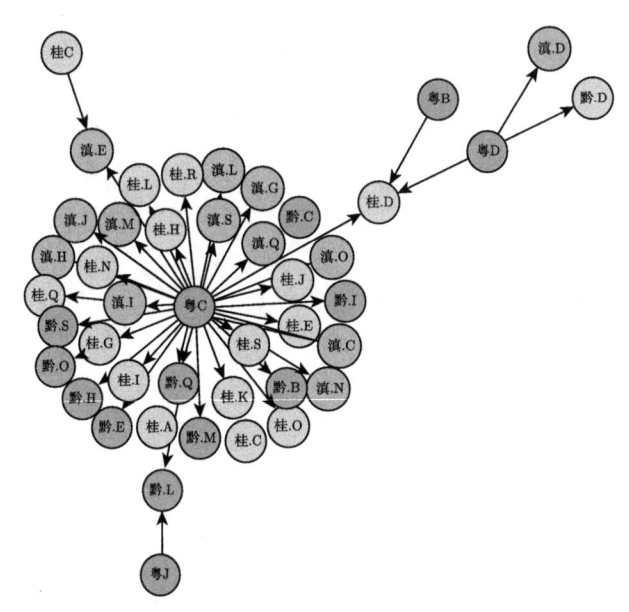

(b) 2007 年产业关联网络图(1%)

图 5.8　2007 年产业关联网络图 Ⅲ

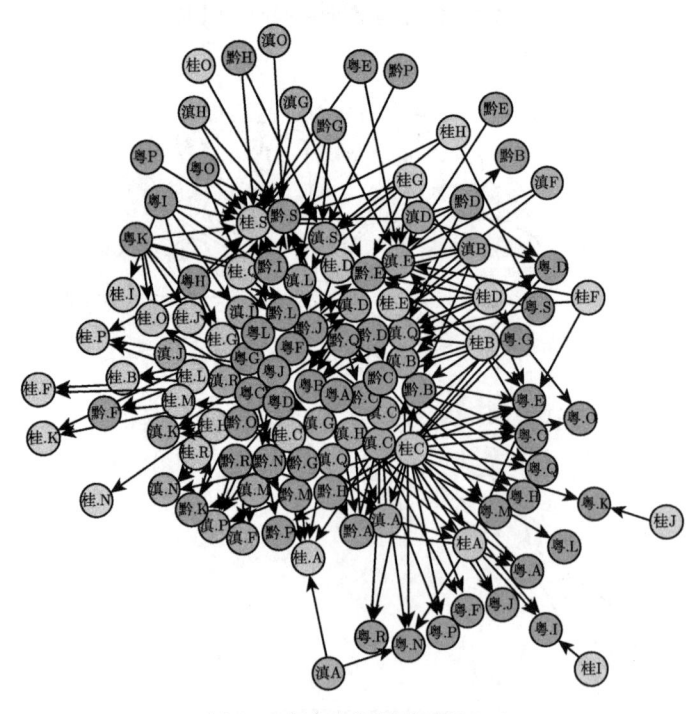

(a) 2012 年产业关联网络图(10%)

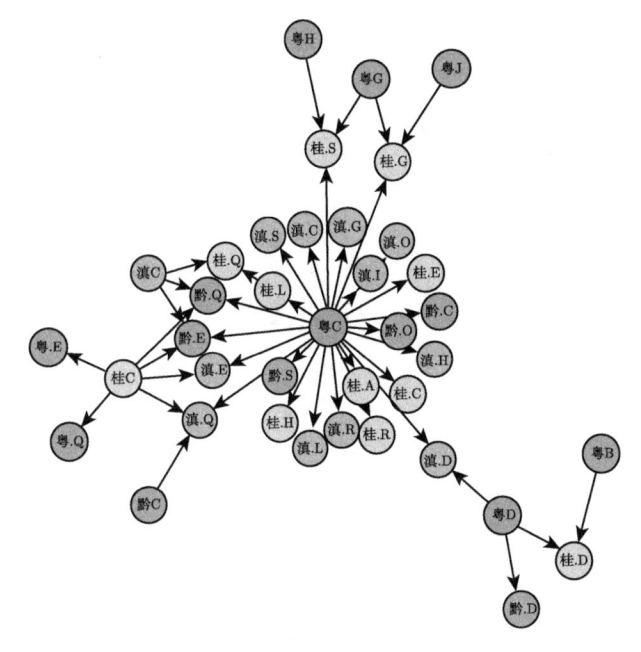

(b) 2012 年产业关联网络图(1%)

图 5.9　2012 年产业关联网络图 Ⅲ

综上,从 2002 年到 2012 年十年里,广东的制造业 (C) 在珠江流域中始终处于产业部门的主导地位; 广西的制造业 (C) 对广东的产业部门影响范围以及影响程度逐步提升; 滇黔桂粤四省区建筑业 (E) 以及公共管理、社会保障和社会组织 (S) 是沿着珠江流域从下游到上游逐步显现其重要影响. 在这十年间, 珠江流域四省区逐渐打破以往以省为单位的产业关联格局, 出现省区间复杂的产业关联, 这正是珠江流域经济一体化的特征之一.

5.3.3.2　直接消耗系数绘制网络图

运用 2002、2007、2012 年三个编表年份珠江流域区域间数据, 将珠江区域间直接消耗系数矩阵剔除各省内数据, 然后按数值大小选取直接消耗系数矩阵中排名前 10% 和前 1% 的数据, 其他赋值为零, 分别绘制产业关联网络图, 如图 5.10∼图 5.12 所示.

根据图 5.7∼图 5.9 与图 5.10∼图 5.12 两组图, 即剔除各省区内数据后绘制的直接消耗系数网络图与完全消耗系数网络图, 在 2002、2007、2012 三个编表年份之间演变趋势基本一致, 即两组图展示了相似的关联关系演化特征. 纵向对比可以得出省区间产业关联逐渐增强的结论, 即 2002 年四省区的产业融合度偏低, 珠江流域基本以广东、广西两省区的制造业为中心, 牵动其他各产业的关联;

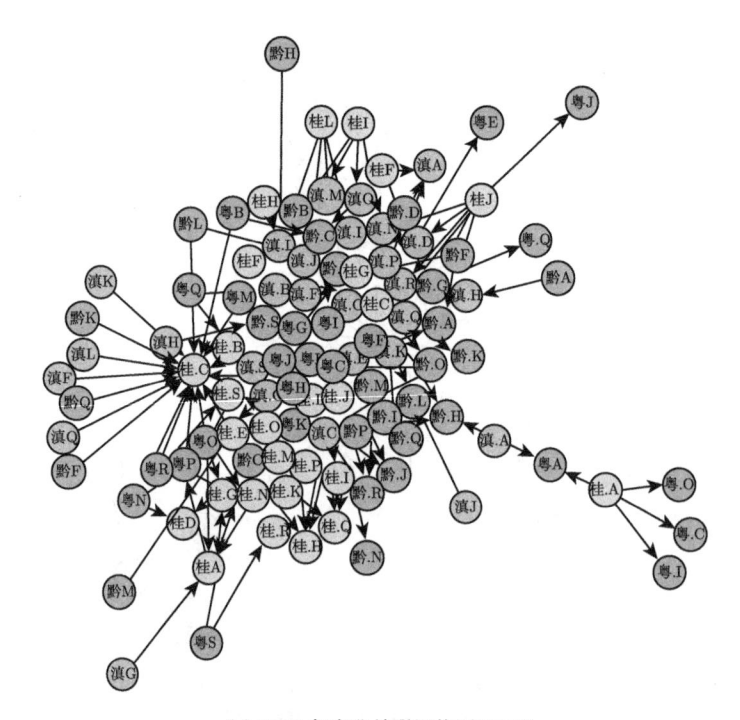

· 86 ·　　第 5 章　目标区域间产业关联及演化

(a) 2002 年产业关联网络图(10%)

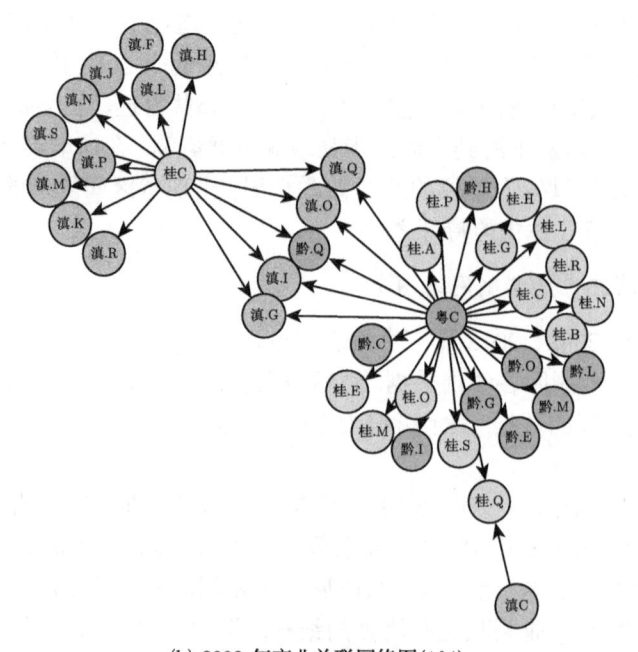

(b) 2002 年产业关联网络图(1%)

图 5.10　2002 年产业关联网络图 Ⅳ

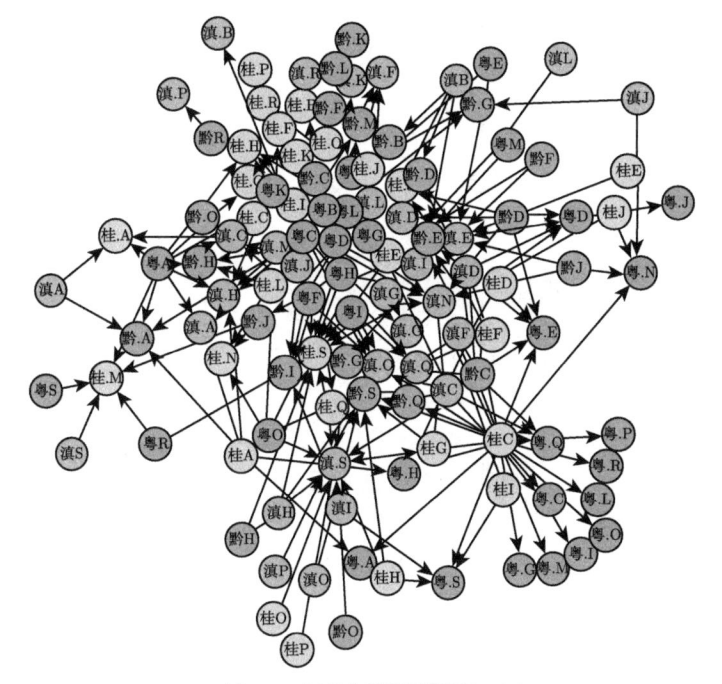

5.3 珠江流域产业关联演化

(a) 2007 年产业关联网络图(10%)

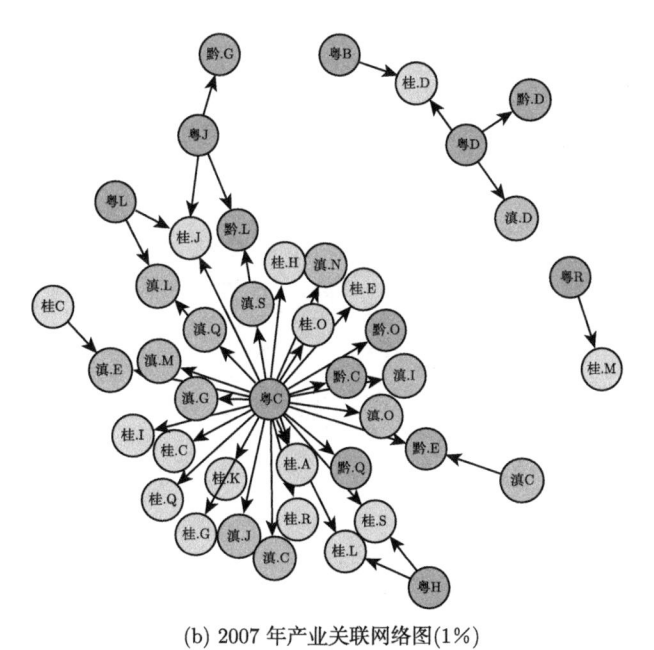

(b) 2007 年产业关联网络图(1%)

图 5.11　2007 年产业关联网络图 Ⅳ

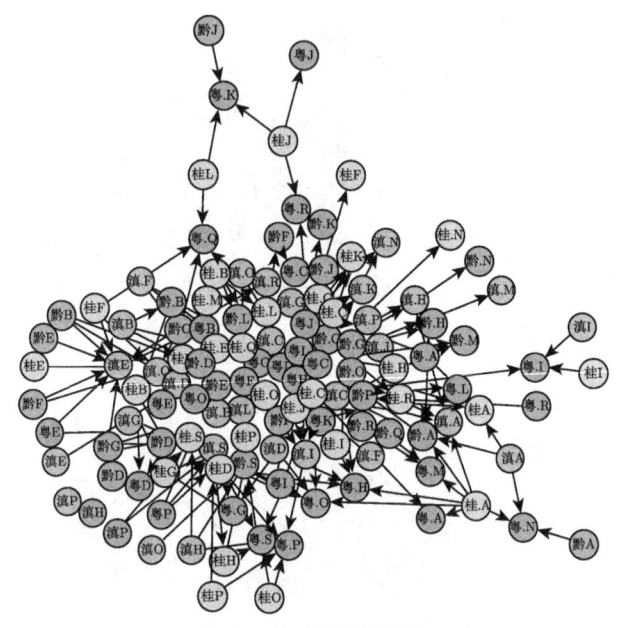

(a) 2012 年产业关联网络图(10%)

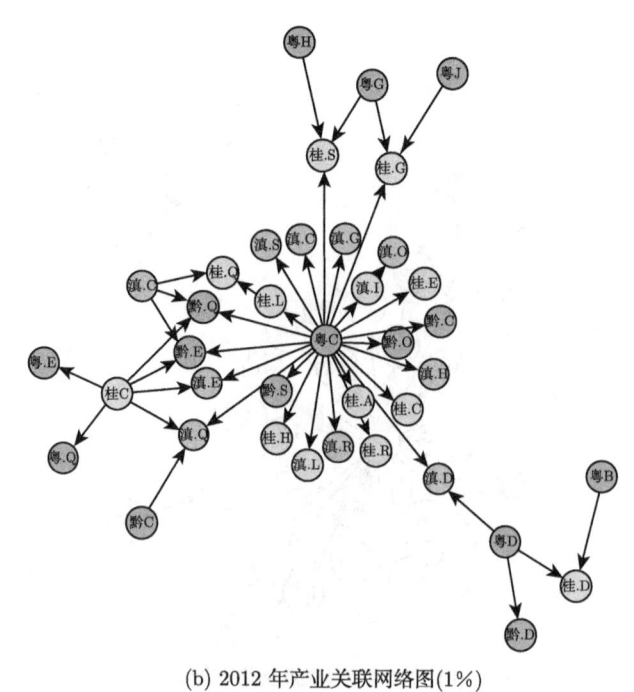

(b) 2012 年产业关联网络图(1%)

图 5.12　2012 年产业关联网络图 Ⅳ

5.3 珠江流域产业关联演化

2007 年开始出现较多的省区间产业融合情况, 广东省制造业的中心地位进一步体现出来, 但其他三个省区间的联系也在加强; 2012 年展现了更加繁杂的珠江流域四省区产业融合状况, 以广东省制造业为中心的联系局面仍是珠江流域产业关联关系的突出特征, 区域间的产业集聚也渐渐向着多极化趋势发展.

珠江流域区域间投入产出表计算出的直接消耗系数矩阵剔除各省内数据之后, 绘制的珠江流域产业关联网络图与没有剔除各省内数据的网络图相比, 体现出了更强的省区间的关联关系. 特别是 2002 年的四张图表现最明显, 如图 5.10(a) 与图 5.4(a) 相比较, 图 5.10(b) 与图 5.4(b) 相比较, 这可能是由于在没有剔除各省内数据时, 省内各产业间较强的关联关系弱化了省区间的关联. 这一特点在完全消耗系数关联关系网络图中也有类似结论, 如图 5.7(a) 与图 5.1(a) 相比较, 图 5.7(b) 与图 5.1(b) 相比较.

综上所述, 不难发现, 滇黔桂粤四省区制造业仍然处于网络图较中心位置, 说明 2002 年以来珠江流域各省区产业部门间的关联多是以制造业为集聚结点进行越来越深入的融合.

应用之二:产业集群分析

第 6 章　珠江流域产业集群分析

产业集群是在特定的地域内有密切联系的产业组成的群体, 产业集聚是产业集群得以形成和进一步发展的前提. 产业间联系的密切程度可以从两个方面来衡量: 一是部门间的投入–产出的生产联系, 表现为部门间生产使用和投入产出的经济联系; 二是以外部环境为纽带的空间联系, 主要是通过产业集群对特定环境和地区表现出的特定生产路径. 本章以珠江流域投入产出表为基础, 以产业间投入与产出的经济联系为衡量标准来度量部门在生产中的联系密切程度.

6.1　产业集群测度的理论方法

6.1.1　产业集群功能联系及度量标准

投入产出表中衡量生产活动总量的指标主要有各个行业的总投入和总产出, 在生产过程中主要有中间投入和中间使用两个衡量标准. 对于两个行业 i 和 j 而言, 从行业 i 到行业 j 的路径包括了 i 部门的总产出和 j 部门的总投入; 同样地, 从 j 到 i 的路径包含了 j 部门的总产出和 i 部门的总投入, 每一条路径上的关系均可用两个系数来表示, 分别称它们为投入系数和产出系数. 不同系数的表达式如式 (6.1).

$$a_{ij} = \frac{x_{ij}}{\sum\limits_{j} x_{ij}}, \quad a_{ji} = \frac{x_{ji}}{\sum\limits_{i} x_{ji}}, \quad b_{ij} = \frac{x_{ij}}{\sum\limits_{i} x_{ij}}, \quad b_{ji} = \frac{x_{ji}}{\sum\limits_{j} x_{ji}} \qquad (6.1)$$

其中, x_{ij} 是投入产出表中的中间投入和中间使用部分, i 代表行, j 代表列. 从投入产出表的各行来看, x_{ij} 表示 i 产品分配给 j 部门作生产使用的数量; 从列向看, 表示 j 部门生产过程中消耗的 i 部门产品数量. 例如, $a_{ij} = \dfrac{x_{ij}}{\sum\limits_{j} x_{ij}}$ 表示 i 产品分配给 j 部门的数量占 i 部门所有产品数量的比重, $b_{ij} = \dfrac{x_{ij}}{\sum\limits_{i} x_{ij}}$ 表示 j 部门生产中消耗 i 部门的产品数量占 j 部门所有产品数量的比重.

6.1.2 三角化方法识别准产业集群

根据度量标准计算出来的投入系数和产出系数共有 4 个矩阵, 其中 $a_{ij} = \dfrac{x_{ij}}{\sum_j x_{ij}}$ 和 $b_{ji} = \dfrac{x_{ji}}{\sum_j x_{ji}}$, $a_{ji} = \dfrac{x_{ji}}{\sum_i x_{ji}}$ 和 $b_{ij} = \dfrac{x_{ij}}{\sum_i x_{ij}}$ 互为转置矩阵. 以该投入系数和产出系数矩阵作为产业集群识别的基础依据, 反映了两两部门间的联系程度, 是衡量产业集群的有效指标. 本章首先使用三角化方法进行产业集群识别, 并把这种定量识别结果称为准产业集群; 此处以识别云南省准产业集群为例, 说明三角化识别的步骤.

第一步, 将云南省 2012 年投入产出表 42 个行业的任意一个行业 g 作为起始行业, 并置于矩阵的 (1,2) 和 (2,1) 位置. 如在表 6.1 准产业集群一的识别中, 以纺织品业 (07) 作为起始行业, 置于矩阵的 (1,2) 和 (2,1) 位置上, 作为第一准集群中的成员之一.

表 6.1 三角化识别准产业集群的举例

集群一	07	08	01	06	31	26	10	e_{ij} 平均值
07	0							0
08	0.3625	0						0.1813
01	0.2984	0.0693	0					0.2434
06	0.0101	0.0518	0.4200	0				0.3031
31	0.1452	0.0287	0.2150	0.3967	0			0.3995
26	0.0006	0.0107	0.0016	0.0183	0.3860	0		0.4025
10	0.0216	0.0169	0.0214	0.2210	0.0088	0.0029	0	0.3868

第二步, 将与纺织品业 (07) 投入系数和产出系数的最大值所对应的行业 h 作为下一个进入第一准集群中的成员, 并置于矩阵 (1,3) 和 (3,1) 上. 例如在表 6.1 中, 纺织服装鞋帽皮革羽绒及其制品业 (08) 与行业 07 的系数最大为 0.3625, 将该行业置于 (1,3) 和 (3,1) 中.

第三步, 检索出与行业 g(除 h 外) 的投入系数和产出系数中的最大值, 再将其与行业 h 投入系数和产出系数的最大系数相比较, 二者之中较大者所对应的行业 k 置于 (1,4) 和 (4,1) 中, 作为又一个进入该准集群中的成员, 行业 g, h 和 k 形成一个准产业集群. 例如在表 6.1 中, 除纺织服装鞋帽皮革羽绒及其制品业 (08) 以外, 与纺织品业 (07) 联系第二密切的是农林牧渔产品和服务业 (01), 第二大系数为 0.2984; 而与纺织服装鞋帽皮革羽绒及其制品业 (08) 联系最密切的行业是公共管理、社会保障和社会组织 (42), 其最大系数为 0.1620(没有出现在表 6.1 中); 两者比较而言, 行业 01 更适合进入该准产业集群中, 因此将行业 01 置于坐标 (1,4) 和 (4,1) 中.

第四步, 检索出与行业 k(除行业 g, h 和 k) 的投入系数和产出系数中最大

6.1 产业集群测度的理论方法

的系数,再将其与准集群中其他行业 (g 和 h) 和非准产业集群中的行业的投入系数和产出系数相比较,选出最大者,所对应的行业 l 进入该准产业集群中,并将 l 置于矩阵 (1,5) 和 (5,1) 中. 例如,与行业 01 联系最密切的行业是食品和烟草业 (06),最大系数为 0.4200;而与纺织品业 (07) 联系最密切的非准产业集群产业为住宿和餐饮业 (31),最大系数为 0.1452;与纺织服装鞋帽皮革羽绒及其制品业 (08) 联系最密切的非集群行业为公共管理、社会保障和社会组织 (42),其最大系数为 0.1620;比较而言,应该进入该准产业集群的行业为食品和烟草业 (06),因此将行业 06 置于坐标 (1,5) 和 (5,1) 中.

第五步,重复以上操作,挑选准集群中的成员,直到新进入成员使行业间平均联系程度开始下降为止,这表明如果进入其他集群会降低集群中的平均关联度,就不应再进入其他产业. 此时包含在该集群中的行业便组成一个准产业集群. 行业间联系的平均值如式 (6.2).

$$\bar{e} = \frac{\sum_i \sum_j e_{ij}^t}{m} \tag{6.2}$$

其中, $i, j = 1, 2, \cdots, m$; m 是产业集群中行业的数量. 此时准产业集群由 m 个行业组成. 例如,在表 6.1 中,造纸印刷和文教体育用品 (10) 进入该准集群后,e_{ij} 的平均值开始下降. 因此到该产业为止,行业 07、08、01、06、31、26、10 组成了准产业集群一.

第六步,在挑选准产业集群中的行业过程中,将矩阵中对应位置填充上相应行业投入系数和产出系数的最大值. 因是对称矩阵,故只需填充下三角矩阵即可,相同行业间的值为 0. 矩阵中的数据反映了两个行业的最大联系程度. 例如,在行业 06 和行业 07 中,投入系数和产出系数的最大值为 0.0101,因此在第五行第二列对应的位置填入该值.

第七步,通过变换起始行业,形成不同的准产业集群. 为了提高准确性,在本章的研究中将 01~42 行业依次作为起始行业进行准集群识别.

6.1.3 产业集群的识别原则

通过三角化方法可以识别出一个地区内的准产业集群,但其结果不足以确定产业集群的所有成员. 用该方法识别出的准产业集群中,可能存在不同集群有重复的行业、一个集群包含于另一个集群中、集群的行业过多或过少、行业存在遗漏等现象. 因此需要从定性角度进行集群成员划分和挑选,对集群内部行业进行补充删减、合并拆分,从而将准产业集群调整为确定的产业集群. 在成员调整过程中主要遵循的原则有以下几条.

第一,最低门槛原则. 利用三角化方法识别的集群中,存在着集群行业数过多或过少的情况. 因此在集群识别的过程中, 添加某行业进入集群中时, 除了功能联系系数的平均值首次开始下降外, 增入集群的行业与该集群中的行业之间的功能联系系数 e_{ij} 须不小于 0.2, 从而保证新增入的行业与该集群有紧密的联系.

第二, 最短联系路径原则. 在确定准产业集群的成员后, 会发现某一行业被划分到不同的集群中的情况. 为此, 利用网络图和有向图, 寻找该集群产业链中的结点行业, 比较该行业与各个集群结点行业或主导行业联系的最短距离, 将该行业划分到与结点行业或主导行业路径最短、距离最近的集群中.

第三, 主导型原则. 在不同的准产业集群中, 可能有多个行业相同, 也可能存在一个集群包含着另一个集群的现象. 在这种情况下, 将那个与大多数成员行业投入产出系数较小、经济联系较弱的产业从该集群中删除.

6.1.4 区位商方法识别产业集群

区位商反映了某个地区产业的聚集程度, 可以用来衡量集群是否存在以及聚集状况如何, 通常用表示行业规模类或产量类的总量指标来计算, 公式如式 (6.3).

$$\mathrm{LQ}_{ij} = \frac{x_{ij} \Big/ \sum_{j} x_{ij}}{\sum_{i} x_{ij} \Big/ \sum_{i}\sum_{j} x_{ij}} \tag{6.3}$$

其中, x_{ij} 是表示 i 地区内 j 产业发展情况的指标, 它可以是产值、增加值、劳动力数量等等. 如果该区域某个产业的区位商大于 1, 意味着其产值明显高于全国平均水平, 则该地区的 j 产业相对集中, 主要为出口产业, 具有规模优势和产业集群的发展模式. 同时, 区位商的大小还可以用来判断某个产业是否具有竞争力、是否为特色产业或支柱产业. 如果指标小于 1, 表明地区 j 产业的集中度不及全国平均水平, 主要为进口产业, 且不足以形成集群. 若等于 1, 则处于均势.

运用区位商方法测度产业集群, 计算简单, 数据容易获得, 能够较充分地反映产业的特点, 受到很多学者的青睐. 然而区位商指数反映的是比例关系, 并没有反映出产业间投入产出等关联关系. 因此, 本章将其与三角化方法相结合, 在运用三角化方法对产业集群进行初步的识别后, 对各集群计算区位商指数, 通过比较不同集群的区位商来衡量集群的聚集程度, 判断是否有可能形成集群.

6.2 珠江四省区产业集群的识别

本节基于珠江流域四省区 2002、2007、2012 年三个年份 42 部门投入产出表, 将三角化方法及区位商指数相结合, 识别出滇黔桂粤四省区的产业集群, 按照各集群的成员行业特点对其进行命名. 并进一步运用区位商方法计算集群的集聚度, 观察近 10 年来各省产业集群的集聚程度, 以及集群内成员的变动情况. 由于三个年份中各行业的代码和对应的行业细分内容略有变化, 为了能够更加清晰客观地反映产业集聚状况, 本节将三个年份的行业代码进行如下调整: 若一个行业被拆分或两个行业被合并为一个行业, 则拆分行业都按照合并行业代码编号; 如 2007 年的通用、专用设备制造业 (16), 在 2012 年中被拆分为专用设备 (16), 通用设备 (17), 则将 2012 年中该行业的序号均标注为专用设备 (16), 通用设备 (16), 其余各行业根据序号对应统一.

6.2.1 广东产业集群

6.2.1.1 产业集群识别结果

运用上文介绍的产业集群识别方法, 以及如式 (6.3) 的区位商计算公式, 基于广东省 2002、2007、2012 年三个年份 42 个部门投入产出数据, 进行产业集群识别, 集群成员代码以及集聚度如表 6.2 所示.

从表 6.2 横向来看, 2002 年广东省 42 个产业共形成 6 个集群, 3 个集群的区位商大于 1, 集中度较好. 其中区位商最大的集群是 GD02-6, 设备制造业产业集群. 纺织业集群 GD02-5 和建筑非金属制造业产业集群 GD02-2 的集中度次之, 区位商分别为 1.4984 和 1.2000. 集中度较差的集群是饮食–公共事业集群 GD02-1 和石油–交通业集群 GD02-4, 均在 0.8 左右. 2007 年广东省的产业集群中, 纺织业集群集中度最大, 区位商为 1.6203, 比 2002 年集中度有提升. 总体而言, 2007 年集群对比 2002 年集中度更加明显, 集中集群较多. 2012 年, 广东省产业集群聚集程度最高的是 GD12-5 纺织业. 纺织业是广东省的传统支柱产业, 经过多年的发展, 形成了紧密聚集的发展模式, 相对独立于其他产业集群. 另外, 金属–设备制造业和石油–信息业的区位商也都大于 1, 说明广东省 2012 年以信息和非金属加工品为中心的集群, 以及以金属冶炼和压延加工为中心的金属制造业集群集聚程度均比较高. 集聚效果最差的集群是 GD12-6, 水电热及煤炭行业.

从纵向看, 广东省近十年来建筑业所在集群由于成员的变化, 其集聚度受到较大影响. 前些年份建筑业与制造业同集群, 集聚度较高, 而后制造业脱离建筑业, 大大降低了该集群的集聚度. 与此相反, 2002 年金属业所在的 "GD02-3" 集群在 2012 年显示加入设备制造业使其集聚程度较高, 达到 1.1845.

综合来看, 广东省多个集群区位商大于 1, 集中度较高, 集群发展模式较好. 制造业所在的集群和纺织业集群的集聚度相对更高, 产业的地区发展优势突出. 随着经济形势和产业结构调整, 同一地区同一类型的集群在不同年份的成员变动影响着集群之间的联系路径和集聚度.

表 6.2　广东省三个年份各产业集群成员及集聚度[①]

集群编号	GD02-1	GD02-2	GD02-3	GD02-4	GD02-5	GD02-6
集群名称	饮食–公共事业	建筑–非金属制造业	金属业	石油–交通业	纺织业	设备制造业
集群成员	06、01、39、42、36、31、10、41、32、29、37、40	12、21、05、13、09、26、34、33、38、28、30	04、14、22、15	35、27、17、11、03、23、24、02、25	07、08	18、19、20、16
区位商	0.8112	1.2000	0.5912	0.8014	1.4984	1.7619
集群编号	GD07-1	GD07-2	GD07-3	GD07-4	GD07-5	GD07-6
集群名称	饮食–公共事业	建筑–设备制造业	金属–文体业	石油–运输业	纺织业	化工–公共事业
集群成员	01、09、42、06、31	05、24、13、26、35、25、36、19、20、32、33、29	10、41、22、14、04、21、15、18	27、17、11、03、28、05	07、08	12、39、40、34、23、02、30、16、38
区位商	0.6590	1.2903	1.0749	0.7077	1.6203	1.0199
集群编号	GD12-1	GD12-2	GD12-3	GD12-4	GD12-5	GD12-6
集群名称	饮食–公共事业	建筑–化工业	金属–设备制造业	石油–信息业	纺织业	能源供应
集群成员	01、06、31、37、33、34、38、39、42	28、13、36、05、12、40、09、17、26、16[②]	14、10、04、15、23、24、18、41、19	11、03、32、20、35、30、22、16、29、21	07、08	27、25、02
区位商	0.8243	0.8510	1.1845	1.3038	1.6590	0.6743

6.2.1.2　集群成员变动分析

对广东省三个年份 42 个产业做产业集群的划分，在此基础上，画出集群成员变化示意图，以反映十年来广东省产业集聚现象及其变动情况. 2002~2007 年的集群成员变化如图 6.1 所示，2007~2012 年的变化如图 6.2 所示.

图 6.1 中 "GD2002" 和 "GD2007" 分别表示广东 2002 年和 2007 年集群组，两组内相同产业名称之间由实线连接，这些实线显示了每个产业由 2002 年所处产业集群状态向 2007 年所处产业集群状态过渡的路径. 两个年份的 42 个产业均被 5 条虚线划分 6 部分，即 6 个产业集群.

图 6.1 显示，广东省 2002~2007 年第一个集群，即饮食–公共事业集群的行业成员变动较大. 2002 年该集群共有 12 个行业，经过 5 年的发展及产业结构调整，2007 年饮食–公共事业集群仅有 5 个行业，大多数都向建筑–设备制造业集群 GD07-2 和金属–文体业集群 GD07-3 转变. 而建筑–设备制造业集群 GD02-2 中除了建筑业、房地产业以及非金属业比较固定外，其他集群成员都发生了较大的

[①] 三个年份分别指：2002 年、2007 年、2012 年；在表中 "集群编号" 一栏，分别记为 02、07、12，如表中 "GD02-1" 表示广东省 2002 年第一个产业集群. 下文同，如出现 "GX07-2" "YN12-3" "GZ12-4" 分别表示广西 2007 年第二个产业集群，云南 2012 年第三个产业集群，贵州 2012 年第四个产业集群.

[②] 2007 年的通用、专用设备制造业 (16)，在 2012 年被拆分为通用设备和专用设备两个行业，这两个行业又归属于不同集群，故 2012 年行业 16 出现在两个不同的集群中.

变动; 如化学工业 (12) 从该群中分离出来, 在 2007 年与电热供应业、卫生、教育以及服务业成为一个集群, 即化工–公共事业集群 GD07-6, 由此带动了多数 2002年原有的建筑业类产业的变动.

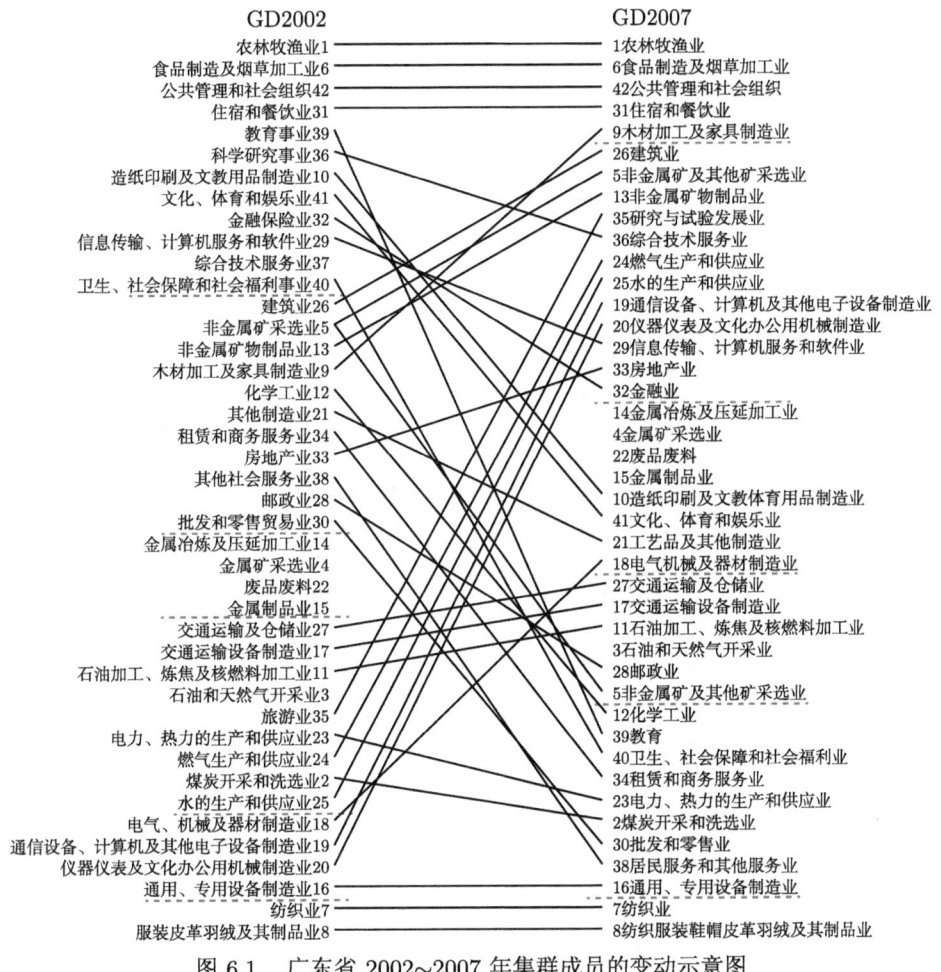

```
GD2002                                      GD2007
农林牧渔业1 ——————————————— 1农林牧渔业
食品制造及烟草加工业6 ——————————— 6食品制造及烟草加工业
公共管理和社会组织42 ——————————— 42公共管理和社会组织
住宿和餐饮业31 —————————————— 31住宿和餐饮业
教育事业39                              9木材加工及家具制造业
科学研究事业36                          26建筑业
造纸印刷及文教用品制造业10              5非金属矿及其他矿采选业
文化、体育和娱乐业41                    13非金属矿物制品业
金融保险业32                            35研究与试验发展业
信息传输、计算机服务和软件业29          36综合技术服务业
综合技术服务业37                        24燃气生产和供应业
卫生、社会保障和社会福利事业40          25水的生产和供应业
建筑业26                                19通信设备、计算机及其他电子设备制造业
非金属矿采选业5                         20仪器仪表及文化办公用机械制造业
非金属矿物制品业13                      29信息传输、计算机服务和软件业
木材加工及家具制造业9                   33房地产业
化学工业12                              32金融业
其他制造业21                            14金属冶炼及压延加工业
租赁和商务服务业34                      4金属矿采选业
房地产业33                              22废品废料
其他社会服务业38                        15金属制品业
邮政业28                                10造纸印刷及文教体育用品制造业
批发和零售贸易业30                      41文化、体育和娱乐业
金属冶炼及压延加工业14                  21工艺品及其他制造业
金属矿采选业4                           18电气机械及器材制造业
废品废料22                              27交通运输及仓储业
金属制品业15                            17交通运输设备制造业
交通运输及仓储业27                      11石油加工、炼焦及核燃料加工业
交通运输设备制造业17                    3石油和天然气开采业
石油加工、炼焦及核燃料加工业11          28邮政业
石油和天然气开采业3                     5非金属矿及其他矿采选业
旅游业35                                12化学工业
电力、热力的生产和供应业23              39教育
燃气生产和供应业24                      40卫生、社会保障和社会福利业
煤炭开采和洗选业2                       34租赁和商务服务业
水的生产和供应业25                      23电力、热力的生产和供应业
电气、机械及器材制造业18                2煤炭开采和洗选业
通信设备、计算机及其他电子设备制造业19  30批发和零售业
仪器仪表及文化办公用机械制造业20        38居民服务及其他服务业
通用、专用设备制造业16                  16通用、专用设备制造业
纺织业7 ——————————————————— 7纺织业
服装皮革羽绒及其制品业8 ——————— 8纺织服装鞋帽皮革羽绒及其制品业
```

图 6.1 广东省 2002~2007 年集群成员的变动示意图

2007 年建筑–设备制造业集群 GD07-2, 新增加了原为 2002 年石油–交通业 GD02-2 的行业, 例如燃气的生产和供应业 (24), 水的生产和供应业 (25). 而从 2007 年的金属–文体业 GD07-3 来看, 该集群在 2002 年的基础上新增入了造纸印刷及文教体育用品制造业 (10), 电气机械及器材制造业 (18), 工艺品及其他制造业 (21) 以及文化、体育和娱乐业 (41).

广东省在 2002 和 2007 年间集群产业的变动中, 表现出来的突出特点是通信设备制造业产业群的变动. 2002 年的设备器材制造业由四个行业 (16, 18, 19, 20) 间的联系独立成群, 到 2007 年该产业集群完全分散到了其他集群中, 如建筑–设备制造业 GD07-2、金属–文体业 GD07-3、化工–公共事业 GD07-6.

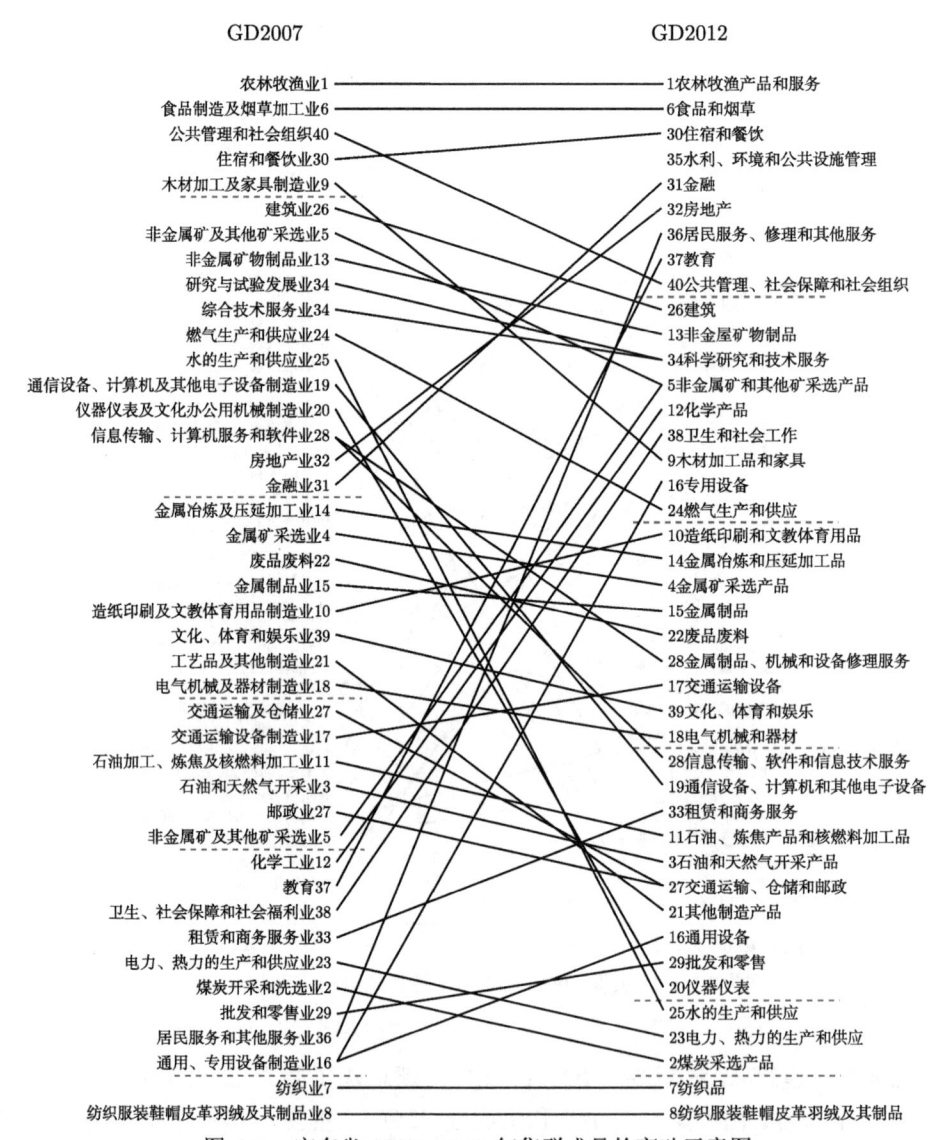

```
GD2007                                          GD2012
农林牧渔业1 ─────────────────────── 1农林牧渔产品和服务
食品制造及烟草加工业6 ───────────────── 6食品和烟草
公共管理和社会组织40                             30住宿和餐饮
住宿和餐饮业30                                   35水利、环境和公共设施管理
木材加工及家具制造业9                             31金融
建筑业26                                         32房地产
非金属矿及其他矿采选业5                           36居民服务、修理和其他服务
非金属矿物制品业13                               37教育
研究与试验发展业34                               40公共管理、社会保障和社会组织
综合技术服务业34                                 26建筑
燃气生产和供应业24                               13非屋矿物制品
水的生产和供应业25                               34科学研究和技术服务
通信设备、计算机及其他电子设备制造业19          5非金属矿和其他矿采选产品
仪器仪表及文化办公用机械制造业20                12化学产品
信息传输、计算机服务和软件业28                  38卫生和社会工作
房地产业32                                       9木材加工品和家具
金融业31                                         16专用设备
金属冶炼及压延加工业14                           24燃气生产和供应
金属矿采选业4                                    10造纸印刷和文教体育用品
废品废料22                                       14金属冶炼和压延加工品
金属制品业15                                     4金属矿采选产品
造纸印刷及文教体育用品制造业10                  15金属制品
文化、体育和娱乐业39                             22废品废料
工艺品及其他制造业21                             28金属制品、机械和设备修理服务
电气机械及器材制造业18                           17交通运输设备
交通运输及仓储业27                               39文化、体育和娱乐
交通运输设备制造业17                             18电气机械和器材
石油加工、炼焦及核燃料加工业11                  28信息传输、软件和信息技术服务
石油和天然气开采业3                              19通信设备、计算机和其他电子设备
邮政业27                                         33租赁和商务服务
非金属矿及其他矿采选业5                          11石油、炼焦产品和核燃料加工品
化学工业12                                       3石油和天然气开采产品
教育37                                           27交通运输、仓储和邮政
卫生、社会保障和社会福利业38                    21其他制造产品
租赁和商务服务业33                               16通用设备
电力、热力的生产和供应业23                      29批发和零售
煤炭开采和洗选业2                                20仪器仪表
批发和零售业29                                   25水的生产和供应
居民服务和其他服务业36                          23电力、热力的生产和供应
通用、专用设备制造业16                          2煤炭采选产品
纺织业7 ────────────────────────  7纺织品
纺织服装鞋帽皮革羽绒及其制品业8 ─────── 8纺织服装鞋帽皮革羽绒及其制品
```

图 6.2　广东省 2007~2012 年集群成员的变动示意图

广东省作为制造业大省, 制造业相关产业从 2002 年的集中发展模式, 变成了 2007 年的分散发展模式, 各行业的制造业分布于不同的集群中. 独有纺织服装行

业独立于其他行业自成集群, 行业发展集中, 优势明显.

从图 6.2 中可以发现, 2012 年房地产业脱离建筑–设备制造业 GD07-2 集群, 转到饮食–公共事业 GD12-1 集群中. 2007 年的通用、专用设备制造业 (16) 被拆分为 2012 年的通用设备和专用设备两个行业后, 这两个行业分别归属于不同的集群, 专用设备与建筑–化工业 GD12-2 集群的联系更加密切, 而通用设备属于电子器械类, 被识别为石油–信息业 GD12-4 集群的成员. 总体而言, 2012 年广东省产业集群比较明显的一个特点是电子器械制造业与石油产业组成产业集群, 水电和煤炭业形成单独的集群. 纺织服装业是广东省一直以来最鲜明的旗帜, 在三个年份中均独立成群. 2007~2012 年集群构成相对比较稳定, 能源供应业在 2012 年相对独立, 但集聚度较低, 不具有集群发展模式.

6.2.2 广西产业集群

6.2.2.1 产业集群识别结果

运用前文公式, 对广西 2002、2007、2012 年三个编表年份 42 个部门数据进行产业集群识别, 集群成员代码以及集聚度如表 6.3 所示.

表 6.3 广西各产业集群成员及集聚度

集群编号	GX02-1	GX02-2	GX02-3	GX02-4	GX02-5
集群名称	饮食–信息业	建筑–化工制造业	石油–运输业	设备制造–公共事业	商业–社会服务
集群成员	01、06、31、24、29、25、23、19、02	05、13、26、14、04、15、07、08、12、09、34、36、18、20	03、11、27、37	40、42、17、16、35、39、10、22、21	33、32、28、38、41、30
区位商	1.2530	0.8443	0.9042	0.9600	0.8883
集群编号	GX07-1	GX07-2	GX07-3	GX07-4	GX07-5
集群名称	饮食–公共事业	建筑–信息服务	金属业	设备制造业	商业–能源供应
集群成员	01、06、31、07、08、09、10、41、38、42、28、39	05、13、26、36、29、20、19、33、30、34、27、11、03	04、14、22、15、18、24	12、40、16、35、17、21	37、23、02、25、32
区位商	1.3943	0.8547	0.9184	0.7777	0.7022
集群编号	GX12-1	GX12-2	GX12-3	GX12-4	GX12-5
集群名称	饮食–文体业	建筑–开采业	金属–能源业	电子信息业	商业–社会事业
集群成员	01、06、30、07、08、24、09、39	26、13、34、05、11、18、03、27	23、25、02、14、15、04、22、16、17、28	32、21、22、19	33、37、29、40、12、16、42、39、38、10、35、36
区位商	1.5676	1.0216	0.9766	0.6616	0.7626

由表 6.3 的结果可知, 2002、2007、2012 年三个编表年份广西饮食业所属集

群均是该地区集聚度最强的集群,即使经过成员的调整和结构变动,集群集聚度也逐年上升,集群式发展较为成熟.广西除与饮食有关的第一类集群以外,其他产业的集群式发展特征不明显,多数集群的区位商小于1.石油类与建筑类集群经过2002~2012年的结构调整后区位商超过1,形成集群式发展模式.2002年金属类行业(如04、14、15、24)包含在建筑–化工制造业GX02-2集群中,到2007年金属业则单独成群,区位商接近1.电子信息业集群GX12-4的区位商较低,集群式发展效果较差,该产业在广西地区还有待发展.金融业(35)和房地产(32)等第三产业所属的商业集群集聚度不足,仍需调整结构加强发展.

广西地区除饮食业集群的区位商大于1外,其余各年份各集群区位商大多都不足1,只有2012年的建筑业集群区位商略大于1.饮食业集群在广西地区经济发展中占据着主要的地位,并且该集群成员相对比较稳定,集群发展模式较为成熟.

6.2.2.2 集群成员变动分析

与广东类似,广西地区产业集聚现象及其变动情况通过产业集群成员变动示意图展现,广西2002~2007年示意图如图6.3所示,2007~2012年示意图如图6.4所示.

由图6.3可以看出广西地区自2002年到2007年的5年间,产业集群变化的突出特点.这些特点主要表现在以下几个方面.其一,2002年的集群中,非金属类和金属类行业与建筑业同集群,而2007年金属制品类行业脱离出来单独成群.其二,2002年石油–运输业GX02-3集群的成员(包含行业03、11、27、37),到2007年几乎全部成为建筑–信息服务建筑业GX07-2集群中的成员,只有旅游业(37)并入其他集群.其三,饮食业有关的集群GX02-1成员在两个年份中变化比较明显.其四,2002年水电燃气供应类行业(行业23、24、25)以及信息类产业(行业19、29)与集群GX02-1联系比较密切,到2007年,水电热力等能源供应类行业与金融业成群,公共事业类行业(行业38、41、42)也加入到第一类集群GX02-1中,形成了第一产业和第三产业共同发展的显著特点.

由图6.4可知,2012年第一集群GX12-1成员数量明显减少,由于2007年与农林牧渔业同集群的服务等公共事业行业在2012年脱离该集群,归属到2012年的金融业所在集群GX12-5中,该集群成员明显增多.建筑业所在集群GX07-2的成员变动也较大,电子通信类行业单独分离出来独立成群GX12-4;水电热供应类行业2007年与金融业聚在一起,2012年则与金属业归为同一集群.2012年公共事业类和服务类行业归属到商业–社会事业集群GX12-5中,集聚度比2007年略有上升,该集群发展势头较好,但仍需调整结构加强发展.

6.2 珠江四省区产业集群的识别

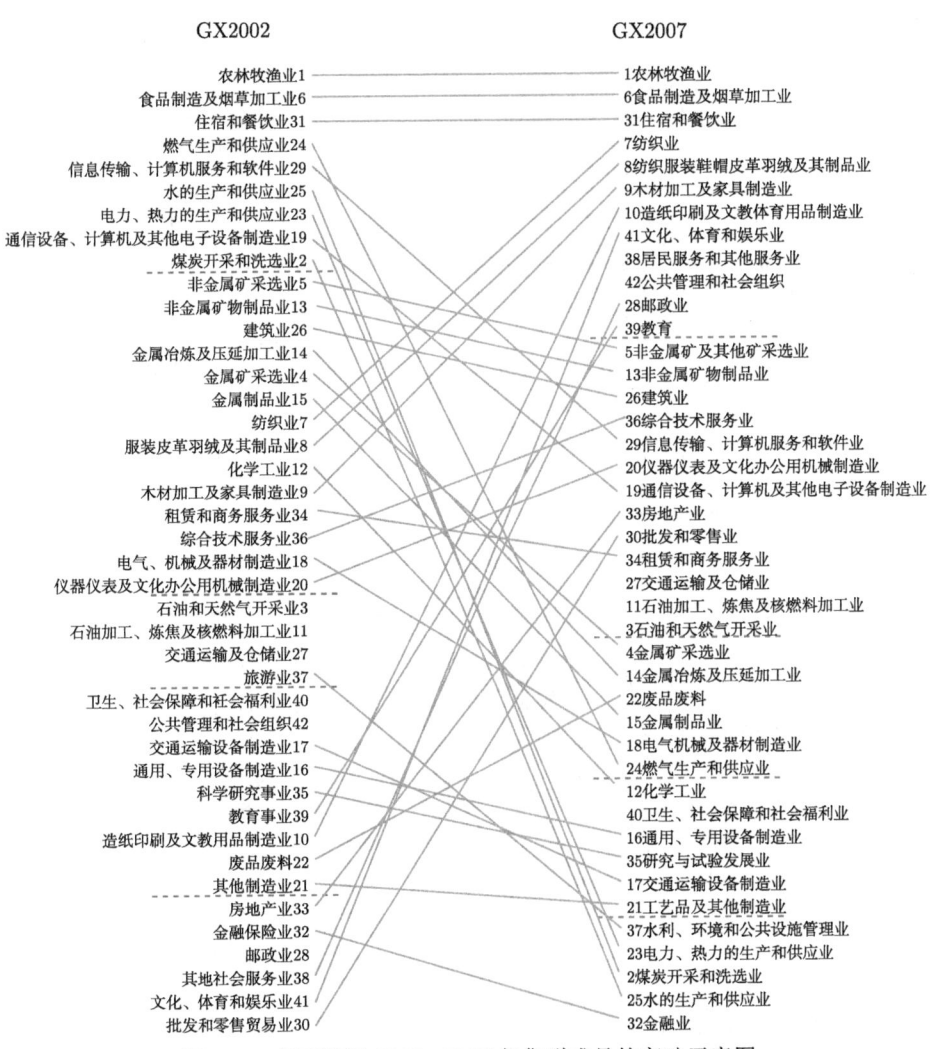

GX2002	GX2007
农林牧渔业1	1农林牧渔业
食品制造及烟草加工业6	6食品制造及烟草加工业
住宿和餐饮业31	31住宿和餐饮业
燃气生产和供应业24	7纺织业
信息传输、计算机服务和软件业29	8纺织服装鞋帽皮革羽绒及其制品业
水的生产和供应业25	9木材加工及家具制造业
电力、热力的生产和供应业23	10造纸印刷及文教体育用品制造业
通信设备、计算机及其他电子设备制造业19	41文化、体育和娱乐业
煤炭开采和洗选业2	38居民服务和其他服务业
非金属矿采选业5	42公共管理和社会组织
非金属矿物制品业13	28邮政业
建筑业26	39教育
金属冶炼及压延加工业14	5非金属矿及其他矿采选业
金属矿采选业4	13非金属矿物制品业
金属制品业15	26建筑业
纺织业7	36综合技术服务业
服装皮革羽绒及其制品业8	29信息传输、计算机服务和软件业
化学工业12	20仪器仪表及文化办公用机械制造业
木材加工及家具制造业9	19通信设备、计算机及其他电子设备制造业
租赁和商务服务业34	33房地产业
综合技术服务业36	30批发和零售业
电气、机械及器材制造业18	34租赁和商务服务业
仪器仪表及文化办公用机械制造业20	27交通运输及仓储业
石油和天然气开采业3	11石油加工、炼焦及核燃料加工业
石油加工、炼焦及核燃料加工业11	3石油和天然气开采业
交通运输及仓储业27	4金属矿采选业
旅游业37	14金属冶炼及压延加工业
卫生、社会保障和社会福利业40	22废品废料
公共管理和社会组织42	15金属制品业
交通运输设备制造业17	18电气机械及器材制造业
通用、专用设备制造业16	24燃气生产和供应业
科学研究事业35	12化学工业
教育事业39	40卫生、社会保障和社会福利业
造纸印刷及文教用品制造业10	16通用、专用设备制造业
废品废料22	35研究与试验发展业
其他制造业21	17交通运输设备制造业
房地产业33	21工艺品及其他制造业
金融保险业32	37水利、环境和公共设施管理业
邮政业28	23电力、热力的生产和供应业
其他社会服务业38	2煤炭开采和洗选业
文化、体育和娱乐业41	25水的生产和供应业
批发和零售贸易业30	32金融业

图 6.3 广西地区 2002~2007 年集群成员的变动示意图

综合来看,广西的特色农产品加工、特色矿产加工"铝精深加工"等成为广西地区的特色产业.研究表明,广西地区利用地理资源优势,其农业和能源金属业发展势头较好.

6.2.3 云南产业集群

6.2.3.1 产业集群识别结果

云南省 2002、2007、2012 年三个编表年份 42 部门的集群识别结果如表 6.4 所示.

GX2007	GX2012
农林牧渔业1	1农林牧渔产品和服务
食品制造及烟草加工业6	6食品和烟草
住宿和餐饮业30	30住宿和餐饮
纺织业7	7纺织品
纺织服装鞋帽皮革羽绒及其制品业8	8纺织服装鞋帽皮革羽绒及其制品
木材加工及家具制造业9	24燃气生产和供应
造纸印刷及文教体育用品制造业10	9木材加工品和家具
文化、体育和娱乐业39	39文化、体育和娱乐
居民服务和其他服务业36	26建筑
公共管理和社会组织40	13非金属矿物制品
邮政业27	34科学研究和技术服务
教育37	5非金属矿和其他矿采选产品
非金属矿及其他矿采选业5	11石油、炼焦产品和核燃料加工品
非金属矿物制品业13	18电气机械和器材
建筑业26	3石油和天然气开采产品
综合技术服务业34	27交通运输、仓储和邮政
信息传输、计算机服务和软件业28	25水的生产和供应
仪器仪表及文化办公用机械制造业20	23电力、热力的生产和供应
通信设备、计算机及其他电子设备制造业19	2煤炭采选产品
房地产业32	14金属冶炼和压延加工品
批发和零售业29	15金属制品
租赁和商务服务业33	4金属矿采选产品
交通运输及仓储业27	22废品废料
石油加工、炼焦及核燃料加工业11	16通用设备
石油和天然气开采业3	17交通运输设备
金属矿采选业4	28金属制品、机械和设备修理服务
金属冶炼及压延加工业14	28信息传输、软件和信息技术服务
废品废料22	20仪器仪表
金属制品业15	21其他制造产品
电气机械及器材制造业18	19通信设备、计算机和其他电子设备
燃气生产和供应业24	31金融
化学工业12	32房地产
卫生、社会保障和社会福利业38	35水利、环境和公共设施管理
通用、专用设备制造业16	29批发和零售
研究与试验发展业34	38卫生和社会工作
交通运输设备制造业17	12化学产品
工艺品及其他制造业21	16专用设备
水利、环境和公共设施管理业35	40公共管理、社会保障和社会组织
电力、热力的生产和供应业23	37教育
煤炭开采和洗选业2	36居民服务、修理和其他服务
水的生产和供应业25	10造纸印刷和文教体育用品
金融业31	33租赁和商务服务

图 6.4 广西 2007~2012 年集群成员变动示意图

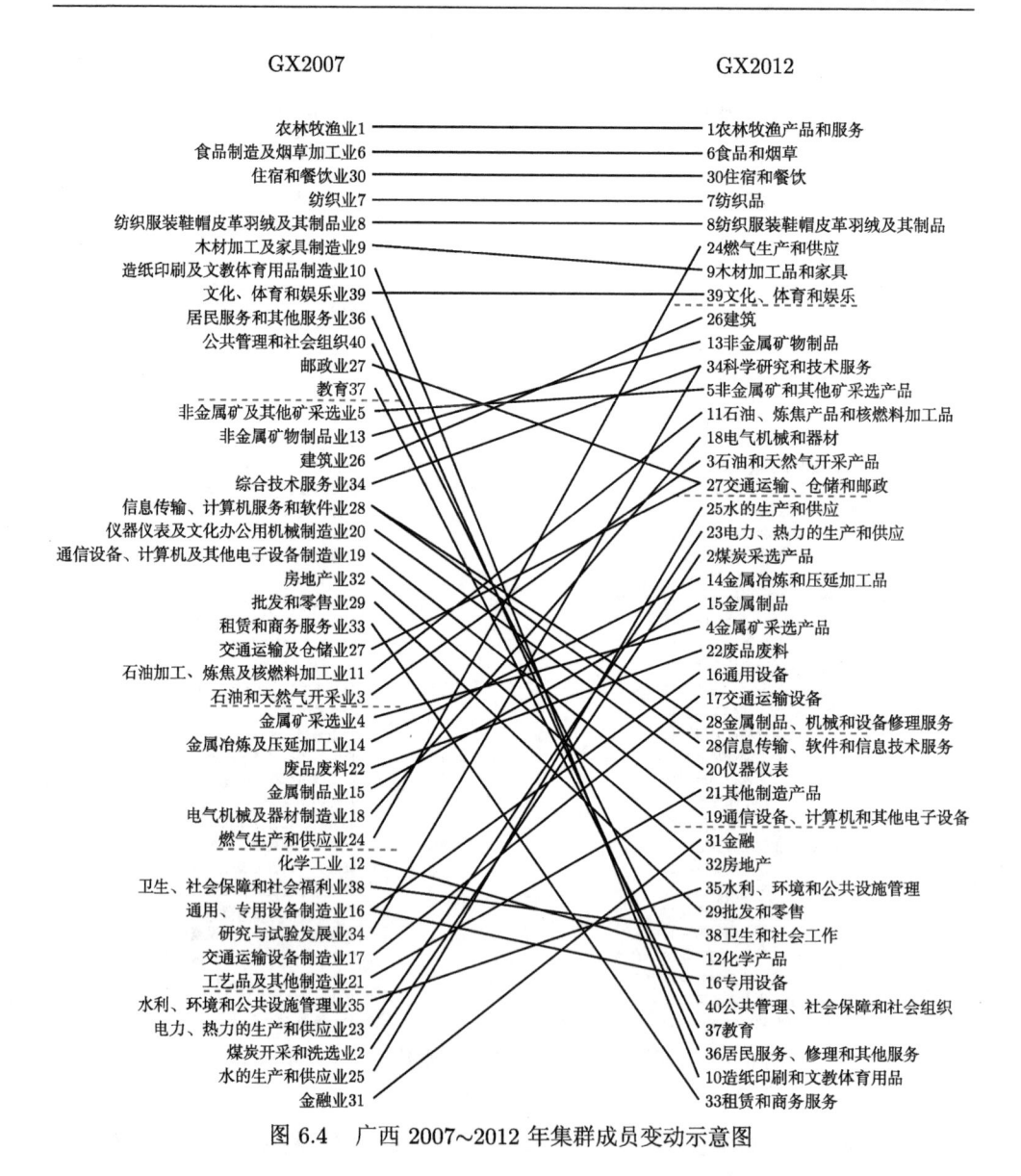

表 6.4 显示, 在 2002 年云南省产业集群中, 只有饮食业类集群区位商大于 1, 且集聚度较高, 集群形成效果较好; 其余集群区位商均不足 1, 集群的形成效果欠佳. 在 2007 年, 区位商最大且集群的集聚度最好的是饮食-纺织业集群 YN07-1; 其次是以公共管理和社会组织业为代表的商业-公共事业集群 YN07-5. 化工-开采业集群 YN07-4 从饮食-公共事业集群 YN02-1 中分离出来, 集聚度偏低, 区位商不足 0.5, 集群式发展特征不明显. 2012 年, 饮食-公共事业集群 YN12-1 聚集

程度最强, 形成集群的效果也最好, 其次是金属制造业 YN12-3 集群和能源供应业 YN12-5 集聚. 石油化工业集群 YN12-4 和商业集群 YN12-6 的区位商最小, 集群集聚度最差.

表 6.4 云南省各产业集群成员及集聚度

集群编号	YN02-1	YN02-2	YN02-3	YN02-4	YN02-5	—
集群名称	饮食–公共事业	建筑–设备制造业	文教–器械制造业	交通–能源供应业	商业	—
集群成员	01、06、31、24、03、07、08、36、09、12、40、41	04、14、15、26、13、37、05、18、21、16	10、22、42、39、29、19、20	02、11、27、28、35、25、23、17	34、30、33、32、38	—
区位商	1.4776	0.7906	0.7220	0.6622	0.8447	—
集群编号	YN07-1	YN07-2	YN07-3	YN07-4	YN07-5	—
集群名称	饮食–纺织业	建筑–设备制造业	能源–金属制造业	化工–开采业	商业–公共事业	—
集群成员	31、01、07、08、06、24、25、35	26、36、20、19、29、09、34、33、13	14、15、22、10、11、04、30、18、21、02、23、27、17	12、16、40、03、05	42、28、32、39、38、37、41	—
区位商	1.6854	0.8000	0.8705	0.4488	1.0788	—
集群编号	YN12-1	YN12-2	YN12-3	YN12-4	YN12-5	YN12-6
集群名称	饮食–公共事业	建筑–运输业	金属制造业	石油化工业	能源供应业	商业
集群成员	41、10、42、39、06、01、31、26、07、08	28、15、13、09、16、22、32、36、30、18、29、38	23、14、04、19、17	03、12、40、05	02、11、25、27、24、21	20、35、37、33、34
区位商	1.5345	0.8356	1.0955	0.7089	1.0824	0.5705

综合三个年份来看, 以建筑业为代表的集群成员变动较大, 到 2012 年, 租赁和房地产业也从该集群中分离了出去.

6.2.3.2 集群成员变动分析

云南省 2002~2007 年、2007~2012 年产业集群成员变动示意图如图 6.5、图 6.6 所示.

根据图 6.5 可知, 2002~2007 年农林牧渔业所在集群 YN02-1 中的传统产业变动不大, 石油与化工类产业从该集群中分离出来, 在 2007 年成为独立的集群. 金属类产业也从建筑业所在集群 YN02-2 中分离出来, 与器械制造类以及能源加工类等行业构成集群 YN07-3, 该集群还吸纳了 2002 年煤炭业所在集群 YN02-4 的大多数成员.

图 6.5 云南省 2002~2007 年集群成员变动示意图

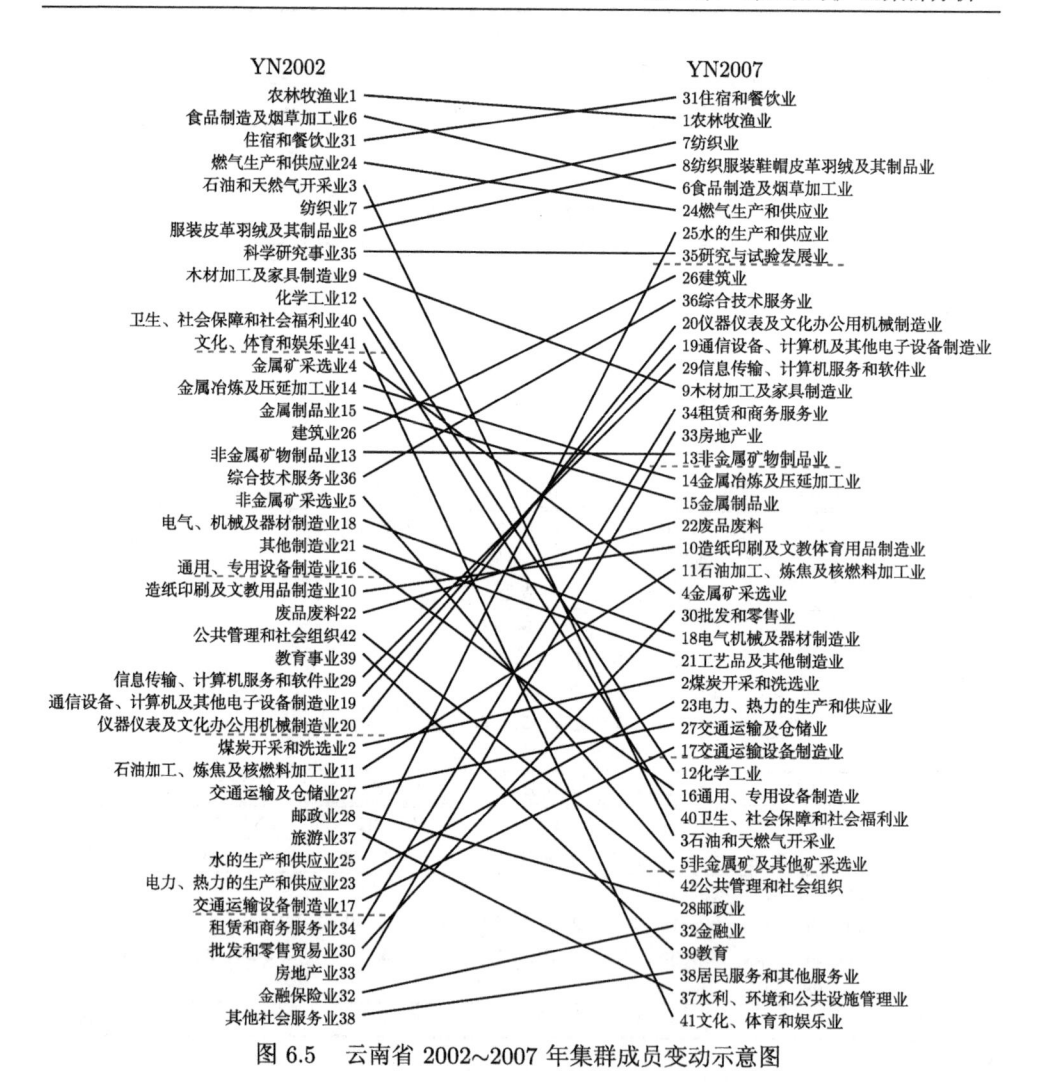

图 6.6 显示, 2007~2012 年, 云南省集群个数由 5 个增加到 6 个, 其中农林牧渔业所在集群 YN07-1 新增加了文化教育等公共类行业. 2007 年成员最多的能源-金属制造业集群 (YN07-3) 在 2012 年被拆分为两个集群, 分别是金属制造业集群 YN12-3 和能源供应业集群 YN12-5; 建筑业所在集群新加入了交通运输类行业以及金属、非金属类制造业等, 组建出建筑-运输业 YN12-2. 化工业所在集群行业特别明显, 五年来成员比较稳定.

云南省三个编表年份的产业集群特点突出, 即饮食业所在集群的区位商均大于 1, 集聚度较高, 且在 2002~2012 年饮食业所在集群的成员比较稳定; 2007 年的商业-公共事业集群, 以及 2012 年的金属制造业集群、能源供应业集群的区位

6.2 珠江四省区产业集群的识别

商也大于 1. 根据集群的区位商可粗略判断出云南省的优势产业有能源业、金属业、商业–公共事业集群等. 近 10 年内集群成员变动较大的是金属类、建筑和制造业类集群.

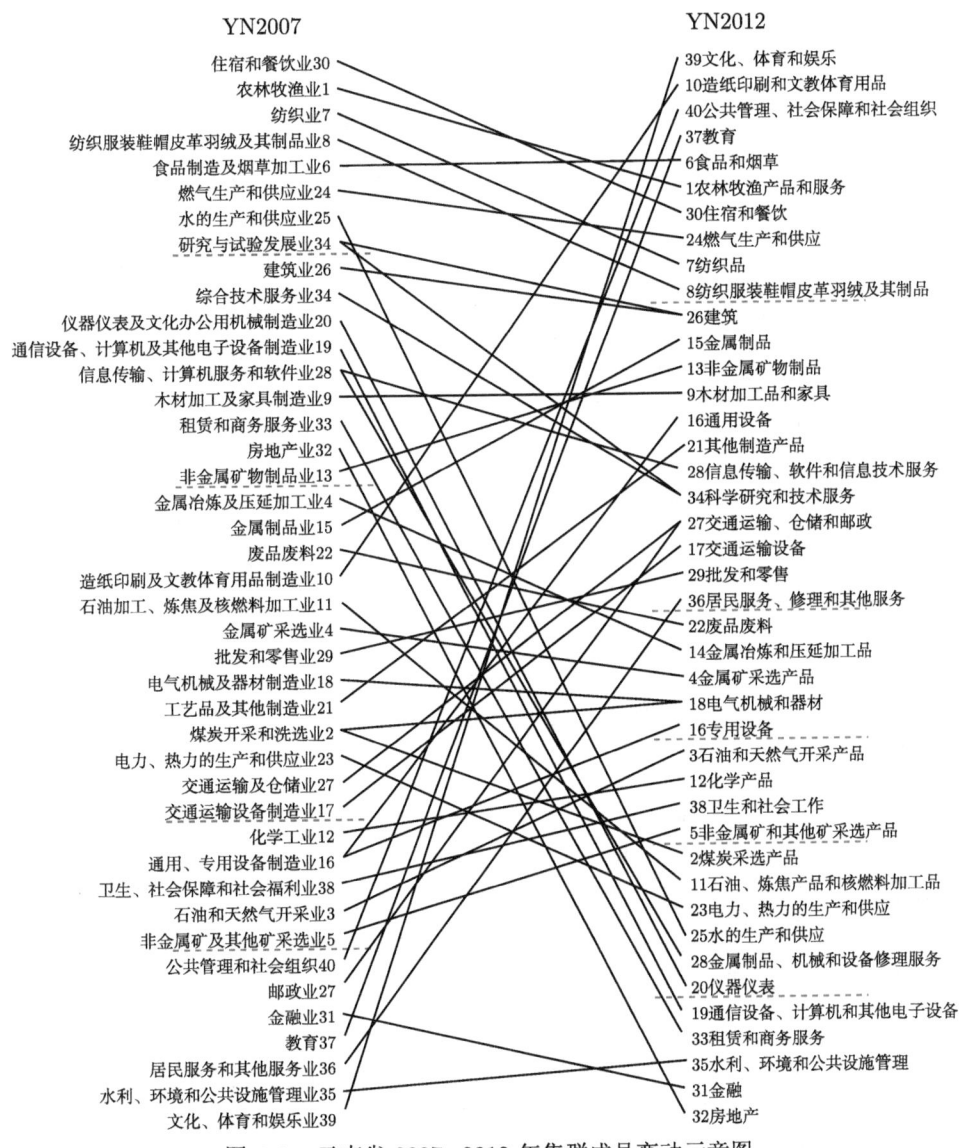

图 6.6　云南省 2007~2012 年集群成员变动示意图

6.2.4 贵州产业集群

6.2.4.1 产业集群识别结果

贵州省 2002、2007、2012 年三个编表年份 42 个部门形成的产业集群情况如表 6.5 所示,表中展现了各集群成员的产业代码,以及测度集聚程度的集群区位商.

表 6.5 贵州省各产业集群成员及集聚度

集群编号	GZ02-1	GZ02-2	GZ02-3	GZ02-4	GZ02-5	GZ02-6
集群名称	饮食–化工纺织业	建筑–金属制造业	能源供应业	设备制造业	公共事业	商业
集群成员	01、06、31、21、35、09、03、12、07、08、17、27	10、41、22、13、26、18、15、14、04	02、11、24、23、38、25、05	20、29、19、37	34、42、36、40、39、16	33、28、32、30
区位商	1.1820	0.9915	1.1201	0.4203	0.9561	0.7610
集群编号	GZ07-1	GZ07-2	GZ07-3	GZ07-4	GZ07-5	—
集群名称	饮食–文教制造业	建筑–设备制造业	能源–其他制造业	金属制造业	商业–公共事业	—
集群成员	01、09、06、31、10	26、13、05、36、20、19、29、35	02、23、25、40、16、37、12、03、07、21、24、08	22、14、04、17、15、38、18	42、32、27、39、11、30、33、28、34、41	—
区位商	1.3256	0.7365	1.0673	0.6712	1.0238	—
集群编号	GZ12-1	GZ12-2	GZ12-3	GZ12-4	GZ12-5	GZ12-6
集群名称	饮食–社会公共事业	建筑–矿物制品业	能源供应业	纺织–设备制造业	电子信息业	商业–公共事业
集群成员	01、38、42、39、31、06	22、28、13、36、09、14、04、23、19、21、05	03、12、40、25、17、27	02、16、24、10、18、15、07、08	20、32	30、26、37、11、34、35、33、41、29
区位商	1.6132	0.6322	0.8962	0.7997	0.5913	0.9263

由表 6.5 可知,在贵州省 2002 年的六个产业集群中,有两个集群的区位商大于 1,分别是饮食–化工纺织业集群 GZ02-1 和能源供应业集群 GZ02-3,区位商分别是 1.1820 和 1.1201,这两个集群在贵州省的集聚度较好,集群发展较为集中.建筑–金属制造业集群 GZ02-2 的区位商接近 1,发展势头良好;设备制造业集群 GZ02-4,区位商最低. 2007 年,贵州省集群集聚度整体高于 2002 年,这与集群个数下降有一定的关系;其中饮食–文教制造业集群 GZ07-1、能源–其他制造业集群

GZ07-3、商业–公共事业集群 GZ07-5 这三个集群的区位商均大于 1, 集群式发展较 2002 年更加明显. 2012 年, 贵州省集群个数重新增加为六个, 集群的集聚度也有所下降, 但饮食–社会公共事业集群 GZ12-1 的区位商较 2007 年仍有上升; 这一年能源类行业不够集中, 分散于其他各集群中; 电子信息类的两个行业虽单独归为集群 GZ12-5, 但集群集聚度较弱, 成为待推进发展的潜力产业集群; 建筑–矿物制品业集群 GZ12-2 的区位商较前两个年份均有所下降, 因此贵州省的建筑类行业及金属类行业尚没有形成集群式深度发展模式, 有待进行产业升级.

经过纵向比较发现, 饮食业所在的第一集群是贵州省发展的主导产业, 集群式发展已初步形成规模, 且集聚度在逐渐增加. 商业类行业与公共事业类行业构成的集群, 区位商在 1 左右波动, 亦具有较好的发展前景. 能源业所在的集群区位商趋近于 1, 但集聚度有下降趋势, 目前能源类行业在贵州省占有重要地位, 但经过产业结构调整, 其发展势头减弱.

综上所述, 以饮食业为主的轻工业产业集群是贵州省的传统支柱类产业, 在近 10 年来的发展中趋于稳定, 结构得到合理优化. 依托资源优势和借助西电东送机遇发展起来的能源类工业集群集聚形式较好. 在 2012 年, 石油燃气类行业从能源—其他制造业集群分离出来以后, 其集聚度有所下降. 贵州省电子信息为主的高新技术产业群自 2002 年以来不断发展与提升, 逐渐形成了自己的独立集群. 以金融与房地产业, 以及服务业为主要成员的商业–公共事业集群, 在 2007 年集聚度达到最佳, 后又有所降低, 表明该地区金融行业发展势头仍需继续提高. 总的来说, 贵州省具有独特的资源等优势, 但产业布局略显分散, 集中度不高, 缺乏产业配套体系, 骨干企业、配套企业之间难以形成合理的分工协作体系. 虽然能源工业的发展能够大大提高地区经济状况, 但为避免走"资源型城市"的老路, 需要进行科学的布局, 同时也需要加强交通、通信、市场、服务体系等配套设施建设.

6.2.4.2 集群成员变动分析

贵州省 2002～2007 年、2007～2012 年产业集群成员变动示意图如图 6.7、图 6.8 所示.

根据图 6.7 可知, 贵州省 2002～2007 年产业变动比较集中的是农林牧渔业所在集群, 其中的石油化工业和纺织服装业组成一个集群. 电子信息产业由独立集群变动到 2007 年的建筑业所在的集群中, 而该集群又由金属非金属产业共存的形式发展成为非金属电子信息集群模式. 2002 年的公共事业集群和商业集群合并为 2007 年的商业–公共事业集群.

由图 6.8 可知, 在贵州省 2007～2012 年的产业变动中, 金属产业再次与建筑业并存于同一集群中. 2007 年的石油煤炭等能源类行业在 2012 年分属于两个集群,分别是建筑-矿物制品业集群和能源供应业集群,其余产业集群成员变动不大. 这五年间,最为显著的特点是贵州省的电子通信类行业在 2012 年从建筑业所在集群单独分离出来独立成群,这体现了贵州省近年来对电子信息产业的重视和集群发展模式的成熟化. 根据有关数据资料可知,2012 年贵州省的工业园区、基地中的电子信息产业产值占全省电子信息产业总产值的比重超过 98%,并形成了一系列的产业园和产业基地,这在很大程度上促进了电子信息产业由分散发展向集中发展模式转变.

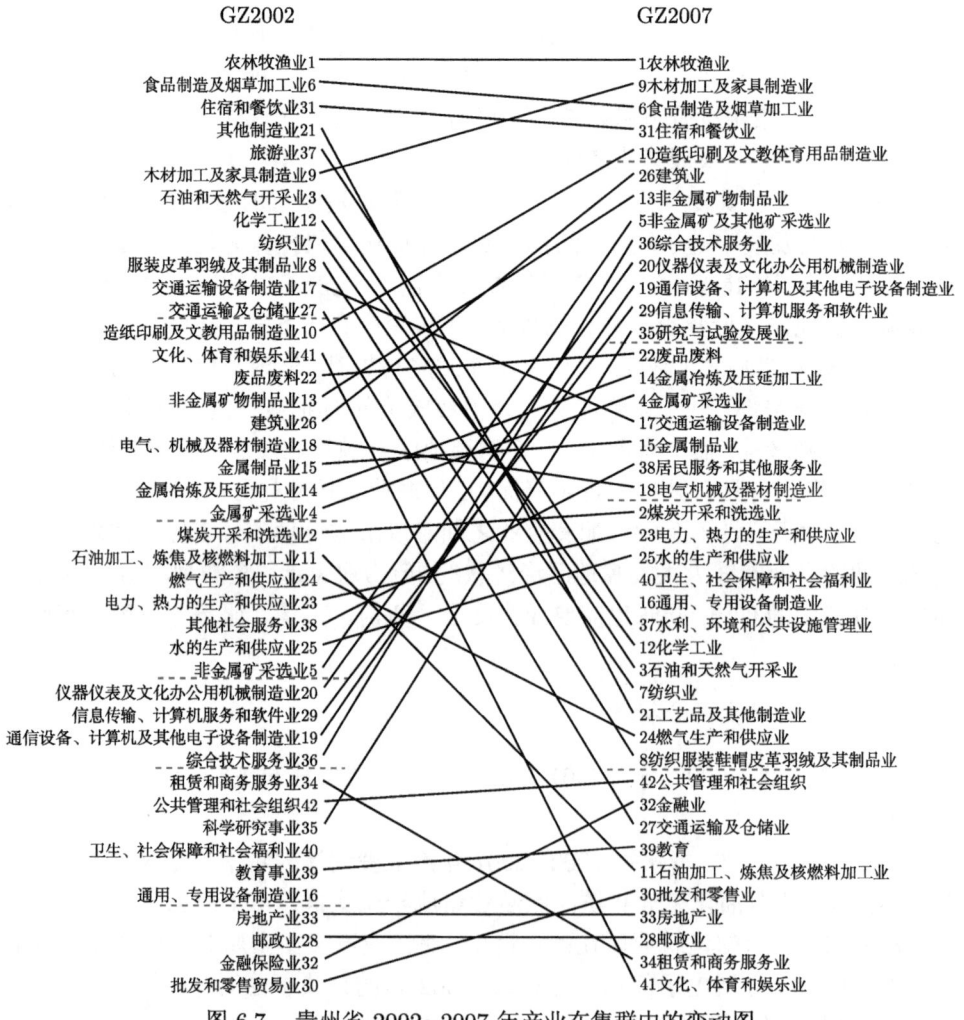

GZ2002	GZ2007
农林牧渔业1	1农林牧渔业
食品制造及烟草加工业6	9木材加工及家具制造业
住宿和餐饮业31	6食品制造及烟草加工业
其他制造业21	31住宿和餐饮业
旅游业37	10造纸印刷及文教体育用品制造业
木材加工及家具制造业9	26建筑业
石油和天然气开采业3	13非金属矿物制品业
化学工业12	5非金属矿及其他矿采选业
纺织业7	36综合技术服务业
服装皮革羽绒及其制品业8	20仪器仪表及文化办公用机械制造业
交通运输设备制造业17	19通信设备、计算机及其他电子设备制造业
交通运输及仓储业27	29信息传输、计算机服务和软件业
造纸印刷及文教用品制造业10	35研究与试验发展业
文化、体育和娱乐业41	22废品废料
废品废料22	14金属冶炼及压延加工业
非金属矿物制品业13	4金属矿采选业
建筑业26	17交通运输设备制造业
电气、机械及器材制造业18	15金属制品业
金属制品业15	38居民服务和其他服务业
金属冶炼及压延加工业14	18电气机械及器材制造业
金属矿采选业4	2煤炭开采和洗选业
煤炭开采和洗选业2	23电力、热力的生产和供应业
石油加工、炼焦及核燃料加工业11	25水的生产和供应业
燃气生产和供应业24	40卫生、社会保障和社会福利业
电力、热力的生产和供应业23	16通用、专用设备制造业
其他社会服务业38	37水利、环境和公共设施管理业
水的生产和供应业25	12化学工业
非金属矿采选业5	3石油和天然气开采业
仪器仪表及文化办公用机械制造业20	7纺织业
信息传输、计算机服务和软件业29	21工艺品及其他制造业
通信设备、计算机及其他电子设备制造业19	24燃气生产和供应业
综合技术服务业36	8纺织服装鞋帽皮革羽绒及其制品业
租赁和商务服务业34	42公共管理和社会组织
公共管理和社会组织42	32金融业
科学研究事业35	27交通运输及仓储业
卫生、社会保障和社会福利业40	39教育
教育事业39	11石油加工、炼焦及核燃料加工业
通用、专用设备制造业16	30批发和零售业
房地产业33	33房地产业
邮政业28	28邮政业
金融保险业32	34租赁和商务服务业
批发和零售贸易业30	41文化、体育和娱乐业

图 6.7 贵州省 2002~2007 年产业在集群中的变动图

6.3 珠江流域省区间产业集群识别

GZ2007	GZ2012
农林牧渔业1	1农林牧渔产品和服务
木材加工及家具制造业9	36居民服务、修理和其他服务
食品制造及烟草加工业6	40公共管理、社会保障和社会组织
住宿和餐饮业30	37教育
造纸印刷及文教体育用品制造业10	30住宿和餐饮
建筑业26	6食品和烟草
非金属矿物制品业13	21其他制造产品
非金属矿及其他矿采选业5	26建筑
综合技术服务业34	13非金属矿物制品
仪器仪表及文化办公用机械制造业20	34科学研究和技术服务
通信设备、计算机及其他电子设备制造业19	9木材加工品和家具
信息传输、计算机服务和软件业28	14金属冶炼和压延加工品
研究与试验发展业34	4金属矿采选产品
废品废料22	22废品废料
金属冶炼及压延加工业14	18电气机械和器材
金属矿采选业4	20仪器仪表
交通运输设备制造业17	5非金属矿和其他矿采选产品
金属制品业15	3石油和天然气开采产品
居民服务和其他服务业36	12化学产品
电气机械及器材制造业18	38卫生和社会工作
煤炭开采和洗选业2	23电力、热力的生产和供应
电力、热力的生产和供应业23	16专用设备
水的生产和供应业25	25水的生产和供应
卫生、社会保障和社会福利业38	2煤炭采选产品
通用、专用设备制造业16	16通用设备
水利、环境和公共设施管理业35	28金属制品、机械和设备修理服务
化学工业12	10造纸印刷和文教体育用品
石油和天然气开采业3	17交通运输设备
纺织业7	15金属制品
工艺品及其他制造业21	7纺织品
燃气生产和供应业24	8纺织服装鞋帽皮革羽绒及其制品
纺织服装鞋帽皮革羽绒及其制品业8	19通信设备、计算机和其他电子设备
公共管理和社会组织40	28信息传输、软件和信息技术服务
金融业31	27交通运输、仓储和邮政
交通运输及仓储业27	24燃气生产和供应
教育37	35水利、环境和公共设施管理
石油加工、炼焦及核燃料加工业11	11石油、炼焦产品和核燃料加工品
批发和零售业29	32房地产
房地产业32	33租赁和商务服务
邮政业27	31金融
租赁和商务服务业33	39文化、体育和娱乐
文化、体育和娱乐业39	29批发和零售

图 6.8 贵州省 2007~2012 年产业在集群中的变动图

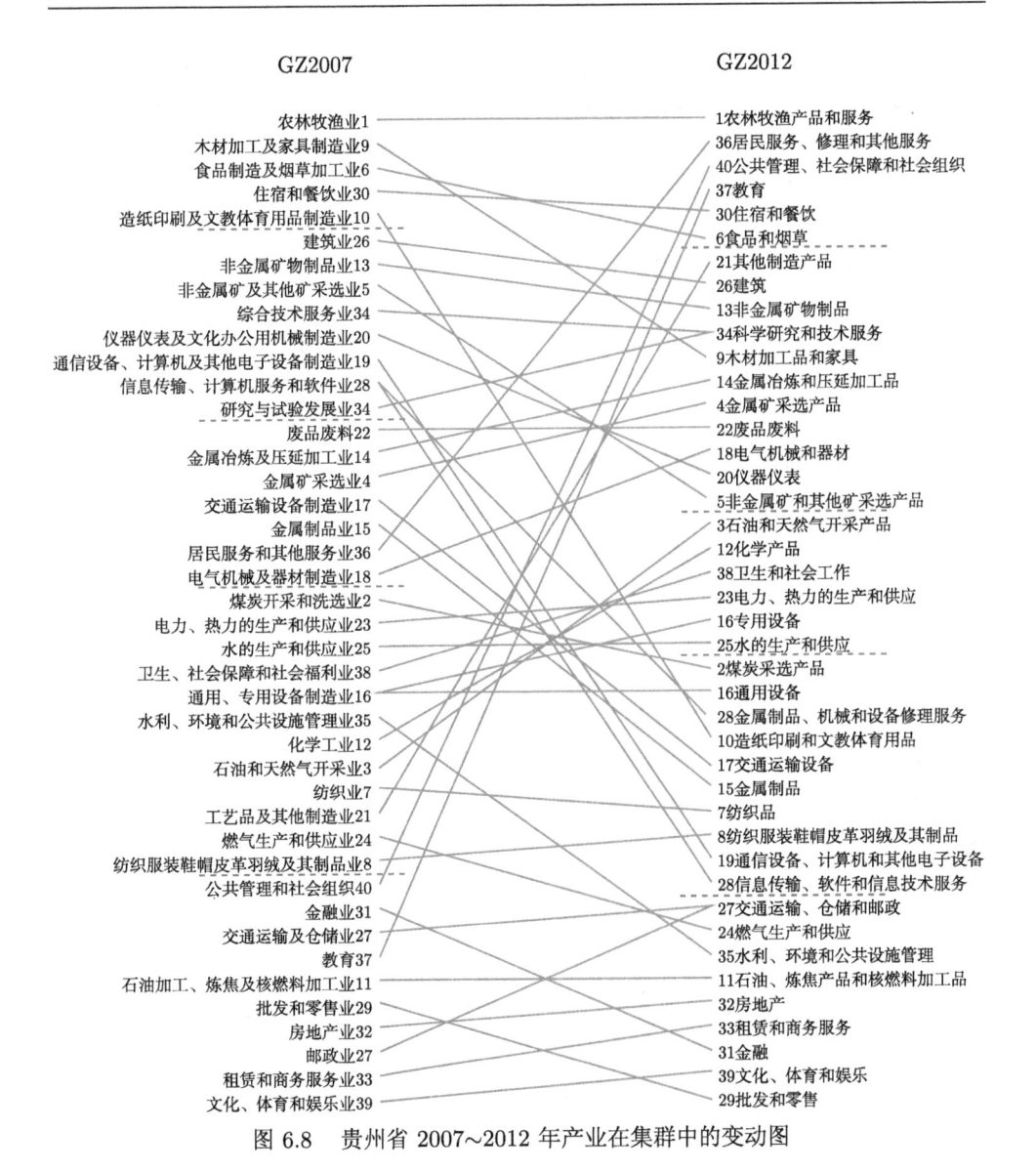

6.3 珠江流域省区间产业集群识别

6.3.1 流域产业集群识别方法

前文得出了各省内产业集群识别结果，本节将进一步研究珠江流域内省区间的产业集群分布. 考虑到结果的可视性，在省区间的集群研究中，使用的是 2002 年、2007 年、2012 年 19 部门的区域间投入产出表.

省区间的产业集群识别方法及原理与单个省区相类似,均使用功能联系系数来度量各省区间各产业的相互关联情况,使用三角化方法进行集群的识别. 功能系数的计算与单个省区的计算方法相同,只是部门数量不同. 在这里,公式 (6.1) 中, i 和 j 的取值均为 1, 2, $\cdots$, 19; 每一个取值分别对应于粤 A, $\cdots$, 粤 S, 桂 A, $\cdots$, 桂 S, 黔 A, $\cdots$, 黔 S, 滇 A, $\cdots$, 滇 S; 其中 A, B, $\cdots$, S 分别表示每个地区的 19 个行业 (见表 3.12).

$$a_{ij}=\frac{x_{ij}}{\sum\limits_{j}x_{ij}}, \quad a_{ji}=\frac{x_{ji}}{\sum\limits_{i}x_{ji}}, \quad b_{ij}=\frac{x_{ij}}{\sum\limits_{i}x_{ij}}, \quad b_{ji}=\frac{x_{ji}}{\sum\limits_{j}x_{ji}}$$

6.3.2 流域产业集群识别结果与分析

省区间产业集群的形成结果与省内集群有所差异,产业集群数目相对省内而言较少, 2002 年仅有一个集群, 2007 年四个集群, 2012 年五个集群. 广东省制造业的核心地位明显,广泛连接着其他地区产业以及产业链. 本节识别的产业集群主要从省区间的产业集群入手,省内的集群不再赘述. 具体如表 6.6 所示.

由表 6.6 可知,自 2002 年以来,珠江流域区域间的集群数目在三个编表年份依次增多,区域间集群式发展逐渐明显,其专业化程度逐步提升. 而且,从三个编表年份珠江流域省区间产业集群发展变化情况可以看出, 2002~2012 年期间,广东省的制造业在流域内的主导地位愈加突出,连接着诸多重要集群,并极大地推动了集群的发展.

表 6.6　2002~2012 年产业集群识别结果

集群代码	集群名称	集群成员
2002-1	社会公共事业集群	粤 C; 粤 R; 粤 N; 粤 P; 桂 C; 桂 G; 桂 D; 黔 S; 黔 N; 黔 K; 黔 Q; 黔 C; 黔 P; 滇 C; 滇 Q; 滇 N; 滇 K; 滇 R
2007-1	社会公共事业集群	粤 C; 滇 S; 粤 S; 粤 R; 黔 S; 黔 P; 桂 M; 桂 S
2007-2	建筑业集群	粤 C; 粤 G; 粤 M; 粤 E; 桂 F; 桂 E; 黔 M; 滇 G; 滇 E; 滇 M; 滇 K; 黔 E
2007-3	电力集群	粤 C; 粤 D; 桂 D; 黔 D
2007-4	黔粤商业集群	粤 C; 粤 N; 粤 J; 粤 K; 黔 L
2012-1	社会公共事业集群	粤 S; 桂 P; 桂 S; 滇 S; 滇 P; 黔 S; 黔 P
2012-2	建筑业集群	粤 C; 滇 E; 滇 F; 黔 E; 黔 M; 桂 E
2012-3	电力集群	粤 C; 粤 D; 黔 D; 滇 D; 桂 D
2012-4	滇粤福利业集群	粤 C; 滇 C; 滇 Q; 粤 Q
2012-5	贸易-科研技术业集群	粤 C; 粤 E; 粤 G; 粤 M; 桂 M; 黔 F

从整个珠江流域四省区来看, 2002、2007、2012 年三个年份识别出的省区间集群数目依次增多, 表明省区间的集群发展模式越来越成熟. 省区间的产业集群类型比较固定, 社会公共事业集群、建筑业集群和电力集群在 2007~2012 年间均存在. 广东省制造业连接着不同类型的集群, 充分体现了广东省制造业在珠江流域四省区产业中的中枢地位.

第 7 章 产业集群的结构及效益分析

产业集群中各行业之间的联系相对于集群以外的行业来说，联系更加密切. 为研究产业集群的综合情况，本章主要讨论了产业集群的内部结构、产业集群的功能、产业集群的效益. 首先通过建立邻接矩阵和可达矩阵来构建网络图，从而将各集群成员及联系结构可视化；接着运用合并与整理得出各省区产业集群投入产出表，评价珠江流域滇黔桂粤四省区间产业集群的外部与内部功能；最后基于整理好的产业集群投入产出表，构建产业集群效益评价指标体系，来衡量产业集群的基本行为特征，反映各部门发展能力和效益.

7.1 产业集群内部结构剖析

集群中各行业之间的关联关系存在结构性，本节通过 ISM 法建立邻接矩阵、计算可达矩阵等步骤构建网络图，将各集群的成员及联系结构可视化.

主要步骤如下.

第一步，建立邻接矩阵. 前文曾设定在功能联系矩阵 E_{ij} 中，如果 $e_{ij} \geqslant 0.2$，则令 $e_{ij} = e_{ji} = 1$；否则，$e_{ij} = e_{ji} = 0$，并且主对角线元素为 0，得到的矩阵设为 A_0.

第二步，求解可达矩阵. 可达矩阵在邻接矩阵的基础上通过变换求解得到. 它表示从一个行业到另一个行业是否存在可到达的联系路径. 如果行业 i 到行业 j 存在可达的直接或间接路径，则矩阵 A_0 中第 i 行第 j 列表示为 1，否则记为 0，变换后得到矩阵 A. I 为单位矩阵，则有式 (7.1).

$$(A+I)^2 = I + A + A^2 \tag{7.1}$$

同理，可以证明：

$$(A+I)^k = I + A + A^2 + \cdots + A^k \tag{7.2}$$

如果系统 E 中存在 M 矩阵满足如式 (7.3) 的条件

$$(A+I)^{k-1} \neq (A+I)^k = (A+I)^{k+1} = M \tag{7.3}$$

则称 M 为系统 E 的可达矩阵. 可达矩阵同样为 0-1 矩阵，如果部门 i 和部门 j 之间的元素 M_{ij} 为 1，则表示 i 到 j 存在可以连接的路径，反之则不存在. 将这种关系在图中表示出来便可形成网络图.

7.1 产业集群内部结构剖析

在结构网络图中, 若集群内一个行业至少与其余三个行业之间有直接联系, 可认为该行业在集群中与较多的行业联系紧密, 是集群得以联系在一起的主要力量, 将该行业看作结点产业.

7.1.1 广东重点产业集群结构

集群内部行业结构可在可达矩阵的基础上, 用网络图来表现, 展现出行业间功能联系系数大于 0.2 的行业联系结构. 集群中功能联系系数不足 0.2 的行业不显示在集群的结构图中.

1) 饮食–公共事业集群结构

图 7.1(a)~ 图 7.1(c) 反映的是 2002、2007、2012 年三个年份投入产出编表饮食–公共事业集群内的网络结构. 其中结点行业在图中均用红色圈圈标出, 下文同, 不再重复说明.

(a) 2002 年广东省集群 GD02-1 网络结构

(b) 2007 年广东省集群 GD07-1 网络结构

(c) 2012 年广东省集群 GD12-1 网络结构

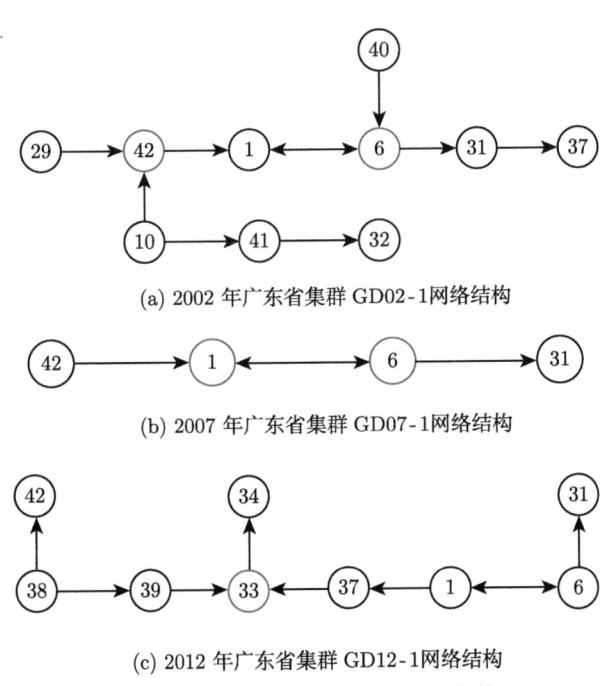

图 7.1 三个年份广东省集群网络结构 I

2002~2012 年饮食–公共事业集群结构以链状结构为主. 2002 年广东省集群 GD02-1 中的行业成员数目最多, 食品制造业 (6) 和公共管理和社会组织业 (42) 是该集群的两个结点行业; 并且从连接方向上看, 造纸印刷及文教用品制造业 (10) 以及信息传输、计算机服务和软件业 (29) 是该集群的推动型行业, 综合技术服务业 (37) 是拉动型行业. 2007 年的饮食–公共事业集群行业成员数目最少, 结构最为简单,推动型行业是公共管理和社会组织业 (42),拉动型行业是住宿和餐饮业 (31). 2012 年饮食-公共事业集群的结点行业是金融业 (33),并且该行业和房地产业 (34) 在集群中都具有较强的拉动作用.

2) 建筑有关行业集群结构

广东省 2002、2007 以及 2012 年的以建筑业为结点集群的结构如图 7.2(a)~图 7.2(c) 所示.

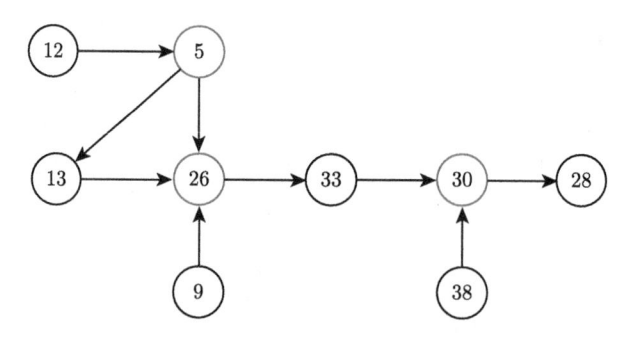

(a) 2002 年广东省集群 GD02-2 网络结构

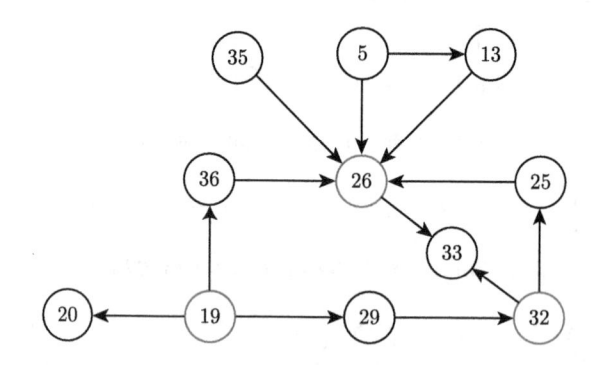

(b) 2007 年广东省集群 GD07-2 网络结构

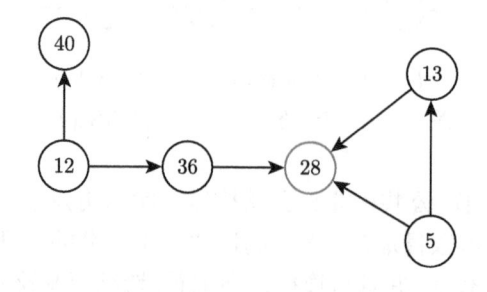

(c) 2012 年广东省集群 GD12-2 网络结构

图 7.2　三个年份广东省集群网络结构 II

7.1 产业集群内部结构剖析

由图 7.2(a)~图 7.2(c) 三图可知,建筑业在三个年份中均为该集群的中枢产业,连接了多条产业链的发展. 2002 年的非金属矿采选业 (5) 和批发和零售业 (30) 是集群中的结点产业,前者在集群中主要起到推动作用,后者位于产业链的末端,主要起到拉动作用; 主要结点行业建筑业 (26) 在原材料产业链 (12、5、13、9) 中起到拉动作用,而在整个集群中更偏向推动集群的发展. 2007 年该集群内部结构关系更加错综复杂,建筑业 (26) 的中枢地位更加明显,与 2002 年相比,拉动作用相对明显; 除此之外,通信设备、计算机及其他电子设备制造业 (19) 和金融业 (32) 也是集群中的结点行业. 2012 年建筑业集群的结点行业只有建筑业[①](28) 一个,对集群和其他行业的拉动作用也比较明显; 集群中处于推动地位的行业是非金属矿及其他矿采选业 (5) 以及化学产品业 (12).

3) 金属业相关集群结构

图 7.3(a) ~ 图 7.3(c) 显示的是 2002、2007、2012 年三个年份金属业产业集群的内部结构.

由图 7.3(a) ~ 图 7.3(c) 可知,金属业产业集群成员在 2002~2012 年的十年间逐渐增多,中枢行业比较稳定且唯一,均为金属冶炼和压延加工品业 (14). 2002 年

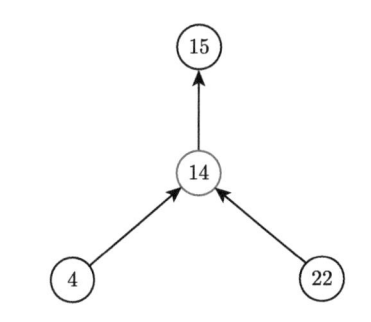

(a) 2002 年广东省集群 GD02-3 网络结构

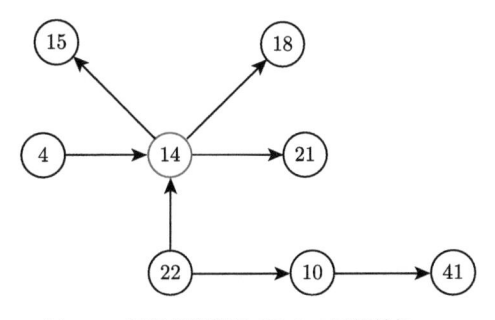

(b) 2007 年广东省集群 GD07-3 网络结构

---

① 2012 年建筑业代码为 "28",2002、2007 年建筑业代码为 "26",特此说明.

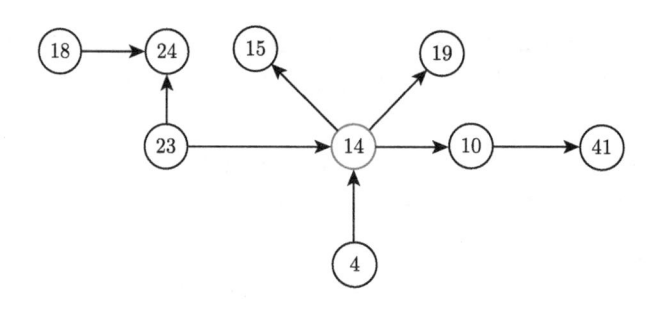

(c) 2012 年广东省集群 GD12-3 网络结构

图 7.3　三个年份广东省集群网络结构 Ⅲ

该集群成员较少,金属矿采选业 (4) 和废品废料 (22) 推动集群发展,金属制品业 (15) 拉动其发展,结构简单且直接. 2007 与 2012 年集群内行业间的结构和连接方式相似: 集群内的推动型行业均为金属矿采选业 (4) 和废品废料业 (22、23)[①]; 共同的拉动型行业有金属制品业 (15), 电气机械及器材制造业 (18、19)[②] 以及文化、体育和娱乐业 (41), 2007 年的工艺品及其他制造业 (21) 同样也是金属业集群的拉动型行业.

4) 石油等有关行业集群结构

石油化工产业集群 2002、2007、2012 年三个年份的行业结构如图 7.4(a)~图 7.4(c) 所示.

石油类产业三个年份集群结构图显示, 2002、2007 年集群结构较简单, 2012 年成员变多, 结构相对复杂. 石油加工、炼焦及核燃料加工业 (11) 的中枢行业地位比较稳固, 在集群中主要起到推动发展的作用. 2002 年的石油和天然气开采业 (3) 是集群的推动型行业, 拉动型行业数目较多, 有煤炭开采和洗选业 (2), 水的生产和供应业 (25) 以及旅游业 (35). 2007 年集群中石油和天然气开采业 (3) 也是集群的推动型行业之一, 同时又在一定程度上具有拉动能力; 该年份集群的拉动型行业有非金属矿及其他矿采选业 (5) 和邮政业 (28). 2012 年电子通信业进入该集群后, 石油加工、炼焦及核燃料加工业 (11) 变为次结点, 主结点行业向通信设备、计算机和其他电子设备 (20) 转移, 且该主结点具有较强的推动作用; 具有拉动作用的行业有批发和零售业 (29) 以及交通运输、仓储和邮政业 (30).

5) 纺织服装业集群结构

从 2002、2007、2012 年三个年份的集群识别结果可以发现, 广东省的传统支柱产业——纺织服装业所在集群与其他集群相比更为独立且比较稳定, 纺织业 (7) 和服装皮革羽绒及其制品业 (8) 两个行业独自成群, 并且构成纺织品业 (7) 到服

---

① 2007 年行业代码为 "22"; 2012 年行业代码为 "23".
② 2007 年行业代码为 "18"; 2012 年行业代码为 "19", 且 2012 年该部门名称为 "电气机械和器材".

7.1 产业集群内部结构剖析

装皮革羽绒及其制品业 (8) 的单向路径 (图 7.5), 前者为推动角色, 后者为拉动发展的角色. 该集群在三个年份的区位商均大于 1, 且依次增加, 表示纺织服装业的集聚程度仍在增强.

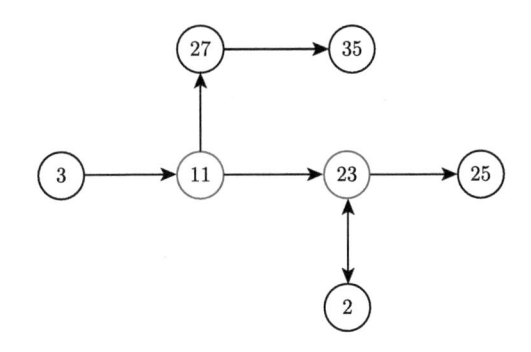

(a) 2002 年广东省集群 GD02-4 网络结构

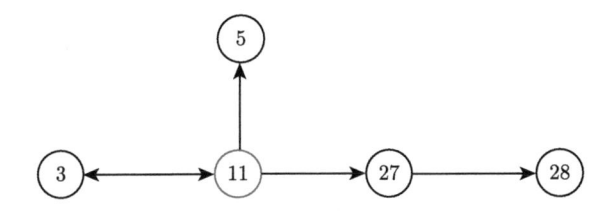

(b) 2007 年广东省集群 GD07-4 网络结构

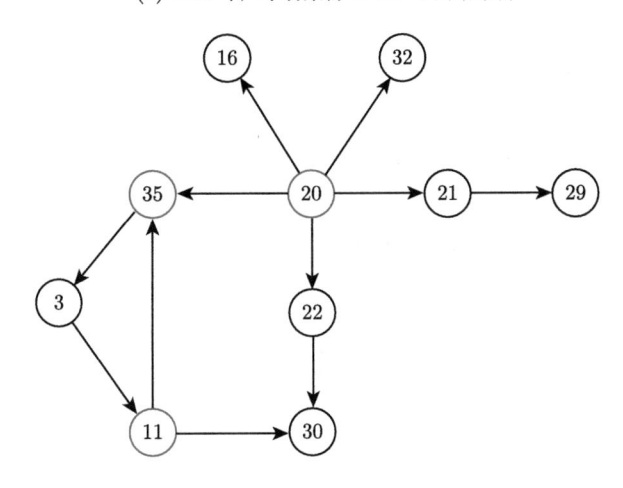

(c) 2012 年广东省集群 GD12-4 网络结构

图 7.4　三个年份广东省集群网络结构 IV

图 7.5　广东省纺织服装业集群 GD02-5 网络结构

6) 其他集群结构

广东省 2002、2007、2012 年三个年份的其余集群差别较大, 其结构如图 7.6(a)~图 7.6(c) 所示.

(a) 2002 年广东省 GD02-6 网络结构

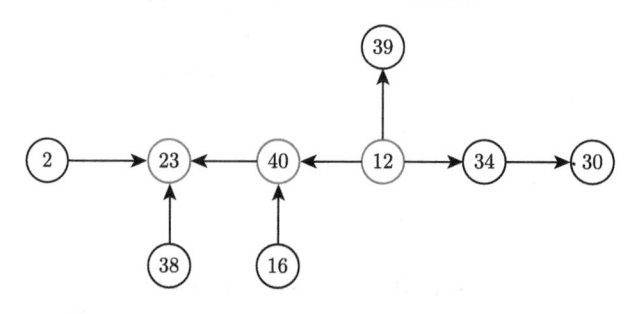

(b) 2007 年广东省 GD07-6 网络结构

(c) 2012 年广东省 GD12-6 网络结构

图 7.6　三个年份广东省其他网络结构

2002 年集群 GD02-6 是电器机械集群, 产业结构较为简单, 四个行业形成一个单向产业链, 电器、机械及器材制造业 (18) 在产业链起始端, 为集群的推动型行业, 通用、专用设备制造业 (16) 位于产业链末端, 为集群的拉动型行业. 并且集群内行业性质较为接近, 集聚度较强.

2007 年集群 GD07-6 是化工–公共事业集群, 包含行业较多, 结点行业有化学工业 (12), 电力、热力的生产和供应业 (23) 和卫生、社会保障和社会福利业 (40). 该集群中第三产业的行业较多, 是以化工卫生业为主的产业集群, 集群的推动型行业为化学工业 (12), 拉动型行业为电力、热力的生产和供应业 (23), 且集群的区位商大于 1, 聚集程度较强.

2012 年集群 GD12-6 是能源供应集群, 在广东省的水电煤炭集群中, 三个行业形成一个单向产业链. 其中, 煤炭采选产品 (2) 为推动型行业, 电力、热力的生

产和供应业 (25) 产业在该集群中处于中间地位, 拉动型行业为水的生产和供应业 (27). 该集群的区位商不足 1, 集群的集聚程度欠佳.

7.1.2 广西重点产业集群结构

1) 饮食相关产业集群

2002、2007、2012 年三个年份饮食相关产业集群内部的产业关联结构如图 7.7(a)∼ 图 7.7(c) 所示.

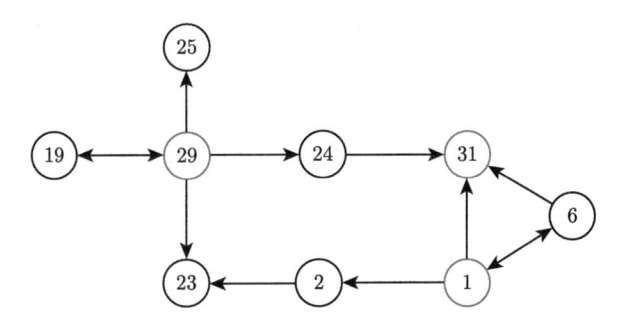

(a) 2002 年广西产业集群 GX02-1 网络结构

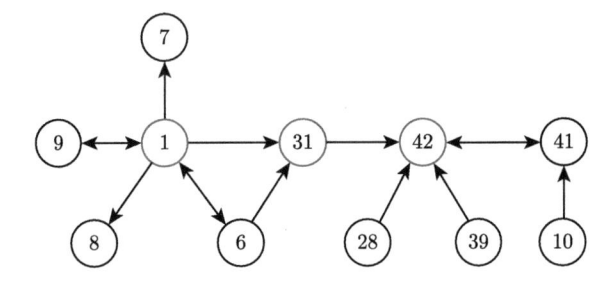

(b) 2007 年广西产业集群 GX07-1 网络结构

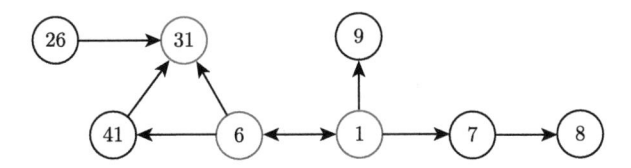

(c) 2012 年广西产业集群 GX12-1 网络结构

图 7.7　三个年份广西集群网络结构 I

在广西饮食业相关集群中, 农林牧渔业 (1) 以及住宿和餐饮业 (31) 在 2002、2007、2012 年三个年份中都是集群的结点行业, 农林牧渔业 (1) 主要起推动作用, 住宿和餐饮业 (31) 则起拉动作用.

2002 年集群环状结构明显,信息传输、计算机服务和软件业 (29) 当年是集群中的推动型行业,它与通信设备、计算机及其他电子设备制造业 (19) 存在着相互的拉动和推动作用;农林牧渔业 (1) 和食品制造及烟草加工业 (6) 之间也存在着相互的拉动和推动作用.

2007 年集群中的另一结点行业——公共管理和社会组织业 (42) 是该集群的主要拉动型产业.在 2012 年的饮食类集群中,食品制造及烟草加工业 (06) 具有较强的推动作用.三个年份的区位商显示该集群的聚集程度逐渐增加,集群形成效果较好.

2) 建筑业相关集群结构

2002、2007、2012 年三个年份广西建筑业相关产业集群的产业结构如图 7.8(a) ~ 图 7.8(c) 所示.

由图 7.8(a) ~ 图 7.8(c) 可知,广西建筑业集群的行业数目较多,且建筑业 (26、26、28) 在 2002、2007、2012 年都是该集群的中枢行业,处于拉动集群发展的位置,带动了集群内多个行业的发展.

2002 年出现了以建筑业为中心的多条环状结构,包括金属产业链 (26、14、15、18) 和化工产业链 (26、9、12、7、8). 次结点行业还包括化学工业 (12)、金属冶炼和压延加工业 (14),这两个行业均推动行业促进集群发展.

2007 年集群的产业结构较为复杂,结点行业较多,次结点行业还有非金属矿及其他矿采选业 (5),交通运输及仓储业 (27),两产业的推动作用明显.该集群区位商小于 1,仍然存在发展和结构改善的空间.到 2012 年,建筑业集群的结构比较明朗,成员较少,推动型行业较多.

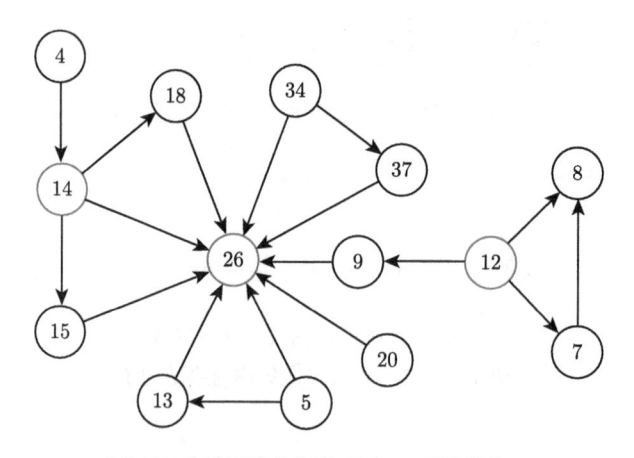

(a) 2002 年广西产业集群 GX02-2 网络结构

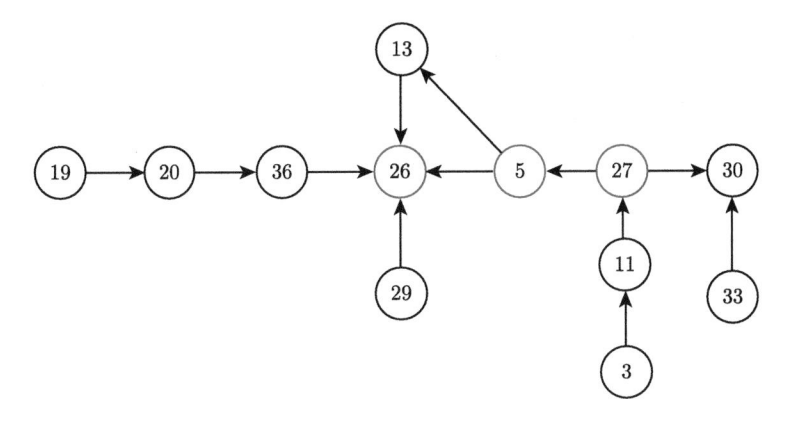

7.1 产业集群内部结构剖析 · 123 ·

(b) 2007 年广西产业集群 GX07-2 网络结构

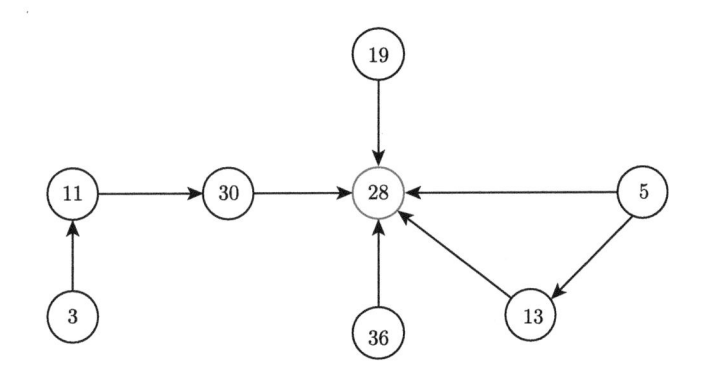

(c) 2012 年广西产业集群 GX12-2 网络结构

图 7.8　三个年份广西集群网络结构 II

3) 石油及金属相关产业集群结构

在广西第三类产业集群中, 2002 年的集群 GX02-3 由石油业和运输业为代表, 2007 和 2012 年的以金属业为代表, 2002、2007、2012 年三个年份集群的产业结构依次如图 7.9(a) ∼ 图 7.9(c) 所示.

2002 年广西的第三类产业集群成员产业较少, 呈现简单的单向链状结构. 集群受到石油和天然气开采业 (3) 的推动, 受旅游业 (35) 的拉动, 但区位商不高, 一定程度上说明该地区石油产业暂时没有形成集群式发展, 但具有发展潜力. 2007 年和 2012 年的金属产业集群均以金属冶炼及压延加工品 (14) 为主导产业, 2007 年集群中枢产业的主导作用明显, 推动型产业、拉动型产业与主导产业直接作用. 2012 年集群结构由中心辐射型加入了链状和环状结构, 集聚度有所增强, 但仍小于 1. 2012 年的推动型行业为煤炭采选产品 (02) 和电力、热力的生产和供应 (25).

(a) 2002 年广西产业集群 GX02-3 网络结构

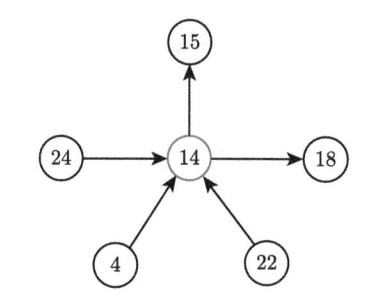

(b) 2007 年广西产业集群 GX07-3 网络结构

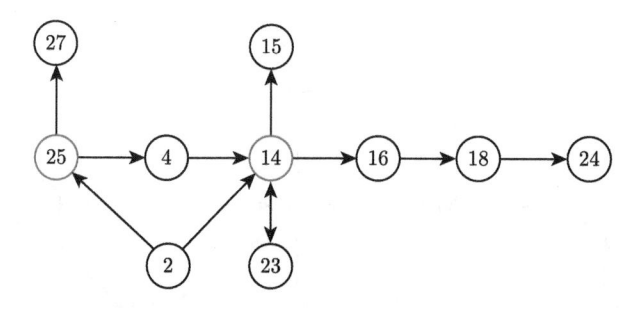

(c) 2012 年广西产业集群 GX12-3 网络结构

图 7.9 三个年份广西集群网络结构 III

4) 设备制造业和电子信息产业集群结构

2002 和 2007 年广西第三类产业集群以设备制造业为主, 结构形式如图 7.10(a)、图 7.10(b) 所示. 2012 年该集群主要由通信类行业组成, 结构形式如图 7.10(c) 所示.

2002 年的制造业与教育等公共事业属于同一集群, 结点产业为教育事业 (39) 与卫生、社会保障和社会福利业 (40) 两个产业, 推动型行业为废品废料业 (22) 和科学研究事业 (36), 公共管理和社会组织业 (42) 则是主要拉动型行业. 2007 年, 通用、专用设备制造业 (16) 转变为中枢行业, 集群呈中心辐射和环状结构发展. 化学工业 (12) 为推动型行业, 交通运输设备制造业 (17) 和卫生、社会保障和社会福利业 (40) 起拉动作用. 与 2002 年对比, 2007 年此集群的区位商变小, 即经过结构调整后广西制造业集群的集聚度变小.

广西 2012 年的集群 GX12-4 主要由通信类行业组成, 规模较小, 且路径简单直接. 集群的中枢行业为通信设备、计算机和其他电子设备 (20), 该行业是集群的唯一且重要的推动型行业, 分别与仪器仪表业 (21)、其他制造产品业 (22) 以及

7.1 产业集群内部结构剖析

信息传输、软件和信息技术服务业 (32) 单向连接. 但该集群的区位商较小, 相对于全国而言, 广西的通信行业发展不足.

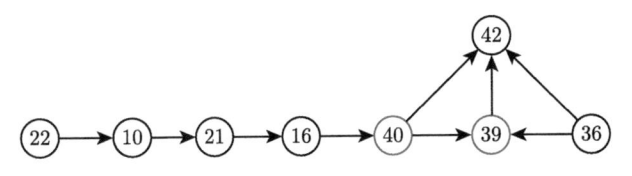

(a) 2002 年广西产业集群 GX02-4 网络结构

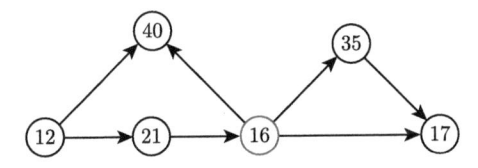

(b) 2007 年广西产业集群 GX07-4 网络结构

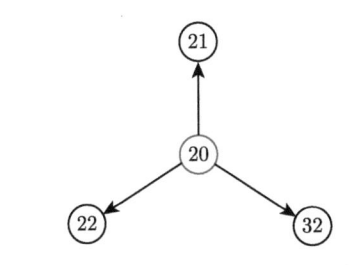

(c) 2012 年广西产业集群 GX12-4 网络结构

图 7.10　三个年份广西集群网络结构 IV

5) 商业集群结构

广西 2002、2007、2012 年三个年份与商业产业相关集群的内部结构依次如图 7.11(a)∼ 图 7.11(c) 所示.

2002 年的商业集群中, 结点行业为批发和零售贸易业 (30)、金融保险业 (32), 且后者为集群内的拉动型行业, 推动型行业为邮政业 (28)、其他社会服务业 (38) 和文化、体育和娱乐业 (41).

2007 年商业集群的成员与其他年份差别较大, 主要成员均是能源供应类的行业, 中枢行业为电力、热力的生产和供应业 (23), 拉动型行业是水的生产和供应业 (25). 2012 年集群成员较多, 结构较为复杂, 化学卫生业进入到金融业集群中. 金融业 (33)、卫生和社会工作 (40) 以及公共管理、社会保障和社会组织 (42) 为当时的中枢行业, 连接着社会公共服务产业链 (10、39、42、38)、化学卫生产业链 (29、40、17、12) 以及房地产行业 (34、35), 批发和零售以及公共管理、社会保障

和社会组织 (42) 是主要拉动型行业. 随着金融业所在集群的行业性质变化, 集群的集聚度有所下降.

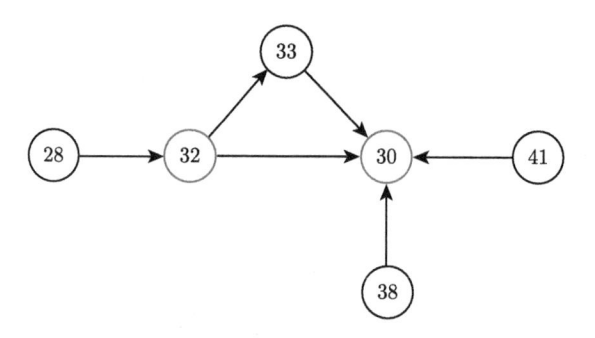

(a) 2002 年广西集群 GX02-5 网络结构

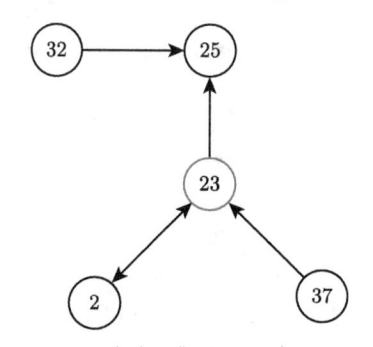

(b) 2007 年广西集群 GX07-5 网络结构

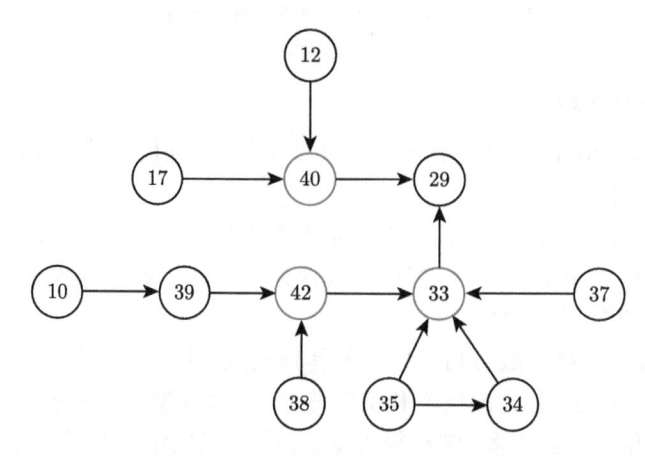

(c) 2012 年广西集群 GX12-5 网络结构

图 7.11　三个年份广西集群网络结构 V

7.1.3 云南重点产业集群结构

1) 饮食业集群结构

云南省 2002、2007、2012 年饮食业集群的行业结构如图 7.12(a) ∼ 图 7.12(c) 所示.

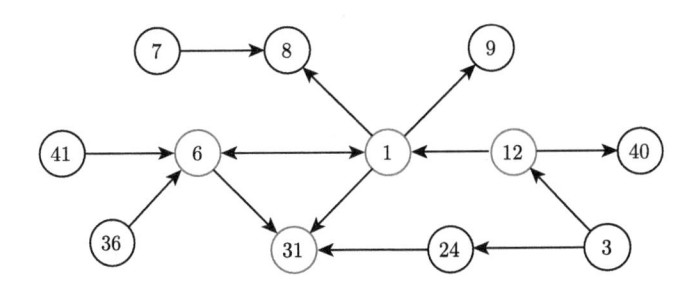

(a) 2002 年云南省集群 YN02-1网络结构

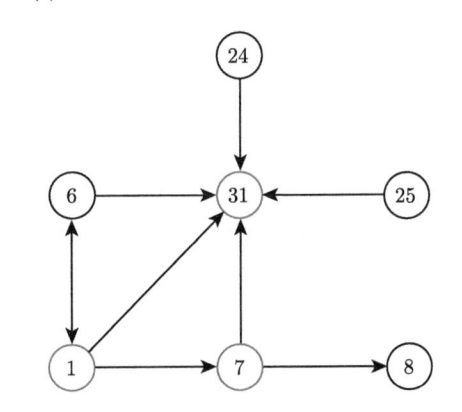

(b) 2007 年云南省集群 YN07-1网络结构

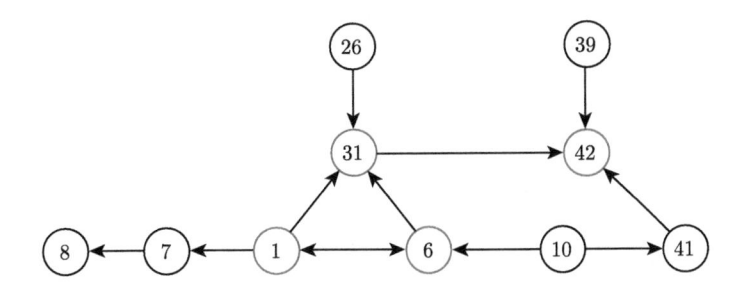

(c) 2012 年云南省集群 YN12-1网络结构

图 7.12 三个年份云南省集群网络结构 I

2002、2007、2012 年三个年份中, 饮食业所在集群的结点行业都有农林牧渔

业 (1) 以及住宿和餐饮业 (31). 前者在集群中的作用多样, 后者主要是拉动型产业. 2002 年产业集群中的产业链较多, 该集群中的拉动行业还有服装皮革羽绒及其制品业 (8), 推动型行业是石油和天然气开采业 (3). 2007 年云南省饮食业所在集群成员较少, 显现出以住宿和餐饮业 (31) 为中心的辐射结构. 主产业链 (1、7、31) 都由结点产业构成, 是集群的主要推动力量. 2012 年集群又变得复杂, 公共管理、社会保障和社会组织业 (42) 在集群中起到重要的拉动作用.

2) 建筑业集群结构

云南省 2002、2007、2012 年三个年份建筑业集群如图 7.13(a) ~ 图 7.13(c) 所示.

建筑业集群的成员总体较多. 2002 年集群的结点行业为建筑业 (26) 和金属冶炼及压延加工业 (14), 前者的拉动作用明显, 后者则是推动型产业. 2007 年

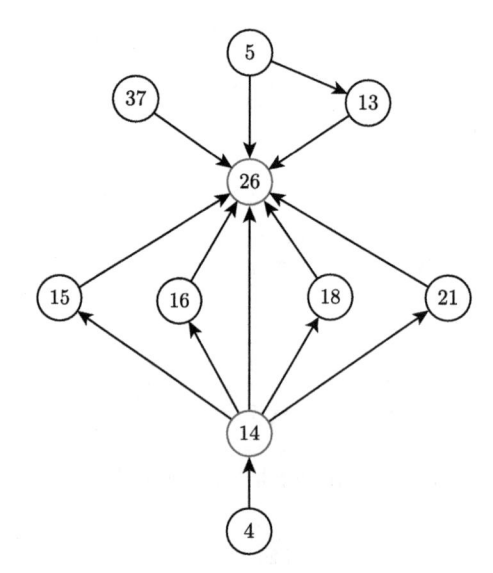

(a) 2002 年云南省产业集群 YN02-2 网络结构

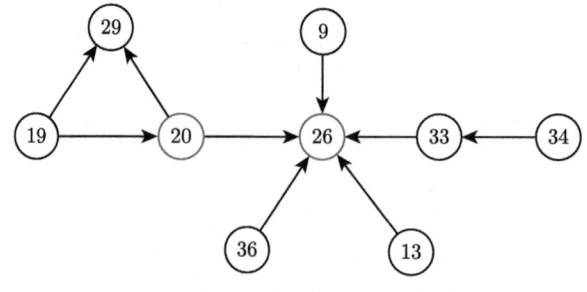

(b) 2007 年云南省产业集群 YN07-2 网络结构

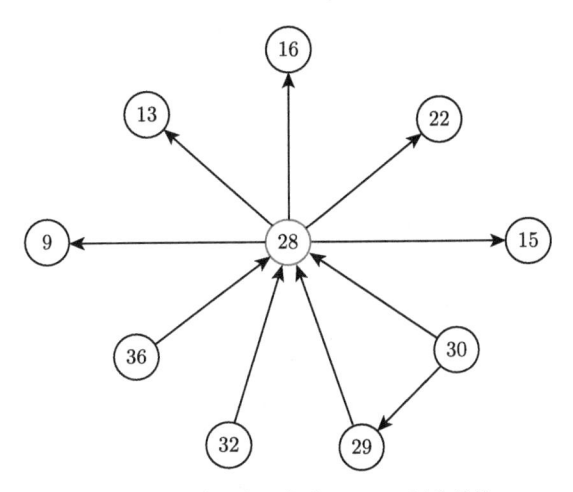

7.1 产业集群内部结构剖析 · 129 ·

(c) 2012年云南省产业集群 YN12-2 网络结构

图 7.13 三个年份云南省集群网络结构 Ⅱ

与 2002 年相比, 次结点转变为仪器仪表及文化办公用机械制造业 (20), 主结点建筑业 (26) 拉动集群中各产业的发展, 仪器仪表及文化办公用机械制造业 (20) 则起推动作用. 2012 年建筑业集群结构明显集中, 唯一结点建筑业 (28) 呈现中枢地位, 拉动多个产业 (29, 30, 32, 36) 发展, 同时推动非金属矿物制品 (13)、通用设备 (16) 以及其他制造产品业 (22) 等产业提升.

3) 器械制造业有关集群

云南省 2002、2007、2012 年三个年份废品废料及器材制造业集群的结构如图 7.14(a) ∼ 图 7.14(c) 所示.

2002 年废品废料及器材制造业集群成员与后两个年份的差别较大, 集群成员呈现以公共管理和社会组织业 (42) 为主结点的链状结构, 该行业拉动作用明显. 次结点为信息传输、计算机服务和软件业 (29); 废品废料业 (22) 是集群的推动型行业. 2007 和 2012 年集群都以金属冶炼和压延加工品 (14) 为主结点, 呈中心辐射结构. 2007 年集群结点行业有三个, 分别为石油加工、炼焦及核燃料加工业 (11), 金属冶炼和压延加工品业 (14) 以及交通运输及仓储业 (27), 且集群行业成员较多. 主要推动型行业为煤炭开采和洗选业 (2) 以及交通运输设备制造业 (17), 拉动型行业为金属制品业 (15), 电气机械及器材制造业 (18) 以及工艺品及其他制造业 (21). 2012 年的器械制造业集群只有五个行业, 集群以金属矿采选业 (4) 以及电力、热力的生产和供应业 (23) 为推力, 专用设备 (17) 以及电气机械和器材 (19) 为拉力发展.

4) 石油–能源集群结构图

石油–能源类行业在 2002、2007 年均集中在一个集群 (YN02-4 和 YN02-5),

2012 年分为两个集群 (YN12-4 和 YN12-5), 结构如图 7.15(a) ∼ 图 7.15(d) 所示.

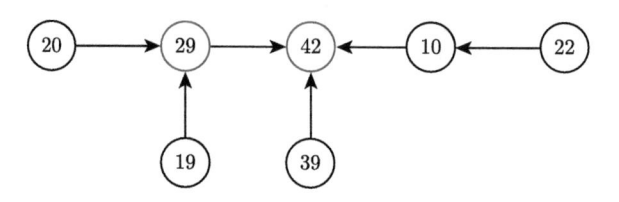

(a) 2002 年云南省产业集群 YN02-3 网络结构

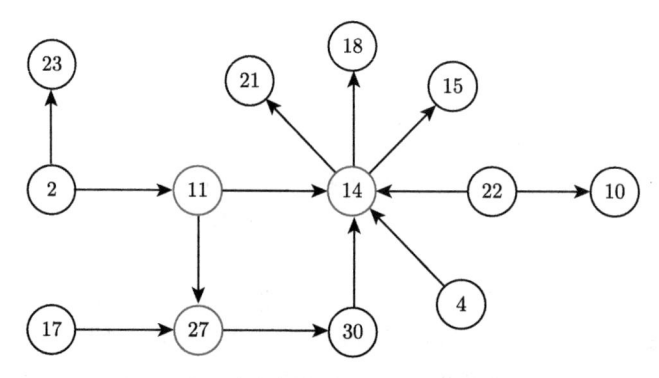

(b) 2007 年云南省产业集群 YN07-3 网络结构

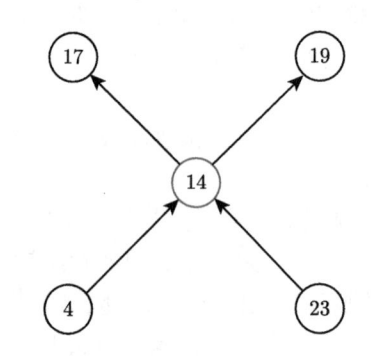

(c) 2012 年云南省产业集群 YN12-3 网络结构

图 7.14　三个年份云南省产业集群网络结构 Ⅲ

2002 年, 石油-能源业集群的中枢行业是交通运输及仓储业 (27), 左侧连接水、电、热、煤炭、石油以及运输设备制造业的能源产业链 (2、11、17、23、25、27); 右侧连接集群内拉动型行业: 旅游业 (35) 和邮政业 (28); 主要推动型产业为煤炭开采和洗选业 (2) 以及交通运输设备制造业 (17).

7.1 产业集群内部结构剖析

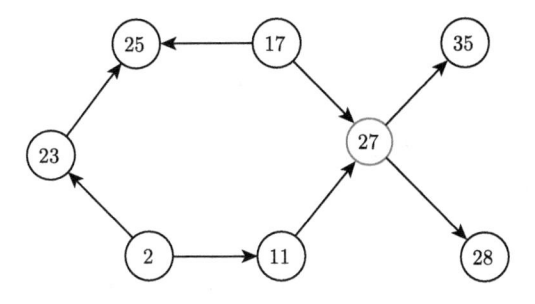

(a) 2002 年云南省产业集群 YN02-4 网络结构

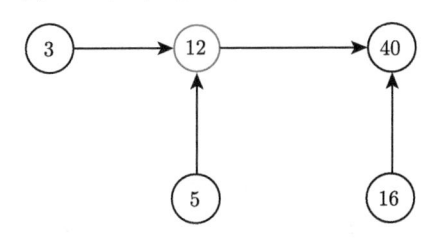

(b) 2007 云南省产业集群 YN07-4 网络结构

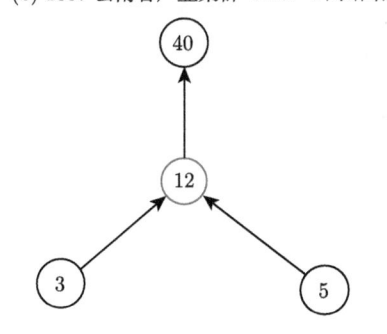

(c) 2012 年云南省产业集群 YN12-4 网络结构

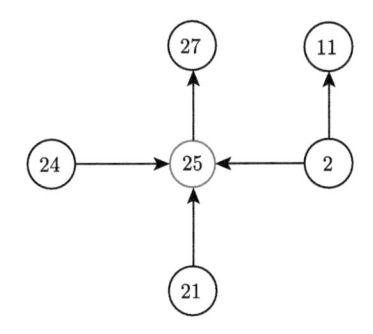

(d) 2012 年云南省产业集群 YN12-5 网络结构

图 7.15 三个年份云南省产业集群网络结构 IV

2007 年, 能源集群的成员较少, 以开采业为主, 结点行业为化学工业 (12); 推动型行业有石油和天然气开采业 (3)、非金属矿及其他矿采选业 (5) 两个开采类行业; 拉动型行业主要是卫生、社会保障和社会福利业 (40). 2012 年, 石油化工业集群成员构成与 YN07-4 集群类似, 均以开采业 (3、5) 为推力, 以卫生和社会工作业 (40) 为拉力发展. 云南省 2012 年的产业集群 YN12-5 成员与 2002 年集群 YN02-4 相似. 该集群以电力、热力的生产供应业 (25) 为中枢行业, 该行业直接拉动着煤炭采选产品业 (2)、仪器仪表 (21) 和金属制品、机械和设备修理服务 (24) 产业的发展, 并推动水的生产和供应业 (27).

5) 商业集群结构图

云南省的最后一个集群——商业集群 2002、2007、2012 年三个年份的行业结构如图 7.16(a) ~ 图 7.16(c) 所示.

2002 年商业集群内有两个结点行业, 主结点为批发和零售贸易业 (30), 拉动作用明显; 次结点为房地产业 (33), 是集群的重要推动力量. 2007 年该集群的中枢行业为公共管理和社会组织业 (42), 拉动着文体、教育、邮政、服务等行业的发展 (28、38、39、41); 拉动型行业还有水利、环境和公共设施管理业 (37). 2012 年的商业集群中, 房地产业 (33) 再次作为集群的结点行业, 拉动作用较强; 主结点租

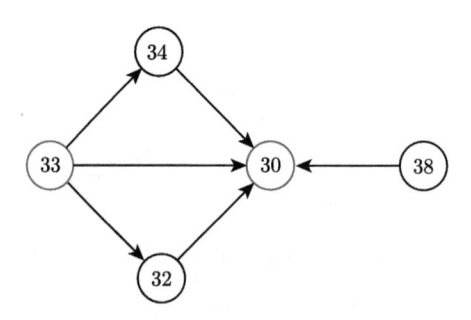

(a) 2002 年云南省集群 YN02-5 网络结构

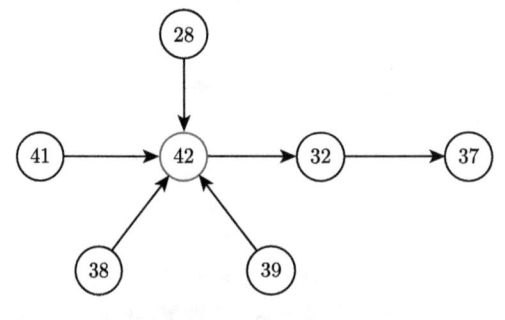

(b) 2007 年云南省集群 YN12-5 网络结构

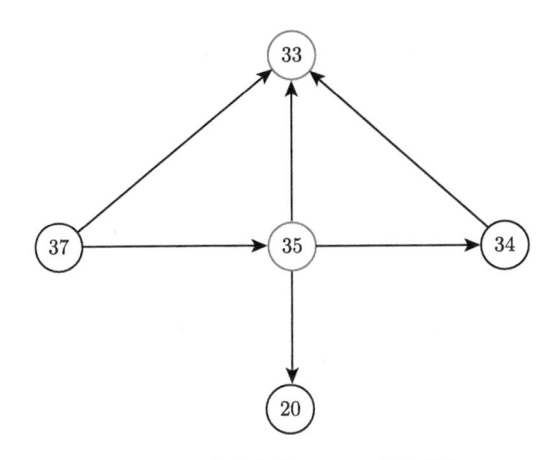

(c) 2012 云南省集群 YN12-6 网络结构

图 7.16　三个年份云南省集群网络结构 V

赁和商务服务业 (35) 是集群内的中枢行业, 主要推动型产业为水利、环境和公共设施管理业 (37).

7.1.4　贵州重点产业集群结构

1) 饮食业集群结构

贵州省 2002、2007、2012 年三个年份农林牧渔集群内部产业结构如图 7.17(a) ∼ 图 7.17(c) 所示.

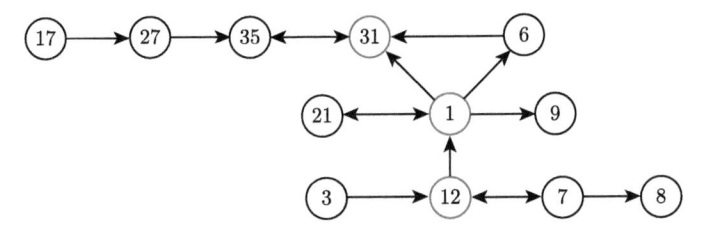

(a) 2002 年贵州省集群 GZ02-1 网络结构

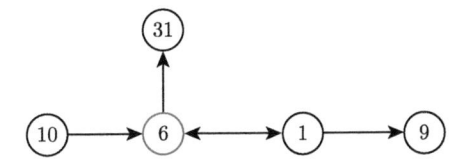

(b) 2007 年贵州省集群 GZ07-1 网络结构

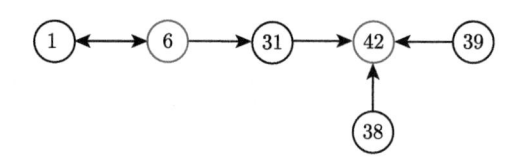

(c) 2012 年贵州省集群 GZ12-1 网络结构

图 7.17　三个年份贵州省集群网络结构 I

贵州省 2002~2012 年饮食业集群均以链状形式为基础, 结点行业在近 10 年来变化明显. 2002 年集群由三条产业链构成, 主结点为农林牧渔业 (1), 次结点为化学工业 (12) 和住宿和餐饮业 (31). 集群中的拉动型产业为住宿和餐饮业 (31), 推动型产业主要有石油和天然气开采业 (3)、交通运输设备制造业 (17). 2007 年集群以食品制造及烟草加工业 (6) 为结点行业, 拉动着农林牧渔业 (1) 和纸印刷及文教体育用品制造业 (10) 的发展, 同时又推动了住宿和餐饮业 (31) 的发展. 2012 年集群的中枢行业转变为公共管理、社会保障和社会组织业 (42), 也是该集群的主要拉动力量; 农林牧渔业 (1) 成为集群中的重要推动力.

2) 建筑业集群结构

贵州省 2002、2007、2012 年三个年份建筑业集群的产业结构如图 7.18(a) ~ 图 7.18(c) 所示.

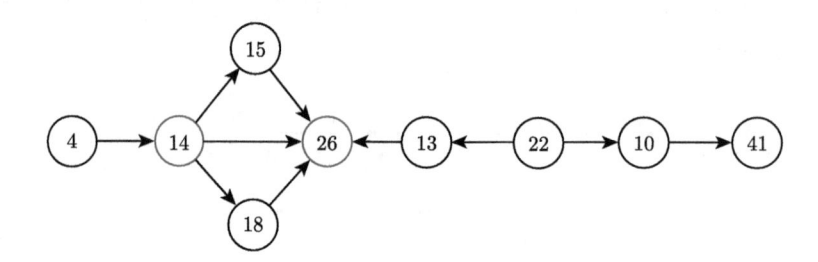

(a) 2002 年贵州省集群 GZ02-2 网络结构

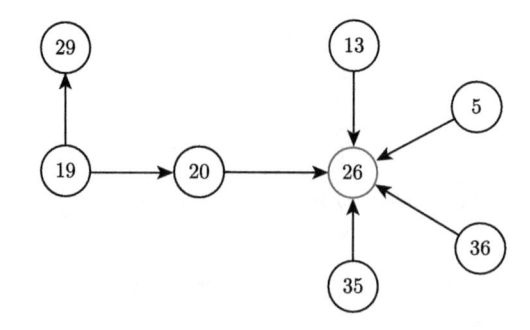

(b) 2007 年贵州省集群 GZ07-2 网络结构

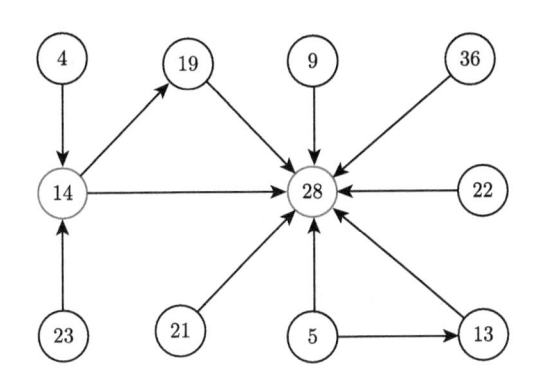

7.1 产业集群内部结构剖析 · 135 ·

(c) 2012 年贵州省集群 GZ12-2 网络结构

图 7.18 三个年份贵州省集群网络结构 II

由建筑业集群的结构图可知,三个年份中建筑业 (26、28) 均为中枢行业,拉动着该集群以及集群中各行业发展.

2002 年集群呈现出链式结构,金属冶炼及压延加工业 (14) 是该集群中的次结点; 推动型行业有金属矿采选业 (4) 和废品废料业 (22).

2007、2012 年集群的中心辐射结构比较明显. 2007 年推动型行业为通信设备、计算机及其他电子设备制造业 (19). 2012 年金属冶炼及压延加工业 (14) 再次成为建筑业集群的次结点,推动型行业主要有金属矿采选业 (4) 和废品废料 (23).

3) 能源业集群结构

贵州省 2002、2007、2012 年三个年份能源业集群结构图如图 7.19(a)~图 7.19(c) 所示.

2002 年能源业集群主要由 2 条产业链构成,结点行业为煤炭开采和洗选业 (2) 以及电力、热力的生产和供应业 (23). 拉动型行业为非金属矿采选业 (5)、水的生产和供应业 (25). 2007 年集群共有 4 个结点,分别为煤炭开采和洗选业 (2), 化学工业 (12), 电力、热力的生产和供应业 (23) 以及卫生、社会保障和社会福利业 (40). 集群产业结构方向比较单一,推动型行业为纺织业 (7),拉动型行业为水的生产和供应业 (25). 2012 年的结点产业只有卫生和社会工作 (40), 石油和天然气开采产品 (3) 为集群的推动行业, 拉动行业为水的生产和供应业 (27).

4) 制造业集群结构

贵州省 2002、2007、2012 年三个年份制造业集群结构如图 7.20(a) ~ 图 7.20(c) 所示.

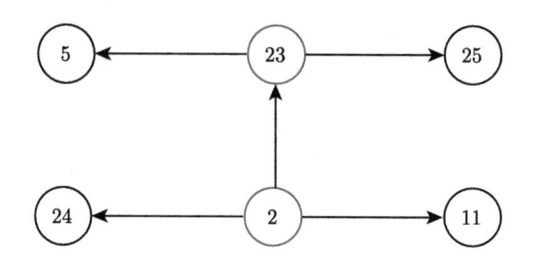

(a) 2002 年贵州省集群 GZ02-3 网络结构

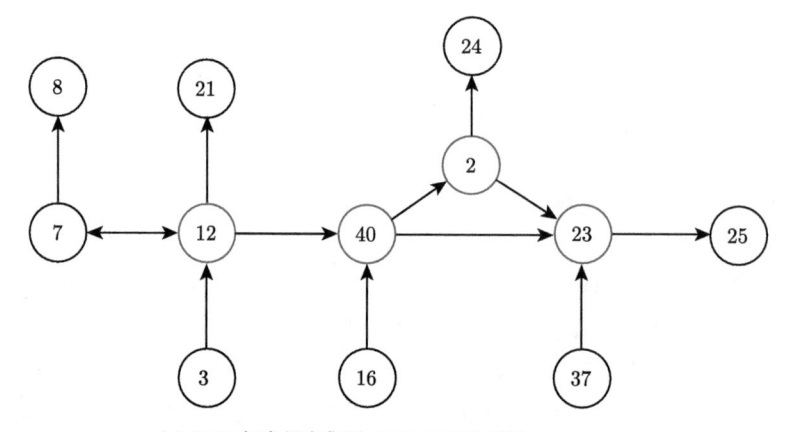

(b) 2007 年贵州省集群 GZ07-3 网络结构

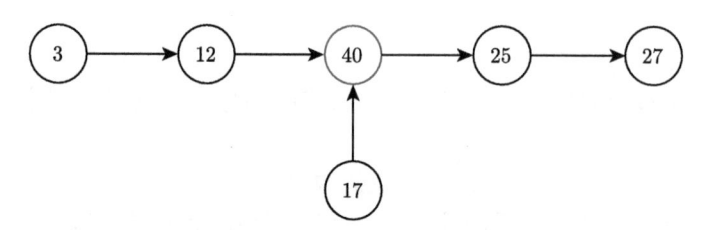

(c) 2012 年贵州省集群 GZ12-3 网络结构

图 7.19 三个年份贵州省集群网络结构 III

2002 年的制造业集群只有 4 个成员产业, 结点行业分别为通信设备、计算机及其他电子设备制造业 (19), 信息传输、计算机服务和软件业 (29), 前者为集群的推动型行业, 后者为拉动型行业. 2007 和 2012 年的结点产业均只有一个, 且呈现中心辐射结构. 2007 年集群结点——金属冶炼及压延加工业 (14) 是中枢行业, 拉动了金属矿采选业 (4) 和废品废料 (22) 的发展. 2012 年的结点行业通用设备 (16) 是集群中的重要推动型产业, 通过中心辐射作用推动制造业集群及产业的发展.

7.1 产业集群内部结构剖析

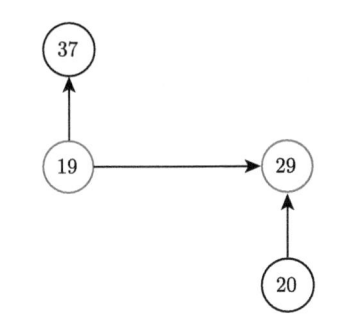

(a) 2002 年贵州省集群 GZ02-4 网络结构

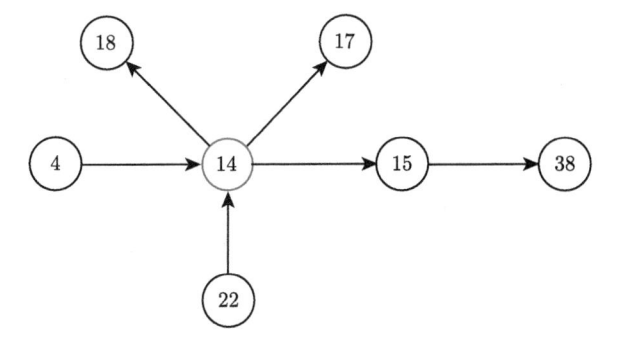

(b) 2007 年贵州省集群 GZ07-4 网络结构

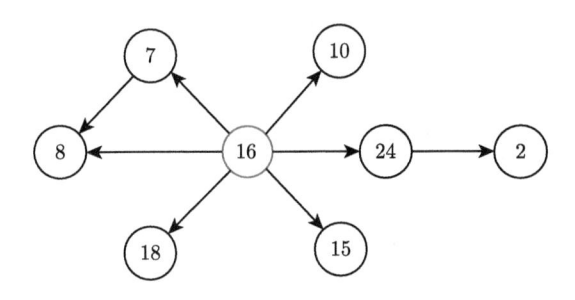

(c) 2012 年贵州省集群 GZ12-4 网络结构

图 7.20 三个年份贵州省集群网络结构 IV

5) 2012 年电子信息业集群结构

2012 年贵州省电子信息业集群是比较特殊的集群, 仅由 2 个行业构成, 如图 7.21 所示.

图 7.21 2012 年贵州省集群 GZ12-5 网络结构

2012 年, 通信设备、计算机和其他电子设备 (20) 以及信息传输、软件和信息技术服务 (32) 两个行业独立成群, 后者拉动了前者的发展. 贵州省该集群的集中度较弱, 发展尚不具有明显优势.

6) 商业–公共事业集群结构

2002 年贵州省的商业和公共事业分属于 GZ02-5 和 GZ02-6 两个集群, 结构如图 7.22(a)、图 7.22(b) 所示.

商业和公共事业到 2007 年和 2012 年又归并在一个集群中, 即 GZ07-5、GZ12-6, 结构如图 7.22(c)、图 7.22(d) 所示.

2002 年贵州省公共事业集群 GZ02-5 中的中枢行业是公共管理和社会组织业 (42), 推动型行业有通用、专用设备制造业 (16) 和科学研究事业 (36). 同年的商业集群 GZ02-6 行业间联系路径较多, 两两行业之间都有直接路径, 结点行业为批发和零售贸易业 (30) 以及金融保险业 (32), 行业间的互相促进作用明显. 2007 年商业–公共事业集群 GZ07-5 结点行业为交通运输及仓储业 (27)、金融业 (32)、公共管理和社会组织业 (42); 拉动型行业是批发和零售业 (30), 推动型行业有邮政业 (28) 以及文化、体育和娱乐业 (41). 2012 年贵州省的商业–公共事业集群 GZ12-6 仍以金融业 (33) 为结点行业, 主结点行业转变为交通运输、仓储和邮政业 (30), 该行业与批发和零售业 (29) 主要带动着集群发展.

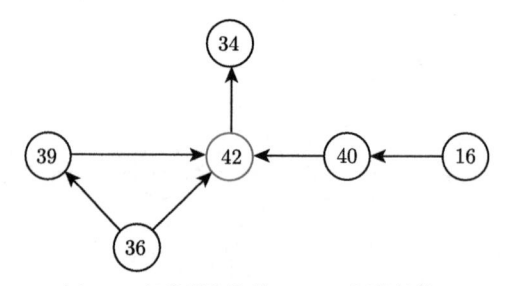

(a) 2002 年贵州省集群 GZ02-5 网络结构

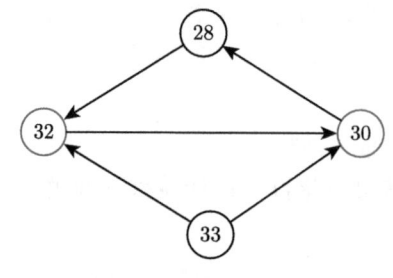

(b) 2002 年贵州省集群 GZ02-6 网络结构

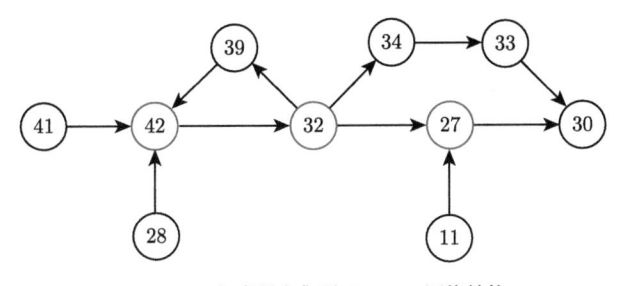

(c) 2007 年贵州省集群 GZ07-5 网络结构

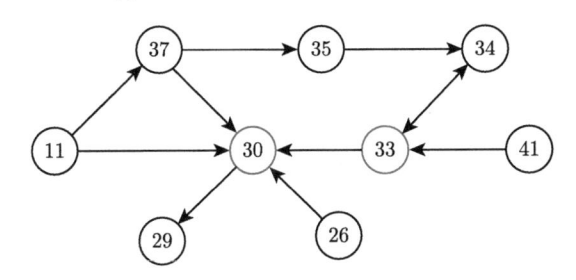

(d) 2012 年贵州省集群 GZ12-6 网络结构

图 7.22 三个年份贵州省集群网络结构 V

7.1.5 流域内集群结构图

根据 19×19 部门珠江流域四省区区域间投入产出表, 运用 ISM 模型方法, 计算出功能系数矩阵以及各集群产业间的可达矩阵, 绘制出流域内集群结构图[①].

1) 社会公共事业集群产业结构

2002 年珠江流域唯一的省区间集群是社会公共事业集群, 结构如图 7.23(a) 所示; 2007、2012 年社会公共事业集群结构如图 7.23(b) 和 (c) 所示.

2002 年珠江流域省区间社会公共事业集群内行业联系比较复杂, 主要是由各省的公共管理、文化教育、社会福利业, 以及制造业和电力等行业组成. 广东、云南、贵州三省的制造业 (C) 主要作为集群发展的推动型行业, 而广西的制造业主要扮演集群发展的拉动者, 且是连接珠江流域上下游省份产业的中枢行业.

2007 年和 2012 年社会公共事业集群成员类型比较接近, 均由公共管理和社会组织业 (S)、文体娱乐业 (R)、教育 (P) 等行业组成, 且这些行业多作为推动型行业存在于集群中. 2012 年广东省的公共管理和社会组织业 (粤 S) 主要拉动着广西、贵州和云南三省区的公共管理和社会组织业 (S)、教育业 (P) 的发展.

2) 2007、2012 年建筑业集群结构

珠江流域 2007、2012 年的建筑业集群成员结构情况如图 7.24(a) 和 (b) 所示.

---

① 结构图中 19 个产业部门代码依次用 A, B, ···, S 来表示, 代码与部门名称的对应关系如表 3.12 所示.

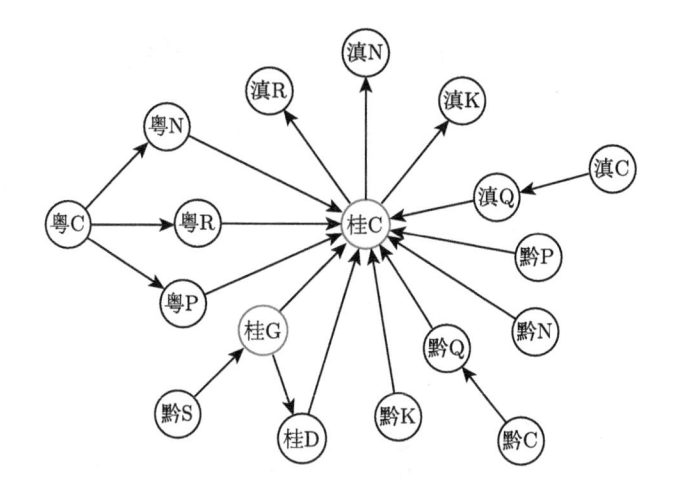

(a) 2002 年社会公共事业集群 2002-1 网络结构

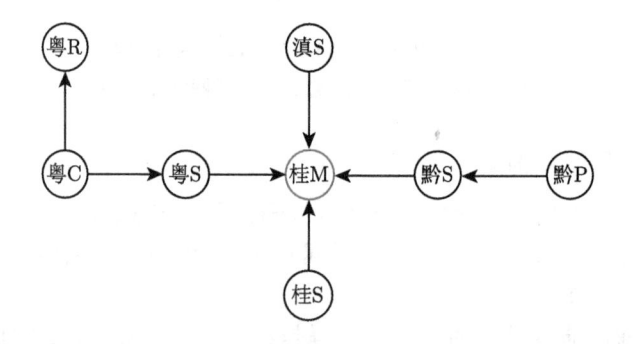

(b) 2007 年社会公共事业集群 2007-1 网络结构

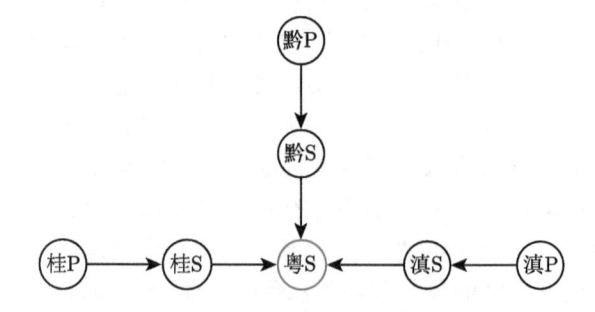

(c) 2012 年社会公共事业集群 2012-1 网络结构

图 7.23　三个年份社会公共事业集群网络结构图

7.1 产业集群内部结构剖析

2007 年和 2012 年珠江流域建筑业集群的中枢行业均包括广东省制造业 (粤 C)、云南省建筑业 (滇 E); 2007 年广西建筑业联系着广东和云南、贵州三省的建筑群, 到 2012 年行业间的联系路径变多, 以广东省制造业 (粤 C) 为中心的辐射结构明显. 并且 2007、2012 年两个年份云南省和广东省建筑业都是拉动型行业, 广东省制造业在推动集群发展方面占据着主要地位.

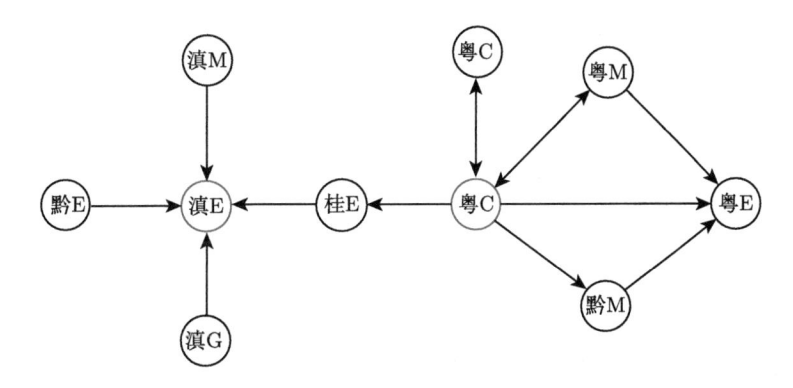

(a) 2007 年建筑业集群 2007-2 网络结构

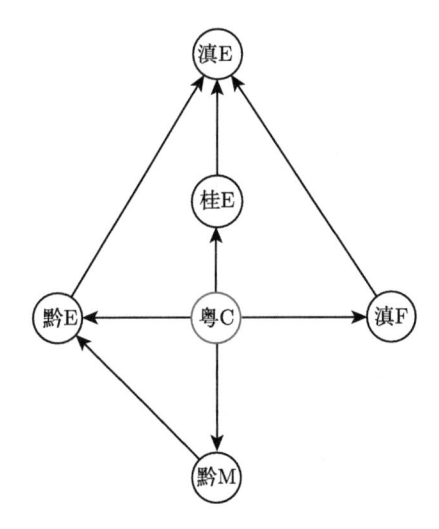

(b) 2012 年建筑业集群 2012-2 网络结构
图 7.24 两个年份建筑业集群网络结构

3) 2007、2012 年电力集群结构

珠江流域 2007 年和 2012 年电力集群的内部行业结构如图 7.25(a)、图 7.25(b) 所示.

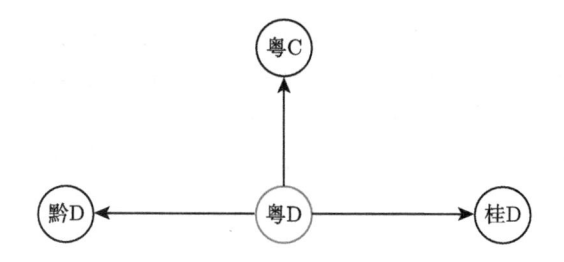

(a) 2007 年电力集群 2007-3 网络结构

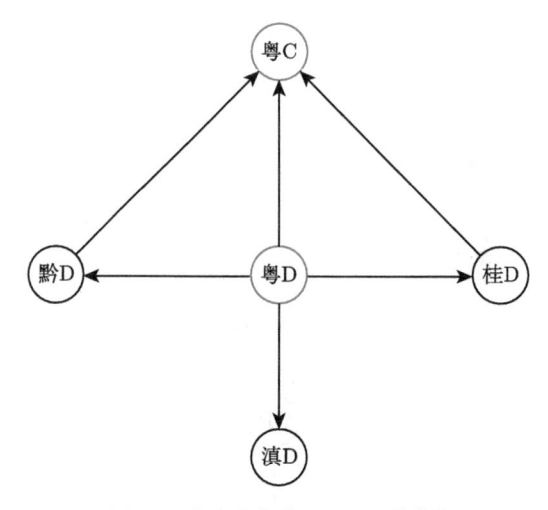

(b) 2012 年电力集群 2012-3 网络结构

图 7.25　两个年份电力集群网络结构

2007 和 2012 年珠江流域电力集群发展均比较集中, 广东省电力 (粤 D) 均为结点行业, 并且集群中的行业均呈现中心辐射结构. 2007 年电力集群中缺少了云南的电力行业 (滇 D), 广东省电力行业是贵州电力 (黔 D)、广西电力 (桂 D) 和广东制造 (粤 C) 的推动力量. 2012 年广东省制造业的连接路径比以前年份有所增多, 贵州省电力和广西电力都能够直接推动广东省制造业的发展; 云南省电力在该年份也进入了电力集群, 拉动广东省电力的发展.

4) 2007 年黔粤商业集群结构图

2007 年贵州省租赁和商务服务业和广东省的金融、房地产以及其他服务业等行业构成了省区间的商业集群, 集群内部结构如图 7.26 所示.

贵州省的租赁和商务服务业 (黔 L) 与广东省商业类行业构成集群, 广东省的金融业 (粤 J) 是集群内的推动型行业, 制造业 (粤 C) 以及水利、环境和公共设施管理业 (粤 N) 是集群内的拉动型行业; 贵州省的租赁和商务服务业 (黔 L) 既拉

7.1 产业集群内部结构剖析

动了广东省金融业 (粤 J) 的发展, 同时也在一定程度上推动了广东省制造业 (粤 C) 的发展.

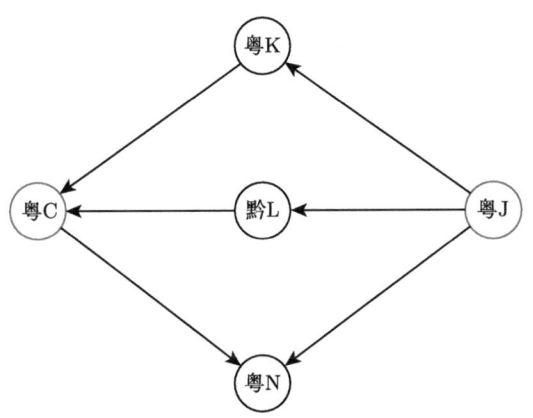

图 7.26 2007 年黔粤商业集群 2007-4 网络结构

5) 2012 年滇粤福利业集群结构图

2012 年云南和广东两省的制造业、卫生和社会工作构成了福利业集群, 其结构如图 7.27 所示.

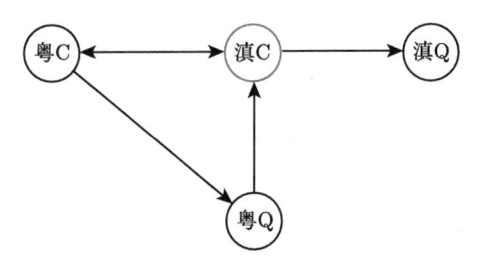

图 7.27 2012 年滇粤福利业集群 2012-4 网络结构

2012 年滇粤福利业集群的结点产业是云南省制造业 (滇 C). 广东省制造业 (粤 C) 和卫生和社会工作 (粤 Q) 通过推动云南省制造业发展, 最终推动了云南省卫生和社会工作 (滇 Q) 的发展.

6) 2012 年贸易科研技术业集群

2012 年珠江流域省区间贸易–科研技术业集群的内部产业结构如图 7.28 所示.

图 7.28 显示贸易–科研技术业集群是以广东省制造业 (粤 C) 和建筑业 (粤 E) 为结点行业构成, 且后者是该集群的重要拉动型行业. 广东省建筑业对本省以及广西地区的科学研究和技术服务业 (粤 M、桂 M) 具有拉动作用; 广东省的交

通业 (粤 G) 和制造业 (粤 C) 与贵州省的批发零售业 (黔 F) 构成三角回路, 且广东省的交通业还推动了贵州省批发零售业的发展.

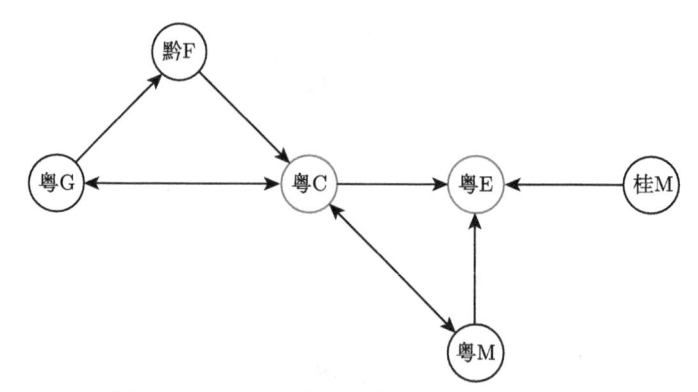

图 7.28　2012 年贸易业集群 2012-5 网络结构

在流域内省区间产业集群的研究中发现, 广东省制造业辐射能力很强, 广西、贵州以及云南的若干产业与广东省制造业都具有单独的强关联性, 并且多显示为广东省制造业推动着这些行业的发展, 这里不再一一画图表示.

综合本节分析, 集群内产业结构图显示珠江四省区饮食业集群的结点均集中在农林牧渔业 (1), 食品制造及烟草加工业 (6), 住宿和餐饮业 (31) 以及公共管理和社会组织业 (42) 四个行业中, 且农林牧渔业和食品制造及烟草加工业多作为集群的推动型行业. 建筑业集群中, 建筑业 (26、28) 是稳定的结点行业, 连接了多个相关产业和产业链的发展, 多呈现出以建筑业为中心的辐射结构. 当金属业集群单独成群时, 金属冶炼和压延加工业 (14) 则成为集群中稳定的中枢行业. 广东省的商业和服务类行业等 (如金融保险业、房地产业、公共管理和社会组织业等) 多分布在饮食业集群中或制造业集群中, 其余三省均形成了商业服务业类单独集群的局面. 在商业集群中, 批发和零售贸易业 (30)、金融业 (32) 以及房地产业 (33) 等行业多为集群中的结点行业.

7.2　经济结构与功能特征

7.2.1　产业集群投入产出表

产业集群投入产出表是指按照产业集群成员将原有的投入产出表进行重新排列和合并, 新得到的投入产出表. 重新排列的方法为: 选定被研究的一个产业集群, 将其中的 m 个成员行业排列在投入产出表的 $1, 2, \cdots, m$ 列和 $1, 2, \cdots, m$ 行. 第 $m, m+1, \cdots, n$ 列和第 $m, m+1, \cdots, n$ 行依次排列产业集群以外的其他产业;

接下来的 $n+1,\cdots,l$ 列 (如最终消费、出口、进口等部门) 和 $n+1,\cdots,h$ 行 (如劳动者报酬、生产税净额等部门) 分别为最终需求部门和基本投入部门. 调整后的投入产出表与原表结构类似, 只是把同一集群的产业放在一起并排在前 m 列和前 m 行. 产业集群投入产出表共分为五个部分, 分别是 A_1, A_2, A_3, A_4, A_5. A_1 表示集群内部各行业的投入和产出往来, A_2 和 A_4 表示除集群外其他行业的投入和产出, A_3 和 A_5 分别表示集群投入产出表的最终需求流向和最初投入流向. 最终合并表称作 "产业集群投入产出表", 见附录 4 附表 4.1 ∼ 附表 4.12. 合并后的产业集群投入产出表表式如图 7.29 所示.

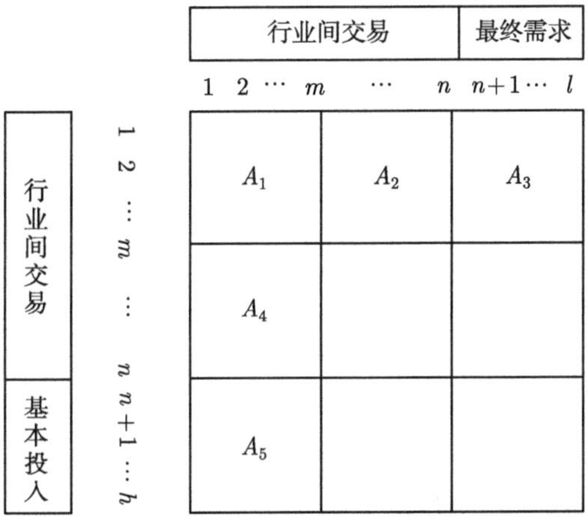

图 7.29 按集群成员排列后的投入产出表表式

为了更深入了解珠江流域滇、黔、桂、粤四省区间产业集群的功能特征, 在合并后的投入产出表基础上对四省区的产业集群进行综合评价和分析. 通过度量各年份、各地区的产业集群的发展规模、特征及功能结构, 构建合理的指标体系, 对各个集群的发展效益进行综合评价, 从而掌握当地各个集群在发展中的地位.

7.2.2 产业集群功能综合评价

产业集群是一个特殊的开放系统, 它包含的多个产业在生产和服务方面联系密切, 并构成多条产业链. 作为一个产业系统, 它具有对其他集群和经济体作用的外部功能, 也具有对集群内部各部门作用的内部功能. 外部功能主要是集群内部某个产业产生的, 根据集群内部的需求与其他集群和经济体进行交流和经济往来的活动功能. 内部功能是产业集群内部行业间的相互影响和作用. 在合并后的产业集群投入产出表中, 可以通过计算两类比值来衡量产业集群内部功能和外部功能的强弱, 从而发现该集群的功能倾向. 计算公式如式 (7.4) 和式 (7.5).

$$\frac{\sum_{i=1}^{m}\sum_{j=1}^{m}x_{ij}^{t}}{\sum_{i=1}^{n}\sum_{j=1}^{m}x_{ij}^{t}} \times 100\% = \frac{A_1}{A_1+A_4} \times 100\% \quad (t=2002,2007,2012) \tag{7.4}$$

$$\frac{\sum_{i=1}^{m}\sum_{j=1}^{m}x_{ij}^{t}}{\sum_{i=1}^{m}\sum_{j=1}^{n}x_{ij}^{t}} \times 100\% = \frac{A_1}{A_1+A_2} \times 100\% \quad (t=2002,2007,2012) \tag{7.5}$$

式 (7.4) 衡量集群内部交易量占集群间总的中间投入量的比重, 如果该比值较大, 表明集群内部系统交易量占据主要地位, 集群式发展特征明显, 专业化程度较高. 式 (7.5) 是从产出角度衡量集群系统内部交易量与集群间总的中间产出量的比值, 该值越大, 说明该集群的产出被集群内部行业吸收得越多. 这两个式子都反映了某个集群专业化发展特征的强弱.

运用公式 (7.4) 计算出珠江流域四省区 2002、2007、2012 年三个年份各集群内交易量与行业间投入量的比值, 每个年份在每个省区分别选出最大的两个集群和最小的一个集群, 列示如表 7.1.

根据表 7.1 可知, 广东和贵州两省产业集群中内部功能较强的主要集中在制造业集群, 广东建筑业所在集群具备更多的外部功能. 广西的饮食业集群保持较为专业化的状态, 其次是能源业; 商业–公共事业集群较多地依赖其他产业的投入. 云南省专业化较高的集群是农业–社会事业集群和能源–制造业集群, 商业集群的外部依赖性较大.

表 7.1 集群内交易量与行业间投入量比值

省份	2002 年		2007 年		2012 年	
广东	GD02-6	**0.6645**	GD07-3	**0.6710**	GD12-6	**0.8247**
	GD02-4	**0.6599**	GD07-2	**0.6664**	GD12-4	**0.7968**
	GD02-3	0.5187	GD07-1	0.5585	GD12-2	0.5442
广西	GX02-1	**0.6347**	GX07-5	**0.7449**	GX12-3	**0.7652**
	GX02-2	**0.5682**	GX07-1	**0.6397**	GX12-1	**0.6944**
	GX02-3	0.4242	GX07-2	0.5400	GX12-2	0.5022
贵州	GZ02-1	**0.6467**	GZ07-3	**0.6375**	GZ12-6	**0.6193**
	GZ02-2	**0.5175**	GZ07-5	**0.6047**	GZ12-3	**0.5366**
	GZ02-5	0.3979	GZ07-2	0.2957	GZ12-5	0.3991
云南	YN02-4	**0.6135**	YN07-3	**0.7923**	YN12-1	**0.6082**
	YN02-1	**0.6058**	YN07-1	**0.5833**	YN12-5	**0.5978**
	YN02-3	0.4258	YN07-5	0.1741	YN12-6	0.3562

注：表中粗体数字为每个省份"集群内交易量与行业间投入量比值"最大的两个集群数值.

运用公式 (7.5) 计算出珠江流域四省区 2002、2007、2012 年三个年份各集群内交易量与行业间产出量的比值, 每个年份在每个省区分别选出最大的两个集群和最小的一个集群, 列示如表 7.2.

表 7.2 集群内交易量与行业间产出量比值

省份	2002 年		2007 年		2012 年	
广东	GD02-6	**0.8209**	GD07-5	**0.8327**	GD12-5	**0.8669**
	GD02-5	**0.8163**	GD07-2	**0.7734**	GD12-3	**0.7178**
	GD02-3	0.3618	GD07-6	0.4793	GD12-6	0.5076
广西	GX02-4	**0.6693**	GX07-1	**0.8116**	GX12-1	**0.8203**
	GX02-2	**0.6451**	GX07-4	**0.6111**	GX12-2	**0.6950**
	GX02-3	0.1745	GX07-5	0.4547	GX12-5	0.4408
贵州	GZ02-2	**0.8005**	GZ07-1	**0.6385**	GZ12-2	**0.8084**
	GZ02-1	**0.7076**	GZ07-3	**0.6175**	GZ12-1	**0.6627**
	GZ02-6	0.2277	GZ07-5	0.3494	GZ12-4	0.3396
云南	YN02-2	**0.8172**	YN07-1	**0.7252**	YN12-1	**0.7354**
	YN02-1	**0.7707**	YN07-3	**0.5728**	YN12-2	**0.6518**
	YN02-5	0.2143	YN07-5	0.2284	YN12-6	0.2911

注：表中粗体数字为每个省份"集群内交易量与行业间产出量比值"最大的两个集群数值.

表 7.2 显示广东省纺织业集群和制造业集群的产出更多地供应给了自身, 同时这两个产业也是广东省的支柱产业.

综上所述, 从产业集群的功能特征来看, 广西、贵州和云南三省区的饮食业集群都表现出较强的内部功能, 集群内行业对其产出的吸收力强, 商业–公共事业集群表现出更多的外部功能. 而广东省内部功能较强的集群集中在制造业.

7.3 产业集群的效益评价

珠江流域四省区不同年份的产业集群构成、结构以及功能类型都有所差异, 其效益也各有不同, 在效益评价中将表现出不同的优势. 本节从产业集群投入产出表的角度, 对集群效益进行评价. 通过选择能够基本还原和复制产业集群行为轨迹的指标, 以反映各部门发展能力和效益. 综合魏峰 (2011)、刘起运, 陈璋等《投入产出分析》文献资料, 选取 10 项指标构建评价体系, 具体如表 7.3 所示.

表 7.3 中构建的各项指标是基于产业集群投入产出表的最终需求部门和基本投入部门数据, 可衡量产业集群基本行为特征和发展效益. 产业集群投入产出表的第二和第三象限反映了行业产出和投入的最终产品以及最终消费、投资等信息, 可以衡量整个行业的生产、投入路径和生产投入效率, 具有很强的研究价值.

表 7.3　产业集群效益评价指标及含义解释

指标名称	计算方法	指标解释
影响力系数	$\dfrac{\sum_{i=1}^{n}\bar{b}_{ij}}{\dfrac{1}{n}\sum_{j=1}^{n}\sum_{i=1}^{n_{ij}}\bar{b}_{ij}}$	衡量某个部门对其他部门生产的拉动作用. 在此表示当某个产业集群增加一个单位最终产品时, 其他各部门获得的生产供给的影响力大小
感应度系数	$\dfrac{\sum_{j=1}^{n}\bar{b}_{ij}}{\dfrac{1}{n}\sum_{i=1}^{n}\sum_{j=1}^{n_{ij}}\bar{b}_{ij}}$	表示各个集群均增加一单位最终使用时, 某个集群需要提供给其他部门的产出量
经济效益系数	$\dfrac{W_j}{X_j}$	j 集群增加值与总投入值之比, 反映该集群在生产中带来的经济效益
产业扩张系数	$\dfrac{W_j}{\sum_{j=1}^{n}W_j}$	j 集群带来的增加值除以全部产业部门的总增加值, 反映了该集群的扩张能力
劳动力吸纳系数	$\dfrac{V_j}{\sum_{j=1}^{n}V_j}$	j 集群的劳动报酬和各部门劳动报酬之比, 反映该产业集群成员产业对劳动力吸引力强度
物耗产值率	$\dfrac{X_j}{\sum_{i}X_{ij}}$	j 集群的总投入量与中间投入总量的比值, 反映该集群内单位物耗的产值, 表征该集群中间产品的使用效率
折旧产值率	$\dfrac{X_j}{D_j}$	j 集群的总产值与折旧额之比, 反映集群各部门单位折旧所能创造的产值
工资产值率	$\dfrac{X_j}{V_j}$	j 集群总产出与劳动者报酬之比, 反映该集群内单位工资投入所能创造的产值
物耗净产值率	$\dfrac{V_j+M_j}{\sum_{i}X_{ij}}$	分子为 j 集群的社会纯收入总额 (营业盈余 + 生产税净额) 与劳动者报酬之和, 分母为该集群的中间投入量, 比值反映该集群单位物质消耗所能创造的净产值

采用熵值赋权法[①]计算各地区集群评价指数, 熵值赋权法的具体计算公式见附录 5. 对珠江流域滇黔桂粤四省区, 以及整个珠江流域各集群效益进行综合评价, 详细如下.

7.3.1　广东产业集群效益评价

在集群识别中, 广东省 2002、2007、2012 年三个年份 42 部门投入产出表数据均被判别为 6 个产业集群, 集群发展模式较其他三个省区稳定, 其效益评价结果如表 7.4 所示.

[①] 熵值法依据熵的概念和性质, 以及各指标相对重要程度的不确定性来分析各指标的权重. 它是一种客观赋权方法, 通过计算指标的信息熵, 根据指标的相对变化程度对系统整体的影响来决定指标的权重, 相对变化程度大的指标具有较大的权重.

7.3 产业集群的效益评价

表 7.4 广东省产业集群效益评价结果

集群编号	影响力系数	感应度系数	经济效益系数	产业扩张系数	劳动力吸纳系数	物耗产值率	折旧产值率	工资产值率	物耗净产值率	综合指数
GD02-1	0.808	0.932	**0.448**	0.315	**0.416**	**1.811**	19.489	3.735	**0.718**	2.965
GD02-2	**1.234**	1.055	0.417	**0.352**	0.276	1.716	12.233	6.730	0.576	2.538
GD02-3	0.852	**1.321**	0.247	0.032	0.028	1.328	**30.318**	10.217	0.284	**4.632**
GD02-4	0.959	1.268	0.336	0.130	0.074	1.505	15.007	11.546	0.405	3.235
GD02-5	1.088	0.810	0.254	0.047	0.069	1.340	26.054	6.026	0.288	3.732
GD02-6	1.059	0.614	0.193	0.123	0.138	1.240	30.247	**10.226**	0.199	4.574
GD07-1	0.852	0.608	**0.410**	0.138	0.246	**1.696**	35.942	3.501	**0.648**	4.570
GD07-2	1.043	1.204	0.301	**0.318**	**0.249**	1.419	17.583	10.829	0.347	3.448
GD07-3	1.008	0.896	0.315	0.086	0.052	1.454	17.443	**13.553**	0.374	3.649
GD07-4	**1.202**	1.319	0.208	0.131	0.135	1.261	33.040	11.999	0.224	**5.139**
GD07-5	0.905	**1.371**	0.307	0.054	0.082	1.444	31.141	5.512	0.397	4.274
GD07-6	0.991	0.602	0.388	0.273	0.236	1.633	19.156	7.616	0.548	3.258
GD12-1	0.680	0.765	**0.536**	0.301	**0.335**	**2.155**	12.420	3.413	**0.982**	2.227
GD12-2	0.939	**1.649**	0.255	0.153	0.149	1.342	36.598	8.189	0.305	5.143
GD12-3	**1.164**	1.049	0.213	0.143	0.135	1.279	36.793	10.068	0.238	5.303
GD12-4	1.084	0.877	0.329	**0.332**	0.314	1.499	23.689	6.542	0.430	3.636
GD12-5	1.064	1.070	0.260	0.041	0.051	1.352	**47.298**	6.250	0.323	**5.994**
GD12-6	1.070	0.590	0.265	0.031	0.015	1.360	11.426	**15.534**	0.241	3.168

注：粗体数字表示各指标在相应年份中的最大值.

根据表 7.4 可知,自 2002 年开始的十年里,随着集群产业成员变化和发展模式转变,产业集群各项指标与集群功能均有所变化. 饮食业集群 GD02-1、GD07-1 和 GD12-1 作为广东省非主导产业,其影响力系数以及感应度系数均低于 1. 而建筑业所在集群 GD02-2、GD07-2、GD12-2 和金属业所在集群 GD02-3、GD07-3 以及 GD12-3 在三个年份中基本都超过 1, 即建筑行业类集群和金属行业类集群对其余集群生产的影响力和支撑力都比较强. 2012 年建筑集群 GD12-2 的影响力系数低于 1, 感应度系数达到最大, 并且该集群在近 10 年里影响力逐渐下降, 感应度逐渐上升, 表明广东省建筑集群逐渐由经济的拉动角色向支撑角色转变, 是推动广东省经济发展的重要产业集群.

换个角度来看, 感应度系数的大小在一定程度上体现了该部门对经济制约作用的强弱. 在经济快速发展时, 社会各个部门会增加生产, 对投资的需求增大, 此时如果高感应度的部门不能及时满足需求, 产生供给, 就会制约其他部门的生产和经济发展, 从而影响社会的发展速度. 反之, 如果经济增长速度减缓, 各部门需求减少, 但若高感应度部门仍保持高供给, 则可能出现供给过剩. 针对每个部门的实际情况, 应对其进行合理扶持或稍加控制使其适度发展. 对于广东省另一个代表性集群——纺织服装业集群 (GD02-5、GD07-5、GD12-5) 来看, 该集群在近 10 年来的拉动力和支撑力比较稳定, 感应度在 2007 年达到最大值 1.371, 相比于纺织服装业集群来说, 更多地表现出支撑作用.

从经济效益系数看,以农林牧渔业为代表的饮食业–公共事业集群 (GD02-1, GD07-1, GD12-1) 在经济效益、劳动力吸纳力、物耗产值率和物耗净产值率方面排名靠前, 代表此类集群每一单位的投入带来了较高的增加值, 意味着对劳动力的吸引力强, 对中间产品的使用效率高. 2012 年对劳动力吸引较高的集群还有石油–信息产业集群 (GD12-4), 这在一定程度上表现了信息产业强劲的发展势头. 金属类产业集群 (GD02-3、GD07-3、GD12-3) 的经济效益系数普遍较低, 说明此类集群更多是作为中间投入部门存在. 产业扩张系数中, 广东省在 2002、2007 年显示出建筑业集群 (GD02-2、GD07-2) 具有较高的产业扩张能力, 2012 年最高为信息产业集群 (GD07-4), 表明近年来信息产业的高速发展状态.

基于广东省综合评价指数可知, 与 2002 年相比, 2012 年产业集群效益指数大多显示出上升特征, 这在一定程度上表明集群式发展效益更佳. 纺织业集群 (GD02-5、GD07-5、GD12-5) 综合指数排名靠前, 仍然是广东省的主导产业和特色产业; 2012 年该集群排名第一, 主导地位愈加巩固, 金属冶炼业集群和建筑业集群也在广东省经济发展中占重要地位.

7.3.2 广西产业集群效益评价

广西 2002、2007、2012 年三个年份均形成了 5 个产业集群, 其效益评价结果如表 7.5 所示.

表 7.5 广西产业集群效益评价结果

集群编号	影响力系数	感应度系数	经济效益系数	产业扩张系数	劳动力吸纳系数	物耗产值率	折旧产值率	工资产值率	物耗净产值率	综合指数
GX02-1	0.949	1.197	0.504	**0.375**	**0.271**	2.018	22.570	21.181	0.928	5.182
GX02-2	**1.252**	**1.367**	0.287	0.214	0.039	1.402	18.438	**29.139**	0.326	5.445
GX02-3	0.808	0.749	**0.631**	0.079	0.025	**2.714**	29.295	7.602	**1.621**	4.509
GX02-4	1.141	0.841	0.372	0.166	0.030	1.592	28.189	22.780	0.535	**5.779**
GX02-5	0.850	0.845	0.602	0.166	0.049	2.511	12.051	8.389	1.303	2.765
GX07-1	0.816	0.941	**0.531**	**0.427**	**0.635**	2.132	41.307	2.734	**1.080**	5.243
GX07-2	0.895	1.291	0.486	0.309	0.215	1.947	10.245	6.383	0.757	2.323
GX07-3	**1.170**	**1.315**	0.292	0.090	0.027	1.412	**57.601**	24.815	0.388	**9.054**
GX07-4	**1.170**	1.164	0.298	0.100	0.079	1.424	47.772	9.153	0.394	6.392
GX07-5	0.949	1.289	0.415	0.075	0.044	1.708	12.618	8.826	0.573	2.741
GX12-1	1.043	0.949	0.476	0.305	**0.417**	1.908	**42.773**	2.783	0.864	**5.341**
GX12-2	1.370	1.147	0.314	0.194	0.188	1.457	33.222	5.984	0.413	4.592
GX12-3	**1.448**	**1.760**	0.300	0.157	0.094	1.429	25.654	**10.140**	0.374	4.283
GX12-4	1.136	0.849	0.433	0.030	0.018	1.763	10.374	6.977	0.593	2.292
GX12-5	1.003	1.295	**0.535**	**0.314**	0.283	**2.150**	13.286	3.761	**0.988**	2.433

根据表 7.5 广西产业集群效益评价结果可知, 广西金属产业集群 (GX07-3 和 GX12-3) 对该地区其他部门的拉动和推动作用均比较大, 对经济发展有着重要的影响; 并且该集群的工资产值率较高, 即单位工资投入所带来的产值较高, 表明该产业集群对劳动力的依赖作用大. 饮食业集群 (GX02-1、GX07-1、GX12-1) 的经

济效益系数、产业扩张系数、劳动力吸纳系数三项评价指标得数较大,排名靠前.值得一提的是, 2012 年商业集群 (GX12-5) 的经济效益系数和产业扩张系数超过农业所在集群 (GX12-1), 而农业是广西的主导支柱产业, 这在一定程度上说明商业集群有着良好的发展前景. 从综合指数来看, 农业集群和金属业集群仍是广西的主导产业集群.

7.3.3 云南产业集群效益评价

云南省在 2002、2007 年两个年份均形成了 5 个产业集群, 2012 年则形成了 6 个产业集群, 其效益评价结果如表 7.6 所示.

表 7.6 云南省产业集群效益评价结果

集群编号	影响力系数	感应度系数	经济效益系数	产业扩张系数	劳动力吸纳系数	物耗产值率	折旧产值率	工资产值率	物耗净产值率	综合指数
YN02-1	0.879	0.959	0.534	**0.490**	**0.526**	2.147	18.954	3.841	1.033	3.032
YN02-2	**1.316**	1.058	0.250	0.144	0.139	1.334	**28.959**	**9.144**	0.288	**4.422**
YN02-3	0.993	0.738	0.450	0.108	0.145	1.818	9.467	3.634	0.626	1.855
YN02-4	1.039	**1.288**	0.413	0.095	0.093	1.704	11.237	5.478	0.553	2.261
YN02-5	0.773	0.957	**0.644**	0.163	0.096	**2.812**	5.651	5.791	**1.314**	1.873
YN07-1	0.776	0.698	0.593	0.347	0.420	2.455	**34.489**	3.128	**1.383**	**4.587**
YN07-2	**1.121**	0.755	0.338	0.354	0.274	1.510	9.632	8.438	0.353	2.354
YN07-3	1.108	**2.143**	0.348	**0.598**	0.342	1.533	17.996	**11.099**	0.448	3.680
YN07-4	1.183	0.821	0.296	0.117	0.124	1.421	25.312	7.020	0.364	3.801
YN07-5	0.812	0.582	**0.597**	0.312	**0.464**	2.478	16.986	2.488	1.333	2.689
YN12-1	0.770	0.829	**0.569**	0.410	**0.543**	2.321	30.010	2.625	**1.244**	4.069
YN12-2	1.055	**1.313**	0.368	0.292	0.251	1.583	21.688	6.256	0.510	3.448
YN12-3	1.102	1.257	0.262	0.076	0.054	1.454	**32.593**	10.667	0.337	**4.961**
YN12-4	**1.153**	1.112	0.329	0.058	0.054	1.490	20.785	6.499	0.418	3.304
YN12-5	0.828	0.713	0.334	0.067	0.037	1.502	17.640	**10.790**	0.417	3.354
YN12-6	1.093	0.776	0.523	0.097	0.062	2.095	8.146	5.952	0.837	2.020

由表 7.6 可知, 云南省产业集群中, 影响力系数较大的集群多集中在建筑–设备制造业集群 (YN02-2、YN07-2) 和金属制造业集群 (YN12-3), 可见制造业对云南经济的拉动作用明显. 能源业集群 (YN02-4、YN07-3) 的感应度系数较大, 表明能源业集群在云南省 2002、2007 年经济发展中处于重要的支撑地位, 2012 年有所降低. 2012 年云南建筑–运输业集群 (YN12-2) 感应度系数最大, 对于当年经济发展的支撑度最高. 饮食业集群 (YN02-1、YN07-1、YN12-1) 和商业集群 (YN02-5、YN07-5、YN12-6) 的经济效益较大, 每单位投入带来的增加值最大. 此外, 产业扩张系数和劳动力吸纳系数的大小表明云南省饮食业类集群以及商业类集群的发展前景较好, 劳动力需求较高. 综合所有指数可以发现, 云南省的主导产业集群仍稳定在食品制造类和烟草加工类, 特色鲜明. 需要说明的是, 云南旅游业是带动食品和餐饮业集群发展的重要因素. 另外, 由于具有特殊的地理位置, 云南省的金属及制造业在经济发展中发挥着重要作用.

7.3.4 贵州产业集群效益评价

贵州省在 2002、2012 年两个年份均形成了 6 个产业集群, 2007 年形成 5 个产业集群, 其效益评价结果如表 7.7 所示.

表 7.7 贵州省产业集群效益评价结果

集群编号	影响力系数	感应度系数	经济效益系数	产业扩张系数	劳动力吸纳系数	物耗产值率	折旧产值率	工资产值率	物耗净产值率	综合指数
GZ02-1	0.978	**1.361**	0.472	**0.460**	**0.445**	1.895	11.041	3.723	0.723	2.171
GZ02-2	**1.327**	1.134	0.237	0.163	0.172	1.311	20.039	**6.805**	0.246	3.255
GZ02-3	0.961	1.054	0.481	0.099	0.083	1.928	12.239	4.248	0.771	2.257
GZ02-4	1.066	0.729	0.407	0.026	0.022	1.688	22.575	5.020	0.613	3.332
GZ02-5	0.850	0.772	0.603	0.130	0.202	2.521	**64.800**	1.810	**1.482**	7.596
GZ02-6	0.817	0.949	**0.619**	0.122	0.077	**2.627**	9.007	4.337	1.336	2.048
GZ07-1	0.985	0.898	0.551	0.252	0.317	2.227	34.311	3.372	1.162	4.565
GZ07-2	1.363	0.795	0.315	0.108	0.116	1.459	17.957	6.967	0.378	3.051
GZ07-3	**1.420**	1.151	0.280	0.092	0.044	1.389	42.529	**17.500**	0.357	**6.726**
GZ07-4	1.307	**1.662**	0.347	0.228	0.173	1.531	17.277	8.912	0.442	3.296
GZ07-5	0.924	1.494	**0.601**	**0.320**	**0.351**	**2.504**	9.159	3.552	**1.230**	2.068
GZ12-1	0.757	0.734	**0.610**	0.382	0.495	2.561	29.354	2.313	**1.474**	4.001
GZ12-2	**1.268**	0.960	0.236	0.121	0.126	1.309	**37.489**	7.419	0.274	**5.107**
GZ12-3	1.213	1.101	0.259	0.093	0.050	1.349	14.675	**13.149**	0.257	3.331
GZ12-4	1.032	1.164	0.394	0.095	0.083	1.649	26.484	5.328	0.587	3.815
GZ12-5	0.910	0.575	0.466	0.025	0.010	1.873	5.942	9.577	0.557	2.063
GZ12-6	0.820	**1.467**	0.536	0.284	0.236	2.154	8.648	4.107	0.905	1.970

由表 7.7 可知, 贵州省制造业集群 (GZ02-2、GZ07-3、GZ12-2) 的影响力系数较高, 在 2002、2007、2012 年三个年份均处于领先地位, 对经济的拉动作用突出. 该类集群的感应度系数有两个年份均超过 1, 表明制造业在贵州省经济发展中的重要地位. 2007 年贵州省的饮食业集群 (GZ02-1) 和 2012 年的商业–公共事业集群 (GZ12-6) 感应度系数远大于影响力系数, 表现出对地区经济发展较强的支撑作用. 2002、2012 年饮食业集群 (GZ02-1、GZ12-1) 在经济效益系数、产业扩张系数和劳动力吸纳系数方面均处于领先态势, 表明贵州饮食业集群单位投入带来的增加值较大, 经济效益较高, 产业扩张力较强, 对劳动力的吸引力大. 综上, 贵州综合能力较强的产业有 2007 和 2012 年的能源–其他制造业集群 (GZ07-3) 和建筑–矿物制品业 (GZ12-2) 集群; 制造业集群效益随时间变化逐渐增强; 建筑业和金属–设备制造业两大集群在贵州省的主导地位比较显著.

综上可知, 珠江流域四省区的集群中, 影响力和感应度排名靠前的集群主要集中在金属业、制造业等行业. 从整体来看, 金属类和能源类产业集群在折旧产值率和工资产值率方面排名靠前. 广东省各集群的发展水平较为平均, 其他三省集群之间差异较大. 广东省的产业集群中, 扩张系数最大的是 2002、2007 年建筑业集群, 以及 2012 年石油–信息业集群, 这些集群中的成员产业均表现出了强劲的发展势头. 其他三省的饮食业集群和商业集群表现出较大的产业扩张力, 以及较强的劳动力吸纳能力; 特别是 2012 年, 贵州省这两类集群都曾表现出较高的感应度和较高的经济效益.

应用之三：溢出效应分析

第 8 章 珠江流域地区溢出与反馈效应分析

从经济发展的空间角度来看，一个地区的经济增长可以从地区产业间乘数效应、溢出效应以及反馈效应的角度来分解分析. 乘数效应，一般指由于各产业部门间的相互作用、相互促进而带来区域内产出增长与经济发展; 溢出效应，指的是某地区经济发展对另一地区经济发展产生的区域间单向影响; 反馈效应，表示某地区经济的变化在对另一地区经济产生影响的同时，另一地区经济变化反过来对该地区经济产生的影响. 由此看来，乘数效应是研究单一地区经济发展，溢出与反馈效应，特别是溢出效应更多关注于区域经济的发展 (潘文卿, 2015).

8.1 地区溢出与反馈效应分析概述

8.1.1 两区域间的溢出与反馈模型

最早提出并采用多区域经济影响反馈效应以及溢出效应的是 Miller(1966)，他提出采用两地区投入产出模型对地区间经济效应的测度. 两区域间多产业的投入产出模型可以写成式 (8.1) 的形式.

$$\begin{pmatrix} A^{11} & A^{12} \\ A^{21} & A^{22} \end{pmatrix} \begin{pmatrix} X^1 \\ X^2 \end{pmatrix} + \begin{pmatrix} Y^1 \\ Y^2 \end{pmatrix} = \begin{pmatrix} X^1 \\ X^2 \end{pmatrix} \tag{8.1}$$

式 (8.1) 中，A^{11} 为第 1 个区域的区域内部直接消耗系数矩阵，A^{12} 为第 1 个区域和第 2 个区域间的区域间直接消耗系数矩阵，表示第 2 个区域的单位产出对第 1 个区域产品的直接消耗量，A^{21} 则表示第 1 个区域的单位产出过程中对第 2 个区域产品的直接消耗量，X^1, X^2 分别表示第 1 和第 2 两个区域的总产出; Y^1, Y^2 分别表示第 1 和第 2 两个区域的最终产品. 通过求解方程式 (8.1), 可得式 (8.2).

$$\begin{pmatrix} X^1 \\ X^2 \end{pmatrix} = \left(\begin{pmatrix} I & \\ & I \end{pmatrix} - \begin{pmatrix} A^{11} & A^{12} \\ A^{21} & A^{22} \end{pmatrix} \right)^{-1} \begin{pmatrix} Y^1 \\ Y^2 \end{pmatrix} \tag{8.2}$$

根据 Miller 及其他学者的做法，式 (8.2) 中的形式可以分解为乘数效应、溢出效应以及反馈效应. 多区域间投入产出模型的分解有乘法分解和加法分解两种形式，潘文卿、李子奈曾论证了乘法分解和加法分解具有一致性 (吴福象, 朱蕾,

2010),其中,加法分解为乘法分解的改进形式.在乘法分解中,区域内乘数效应反映的是一个单位最终产出变化带来的影响,区域间的溢出效应、反馈效应均反映一个单位总产出变化而引起的影响;但是在加法分解中,乘数效应、溢出效应、反馈效应三种均反映一个单位最终产出变化而带来的影响 (潘文卿,李子奈,2007).

对式 (8.2) 进行加法分解,可得式 (8.3).

$$\begin{pmatrix} X^1 \\ X^2 \end{pmatrix} = \left(\begin{pmatrix} L^{11} & 0 \\ 0 & L^{22} \end{pmatrix} + \begin{pmatrix} 0 & S^{12} \\ S^{21} & 0 \end{pmatrix} \begin{pmatrix} L^{11} & 0 \\ 0 & L^{22} \end{pmatrix} \right. \\ \left. + \begin{pmatrix} F^{11} - I & 0 \\ 0 & F^{22} - I \end{pmatrix} \begin{pmatrix} I & S^{12} \\ S^{21} & I \end{pmatrix} \begin{pmatrix} L^{11} & 0 \\ 0 & L^{22} \end{pmatrix} \right) \begin{pmatrix} Y^1 \\ Y^2 \end{pmatrix}$$
(8.3)

式 (8.3) 由三部分组成,分别表示乘数效应、溢出效应以及反馈效应.[①]其中,I 指单位矩阵,$L^{11} = (I - A^{11})^{-1}$,$L^{22} = (I - A^{22})^{-1}$ 分别为区域 1、2 的 Leontief 逆矩阵,为区域内的乘数效应,反映了区域内不同部门相互作用对该区域总产出的影响.

$S^{12} = L^{11}A^{12}$,它与 $L^{22}Y^2$ 的乘积为区域 2 对区域 1 的溢出效应,表示当区域 2 的最终产出变化时,引起的总产出的变化进一步对区域 1 总产出所产生的影响;乘积项 $S^{12}L^{22}Y^2$ 度量了由于区域 2 总产出的变化而影响的区域 1 总产出变化量.同理,$S^{21}L^{11}Y^1$ 为区域 1 对区域 2 的溢出效应,度量了区域 1 总产出的变化对区域 2 总产出变化的影响.显然,溢出效应取决于区域内部的乘数效应和区域间的关联效应.

式 (8.3) 中,第三部分 $(F^{11} - I) L^{11}Y^1 + (F^{11} - I) S^{12}L^{22}Y^2$ 为区域 1 的反馈效应,其中,$L^{11}Y^1$ 为区域 1 的最终产出 Y^1 通过内部乘数效应引起的区域 1 总产出,$F^{11} = (I - S^{12}S^{21})^{-1}$ 为区域 1 内总产出增加一单位产品时对本区域总产品的完全需要量,也表示区域 1 的总产品增加一单位时所产生的反馈效应,这一反馈效应为区域 1 的总产出增加导致区域 2 总产出的增加 S^{21},再由区域 2 总产出增加 S^{21} 又进一步引起区域 1 总产出增加 $S^{12}S^{21}$.因此,区域 1 内总产出增加一单位产品对本区域总产品的完全消耗量为 $F^{11} - I$.$(F^{11} - I) L^{11}Y^1$ 反映了区域 1 的最终产品增加 1 单位时,经由区域 1 对区域 2 的溢出,再由区域 2 对区域 1 的溢出效应反馈回来的产出增量.$L^{22}Y^2$ 表示区域 2 的最终产出 Y^2 通过内部乘数效应引起的区域 2 的总产出;通过区域 2 对区域 1 的溢出效应,会导致区域 1 的总产出增加 $S^{12}L^{22}Y^2$,再由区域 1 对自身的反馈效应,最终使得区域 1 的总产出增加 $(F^{11} - I) S^{12}L^{22}Y^2$.由此可以看出区域 1 的反馈效应包括两部分:一

---
① 潘文卿,李子奈.中国沿海与内陆间经济影响的反馈与溢出效应.经济研究,2007(5): 69-71.

是区域 1 的最终产出增加通过区域 1 对区域 2 的溢出, 再经区域 2 对区域 1 的溢出反馈回来的部分; 二是区域 2 的产出增加通过区域 2 对区域 1 的溢出, 再经由区域 1 自身反馈回来的部分. 同理, $\left(F^{22}-I\right)S^{21}L^{11}Y^1+\left(F^{22}-I\right)L^{22}Y^2$ 为区域 2 的反馈效应, 反映了区域 2 自身的产出增加通过区域 2 产出的溢出效应进一步引起的区域 1 产出增加量, 对区域 1 产出的影响, 以及又反过来引起的区域 2 的产出增量.

8.1.2　三区域间的溢出与反馈模型

三区域的分解与两区域的原理类似, 均是总产出等于中间产出加上最终产品的基本平衡形式, 进行相应的运算分解. 对三部门的分解, Miller(1985) 等提出了对 Leontief 逆矩阵的分解形式. 三区域间的投入产出模型如式 (8.4).

$$\begin{pmatrix} A^{11} & A^{11} & A^{11} \\ A^{11} & A^{22} & A^{11} \\ A^{11} & A^{11} & A^{33} \end{pmatrix} \begin{pmatrix} X^1 \\ X^2 \\ X^3 \end{pmatrix} + \begin{pmatrix} Y^1 \\ Y^2 \\ Y^3 \end{pmatrix} = \begin{pmatrix} X^1 \\ X^2 \\ X^3 \end{pmatrix} \quad (8.4)$$

对式 (8.4) 做相应的变形得到总产出和 Leontief 逆矩阵的关系式如式 (8.5).

$$\left(\begin{pmatrix} I & 0 & 0 \\ 0 & I & 0 \\ 0 & 0 & I \end{pmatrix} - \begin{pmatrix} A^{11} & A^{11} & A^{11} \\ A^{11} & A^{22} & A^{11} \\ A^{11} & A^{11} & A^{33} \end{pmatrix}\right)^{-1} \begin{pmatrix} Y^1 \\ Y^2 \\ Y^3 \end{pmatrix} = \begin{pmatrix} X^1 \\ X^2 \\ X^3 \end{pmatrix} \quad (8.5)$$

其中, Leontief 逆矩阵由直接消耗系数矩阵计算得出如式 (8.6) 所示.

$$\left(\begin{pmatrix} I & 0 & 0 \\ 0 & I & 0 \\ 0 & 0 & I \end{pmatrix} - \begin{pmatrix} A^{11} & A^{11} & A^{11} \\ A^{11} & A^{22} & A^{11} \\ A^{11} & A^{11} & A^{33} \end{pmatrix}\right)^{-1} = \begin{pmatrix} B^{11} & B^{12} & B^{13} \\ B^{21} & B^{22} & B^{23} \\ B^{31} & B^{32} & B^{33} \end{pmatrix} \quad (8.6)$$

其中, B^{ij} $(i,j=1,2,3)$ 为 Leontief 逆矩阵中的元素.

Miller 和 Blair(1985) 提出了 Leontief 逆矩阵的分解形式, 如式 (8.7) 所示.

$$\begin{pmatrix} B^{11} & B^{12} & B^{13} \\ B^{21} & B^{22} & B^{23} \\ B^{31} & B^{32} & B^{33} \end{pmatrix} = \begin{pmatrix} L^1 & 0 & 0 \\ 0 & L^2 & 0 \\ 0 & 0 & L^3 \end{pmatrix} + \begin{pmatrix} F^1 & 0 & 0 \\ 0 & F^2 & 0 \\ 0 & 0 & F^3 \end{pmatrix}$$
$$+ \begin{pmatrix} 0 & B^{12} & B^{13} \\ B^{21} & 0 & B^{23} \\ B^{31} & B^{32} & 0 \end{pmatrix} \quad (8.7)$$

因此，结合式 (8.5)、式 (8.6)、式 (8.7) 可得式 (8.8) 的形式.

$$\begin{pmatrix} X^1 \\ X^2 \\ X^3 \end{pmatrix} = \left(\begin{pmatrix} L^1 & 0 & 0 \\ 0 & L^2 & 0 \\ 0 & 0 & L^3 \end{pmatrix} + \begin{pmatrix} F^1 & 0 & 0 \\ 0 & F^2 & 0 \\ 0 & 0 & F^3 \end{pmatrix} \right.$$
$$\left. + \begin{pmatrix} 0 & B^{12} & B^{13} \\ B^{21} & 0 & B^{23} \\ B^{31} & B^{32} & 0 \end{pmatrix} \right) \begin{pmatrix} Y^1 \\ Y^2 \\ Y^3 \end{pmatrix} \quad (8.8)$$

其中，$L^r = (I - A^{rr})^{-1}$, $F^r = B^{rr} - (I - A^{rr})^{-1}$.

对于区域 1 来说，进行矩阵计算后得出式 (8.9).

$$X^1 = L^1 Y^1 + F^1 Y^1 + B^{12} Y^2 + B^{13} Y^3 \quad (8.9)$$

结合式 (8.9) 与式 (8.8) 来看，三区域的投入产出模型也可以分解出三种效应：乘数效应、溢出效应和反馈效应. 其中 $L^1 Y^1 = (I - A^{11})^{-1} Y^1$ 表示乘数效应，即区域 1 内各产业之间相互关联对本地区产业产出所产生的影响；$F^1 Y^1$ 表示反馈效应，是指区域 1 对自身的反馈；$B^{12} Y^2 + B^{13} Y^3$ 表示区域 2 和区域 3 最终产品的增加对区域 1 产生的影响即溢出效应.

在投入产出表中，Leontief 逆矩阵的列向之和可以测度一个部门与其他部门间的后向联系，通常用来反映生产部门与其上游部门 (供给其原材料、劳动力、劳务和设备的生产部门) 之间的联系和依存关系. 第 j 列的列向和表示第 j 个部门生产单位最终产品对各部门的拉动作用之和，可以度量第 j 个部门生产单位最终产品对国民经济影响程度. Leontief 逆矩阵的行向之和可以测度一个部门与其他部门间前向联系，即生产部门与其下游部门 (使用或消耗其产品的部门) 之间的联系和依存关系. 第 i 行的行向和表示当国民经济各部门均增加一个单位最终产品时第 i 部门受到的需求感应度，即第 i 部门对各部门产出的推动程度.

在区域间投入产出模型中，式 (8.7) 的第三项表示区域间溢出效应，各列元素之和：$B^{21} + B^{31}$, $B^{12} + B^{32}$, $B^{13} + B^{23}$ 称为扩散度系数，表示一个区域对其他两个区域的溢出效应之和，如 $B^{21} + B^{31}$ 表示区域 1 对区域 2、区域 1 对区域 3 的溢出效应之和. 即该区域在增加 1 个单位的最终产品时，由于溢出效应而引起的其他区域产出增加量. 区域间的后向溢出效应 (扩散度系数) 越大，表明该地区对其他地区的拉动能力越大. 令求和算子 $e = (1, 1, \cdots, 1)^{\mathrm{T}}$ 为列向量，e^{T} 是 e 的转置，即行向量，那么后向溢出效应可以表示为式 (8.10) 的形式.

$$e^{\mathrm{T}} \left(\sum_{i, i \neq j} B^{ij} \right) e \quad (8.10)$$

同理, 可对式 (8.7) 右侧的第一项和第二项求列项和, 得到区域 j 的乘数效应如式 (8.11), 后向反馈效应如式 (8.12).

$$e^{\mathrm{T}} L^j e \tag{8.11}$$

$$e^{\mathrm{T}} F^j e \tag{8.12}$$

在分部门计算乘数效应、溢出效应和反馈效应时, 计算公式转变为式 (8.13).

$$e^{\mathrm{T}}\left(\sum_{i,i\neq j} B^{ij}\right), \quad e^{\mathrm{T}} L^j, \quad e^{\mathrm{T}} F^j \tag{8.13}$$

在式 (8.7) 中, 乘数效应、溢出效应和反馈效应的行向之和分别表示产业间、区域间的前向关联, 即需求感应度. 乘数效应、溢出效应以及反馈效应的系数, 能够刻画区域间产业空间关联的结构特征. 在产业和区域间的联系中, 研究者们似乎更关注后向关联, 即拉动效应. 后向联系是单纯由需求增加而导致的, 前向关联必将伴随着由 "需求压力" 造成的后向联系而发生, 不会以单纯的方式出现, 这说明现有需求或预期需求是前向关联作用表现出来的一项条件. 鉴于后向联系作为一种发展机制的重要性, 建立使这一机制成为主要动力的成长模型, 比较有意义. 因此本章仅讨论这三种效应的后向关联, 在特别注明的情况下, 乘数效应、溢出效应和反馈效应均指这三种效应的列向和. 当分区域考虑时, 这三种效应的第 j 列列向和表示当第 j 区域所有部门都增加一单位最终产出时, 对区域内外各产业部门总产出的拉动效应大小. 当分部门考虑时, 可以解释为当某产业部门的最终产出增加一单位时, 对区域内各产业和区域外各产业总产出的拉动效应大小. 需要指出的是, 这三种效应的影响能力并不能简单地认为是对实际经济产生的影响; 实际影响力应当考虑到最终产出的规模大小, 即区域经济规模效应的影响 (潘文卿, 2015).

8.2 四省区整体溢出与反馈效应分析

8.2.1 四省区及其他地区溢出与反馈效应

采用区域间投入产出表对跨区域的产业进行关联关系研究, 是投入产出分析框架下较早关注的问题之一. 区域间投入产出模型, 是分析区域间产业关联的一种方法. 根据课题组编制的 2002、2007、2012 年珠江流域区域间 19 部门投入产出表, 将珠江流域四省和流域外其他省份间的溢出与反馈效应做一个两区域效应测度; 其中区域 1 为珠江流域的滇黔桂粤四省区, 区域 2 为国内其他省份.

根据公式 (8.3) 可以计算珠江流域四省区与国内其他省份之间的各种经济影响. 表 8.1 给出了珠江流域四省和国内其他省份 2002、2007 以及 2012 年区域间乘数效应、溢出效应和反馈效应.

表 8.1 两大区域间后向关联的乘数、溢出、反馈效应

年份	类别	珠江流域四省区 (区域 1)			其他省份 (区域 2)		
		乘数效应	溢出效应	反馈效应	乘数效应	溢出效应	反馈效应
2002	数值	37.54	0.97	0.14	41.59	5.48	0.14
	贡献率	97.13%	2.51%	0.36%	88.10%	11.61%	0.30%
2007	数值	23.76	0.91	0.23	24.19	4.37	0.19
	贡献率	95.42%	3.65%	0.92%	84.14%	15.20%	0.66%
2012	数值	23.71	2.83	1.04	38.34	14.85	2.08
	贡献率	85.97%	10.26%	3.77%	69.37%	26.87%	3.76%

从乘数效应看, 2002 年珠江流域四省区 (区域 1) 内乘数效应和为 37.54, 表示区域 1 的 19 个部门最终产品都增加一单位时, 由于本区域内产业关联使得总产出增加 37.54 个单位. 国内其他省份 (区域 2) 的乘数效应为 41.59, 表示区域 2 的 19 个部门都增加一单位最终产品时, 由本区域产业关联关系将拉动其总产出增加 41.59 个单位. 2007 年区域 1 内乘数效应为 23.76, 表示珠江流域四省区 19 个部门都增加一单位最终产品时, 由于产业后向关联, 拉动本区域总产出增加 23.76 个单位; 国内其他省份区域内乘数效应为 24.19, 表明该区域 19 个部门都增加一单位最终产品时, 将拉动其总产出增加 24.19 个单位. 2012 年, 珠江流域四省区的乘数效应为 23.71, 国内其他省份的乘数效应为 38.34, 表明各区域内 19 个部门增加一单位最终产品时, 珠江流域四省区内产业关联的拉动效应为 23.71, 而国内其他省份产业关联的拉动效应为 38.34.

从 2002 到 2012 年, 珠江流域四省区乘数效应有逐渐下降趋势, 表明这一区域产业关联程度在不断减弱. 国内其他省份的区域内乘数效应则上下起伏, 由 2002 年的 41.59 下降到 2007 年的 24.19, 随后又在 2012 年上升至 38.34, 表明国内其他省份的产业关联程度虽然某时段和珠江流域四省的产业关联程度接近, 但近年来有所增加, 且比珠江流域四省区内更为紧密. 从区域间三种效应的贡献率来看, 珠江流域四省区和国内其他省份的乘数效应贡献率 (乘数效应在总效应中的占比) 从 2002 年到 2012 年均在下降, 这说明珠江流域内部产业间的经济影响在逐渐减弱, 区域间的经济影响在增强. 国内其他省份产业之间的乘数效应较之珠江流域四省区下降得更快, 表明国内其他省份产业间的乘数效应对区域内经济的影响程度相比珠江四省区在减弱. 总体上来看, 珠江流域四省区产业之间的乘数效应后向关联程度较强; 同时两区域内的乘数效应均有减弱趋势, 表明区域内部经济联系有一定程度的下降.

8.2 四省区整体溢出与反馈效应分析

从溢出效应来看,2002 年珠江流域四省区对国内其他省份的溢出效应为 0.97,表明珠江流域四省区 19 部门的最终产品都增加一单位时,会拉动国内其他省份的总产出增加 0.97 个单位;与此同时,国内其他省份对珠江流域四省的溢出效应为 5.48,表明国内其他省份各部门均增加一单位最终产品时,可以拉动珠江流域四省的总产出增加 5.48 个单位. 2007 年珠江流域四省对国内其他省份的溢出效应为 0.91, 2012 年增加到 2.83;反向来看,国内其他省份对珠江流域四省的溢出效应 2007 年为 4.37, 2012 年增加到 14.85. 整体看来, 2002 年以来两大区域的溢出效应在 2007 年均有小幅下降, 2012 年则显著上升,这说明珠江流域四省区和国内其他省份之间的经济联系在 2007 年减弱了. 珠江流域四省区的溢出效应比国内其他省份的溢出效应小得多,可能跟两个区域经济体量的大小有关. 但从贡献率来看,两大区域溢出效应的贡献率均随着时间的推移而上升,这说明两大区域间的经济联系在增强.

与乘数效应和溢出效应相比,珠江流域滇黔桂粤四个省区和国内其他地区的反馈效应均比较小,且两大区域之间反馈效应程度相差不大. 纵向来看,两区域从 2002 年到 2012 年反馈效应均呈现逐步上升趋势. 结合溢出效应来分析,发现两大区域的区域间产业关联程度随时间不断增强.

8.2.2 产业部门之间溢出与反馈效应

珠江流域四省区的产业结构和国内其他省份存在明显差异,各产业部门在国民经济中的作用和地位亦不同,哪些产业部门的区域内拉动力强?哪些产业部门更能拉动区域外的经济增长?下面从产业角度分析 19 个部门在珠江流域四省区以及国内其他省份的乘数效应、溢出效应与反馈效应. 2002、2007、2012 年三个年份各种效应的计算结果如表 8.2 ~ 表 8.4 所示.

表 8.2 中的数据显示了珠江流域以及国内其他省份 2002 年 19 个产业部门的乘数效应、溢出效应、反馈效应.

表 8.3 和表 8.4 分别显示了珠江流域以及国内其他省份 2007 年、2012 年 19 个产业部门的乘数效应、溢出效应、反馈效应.

为使分析更为具体直观,依据表 8.2 ~ 表 8.4 的数据,将 3 个年份两大区域 19 个产业部门的三种效应分别做雷达图. 乘数效应如图 8.1 所示;溢出效应如图 8.2 所示;反馈效应如图 8.3 所示.

图 8.1 显示了珠江流域四省区以及国内其他省份区域内乘数效应的雷达图. 结合表 8.2~ 表 8.4 的数据,从乘数效应来看, 2002 年国内其他省份各产业单位最终产品对本地区总产出的拉动效应略高于珠江流域四省区. 2007 年,相比珠江流域四省区,国内其他省份的乘数效应并不占据明显优势,且有部分产业的乘数效应略低,主要集中于第三产业. 2012 年国内其他省份的乘数效应在外围,即明显

高于珠江流域四省区的乘数效应.

表 8.2 2002 年两区域模型珠江流域以及国内其他省份效应汇总表

部门代码	珠江流域			国内其他省份		
	乘数效应	溢出效应	反馈效应	乘数效应	溢出效应	反馈效应
A	1.6102	0.0315	0.0032	1.8921	0.1300	0.0044
B	1.8611	0.0357	0.0067	1.9390	0.2663	0.0052
C	2.1656	0.0726	0.0082	2.5768	0.3211	0.0105
D	1.8969	0.0338	0.0068	2.0882	0.3089	0.0050
E	2.3787	0.0707	0.0107	2.7115	0.4122	0.0103
F	1.6500	0.0344	0.0052	1.7800	0.2126	0.0051
G	1.8129	0.0517	0.0068	2.1128	0.2713	0.0076
H	1.7081	0.0571	0.0058	2.3943	0.2405	0.0081
I	2.2034	0.0460	0.0077	2.0179	0.3211	0.0067
J	1.7224	0.0333	0.0062	1.7654	0.2667	0.0049
K	1.4158	0.0161	0.0033	1.3858	0.1374	0.0024
L	2.2642	0.0653	0.0090	2.3852	0.3623	0.0096
M	2.3301	0.0524	0.0094	2.1358	0.3713	0.0077
N	1.9154	0.0558	0.0061	2.3576	0.2495	0.0081
O	2.1368	0.0620	0.0083	2.3592	0.3353	0.0090
P	1.8827	0.0550	0.0062	2.2825	0.2490	0.0081
Q	2.4120	0.0791	0.0093	2.7313	0.3627	0.0116
R	2.0902	0.0578	0.0073	2.2716	0.2935	0.0084
S	2.0836	0.0604	0.0092	2.4019	0.3718	0.0088

表 8.3 2007 年两区域模型珠江流域以及国内其他省份效应汇总表

部门代码	珠江流域			国内其他省份		
	乘数效应	溢出效应	反馈效应	乘数效应	溢出效应	反馈效应
A	1.1064	0.0422	0.0134	1.3426	0.2682	0.0088
B	1.0371	0.0612	0.0052	1.4867	0.1040	0.0131
C	1.3605	0.1410	0.0160	1.7980	0.2551	0.0276
D	1.3453	0.0897	0.0236	1.6314	0.4596	0.0227
E	1.4558	0.1898	0.0147	1.7075	0.2417	0.0374
F	1.1148	0.0166	0.0047	1.1637	0.1343	0.0033
G	1.2268	0.0185	0.0152	1.1800	0.2950	0.0037
H	1.3355	0.0674	0.0154	1.3697	0.3254	0.0137
I	1.2596	0.0563	0.0126	1.2852	0.2471	0.0111
J	1.2455	0.0193	0.0063	1.1774	0.1836	0.0037
K	1.1348	0.0100	0.0036	1.0685	0.0820	0.0019
L	1.3614	0.0021	0.0131	1.0191	0.2473	0.0004
M	1.2556	0.0305	0.0174	1.2156	0.3511	0.0062
N	1.2924	0.0181	0.0034	1.0117	0.0672	0.0036
O	1.2374	0.0380	0.0142	1.2096	0.2716	0.0073
P	1.1313	0.0199	0.0076	1.1132	0.1368	0.0041
Q	1.2934	0.0613	0.0168	1.2499	0.2524	0.0119
R	1.2183	0.0133	0.0150	1.0812	0.2810	0.0026
S	1.3465	0.0183	0.0083	1.0785	0.1641	0.0037

8.2 四省区整体溢出与反馈效应分析

表 8.4　2012 年两区域模型珠江流域以及国内其他省份效应汇总表

部门代码	珠江流域 乘数效应	珠江流域 溢出效应	珠江流域 反馈效应	国内其他省份 乘数效应	国内其他省份 溢出效应	国内其他省份 反馈效应
A	1.1003	0.0854	0.0481	1.8442	0.7000	0.0631
B	1.0748	0.0690	0.0429	1.7435	0.6805	0.0518
C	1.4602	0.1953	0.0761	2.6142	1.0428	0.1454
D	1.3880	0.0989	0.0636	2.6518	1.3096	0.0762
E	1.5976	0.2459	0.0776	2.5972	1.0297	0.1838
F	1.0350	0.1161	0.0483	1.5108	0.6978	0.0783
G	1.2965	0.1476	0.0717	2.2794	1.0082	0.1102
H	1.0776	0.2766	0.0778	1.9253	1.1183	0.2029
I	1.2748	0.1301	0.0552	2.0617	0.7609	0.0934
J	1.1881	0.0831	0.0535	1.7798	0.7074	0.0587
K	1.1288	0.0554	0.0277	1.4737	0.3805	0.0384
L	1.2653	0.1862	0.0506	2.3958	0.6575	0.1374
M	1.2201	0.1705	0.0745	2.3528	0.9847	0.1274
N	1.0510	0.3306	0.0532	1.7996	0.7701	0.2442
O	1.2895	0.1335	0.0473	1.9805	0.6764	0.0976
P	1.2086	0.0769	0.0263	1.5064	0.3674	0.0560
Q	1.5152	0.1940	0.0482	2.2000	0.6504	0.1439
R	1.2089	0.1071	0.0617	1.8544	0.8090	0.0793
S	1.3276	0.1297	0.0379	1.7663	0.4982	0.0963

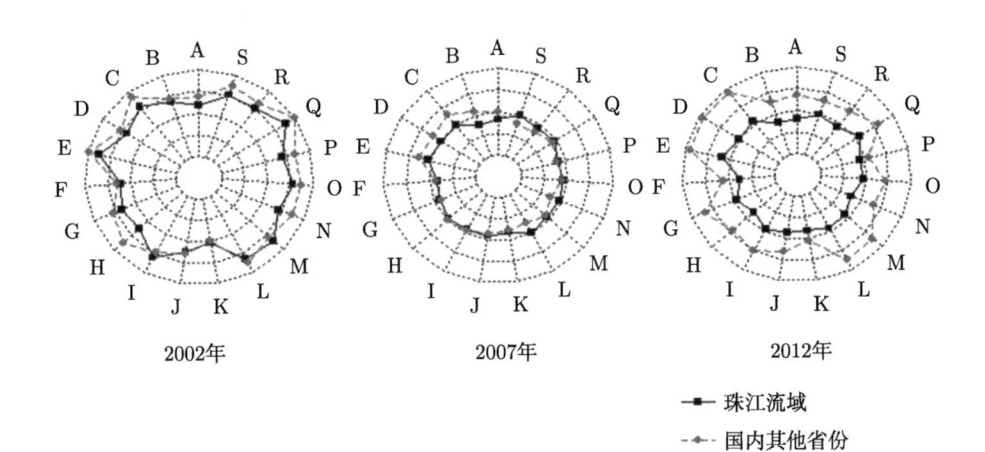

图 8.1　2002、2007 以及 2012 年两区域各产业乘数效应雷达图

纵向比较 2002、2007、2012 年三个年份的乘数效应，由图形直观看来，不论是珠江流域四省区还是国内其他省份，2007 年 19 部门的乘数效应明显较小. 数据变化显示出 2007 年中国的经济结构内部联系较弱，区域内产业间的相互影响也不强. 2012 年经济的全球化和一体化，使得区域内产业间的联系更加紧密，产业间的经济影响不断增强.

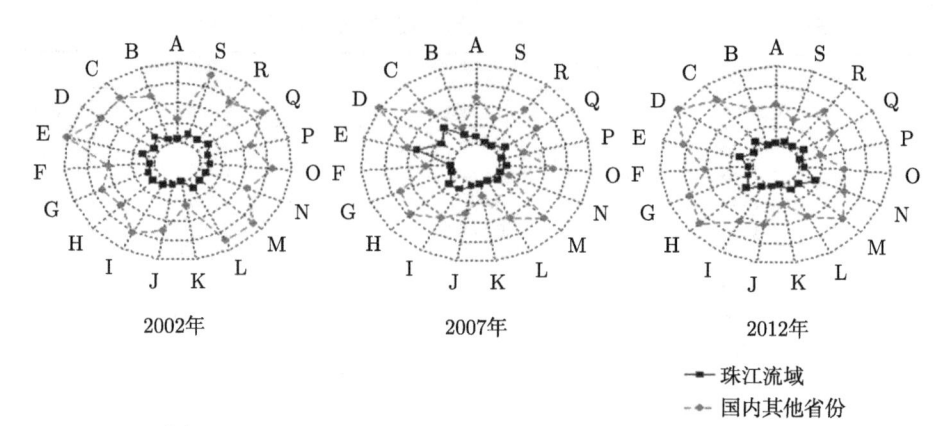

图 8.2 2002、2007、2012 年两区域各产业溢出效应雷达图

从图 8.2 可以看出,三个年份中,国内其他省份各产业的溢出效应远高于珠江流域四省区. 这表明,国内其他省份各产业最终需求的变动对珠江流域四省区各产业总产出的拉动效应要大于珠江流域四省区各产业最终需求的变动对国内其他省份各产业总产出的拉动效应. 国内其他省份的 19 个产业部门的溢出效应差别较大,珠江流域四省区除 2007 年有较大差异外,其他两个年份各部门的溢出效应较一致,这在一定程度上反映出流域经济与其他地区经济的区别.

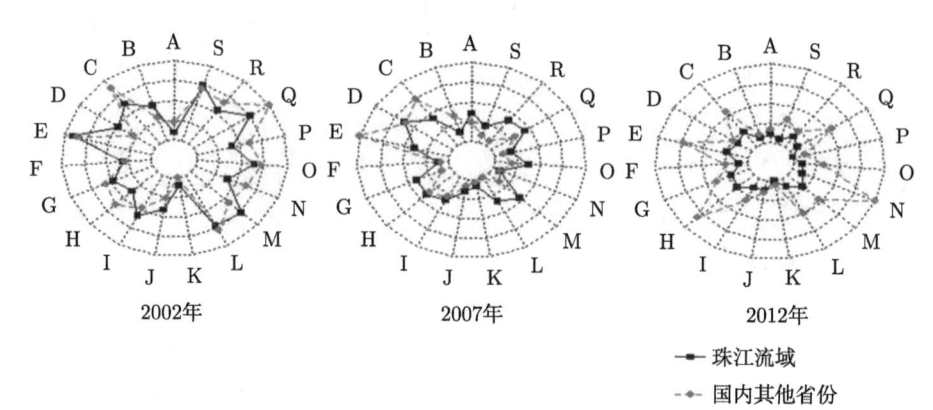

图 8.3 2002、2007、2012 年两区域各产业反馈效应雷达图

从图 8.3 的反馈效应雷达图可以看出,2002 和 2007 年两大区域 19 个产业部门的溢出效应比较相似,但在 2012 出现了较大差异. 与乘数效应和溢出效应相比,反馈效应数据略小;但珠江流域四省区和国内其他省份的反馈效应差异较大,且随着年份变化仍不断增大. 2002 年,国内其他省份 19 个部门中的多数部门反馈效应高于珠江流域四省区,总体相差不大. 到 2007 年,情况出现了反转,珠江流

域四省区大部分产业部门的反馈效应大于国内其他省份. 2012 年, 国内其他省份 19 个部门的反馈效应均超过了珠江流域, 且不同产业间的反馈效应开始分化, 部门 N、部门 H 和部门 E 明显高出其他部门; 珠江流域四省各产业部门的反馈效应差异不明显.

8.3 滇黔、粤桂及其他溢出与反馈效应

进一步将两区域投入产出模型扩展到三区域投入产出模型. 将珠江流域上游的云南省和贵州省合并为第 1 区域, 将珠江流域中下游的广东和广西两省合并为第 2 区域, 将国内其他省份作为第 3 区域. 据此将珠江流域投入产出表合并为三区域投入产出表, 用以考察珠江流域上游滇黔两省、中下游粤桂两省、国内其他省份之间的乘数效应、溢出效应和反馈效应.

8.3.1 经济影响总效应

根据公式 (8.7) 可计算粤桂、滇黔及国内其他省份三个区域的乘数效应、溢出效应和反馈效应, 并按公式 (8.10) ～ 式 (8.12) 分别计算出三个区域间三种效用的大小及其贡献率, 结果如表 8.5 所示.

表 8.5 粤桂、滇黔以及国内其他省份三个区域间乘数、溢出以及反馈效应

区域	效应	2002 年 产业合计	贡献率	2007 年 产业合计	贡献率	2012 年 产业合计	贡献率
粤桂	乘数效应	37.6624	85.96%	24.2913	84.87%	24.0757	60.89%
	粤桂 → 滇黔	0.2726	0.62%	0.2013	0.70%	0.3882	0.98%
	粤桂 → 国内其他省份	5.7132	13.04%	3.9476	13.79%	14.2905	36.14%
	反馈效应	0.1658	0.38%	0.1803	0.63%	0.7840	1.98%
滇黔	乘数效应	31.5110	76.37%	19.9869	72.44%	20.1142	46.95%
	滇黔 → 粤桂	4.8670	11.80%	1.3619	4.94%	2.3576	5.50%
	滇黔 → 国内其他	4.8402	11.73%	6.1842	22.41%	20.1147	46.95%
	反馈效应	0.0438	0.11%	0.0579	0.21%	0.2530	0.59%
国内其他	乘数效应	41.5887	97.38%	24.1893	95.62%	38.3373	88.35%
	国内其他 → 滇黔	0.9176	2.15%	0.7623	3.01%	2.3741	5.47%
	国内其他 → 粤桂	0.0590	0.14%	0.1564	0.62%	0.5560	1.28%
	反馈效应	0.1425	0.33%	0.1898	0.75%	2.1249	4.90%

从表 8.5 区域内乘数效应来看, 2002 年整体上粤桂地区所有产业部门产值增加一个单位, 区域内产业之间的影响作用即乘数效应会使粤桂两省产业产值增加 37.6624 单位; 滇黔地区这一乘数效应为 31.5110, 国内其他省份为 41.5887. 2007 年粤桂、滇黔以及国内其他省份的乘数效应均有所下降, 到 2012 年各区域乘数效应又有所回升. 从乘数效应的贡献率看, 三个区域 2002~2012 年间区域内产业后

向关联带来的影响在减弱,尤其是滇黔两省,这反过来说明产业部门的区域间联系增强了.

从各区域对外的溢出效应来看,粤桂两省对滇黔两省的溢出效应较小,2002年为 0.2726,2007 年为 0.2013,2012 年为 0.3882,平均溢出效应仅有 0.2874;与之相反,滇黔两省对粤桂两省的溢出效应大得多,2002、2007 和 2012 年三个年度的平均溢出效应为 2.8622,是粤桂对滇黔溢出效应的近 10 倍. 以上计算结果表明珠江流域内的区域溢出主要发生在欠发达的地区向发达地区的溢出,而不是相反,即珠江下游经济的快速发展并未有效带动珠江上游欠发达地区的发展. 从溢出效应的贡献来看,粤桂两省对滇黔两省的溢出效应所占比重呈逐渐上升趋势,这说明珠江流域内下游两省对上游两省各产业的后向关联影响力度在不断提升.

粤桂、滇黔对国内其他省份的溢出效应都比较大,三年的平均溢出效应分别为 7.9838 和 10.3797,即滇黔对国内其他省份的溢出效应高于粤桂. 实际上,仅有 2002 年粤桂的溢出效应高于滇黔,2007 年和 2012 年滇黔的溢出效应均高于粤桂,而且差距还有扩大趋势. 这表明,珠江流域经济增长的引擎正在从下游区域转向上游区域.

相比珠江流域各省份对国内其他区域的溢出,国内其他省份对珠江流域粤桂、滇黔的溢出效应要小得多. 2002、2007、2012 年国内其他省份对滇黔的平均溢出效应为 1.3513,对粤桂的平均溢出效应仅为 0.2571,表明滇黔两省和国内其他省份的经济联系强于粤桂.

从各区域的反馈效应看,从 2002 年到 2012 年各区域自身的反馈效应都在增大,说明区域内部及区域间的经济联系在增强. 从三个区域的平均反馈效应看,滇黔两省最小,仅为 0.1182;其次是粤桂两省,为 0.3767;国内其他省份的反馈效应最大,为 0.8191,反馈效应的大小可能和这三个区域的经济规模有关.

8.3.2 分产业经济影响

8.3.2.1 乘数效应

根据公式 (8.13) 可以计算各区域分产业的经济影响系数. 表 8.6 展示了粤桂、滇黔以及国内其他省份之间 2002、2007、2012 年三个年份 19 部门的乘数效应计算结果.

从表 8.6 可以看出,除个别产业部门外,国内其他省份各产业的乘数效应普遍高于粤桂和滇黔,滇黔各产业部门的乘数效应普遍偏低. 对比 3 个编表年份,2002 年三个区域各产业部门的乘数效应普遍高于 2007 年和 2012 年,即随时间推移,各区域内部产业关联程度在减弱. 在 19 个产业部门中,建筑业 (E) 和制造业 (C) 的乘数效应大,即这两部门在区域内部对其他产业的带动作用最大.

8.3 滇黔、粤桂及其他溢出与反馈效应

表 8.6 粤桂、滇黔及国内其他省份各行业三个年份乘数效应

行业	2002 年 粤桂	2002 年 滇黔	2002 年 国内其他	2007 年 粤桂	2007 年 滇黔	2007 年 国内其他	2012 年 粤桂	2012 年 滇黔	2012 年 国内其他
A	1.5982	1.5100	1.8921	1.1252	1.0239	1.3426	1.1195	1.0247	1.8442
B	1.8122	1.8142	1.9390	1.0490	1.0096	1.4867	1.0699	1.0361	1.7435
C	2.1564	1.8957	2.5768	1.3911	1.0167	1.7980	1.4863	1.0280	2.6142
D	1.8957	1.7529	2.0882	1.3914	1.0505	1.6314	1.4606	1.0571	2.6518
E	2.3454	2.1168	2.7115	1.4527	1.2287	1.7075	1.5933	1.2997	2.5972
F	1.6772	1.4125	1.7800	1.1276	1.0195	1.1637	1.0327	1.0011	1.5108
G	1.7821	1.6373	2.1128	1.2704	1.0273	1.1800	1.3539	1.0288	2.2794
H	1.6636	1.7685	2.3943	1.3908	1.0389	1.3697	1.0713	1.0048	1.9253
I	2.2258	1.6998	2.0179	1.2879	1.0393	1.2852	1.3102	1.0407	2.0617
J	1.7146	1.5089	1.7654	1.2745	1.0203	1.1774	1.2165	1.0140	1.7798
K	1.4186	1.2146	1.3858	1.1451	1.0072	1.0685	1.1312	1.0165	1.4737
L	2.2506	1.9073	2.3852	1.3983	1.0437	1.0191	1.2790	1.0454	2.3958
M	2.3641	1.7637	2.1358	1.2892	1.0323	1.2156	1.2580	1.0201	2.3528
N	1.9014	1.3553	2.3576	1.3121	1.1119	1.0117	1.0401	1.0042	1.7996
O	2.1190	1.7419	2.3592	1.2654	1.0290	1.2096	1.3321	1.0330	1.9805
P	2.0080	1.3337	2.2825	1.1626	1.0274	1.1132	1.2374	1.0401	1.5064
Q	2.4653	1.8222	2.7313	1.3415	1.0619	1.2499	1.5139	1.2221	2.2000
R	2.0959	1.5971	2.2716	1.2654	1.0274	1.0812	1.2403	1.0384	1.8544
S	2.1682	1.6585	2.4019	1.3510	1.1714	1.0785	1.3295	1.1592	1.7663

分区域来看, 粤桂地区 2002、2007、2012 年三个年份各部门的乘数效应均有变化. 各年份均按数值大小进行排序, 则发现有些部门呈现出名次持续上升的趋势, 如制造业 (C)、交通运输、仓储和邮政业 (G)、房地产业 (K), 说明这些产业对粤桂本区域内的影响在逐步提升, 其中制造业 (C) 从 2002 年的第七位逐步上升到 2012 年的第三位; 有些部门的排名则一直处于下降趋势, 如科学研究和技术服务业 (M)、批发和零售业 (F); 有些部门的排序情况波动较大, 如卫生和社会工作 (Q), 从 2002 年的第一位降到 2007 年的第七位; 2012 年又回到第二位; 有些部门的排名情况相对稳定, 如建筑业 (E) 的乘数效应在三个年份里一直居于前三名, 对区域内其他产业部门影响显著.

粤桂区域 2002、2007、2012 年三个年份乘数效应排名情况变化如图 8.4 所示.

由图 8.4 可以看出, 粤桂地区 2002 年乘数效应排名前三的部门分别是卫生和社会工作 (Q)、科学研究和技术服务业 (M)、建筑业 (E); 2007 年为建筑业 (E)、租赁和商务服务业 (L)、电力、热力、燃气及水生产和供应业 (D); 2012 年为建筑业 (E)、卫生和社会工作 (Q) 以及制造业 (C). 其他产业部门的排名上下波动, 当 2007 年整体经济下滑的同时, 桂粤产业部门呈现出与民生密切相关的产业部门显著上升, 例如与民生关系极为密切 (提供食宿与饮用水) 的住宿餐饮业 (H)、电力、热力、燃气及水生产和供应业 (D) 两产业部门; 当经济在 2012 年复苏后, 显著上

升或者下降的产业部门部分回归到正常水平, 例如卫生和社会工作 (Q)、居民服务、修理和其他服务业 (O)、文化体育娱乐事业 (R)、教育 (P) 等部门.

排名	2002年	2007年	2012年
1	Q	E	E建筑业
2	M	L	Q卫生和社会工作
3	E	D	C制造业
4	L	C	D电力、热力、燃气及水生产和供应业
5	I	H	G交通运输、仓储和邮政业
6	S	S	O居民服务、修理和其他服务业
7	C	Q	S公共管理、社会保障和社会组织
8	O	N	I信息传输、软件和信息技术服务业
9	R	M	L租赁和商务服务业
10	P	I	M科学研究和技术服务业
11	N	J	R文化、体育和娱乐业
12	D	G	P教育
13	B	O	J金融业
14	G	R	K房地产业
15	J	P	A农、林、牧、渔业
16	F	K	H住宿和餐饮业
17	H	F	B采矿业
18	A	A	N水利、环境和公共设施管理业
19	K	B	F批发和零售业

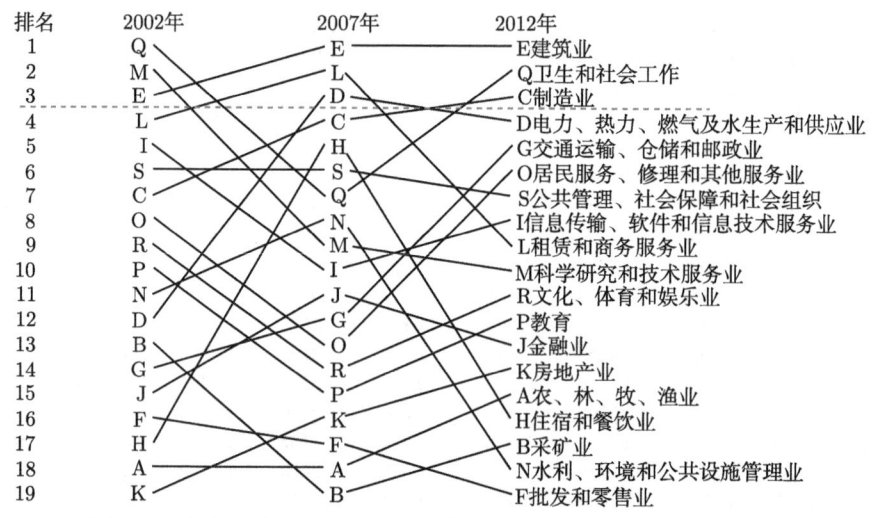

图 8.4　粤桂区域 2002、2007、2012 年各产业乘数效应排名变化图

滇黔区域 2002、2007、2012 年三个年份乘数效应排名情况变化如图 8.5 所示.

排名	2002年	2007年	2012年
1	E	E	E建筑业
2	L	S	Q卫生和社会工作
3	C	N	S公共管理、社会保障和社会组织
4	Q	Q	D电力、热力、燃气及水生产和供应业
5	B	D	L租赁和商务服务业
6	H	L	I信息传输、软件和信息技术服务业
7	M	I	P教育
8	D	H	R文化、体育和娱乐业
9	O	M	B采矿业
10	I	O	O居民服务、修理和其他服务业
11	S	R	G交通运输、仓储和邮政业
12	G	C	C制造业
13	R	G	A农、林、牧、渔业
14	A	A	M科学研究和技术服务业
15	J	J	K房地产业
16	F	F	J金融业
17	N	C	H住宿和餐饮业
18	P	B	N水利、环境和公共设施管理业
19	K	K	F批发和零售业

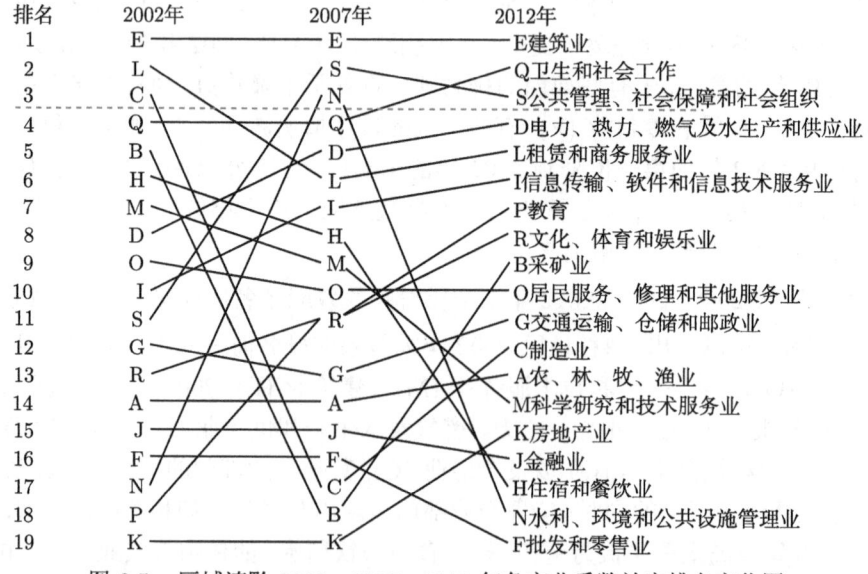

图 8.5　区域滇黔 2002、2007、2012 年各产业乘数效应排名变化图

8.3 滇黔、粤桂及其他溢出与反馈效应

图 8.5 显示在三个年份中, 除建筑业 (E) 持续排名第一以外, 各产业部门排名均有变动, 其中上升幅度较大的有电力、热力、燃气及水生产和供应业 (D)、信息传输、软件和信息服务业 (I)、公共管理、社会保障和社会组织 (S)、文化体育娱乐业 (R)、教育 (P) 五个产业部门. 这五个部门在滇黔区域原本属于基础实力较差的部门, 经过近十年的发展, 开始呈现出强势上升趋势. 与此同时, 一些传统的高污染或高能耗部门如制造业 (C)、采矿业 (B) 则呈现出总体下降趋势. 这说明滇黔区域的产业结构调整取得了一定效果.

滇黔地区各产业乘数效应排名变化趋势与粤桂既有相似性也有差异性. 从排名前三的产业分布来看, 相似性主要体现在, 建筑业 (E) 和卫生和社会工作 (Q) 对本区域的产业影响即乘数效应均较大; 差异性体现在排名前三的产业部门变动要大于粤桂.

国内其他省份 2002、2007、2012 年三个年份各产业乘数效应排名变化如图 8.6 所示.

排名	2002年	2007年	2012年
1	Q	C	D电力、热力、燃气及水生产和供应业
2	E	E	C制造业
3	C	D	E建筑业
4	S	B	L租赁和商务服务业
5	H	H	M科学研究和技术服务业
6	L	A	G交通运输、仓储和邮政业
7	O	I	Q卫生和社会工作
8	N	Q	I信息传输、软件和信息技术服务业
9	P	M	O居民服务、修理和其他服务业
10	R	O	H住宿和餐饮业
11	M	G	R文化、体育和娱乐业
12	G	J	A农、林、牧、渔业
13	D	F	N水利、环境和公共设施管理业
14	I	P	J金融业
15	B	R	S公共管理、社会保障和社会组织
16	A	S	B采矿业
17	F	K	F批发和零售业
18	J	L	P教育
19	K	N	K房地产业

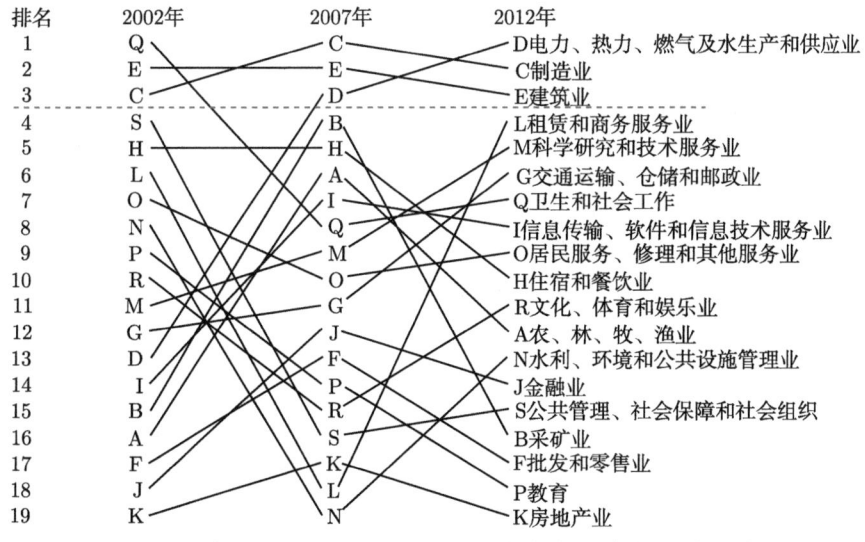

图 8.6 国内其他省份 2002、2007、2012 年各产业乘数效应排名变化图

从图 8.6 可以看出, 从乘数效应的角度出发, 国内其他省份区域内比较有影响的排在前三位的部门分别是电力热力燃气及水生产和供应业 (D)、制造业 (C) 和建筑业 (E), 其中电力、热力、燃气及水生产和供应业 (D) 从 2002 年的第 13 名上升到 2012 年的第一名, 可见最近几年该部门对国内其他省份的重要性是不言而喻的.

自 2002 年以来的十年间, 部分产业部门乘数效应排名明显上升, 如科学研究

和技术服务业 (M)、交通运输、仓储和邮政业 (G)、信息传输、软件和信息技术服务业 (I), 这些部门可以作为高新技术产业部门的代表, 其名次的上升在一定程度上说明该地区对科学技术及信息产业的重视程度在加强. 部分产业部门呈现出明显下降的趋势, 如卫生和社会工作 (Q)、公共管理、社会保障和社会组织 (S)、教育 (P). 部分产业波动较大, 2007 年整体经济下滑时, 部分产业部门如采矿业 (B)、农、林、牧、渔业 (A)、租赁和商务服务业 (L)、水利环境和公共设施管理业 (N) 均发生了较大的波动, 并且在 2012 年恢复到 2002 年的排名, 这些产业部门对经济发展情况较为敏感.

8.3.2.2 溢出效应

进一步从溢出效应分析粤桂、滇黔以及国内其他省份三区域各部门间的关系.

1) 粤桂对滇黔、国内其他省份

表 8.7 列示了粤桂对滇黔、粤桂对国内其他省份 2002、2007、2012 年三个年份溢出效应的计算结果.

表 8.7 粤桂对滇黔、国内其他省份各行业三个年份溢出效应

行业	2002 年 粤桂⟶滇黔	2002 年 粤桂⟶国内其他	2007 年 粤桂⟶滇黔	2007 年 粤桂⟶国内其他	2012 年 粤桂⟶滇黔	2012 年 粤桂⟶国内其他
A	0.0151	0.1284	0.0063	0.2486	0.0131	0.7079
B	0.0115	0.2665	0.0022	0.0876	0.0072	0.4341
C	0.0187	0.3288	0.0095	0.2432	0.0242	1.0521
D	0.0095	0.3482	0.0169	0.4032	0.0200	1.2600
E	0.0238	0.4341	0.0230	0.2025	0.0432	0.9461
F	0.0087	0.2193	0.0041	0.1177	0.0150	0.7602
G	0.0101	0.2746	0.0091	0.2729	0.0224	1.0168
H	0.0095	0.2284	0.0142	0.3034	0.0263	1.1804
I	0.0154	0.3335	0.0094	0.2110	0.0176	0.6925
J	0.0108	0.2753	0.0076	0.1696	0.0151	0.7138
K	0.0063	0.1429	0.0037	0.0753	0.0126	0.3666
L	0.0158	0.3623	0.0091	0.2183	0.0141	0.5799
M	0.0175	0.3819	0.0109	0.3265	0.0221	1.0081
N	0.0111	0.2652	0.0133	0.0653	0.0238	0.7554
O	0.0165	0.3442	0.0089	0.2382	0.0190	0.6319
P	0.0140	0.2907	0.0081	0.1465	0.0153	0.3618
Q	0.0248	0.3796	0.0132	0.2156	0.0316	0.6169
R	0.0143	0.3026	0.0091	0.2564	0.0177	0.7463
S	0.0192	0.4067	0.0227	0.1459	0.0279	0.4596

从表 8.7 可以看出, 粤桂各产业部门对滇黔区域的溢出效应三个年份均小于对国内其他省份. 这说明, 粤桂区域内产业部门对国内其他省份各部门的影响远大于对滇黔地区的影响. 为详细对比粤桂地区不同年份各行业溢出效应的大小及

8.3 滇黔、粤桂及其他溢出与反馈效应

排名情况,将 2002、2007、2012 年三个年份各行业按溢出效应大小排序,画出粤桂对滇黔各产业溢出应排名趋势变化图如图 8.7 所示;画出粤桂对国内其他省份各产业溢出应排名趋势变化图如图 8.8 所示.

排名	2002年	2007年	2012年
1	Q	E	E建筑业
2	E	S	Q卫生和社会工作
3	S	D	S公共管理、社会保障和社会组织
4	C	H	H住宿和餐饮业
5	M	N	C制造业
6	O	Q	N水利、环境和公共设施管理业
7	L	M	G交通运输、仓储和邮政业
8	I	C	M科学研究和技术服务业
9	A	I	D电力、热力、燃气及水生产和供应业
10	R	R	O居民服务、修理和其他服务业
11	P	G	R文化、体育和娱乐业
12	B	L	I信息传输、软件和信息技术服务业
13	N	O	P教育
14	J	P	J金融业
15	G	J	F批发和零售业
16	D	A	L租赁和商务服务业
17	H	F	A农、林、牧、渔业
18	F	K	K房地产业
19	K	B	B采矿业

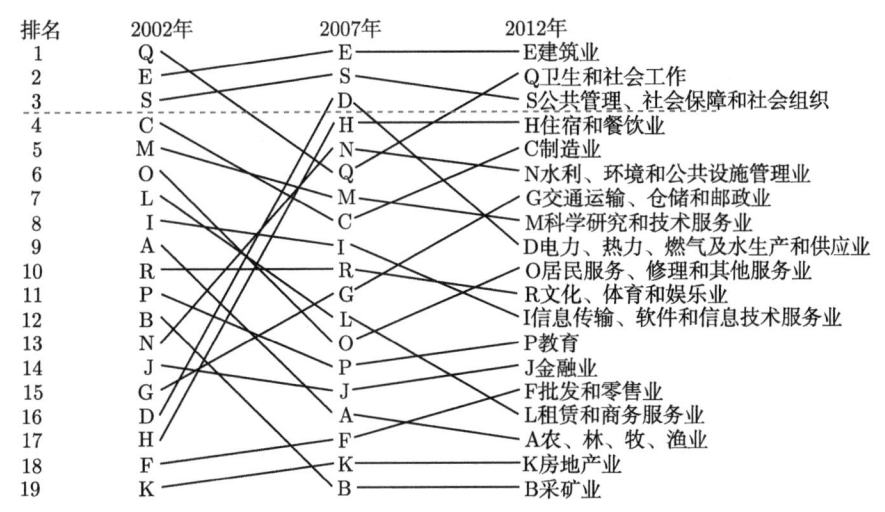

图 8.7　2002、2007、2012 年粤桂对滇黔各产业溢出应排名变化图

排名	2002年	2007年	2012年
1	E	D	D电力、热力、燃气及水生产和供应业
2	S	M	H住宿和餐饮业
3	M	H	C制造业
4	Q	G	G交通运输、仓储和邮政业
5	L	R	M科学研究和技术服务业
6	D	A	E建筑业
7	O	C	F批发和零售业
8	I	O	N水利、环境和公共设施管理业
9	C	L	R文化、体育和娱乐业
10	R	Q	J金融业
11	P	I	A农、林、牧、渔业
12	J	E	I信息传输、软件和信息技术服务业
13	G	J	O居民服务、修理和其他服务业
14	B	P	Q卫生和社会工作
15	N	S	L租赁和商务服务业
16	H	F	S公共管理、社会保障和社会组织
17	F	B	B采矿业
18	K	K	K房地产业
19	A	N	P教育

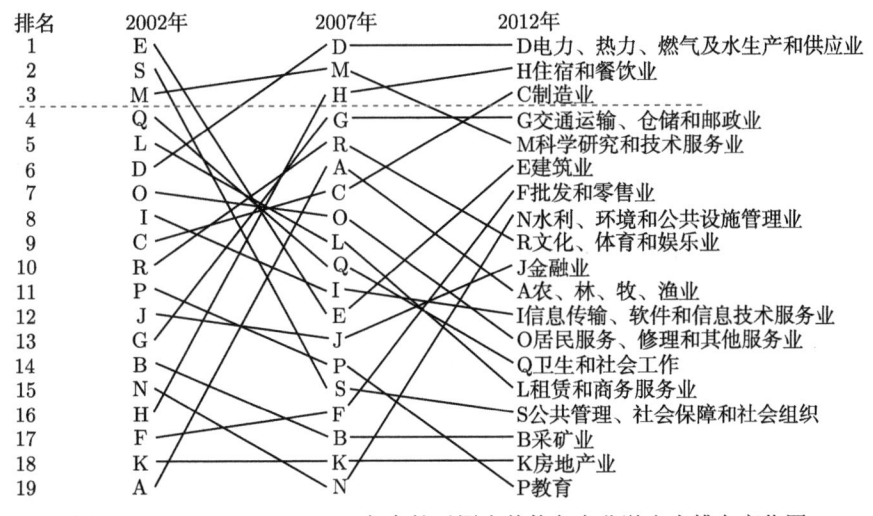

图 8.8　2002、2007、2012 年粤桂对国内其他各产业溢出应排名变化图

对比图 8.7 与图 8.8 可以看出,粤桂区域内各产业对滇黔以及国内其他省份的溢出效应存在差异. 2002 年粤桂各产业对滇黔溢出效应排名前三的产业部门有

卫生和社会工作 (Q)、建筑业 (E)、公共管理、社会保障和社会组织 (S); 对国内其他省份溢出效应排名前三的产业部门分别是建筑业 (E)、公共管理、社会保障和社会组织 (S) 以及科学研究和技术服务业 (M). 即建筑业 (E)、公共管理、社会保障和社会组织 (S) 这两部门在 2002 年对外溢出效应较强, 它们可以更多地带动区域外各部门的产出. 2007 年排名前三位的产业部门中, 电力、热力、燃气及水生产和供应业 (D) 上升为第一, 说明粤桂地区该部门溢出效应迅速上升; 当该部门增加一单位最终产出时, 将引致滇黔、国内其他区域的总产出增加量在所有行业里最多. 这与粤桂地区的资源结构存在密切关系, 粤桂地区能源资源稀少, 水、电等基本生产资料依赖于区域外的资源供应, 西电东送、西气东输等使得东西部地区的经济联系更加紧密, 珠三角区域也不例外.

除此之外还可以得出, 粤桂对滇黔和国内其他省份溢出效应中, 部分产业存在一致性变化, 如水利、环境公共设施管理业 (N)、交通运输仓储和邮政业 (G)、住宿餐饮业 (H), 从 2002 年到 2012 年的排名出现了明显的上升, 这说明粤桂地区的这些部门在近十年里对区域外各部门产出的拉动效应增大, 与区域外各部门的后向关联紧密度增加. 粤桂地区的公共管理、社会保障和社会组织 (S) 对滇黔的溢出效应排名始终在前三位, 对国内其他省份的溢出效应排名则持续下降, 表明相比国内其他地区, 粤桂这一部门与滇黔各部门的关联更为密切.

2) 滇黔对粤桂、国内其他省份

表 8.8 列示了滇黔对粤桂、滇黔对国内其他省份 2002、2007、2012 年三个年份溢出效应的计算结果.

从表 8.8 可以看出, 自 2002 年以来滇黔对粤桂地区的溢出效应总体上在减少, 对国内其他区域的溢出效应总体上在增加. 对比粤桂对滇黔的溢出效应, 发现滇黔对粤桂的溢出效应远大于前者, 表明珠三角区域内省份间的溢出是反向溢出, 是由欠发达地区向发达地区的溢出.

从分部门的情况看, 2002 年滇黔对粤桂 19 部门溢出效应中, 有 8 个部门的溢出效应大于对国内其他省份, 但 2007、2012 年滇黔对粤桂 19 部门的溢出效应均小于滇黔对国内其他省份. 而且, 滇黔对粤桂各部门的溢出效应值在 2007 年有较大幅度的下降, 2012 年有所回升, 但仍然比 2002 年小. 自 2002 年以来, 滇黔对国内其他省份的溢出效应值随时间推移处于持续上升中, 这说明 2002 年滇黔区域内各部门与粤桂各部门的后向关联较为密切, 2007 年后, 滇黔区域内各部门与国内其他地区各部门的后向关联变得更为密切, 与粤桂区域的经济联系越来越弱化.

为详细对比滇黔地区不同年份各行业溢出效应的大小及排名情况, 将 2002、2007、2012 年三个年份各行业按溢出效应大小排序, 画出滇黔对粤桂各产业溢出效应排名趋势变化图如图 8.9 所示; 画出滇黔对国内其他省份各产业溢出效应排

8.3 滇黔、粤桂及其他溢出与反馈效应 · 175 ·

名趋势变化图如图 8.10 所示.

表 8.8　滇黔对粤桂、国内其他省份各行业三个年份溢出效应

行业	2002 年 滇黔→粤桂	2002 年 滇黔→国内其他	2007 年 滇黔→粤桂	2007 年 滇黔→国内其他	2012 年 滇黔→粤桂	2012 年 滇黔→国内其他
A	0.0841	0.1297	0.0382	0.3279	0.0671	0.7875
B	0.1745	0.2575	0.0161	0.1270	0.0942	1.1177
C	0.1807	0.2672	0.0682	0.3667	0.1611	1.4718
D	0.1226	0.1678	0.1174	0.6796	0.1689	1.5499
E	0.2663	0.3380	0.1795	0.3933	0.2778	1.4768
F	0.1344	0.1974	0.0331	0.2147	0.0493	0.5973
G	0.2800	0.2592	0.0590	0.3755	0.1200	1.1780
H	0.2229	0.3518	0.0605	0.4122	0.1066	1.1514
I	0.2593	0.2746	0.0823	0.4294	0.1303	1.2195
J	0.1963	0.2265	0.0629	0.2523	0.0832	0.8581
K	0.1360	0.1090	0.0453	0.1296	0.0665	0.6866
L	0.3468	0.3930	0.1234	0.4153	0.1883	1.5356
M	0.3637	0.3392	0.0727	0.4730	0.0882	1.1374
N	0.5693	0.2032	0.0649	0.0752	0.0794	1.0959
O	0.3811	0.2973	0.0804	0.4429	0.1177	0.9932
P	0.1824	0.1454	0.0185	0.1171	0.0642	0.4532
Q	0.3308	0.3107	0.0840	0.3707	0.2316	0.9504
R	0.4205	0.2667	0.0458	0.3650	0.1161	1.1948
S	0.2151	0.3060	0.1098	0.2171	0.1473	0.6595

排名	2002年	2007年	2012年
1	N	E	E 建筑业
2	R	L	Q 卫生和社会工作
3	O	D	L 租赁和商务服务业
4	M	S	D 电力、热力、燃气及水生产和供应业
5	L	Q	C 制造业
6	Q	I	S 公共管理、社会保障和社会组织
7	G	O	I 信息传输、软件和信息技术服务业
8	E	M	G 交通运输、仓储和邮政业
9	I	C	O 居民服务、修理和其他服务业
10	H	N	R 文化、体育和娱乐业
11	S	J	H 住宿和餐饮业
12	J	H	B 采矿业
13	P	G	M 科学研究和技术服务业
14	C	R	J 金融业
15	B	K	N 水利、环境和公共设施管理业
16	K	A	A 农、林、牧、渔业
17	F	F	K 房地产业
18	D	P	P 教育
19	A	B	F 批发和零售业

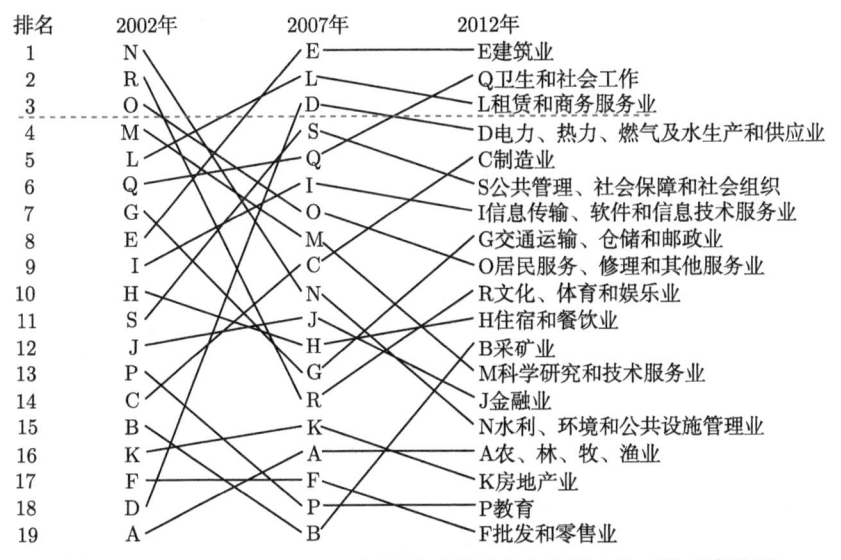

图 8.9　2002、2007、2012 年滇黔对粤桂各产业溢出效应排名变化图

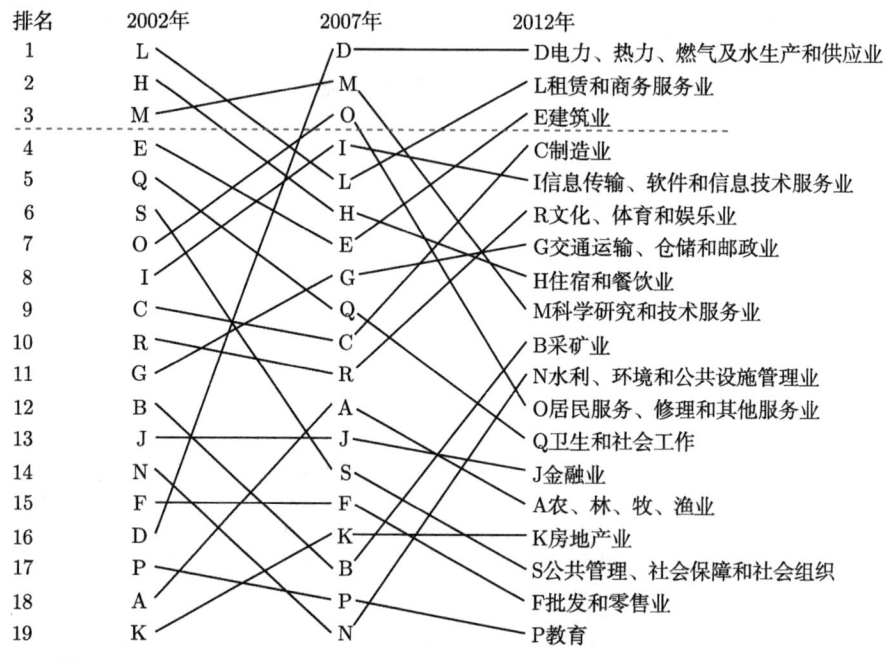

排名	2002年	2007年	2012年
1	L	D	D电力、热力、燃气及水生产和供应业
2	H	M	L租赁和商务服务业
3	M	O	E建筑业
4	E	I	C制造业
5	Q	L	I信息传输、软件和信息技术服务业
6	S	H	R文化、体育和娱乐业
7	O	E	G交通运输、仓储和邮政业
8	I	G	H住宿和餐饮业
9	C	Q	M科学研究和技术服务业
10	R	C	B采矿业
11	G	R	N水利、环境和公共设施管理业
12	B	A	O居民服务、修理和其他服务业
13	J	J	Q卫生和社会工作
14	N	S	J金融业
15	F	F	A农、林、牧、渔业
16	D	K	K房地产业
17	P	B	S公共管理、社会保障和社会组织
18	A	P	F批发和零售业
19	K	N	P教育

图 8.10　2002、2007、2012 年滇黔对国内其他各产业溢出效应排名变化图

图 8.9 与图 8.10 是滇黔三个年份对粤桂和国内其他省份各行业溢出效应排名变化趋势图. 从排名前三的产业部门看, 2002 到 2012 年这十年里发生了较大的变动: 2002 年对粤桂溢出效应前三的部门为水利、环境和公共设施管理业 (N)、文化、体育和娱乐业 (R)、居民服务、修理和其他服务业 (O); 对国内其他省份溢出效应前三名为租赁和商务服务业 (L)、住宿和餐饮业 (H)、科学研究和技术服务业 (M); 2012 年, 建筑业 (E) 以及租赁和商务服务业 (L) 不论对粤桂还是国内其他省份的溢出效应均排在前三位, 说明这两个部门与粤桂以及国内其他省份各部门的后向关联关系变得越来越紧密.

在滇黔对粤桂的溢出效应中, 部分行业排名从 2002 年到 2012 年出现了明显下降, 如文化体育和娱乐业 (R)、水利、环境公共设施管理业 (N)、居民服务、修理和其他服务业 (O)、科学研究和技术服务业 (M), 表明滇黔地区这些部门对粤桂总产出的拉动效应在下降, 对其供给的依赖有所降低. 对国内其他省份溢出效应方面, 滇黔 19 个产业部门中, 住宿和餐饮业 (H)、卫生和社会工作 (Q)、公共管理、社会保障和社会组织 (S) 排名明显下降, 即滇黔区域内这些产业部门对国内其他省份各部门供给的依赖下降.

滇黔对粤桂的溢出效应中, 有些部门排名上升较为明显, 如建筑业 (E)、电力、热力、燃气及水的生产和供应 (D)、制造业 (C)、卫生和社会工作 (Q)、公共管理、社会保障和社会组织 (S), 这些部门对粤桂地区各部门后向关联能力上升, 对其供给的依赖加强. 滇黔对国内其他省份的溢出中, 排名上升较为明显的部门有: 电力、热力、燃气及水的生产和供应 (D)、制造业 (C)、信息传输、软件和信息技术服务业 (I)、交通运输、仓储和邮政业 (G)、文化、体育和娱乐业 (R), 这些部门对国内其他地区各部门后向关联能力上升, 对其供给的依赖加强.

3) 国内其他省份对滇黔、粤桂

国内其他省份对滇黔、粤桂 2002、2007、2012 年三个年份溢出效应的计算结果如表 8.9 所示.

表 8.9 国内其他省份对滇黔、粤桂各行业三个年份溢出效应

行业	2002 年 国内其他 ⟶ 滇黔	2002 年 国内其他 ⟶ 粤桂	2007 年 国内其他 ⟶ 滇黔	2007 年 国内其他 ⟶ 粤桂	2012 年 国内其他 ⟶ 滇黔	2012 年 国内其他 ⟶ 粤桂
A	0.0297	0.0020	0.0352	0.0074	0.0724	0.0162
B	0.0335	0.0024	0.0503	0.0113	0.0577	0.0139
C	0.0691	0.0038	0.1198	0.0223	0.1667	0.0356
D	0.0310	0.0030	0.0714	0.0189	0.0861	0.0170
E	0.0648	0.0061	0.1608	0.0299	0.2103	0.0440
F	0.0322	0.0023	0.0136	0.0030	0.0968	0.0234
G	0.0493	0.0027	0.0158	0.0029	0.1250	0.0280
H	0.0544	0.0031	0.0562	0.0115	0.2300	0.0557
I	0.0436	0.0027	0.0465	0.0100	0.1104	0.0244
J	0.0313	0.0023	0.0162	0.0032	0.0701	0.0161
K	0.0152	0.0010	0.0085	0.0015	0.0414	0.0153
L	0.0622	0.0035	0.0018	0.0002	0.1592	0.0339
M	0.0498	0.0029	0.0257	0.0050	0.1445	0.0321
N	0.0529	0.0033	0.0147	0.0034	0.2619	0.0786
O	0.0591	0.0033	0.0320	0.0062	0.1136	0.0245
P	0.0518	0.0035	0.0159	0.004	0.0639	0.0157
Q	0.0757	0.0039	0.052	0.0097	0.1664	0.0342
R	0.0549	0.0032	0.0111	0.0023	0.0904	0.0205
S	0.0571	0.0038	0.0146	0.0036	0.1073	0.0270

根据表 8.9 可以看出, 对于多数部门而言, 国内其他省份对滇黔的溢出效应大于对粤桂的溢出效应. 而且, 国内其他省份对滇黔和粤桂的溢出要远小于滇黔和粤桂对国内其他省份的溢出. 造成这种现象的原因可能在于: 国内其他省份的地区多, 总量规模大, 区域内产业互补性较强, 因此对珠江流域滇黔、粤桂两区域的溢出效应相对不突出.

为使分析结果更加直观可视,运用表 8.9 的数据,将三个年份国内其他省份对滇黔以及粤桂各行业的溢出效应做雷达图,如图 8.11 所示.

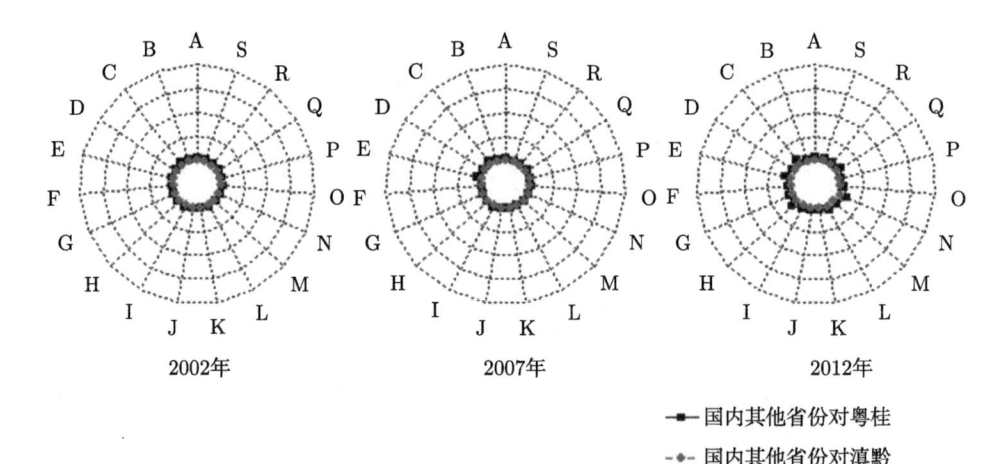

图 8.11 国内其他省份各部门对粤桂、滇黔三个年份溢出效应雷达图 (后向)

根据雷达图 8.11 可知,国内其他省份对滇黔和粤桂的溢出效应都比较小,因此,各部门之间、各区域之间的差异不明显. 总体看来,国内其他省份各部门对粤桂的溢出效应在数值上均小于 0.1; 对滇黔的溢出效应在前两个年份中,仅有 2007 年的制造业 (C)、建筑业 (E) 超过了 0.1, 到 2012 年则有 11 个部门的溢出效应数值上大于 0.1, 其中水利、环境和公共设施管理业 (N) 最高为 0.26, 表明国内其他区域对滇黔区域的溢出效应在增加, 两大区域间的经济联系越来越紧密.

8.3.2.3 反馈效应

根据公式 (8.13) 计算出粤桂、滇黔和国内其他省份三个年份各部门反馈效应, 计算结果如表 8.10 所示. 依据表 8.10 的数据, 将三个区域各部门的反馈效应做雷达图, 具体如图 8.12 所示.

从表 8.10 与图 8.12 中可看出, 粤桂、滇黔以及国内其他省份 2002、2007、2012 年三个年份各部门反馈效应的数值均较小, 这是由于反馈效应是经区域内乘数效应和区域间溢出, 即两次溢出后形成的效应; 而且反馈效应在三个区域间差别不明显. 结合前文的分析结果, 可以得出, 从后向关联关系的测度来看, 相较区域间反馈效应, 区域内乘数效应和区域间溢出效应更为突出、明显.

8.4 珠江流域省区间溢出与反馈效应分析

表 8.10 粤桂、滇黔及国内其他省份各行业历年反馈效应

行业	2002 年 粤桂	2002 年 滇黔	2002 年 国内其他	2007 年 粤桂	2007 年 滇黔	2007 年 国内其他	2012 年 粤桂	2012 年 滇黔	2012 年 国内其他
A	0.0046	0.0007	0.0044	0.0110	0.0025	0.0088	0.0385	0.0090	0.0640
B	0.0078	0.0016	0.0053	0.0038	0.0011	0.0133	0.0219	0.0122	0.0522
C	0.0103	0.0016	0.0106	0.0134	0.0033	0.0279	0.0606	0.0175	0.1473
D	0.0082	0.0011	0.0050	0.0176	0.0070	0.0231	0.0478	0.0140	0.0755
E	0.0138	0.0024	0.0103	0.0111	0.0048	0.0380	0.0567	0.0203	0.1875
F	0.0062	0.0013	0.0051	0.0036	0.0014	0.0034	0.0403	0.0076	0.0805
G	0.0077	0.0025	0.0077	0.0124	0.0031	0.0037	0.0566	0.0145	0.1119
H	0.0065	0.0021	0.0082	0.0125	0.0035	0.0139	0.0645	0.0136	0.2073
I	0.0092	0.0024	0.0068	0.0092	0.0041	0.0114	0.0391	0.0156	0.0954
J	0.0073	0.0018	0.0049	0.0048	0.0021	0.0037	0.0413	0.0117	0.0600
K	0.0040	0.0012	0.0024	0.0029	0.0011	0.0019	0.0207	0.0091	0.0405
L	0.0105	0.0031	0.0097	0.0104	0.0037	0.0004	0.0346	0.0212	0.1398
M	0.0113	0.0033	0.0078	0.0139	0.0041	0.0063	0.0586	0.0153	0.1297
N	0.0075	0.0049	0.0081	0.0035	0.001	0.0037	0.0400	0.0141	0.2511
O	0.0099	0.0034	0.0091	0.0102	0.0045	0.0075	0.0336	0.0133	0.0994
P	0.0085	0.0016	0.0081	0.0074	0.0010	0.0042	0.0204	0.0059	0.0570
Q	0.0119	0.003	0.0117	0.0125	0.0042	0.0121	0.0370	0.0130	0.1469
R	0.0088	0.0037	0.0085	0.0125	0.0031	0.0027	0.0442	0.0156	0.0807
S	0.0118	0.0020	0.0089	0.0074	0.0023	0.0038	0.0277	0.0096	0.0982

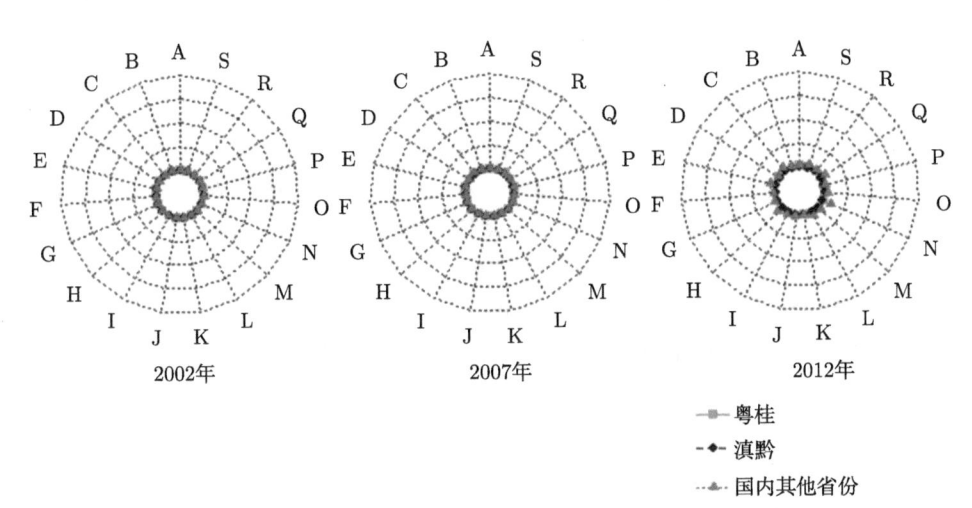

图 8.12 粤桂、滇黔以及国内其他各部门三个年份反馈效应雷达图

8.4 珠江流域省区间溢出与反馈效应分析

为进一步分析滇、黔、桂、粤各部门在珠江流域产业后向关联关系中所处的位置，将区域间投入产出表在区域上进行细分. 单独将某一省区列为一个区域，珠江

流域其他三个省区归为第二个区域，珠江以外国内其他省区作为第三个区域，基于此，涉及五个区域的区域间投入产出表将合并为三区域投入产出表．本节将根据每一次合并后的三区域投入产出表，进行溢出效应与反馈效应分析．

8.4.1　粤、滇黔桂及国内其他省区间

将珠江流域广东省作为第一区域，将流域内云南省、贵州省和广西合并为第二区域，国内其他省份作为第三区域．由此考察珠江流域粤、滇黔桂、国内其他三大区域之间的乘数效应、溢出效应和反馈效应．

运用公式 (8.7) 计算出粤、滇黔桂及国内其他三区域乘数效应、溢出效应和反馈效应，并按公式 (8.10)~公式 (8.12) 计算出三区域 2002、2007、2012 年三个年份三种效应的大小及其贡献率，结果如表 8.11 所示．

表 8.11　粤、滇黔桂、国内其他三区域三种效应汇总表

效应类别	2002 年 数值	2002 年 贡献率	2007 年 数值	2007 年 贡献率	2012 年 数值	2012 年 贡献率
乘数效应	38.2206	86.76%	24.7881	85.07%	24.5759	60.70%
粤 → 滇黔桂溢出效应	0.3787	0.86%	0.4449	1.53%	0.8319	2.05%
粤 → 国内其他溢出效应	5.3067	12.05%	3.7335	12.81%	14.3974	35.56%
反馈效应	0.1463	0.33%	0.1719	0.59%	0.6823	1.69%

根据表 8.11 可知，2002、2007、2012 年广东省乘数效应值分别为 38.2206、24.7881 以及 24.5759，表明广东省内 19 个部门同时增加一单位最终产出时，由于本区域内各部门之间的后向关联影响，在 2002 年可增加广东省内 38.2206 单位总产出，在 2007 年可增加 24.7881 单位，2012 年可增加 24.5759 单位；乘数效应系数值总体呈现下降趋势，与此伴随的贡献率也呈下降趋势．横向来看，三种效应中，乘数效应的贡献率最高．纵向来看，广东省对外的溢出效应、反馈效应均在增加，乘数效应下降；表明广东各部门对外的后向关联在逐渐加强，自我拉动力减弱．

从溢出效应看，分为广东省对珠江流域滇黔桂的溢出效应，以及对国内其他省份的溢出效应．广东省对珠江滇黔桂溢出效应系数在 2002、2007、2012 年分别为 0.3787、0.4449 以及 0.8319，意味着广东 19 个部门同时增加一单位最终产出时，通过区域间产业后向关联关系，将带动珠江滇黔桂区域总产出三个年份分别增加 0.3787 单位、0.4449 单位和 0.8319 单位．显然，广东省对珠江滇黔桂的溢出效应总体呈上升趋势，与此相伴的贡献率同样呈现上升趋势．广东省对国内其他省份的溢出效应系数在 2002、2007、2012 年分别为 5.3067、3.7335 以及 14.3974，表示广东 19 个部门同时增加一单位最终产出时，可带动国内其他省份总产出分

别增加 5.3067 单位、3.7335 单位以及 14.3974 单位. 从贡献率看, 广东省对国内其他省份的溢出效应的影响在持续上升, 在 2012 年甚至达到了 35.56%. 综合来看, 广东省各部门对国内其他省份的外溢影响大于对珠江滇黔桂三省区的外溢影响.

从反馈效应来看, 广东省区域间反馈效应在 2002、2007、2012 年分别为 0.1463、0.1719、0.6823. 表示广东省 19 个部门同时增加一单位最终产出时, 通过区域间溢出反馈作用, 在 2002、2007、2012 年三个年份分别为广东省增加总产出 0.1463 单位、0.1719 单位、0.6823 单位. 从数值来看, 显然区域间反馈效应随时间推移呈现上升趋势, 但总体上反馈效应对其经济影响程度最小.

8.4.2 桂、滇黔粤及国内其他省区间

将珠江流域的广西作为第一区域, 将广东省、云南省以及贵州省合并作为第二区域, 国内其他省份作为第三区域, 对区域间投入产出表进行合并整理, 以此为数据基础分析桂、滇黔粤、国内其他三大区域之间的乘数效应、溢出效应和反馈效应.

按前文相应公式计算出以广西地区为核心的, 2002、2007、2012 年三个年份桂、滇黔粤、国内其他三区域三种效用数值及其贡献率, 结果如表 8.12 所示.

表 8.12 桂、滇黔粤、国内其他三区域三种效应汇总表

效应类别	2002 年 数值	贡献率	2007 年 数值	贡献率	2012 年 数值	贡献率
乘数效应	19.0480	64.74%	19.2036	70.71%	18.9919	50.69%
桂→滇黔粤溢出效应	3.4083	11.58%	2.0600	7.58%	2.5247	6.74%
桂→国内其他溢出效应	5.1704	17.57%	5.2439	19.31%	14.7695	39.42%
反馈效应	1.7975	6.11%	0.6516	2.40%	1.1785	3.15%

从乘数效应看, 2002、2007、2012 年广西的乘数效应值分别为 19.0480、19.2036、18.9919, 变化不明显; 但与此相伴随的贡献率波动较大, 由 64.74% 上升到 70.71%, 2012 年大幅下降至 50.69%, 这与广东省乘数效应贡献率的下降趋势表现类似. 三个年份乘数效应大小表示广西 19 个部门同时增加一单位最终产出时, 本省区各部门之间的关联关系将影响广西地区总产出增加约 19 个单位.

从溢出效应看, 三个年份中广西对珠江滇黔粤的溢出效应分别为 3.4083、2.0600、2.5247, 呈波动下降趋势. 广西地区各部门同时增加一单位最终产出时, 通过区域间产业关联关系, 在 2002 年可带动滇黔粤三省总产出增加 3.4083 单位, 之后开始下降. 与此相伴随的贡献率也呈现明显下降趋势, 由 11.58% 下降到 6.74%. 广西对国内其他省份溢出效应在 2002、2007、2012 年三个年份依次上升,

分别为 5.1704、5.2439、14.7695；广西地区各部门在 2012 年增加一单位最终产出，可带动国内其他省份总产出增加 14.7695 单位，是 2002 年的 2.8565 倍．与此同时，其贡献率也由 2002 年的 17.57% 提高到 2012 年的 39.42%，翻了一倍还多．对比可知，广西对国内其他省份的溢出效应远高于对滇黔粤的溢出，且两者的差距随时间推移而增加．也就是说，相比珠江流域内，广西经济发展拉动更多的是珠江流域外的地区．

从反馈效应来看，广西的反馈效应在 2002、2007、2012 年分别为 1.7975、0.6516 以及 1.1785，呈现先下降后回升的波动下降趋势；相应的贡献率也显示相似的下降趋势．到 2012 年，广西地区各部门增加一单位最终产出时，由区域间溢出再反馈作用可使广西地区总产出增加 1.1785 个单位；此时，这一反馈效应在总效应中的占比为 3.15%，即贡献率为 3.15%．

8.4.3 滇、黔桂粤及国内其他省区间

将云南省单独作为一个区域，将贵州、广西、广东作为一个区域，国内其他省份作为一个区域，据此建立三区域的区域间投入产出表，分析滇、黔桂粤、国内其他三大区域之间的乘数效应、溢出效应和反馈效应．

依照相关公式计算 2002、2007、2012 年三个年份滇、黔桂粤、国内其他三区域三种效用大小及贡献率，结果如表 8.13 所示．

表 8.13 滇、黔桂粤、国内其他三区域三种效应汇总表

效应类别	2002 年 数值	2002 年 贡献率	2007 年 数值	2007 年 贡献率	2012 年 数值	2012 年 贡献率
乘数效应	19.5230	71.79%	19.7864	69.09%	19.6488	41.94%
滇 → 黔桂粤溢出效应	4.5576	16.76%	1.7495	6.11%	2.9267	6.25%
滇 → 国内其他溢出效应	3.0723	11.30%	6.5237	22.78%	22.7915	48.65%
反馈效应	2.1850	8.03%	0.5802	2.03%	1.4778	3.15%

从乘数效应来看，云南省各产业部门在 2002、2007、2012 年乘数效应合计值分别为 19.5230、19.7864、19.6488，三个年份基本保持不变，表明十年来当云南省各部门每增加一单位最终产出时，部门之间的后向关联关系将使得云南省总产出增加约 19 个单位．乘数效应的贡献率整体呈现急剧下降趋势，即乘数效应在总效应中的占比随时间变化快速下降，由 2002 年的 71.79% 下降为 2012 年的 41.94%．

从溢出效应看，云南省对珠江黔桂粤溢出效应系数在三个编表年份中分别为 4.5576、1.7495、2.9267；对国内其他省份溢出效应系数分别为 3.0723、6.5237、22.7915；不难发现前者有所下降，后者上升迅速．对比后可以得出，五年间云南各

部门对国内其他省份的外溢影响要大于对珠江黔桂粤区域的外溢影响,且相应的贡献率存在相同变化趋势.

从反馈效应来看,云南省区域间的反馈效应系数 2002、2007、2012 年分别为 2.1850、0.5802、1.4778,与此相随的贡献率亦呈波动下降趋势,由 2002 年的 8.03%下降到 2007 年的 2.03%,2012 年回升至 3.15%.

8.4.4 黔、滇桂粤及国内其他省区间

将贵州省单独作为一个区域,将云南、广西、广东作为一个区域,国内其他省份作为一个区域,由此分析黔、滇桂粤、国内其他三大区域之间的乘数效应、溢出效应和反馈效应.依照相关公式计算 2002、2007、2012 年三个年份三种效应大小及贡献率,结果如表 8.14 所示.

表 8.14　黔、滇桂粤、国内其他三区域三种效应汇总表

效应类别	2002 年		2007 年		2012 年	
	数值	贡献率	数值	贡献率	数值	贡献率
乘数效应	19.6269	72.70%	19.5338	70.92%	19.6488	41.94%
黔 → 滇桂粤溢出效应	2.1940	8.13%	1.3244	4.81%	2.9266	6.25%
黔 → 国内其他溢出效应	4.1381	15.33%	6.2334	22.63%	22.7914	48.65%
反馈效应	1.0399	3.85%	0.4499	1.63%	1.4776	3.15%

根据表 8.14 可以看出,三个编表年份贵州省各部门的乘数效应系数均稳定在 20 左右,当贵州省各部门增加一单位最终产出时,则可拉动本省总产出增加近 20 个单位.贵州省乘数效应贡献率整体呈现明显的下降趋势,由 2002 年的 72.70%下降到 2012 年的 41.94%,这与珠江流域其他三省区乘数效应变化趋势一致.

贵州省对滇桂粤的溢出效应在 2002、2007、2012 年分别为 2.1940、1.3244、2.9266,波动中略有上升,截至 2012 年,贵州省各部门均增加一单位最终产出将带动滇桂粤三省总产出增加 2.9266 个单位.贵州省对国内其他省份溢出效应系数在十年间上升幅度较大,由 2002 年的 4.1381 增加至 2012 年的 22.7914;且与此相伴随的贡献率也呈现快速上升态势,2012 年贡献率达到了 48.65%,表明贵州省所有产业产出对国内其他省份的经济影响在增大,并且对国内其他省份的外溢影响要大于对珠江滇桂粤区域的外溢影响.

贵州省区域间反馈效应系数在三个年份的值分别是 1.0399、0.4499、1.4776,与乘数效应、溢出效应相比,显然小得多;与此对应的反馈效应贡献率值亦小,且有略微下降,贡献率由 2002 年的 3.85%下降到 2012 年的 3.15%.

综合三个编表年度三个区域间的经济影响来看,珠江流域四省区乘数效应总体均呈现出下降趋势,这说明各省区内部门之间的影响能力下降了.从乘数效应

系数大小来看,广东省乘数效应的影响远高于其他三省.从溢出效应来看,滇黔桂粤各个省区与珠江流域除自身以外的其他省份各部门之间的后向关联关系在弱化,与国内其他省份各部门之间的后向关联关系在加强,这说明各省区受到国内其他地区的部门影响力上升了,而受到珠江流域其他省份的影响下降了.从溢出效应占总效应的比重即贡献率来看,广东省远小于其他三省.珠江流域滇黔桂三省区对外溢出效应所带来的影响程度较大,其部门经济受到区域外的影响更强一些,进一步说明越不发达的区域对外溢出效应越强.

第 9 章 珠江流域工业空间溢出效应分析

随着经济深入发展, 社会经济活动的范围由点到面进行扩展, 跨省或是跨区域经济合作已成为一种促进经济增长的着力点. 因此, 探讨经济的空间影响力, 特别是从部门经济出发, 分析各地区各部门对其他地区经济发展的带动作用显得十分必要. 第 8 章已运用投入产出部门分解分析法, 进行了珠江流域地区间、省区间溢出与反馈效应的研究. 工业是一个地区经济发展的引擎, 因此有必要对珠江流域区域间工业做进一步深入的研究. 本章将从空间计量的角度出发, 运用珠江流域区域间投入产出表以及工业部门相关数据, 将投入产出直接消耗系数与空间计量经济模型相融合, 构建出投入产出计量经济的联合模型 (SP-EC + IO), 分析珠江流域工业部门的空间溢出效应.

综合来看, 已有研究文献多显示西南地区区域间主要存在内部溢出效应, 且工业部门往来密切. 据研究资料显示, 珠江流域滇黔桂粤四省区的工业主要集中在省会城市附近, 偏离省会城市的地区工业分布较少, 从工业部门的地理分布也可以看出, 珠江流域各省区工业可能存在产业空间聚集现象. 因此本章单独对珠江流域的工业部门进行研究, 从部门和区域两个角度对滇黔桂粤四省区的产业溢出效应进行分析.

9.1 相关研究综述

9.1.1 溢出效应分析综述

已有的关于区域间经济溢出效应的研究按方法可以分为两大类, 一类是基于区域间投入产出关系的分解: Miller(1963) 通过分析两地区投入产出模型测度了地区间经济反馈效应, 但他并没有明确提出这种区域间溢出效应的概念以及测度的具体方法. 潘文卿和李子奈 (2007) 在两地区投入产出模型的基础上, 改进了区域间溢出效应与反馈效应的测度, 并且在此基础上考察了中国内陆和沿海经济影响之间的反馈与溢出效应, 通过研究发现沿海地区的经济发展对内陆地区的影响并不显著. Groenewold 等 (2007) 对中国东、中、西三大经济区域的溢出效应进行了分析, 结论显示东部沿海地区向中、西部地区溢出显著; 中部地区向西部地区溢出显著; 不存在西部地区向东、中部地区的溢出. 2008 年, Groenewold 等再次将中国更加具体地划分为东南、长江流域、黄河流域、东北、西北、西南六个大的经济区域, 并且分别考察了这六个区域之间的溢出效应, 得出的结论同样是西南地区依旧不存在对外的溢出效应. 吴福象和朱蕾 (2010) 对 Miller 两区域模型进行了扩展, 将中国整体划分为东、中、西三个区域, 编制三区域的区域间投入产出表, 通过投入产出模型乘法分解计算出中国东、中、西三地区的乘数效应、溢出效应、反馈效应. 潘文卿 (2012) 提到我国沿海地区对内陆地区的溢出效应影响不是很大. 潘文卿 (2015) 采用日本亚洲经济研究所编制的 1995 年亚洲国家区域间投入产出表, 运用加法分解对与中国关联最为紧密的 9 个国家 7 部门数据进行了分析. 赵果庆等 (2015) 运用空间计量方法, 构建出投入产业关联面板模型研究了 FDI 溢出效应, 全面估计了 FDI 在产业内关联、产业前向关联和后向关联溢出效应.

另一类是基于地理空间加权的计量分析, 从地理学 "第一定律" 出发, 以地理距离或经济距离作为权重矩阵, 分析某一因素导致的经济增长. 马国霞 (2007) 对中国制造业两个产业之间空间集聚度做了研究, 显示驱动中国制造业产业间积聚的机制在于纵向投入产出关系和规模外部经济, 地理临近有助于这种机制的强化.

综合来看, 可以认为西南地区区域间主要存在内部的溢出效应. 因此单独对珠江流域滇黔桂粤区域间的工业溢出效应进行分析是很有必要的.

9.1.2 EC+IO 联合模型综述

投入产出法 (Input-Output, IO) 是一种可以综合系统分析国民经济各部门、再生产各环节之间数量依存关系的经济数量分析方法. 这一方法利用相对稳定的经济参数如直接消耗系数、完全消耗系数等描述各个生产部门的内在联系, 反映不同部门之间的货物和服务流量. 但投入产出法所基于的一系列假定: 同质性假定、比例性假定、替代性假定, 与复杂的处处充满随机性的现实经济系统不相符. 因此学者们分别运用计算数学、计量经济学、空间结构等理论对投入产出模型进行的扩展. 计量经济 (Econometric, EC) 模型通常是动态的, 包含随机项, 将计量经济模型与投入产出模型相结合, 通过建立 EC + IO 联合模型对现实的经济问题进行分析, 将极大地提高两类模型单独分析问题的能力.

EC + IO 联合模型是由投入产出模型及一组计量经济方程组成, 这一领域的研究最初开始于 Isard 等 (1960), 但对于较大模型体系的实施与预测的研究进展很慢. 联合模型与传统的经济结构计量模型相比, 能提供更准确的预测 (Glennon et al., 1987; Moghadam and Ballard, 1988; Rey, 1999). 所以, 不少国家都有自己的联合模型, 最著名的全国 EC + IO 联合模型是 INFORUM 模型和 Wharton 模型 (Grassini, 1983; Preston, 1975). 国内对 EC + IO 联合模型的研究不多, 且表述不一. 主要有李善同、潘省初等 (1995) 提出的中国宏观经济多部门动态 MUDAN 模型, 实质是将 IO 模型适合模拟结构变动的特点和 EC 模型的动态特点有机地结合在一起. 廖明球 (2007) 利用 EC 模型起动 IO 模型研究北京奥运经济, 建立了与 IO 表对应的柯布–道格拉斯生产函数、消费需求函数和投资需求函数, 对奥运年的供需平衡进行预测. 张江波等 (2006) 针对管理系统建立了 EC + IO 联合模型, 并指出可用 OLS 法估计有关参数, 没有提及模型的具体应用.

本章尝试着将空间计量经济模型 (Spatial Econometric, SP-EC) 与投入产出模型融合, 以传统柯布–道格拉斯生产函数为基础, 依据 2012 年 42 部门珠江流域区域间投入产出表, 将柯布–道格拉斯生产函数加入以投入产出系数表征的空间产业关联矩阵, 通过这种方式将空间计量经济模型 (SP-EC) 与投入产出模型 (IO) 进行融合, 建立 SP-EC + IO 联合模型. 联合模型结合了投入产出模型和空间计量经济模型的优点, 利用了投入产出法之部门分解的性质, 并尝试把它添加到动态框架内, 对其线性限制进行了扩展. 运用扩展后的 SP-EC + IO 联合模型对滇黔桂粤四省区 17 个工业部门的空间溢出效应进行研究.

9.2 基于产业关联的溢出效应模型

9.2.1 计量经济基础模型

考虑资本与劳动对产出的影响. 在没有空间产业关联的情况下, 柯布–道格拉斯 (Cobb&Douglas) 生产函数如式 (9.1).

$$Y = AK^{\alpha}L^{\beta}e^{\mu} \tag{9.1}$$

其中, Y, K, L, A 分别代表产出、资本投入量、劳动投入量以及当时的技术水平. α, β 分别代表资本的产出弹性与劳动的产出弹性. 式 (9.1) 两边取对数变换后即呈现线性计量方程如式 (9.2).

$$\text{Ln}Y = \text{Ln}A + \alpha\text{Ln}K + \beta\text{Ln}L + \mu \tag{9.2}$$

9.2.2 溢出效应模型

式 (9.2) 就是本节的基础模型形式, 即没有产业空间相关性参与时资本与劳动的投入对产出影响的计量模型. 产业间的相互关联会对技术 (广义的技术, 包括投入要素质量的提高) 乃至人力资本的流动产生直接和间接的影响. 其中产业空间相关性的根本出发点是基于地理学第一定律, 即空间上分布的事物是相互联系的. 空间相邻自相关是指一个区域分布的地理事物的某一属性和其他相邻事物的同种属性之间存在相关关系, 空间相关揭示了观测变量与地理要素之间的紧密程度.

显然, 珠江流域滇黔桂粤四省区工业产业之间的关联必然使其工业产出存在联系. 要考察这种联系对各省工业产出的影响, 必须确定珠江流域四省区之间的工业是否存在空间自相关, 因此, 产业空间相关系数矩阵成为分析的关键. 本章采用直接消耗系数来表示两两产业之间的空间相关关系, 并将区域间的直接消耗系数矩阵 A 处理成为对角矩阵和非对角矩阵两个部分, 如式 (9.3) 所示.

$$\begin{bmatrix} A_{11} & A_{12} & A_{13} & A_{14} \\ A_{21} & A_{22} & A_{23} & A_{24} \\ A_{31} & A_{32} & A_{33} & A_{34} \\ A_{41} & A_{42} & A_{43} & A_{44} \end{bmatrix} = \begin{bmatrix} A_{11} & & & \\ & A_{22} & & \\ & & A_{33} & \\ & & & A_{44} \end{bmatrix} + \begin{bmatrix} 0 & A_{12} & A_{13} & A_{14} \\ A_{21} & 0 & A_{23} & A_{24} \\ A_{31} & A_{32} & 0 & A_{34} \\ A_{41} & A_{42} & A_{43} & 0 \end{bmatrix} \quad (9.3)$$

若令

$$\omega = \begin{bmatrix} A_{11} & A_{12} & A_{13} & A_{14} \\ A_{21} & A_{22} & A_{23} & A_{24} \\ A_{31} & A_{32} & A_{33} & A_{34} \\ A_{41} & A_{42} & A_{43} & A_{44} \end{bmatrix}, \quad \omega_1^* = \begin{bmatrix} A_{11} & & & \\ & A_{22} & & \\ & & A_{33} & \\ & & & A_{44} \end{bmatrix},$$

$$\omega_2^* = \begin{bmatrix} 0 & A_{12} & A_{13} & A_{14} \\ A_{21} & 0 & A_{23} & A_{24} \\ A_{31} & A_{32} & 0 & A_{34} \\ A_{41} & A_{42} & A_{43} & 0 \end{bmatrix}$$

其中, ω 矩阵是珠江流域四省区各工业部门空间相关系数矩阵, ω_1 矩阵表示珠江流域各省区内工业部门直接消耗系数矩阵块, 表示区域内关联. 将 ω_1^* 的对角线元提出, 构成对角矩阵 ω_0, 则 ω_0 表示各省工业部门产业内溢出, 即水平异质性. 记 $\omega_1 = \omega_1^* - \omega_0$, 则 ω_1 表示区域内产业间的溢出效应. ω_2^* 矩阵表示珠江流域各省区间工业产业部门间关联, 即纵向异质性. 进一步把 ω_2^* 分为前向关联矩阵 ω_2 和后向关联矩阵 ω_3, 如式 (9.4) 所示.

$$\omega_2 = \begin{bmatrix} 0 & A_{21} & A_{31} & A_{41} \\ A_{12} & 0 & A_{32} & A_{42} \\ A_{13} & A_{23} & 0 & A_{43} \\ A_{14} & A_{24} & A_{34} & 0 \end{bmatrix}, \quad \omega_3 = \begin{bmatrix} 0 & A_{12} & A_{13} & A_{14} \\ A_{21} & 0 & A_{23} & A_{24} \\ A_{31} & A_{32} & 0 & A_{34} \\ A_{41} & A_{42} & A_{43} & 0 \end{bmatrix} \quad (9.4)$$

其中, ω_3 表示珠江流域区域四省工业部门间前向关联矩阵, ω_2 为 ω_3 的转置, 表示珠江流域四省区工业部门间后向关联矩阵.[①]

以计量经济模型如式 (9.2) 为基础, 加入产业部门间的空间关联矩阵, 即用区域间投入产出直接消耗系数阵表示. 产业部门间的空间相关性不仅对资本的产出效应产生影响, 也对劳动的产出效应产生影响. 各省区内的产业相关和省区之间的产业相关将对整个珠江流域的工业部门的产出产生影响. 将式 (9.2) 加入产业空间相关矩阵, 则可构建出空间计量经济与投入产出联合模型 (SP-EC + IO), 如式 (9.5).

$$LnY = LnA + \alpha LnK + \beta LnL + \lambda_0\omega_0 LnK + \lambda_1\omega_1 LnK + \lambda_2\omega_2 LnK$$
$$+ \lambda_3\omega_3 LnK + \eta_0\omega_0 LnL + \eta_1\omega_1 LnL + \eta_2\omega_2 LnL + \eta_3\omega_3 LnL + \mu \quad (9.5)$$

其中, λ 和 η 分别表示待估参数; ω 矩阵可以取四种形式, 分别代表水平溢出效应矩阵、区域内产业间溢出效应矩阵、前向溢出效应矩阵、后向溢出效应矩阵.

9.3 空间溢出效应模型估计与分析

9.3.1 部门分类、数据来源与说明

根据本课题组编制的珠江流域 2012 年 42 部门区域间投入产出表, 将工业部门细分为 17 个行业, 行业的具体名称如表 9.1 所示.

表 9.1 珠江流域区域间投入产出表工业部门分类名称及代码

产业代码	部门产业名称	产业代码	部门产业名称
1	采矿业	10	金属制品业
2	食品加工业	11	通用设备及专用设备
3	纺织业	12	交通运输设备
4	木材加工及家具制作业	13	电气机械和器材
5	造纸印刷和文教体育用品	14	通信设备、计算机和其他电子设备
6	石油、炼焦产品和核燃料加工品	15	仪器仪表、办公用品制造业
7	化学工业	16	其他制造业
8	非金属矿物制品业	17	电力、热力、水的生产和供应业
9	金属冶炼和压延加工业		

工业部门分行业的总产出、资本投入、劳动投入数据均来自国研网统计数据库中工业统计数据库. 对应编表年份, 工业总产出 Y 为 2012 年滇黔桂粤四省区 17 个部门规模以上工业企业的工业总产值 (亿元), 资本投入 K 为 2012 年四省区 17 部门的资产合计 (亿元, 包括固定资产和流动资产), 劳动投入 L 为 2012 年

---
① 赵果庆, 等. 中国 FDI 双重集聚与效应. 北京: 中国社会科学出版社, 2015: 156-157.

四省区 17 部门的全部从业人员年平均数 (万人). 分省区的变量描述统计如表 9.2 所示.

表 9.2 主要变量的描述统计

省份	变量名称	最小值	最大值	均值	标准差
广东	资产合计 K(亿元)	543.35	14969.16	4054.64	3781.72
	从业人员数 L(万人)	2.87	310.84	80.62	84.99
	工业总产值 Y(亿元)	616.77	21756.91	5483.39	4899.76
广西	资产合计 K(亿元)	14.04	2234.80	666.25	671.26
	从业人员数 L(万人)	0.41	21.30	8.93	6.18
	工业总产值 Y(亿元)	28.26	2520.78	866.58	728.94
贵州	资产合计 K(亿元)	10.92	2243.01	472.48	659.80
	从业人员数 L(万人)	0.20	28.49	4.96	7.04
	工业总产值 Y(亿元)	7.65	1258.80	359.53	451.53
云南	资产合计 K(亿元)	13.34	3450.88	731.77	1039.44
	从业人员数 L(万人)	0.24	20.67	5.62	6.80
	工业总产值 Y(亿元)	10.64	2265.22	508.30	712.82
合计	资产合计 K(亿元)	10.92	14969.16	1481.28	2476.77
	从业人员数 L(万人)	0.20	310.84	25.03	52.96
	工业总产值 Y(亿元)	7.65	21756.91	1804.45	3262.43

从分省的工业资本投入、劳动投入和工业总产值来看, 广东省是珠江流域最大的经济体, 该省 17 个工业部门的资产合计均值、从业人员数均值和工业产值均值均远远高于珠江流域四省的均值. 广东省的 17 工业部门资产合计、从业人员数合计、工业总产值合计占珠江流域四省区总和的 68.43%、80.51% 和 75.97%. 贵州省是珠江流域最小的经济体, 其 17 个工业部门资产合计、从业人员数合计、工业总产值合计仅占珠江流域四省区合计数的 7.97%、4.96% 和 4.98%. 广东省作为珠江流域经济增长的龙头, 是否对其他省份的经济产生了外部性, 带动了流域内其他省份工业经济的增长?

珠江流域四省区的工业产业结构也有着明显的区别, 如表 9.3 所示.

由表 9.3 可知, 2012 年广东工业产值最大的部门是通信设备、计算机和其他电子设备制造业 (14)、电气机械和器材制造业 (13)、化学工业 (7) 和纺织业 (3), 这四个部门的工业总产值占到了广东省工业总产值的 50.38%. 广西工业产值最大的部门是金属冶炼和压延加工业 (9)、食品加工业 (2)、交通运输设备制造业 (12) 和化学工业 (17), 这四个部门的工业总产值占到了广西工业总产值的 52.74%. 贵州工业产值最大的部门是采矿业 (1)、电力、热力、水的生产和供应业 (17)、食品加工业 (2)、金属冶炼和压延加工业 (9) 和化学工业 (7), 这五个部门的工业总产值占到了贵州省工业总产值的 82.68%. 云南工业产值最大的部门是金属冶炼和压延加工业 (9)、食品加工业 (2)、化学工业 (7)、电力、热力、水的生产和供应业 (17) 和采矿业 (1), 这五个部门的工业总产值占到了云南省工业总产值的 84.68%.

9.3 空间溢出效应模型估计与分析

表 9.3 珠江流域四省的工业总产值和工业结构

部门	工业总产值 (亿元)				工业总产值占比 (%)			
	广东	广西	贵州	云南	广东	广西	贵州	云南
1	1270.03	586.69	1258.80	883.85	1.36	3.98	20.60	10.23
2	5037.91	2355.17	880.86	1994.51	5.40	15.99	14.41	23.08
3	6625.43	386.74	22.84	24.93	7.11	2.63	0.37	0.29
4	1749.33	618.99	68.66	43.94	1.88	4.20	1.12	0.51
5	5545.97	440.27	44.27	165.48	5.95	2.99	0.72	1.92
6	3397.50	973.72	111.51	254.41	3.64	6.61	1.82	2.94
7	9116.59	1191.60	825.16	1094.16	9.78	8.09	13.50	12.66
8	3101.99	982.97	321.60	338.22	3.33	6.67	5.26	3.91
9	4525.15	2520.78	877.64	2265.22	4.85	17.11	14.36	26.21
10	3887.80	205.65	56.17	73.52	4.17	1.40	0.92	0.85
11	4418.38	541.50	73.59	132.17	4.74	3.68	1.20	1.53
12	5030.05	1701.29	200.14	167.46	5.40	11.55	3.27	1.94
13	9465.40	484.94	75.98	79.23	10.15	3.29	1.24	0.92
14	21756.91	533.52	58.05	19.30	23.34	3.62	0.95	0.22
15	616.77	28.26	7.65	13.59	0.66	0.19	0.13	0.16
16	1277.00	82.24	17.99	10.64	1.37	0.56	0.29	0.12
17	6395.44	1097.53	1211.03	1080.43	6.86	7.45	19.81	12.50

从表 9.3 中还可以看出, 滇黔两省的工业产业结构具有高度的相似性, 广东的工业结构和滇黔两省具有互补性, 广西的工业结构则处于这两种结构的中间地带. 珠江四省工业产业间的关联关系对各自工业经济的增长有什么样的作用? 这种作用是否促进了珠江流域工业经济的协调发展?

9.3.2 产业部门空间相关性检验

首先要考察珠江流域区域的工业部门间是否存在空间上的自相关, 这里使用 Moran's I(莫兰指数 I), 即莫兰指数来辨识是否存在空间自相关. 莫兰指数 I 计算公式如式 (9.6).

$$莫兰指数 I = \frac{\sum_{i=1}^{N}\sum_{j=1}^{N} W_{ij}(Y_i - \overline{Y})(Y_j - \overline{Y})}{S^2 \sum_{i=1}^{N}\sum_{j=1}^{N} W_{ij}} \tag{9.6}$$

其中, Y_i 表示第二产业第 i 产业部门的产出. 运用珠江流域 2012 年 42 部门区域间投入产出表计算出区域间投入产出直接消耗系数矩阵, 选取其中 17 个工业部门的系数矩阵作为权重矩阵 W, 采用 R 软件计算得到结果如表 9.4 所示.

同理, 可计算莫兰指数 I 的期望和方差[①]. 标准化的莫兰指数在不存在空间

[①] 叶阿忠, 吴继贵, 陈生明, 等, 空间计量经济学. 厦门: 厦门大学出版社, 2015.

相关性的原假设下服从正态分布. 莫兰指数的标准差以及 Z 检验的 P 值如表 9.4 所示. 从莫兰指数检验结果来看, 莫兰指数 I 为 0.4661, 在 10% 的水平下显著不为 0, 在 5% 的水平下显著为正, 表明珠江流域工业部门之间存在正的空间自相关.

表 9.4　珠江流域区域间第二产业空间自相关检验结果

莫兰指数 I	std	P 值
0.4661	0.2747	0.0800

9.3.3　产业部门间空间溢出效应

考虑到各省区工业细分行业的资本投入和劳动投入由于规模的原因, 往往会高度相关, 导致式 (9.2) 的计量模型一般具有严重的多重共线性. 图 9.1 显示了珠江四省资本投入 K 和劳动投入 L 的对数散点图, 两者的相关系数 r 高达 0.9146, 表明 LnK 和 LnL 的确实存在高度相关性.

此外, 对于式 (9.5) 的 SP-EC + IO 联合模型, 溢出效应变量之间也可能存在严重的多重共线性, 这将会导致回归系数的方差变大, 从而回归系数不显著. 因此采用岭回归方法估计参数, 岭参数 λ 根据取固定值[①]的方法选取, 运用 SPSS 中的岭回归程序估计模型.

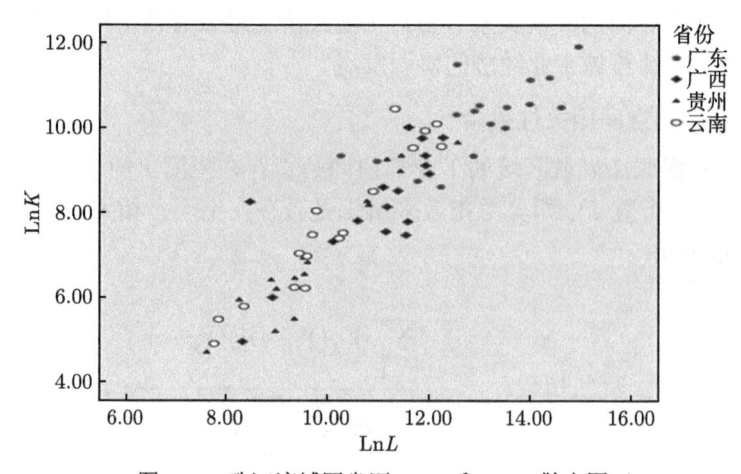

图 9.1　珠江流域四省区 LnK 和 LnL 散点图

记基础模型 (9.2) 的估计结果为模型 (1), 将 ω 矩阵的水平溢出效应矩阵、区域内溢出效应矩阵、后向溢出效应矩阵、前向溢出效应矩阵和整体溢出效应矩阵

---

① Satterjee S, Hadi A S, Price B, 郑明, 徐勤丰, 译. 例解回归分析. 北京: 中国统计出版社, 2004.

9.3 空间溢出效应模型估计与分析

分别代入模型 (9.2) 中, 记相应的模型分别为模型 (2)~(6), 运用岭回归估计得出的结果整理后如表 9.5 所示.

表 9.5 模型 (11.4) 的岭回归估计

变量	模型 (1)	模型 (2)	模型 (3)	模型 (4)	模型 (5)	模型 (6)
			LnY			
LnA	2.7677	1.8859	2.1124	1.0875	2.5482	1.2851
LnK	0.5754***	0.5811***	0.5370***	0.7105***	0.4687***	0.6871***
LnL	0.4043***	0.3885**	0.4024***	0.3598***	0.3718***	0.3702***
$\omega_0 \text{Ln}K$		0.0065				−0.0164
$\omega_1 \text{Ln}K$			0.0034			−0.0068
$\omega_2 \text{Ln}K$				0.2099***		0.1496***
$\omega_3 \text{Ln}K$					0.0591**	0.0467**
$\omega_0 \text{Ln}L$		0.0139				−0.0335
$\omega_1 \text{Ln}L$			0.0112			−0.0020
$\omega_2 \text{Ln}L$				−0.1169*		−0.0671*
$\omega_3 \text{Ln}L$					0.0885**	0.0669
adj-R^2	0.9308	0.9315	0.9251	0.9467	0.9080	0.9433
SE	0.2630	0.2616	0.2737	0.2309	0.3034	0.2382
F	451.7247	229.0244	207.8300	298.3200	166.2258	112.3744
λ	0.3046	0.1412	0.2021	0.0326	0.3647	0.0493

注: ***、** 和 * 分别表示 1%、5% 和 10% 的显著性水平.

模型 (1) 表示不考虑珠江流域产业间溢出和空间溢出效应的估计结果; 模型 (2) 表示仅考虑珠江流域四省工业部门内部溢出 (水平溢出), 将工业水平空间相关矩阵 ω_0 加入模型后的估计结果; 模型 (3) 表示仅考虑珠江流域四省区内工业部门间溢出效应, 将区域内工业部门的直接消耗系数矩阵 ω_1 加入模型得出的估计结果; 模型 (4) 表示仅考虑珠江流域四省区工业部门间由需求拉动产生的溢出效应, 加入区域间工业部门后向空间相关矩阵 ω_2 得出的估计结果; 模型 (5) 表示仅考虑珠江流域四省区工业部门间由供给推动产生的溢出效应, 加入区域间工业部门前向空间相关矩阵 ω_3 得出的估计结果; 模型 (6) 表示考虑了所有的效应后的模型 (9.5) 的估计结果.

根据表 9.5 可知, 在不考虑产业和区域间溢出效应的模型 (1) 中, 参数估计结果均在 1% 的显著性水平下显著. 资本的产出弹性为 0.5574, 表示 2012 年在劳动投入不变的情况下, 工业部门的资本投入每增加 1%, 珠江流域四省区工业总产值将平均增加 0.5574%; 劳动的产出弹性为 0.4043, 表示在资本投入不变的情况下, 工业部门的劳动投入每增加 1%, 其工业总产值平均增加 0.4043%. 资本的产出弹性明显大于劳动的产出弹性, 表明 2012 年珠江流域四省区的工业产出中, 资本的贡献高于劳动的贡献, 工业经济依然主要靠投资拉动. 规模报酬系数 $\alpha + \beta = 0.9617$, 略小于 1, 对参数的约束检验结果显示该参数约束 $\alpha + \beta = 1$ 成立,表明珠江流域四省区的工业整体具有规模报酬不变性.

从模型 (2) 的估计结果看, 加入空间产业关联矩阵 ω_0, 产出弹性 α 和 β 的系数没有明显的变化, 空间滞后项 $\omega_0 \mathrm{Ln} K$ 和 $\omega_0 \mathrm{Ln} L$ 并不显著. 相比模型 (1), adj-R^2 略有增加, 模型的回归标准误也有所减小, 但变化不明显, 表明珠江流域四省区工业的产业内溢出效应 (水平溢出) 不显著. 模型 (3) 的空间滞后项是 $\omega_1 \mathrm{Ln} K$ 和 $\omega_1 \mathrm{Ln} L$, 估计结果相比模型 (1) 也没有明显的差异, 表明珠江流域四省内工业产业间的溢出效应也不显著.

从模型 (4) 看, 在加入了空间产业后向关联矩阵 ω_2 后, 模型 (4) 的 adj-R^2 比模型 (1) 有了明显的提高, 模型误差 SE 相比模型 (1) 减小了, 空间滞后项 $\omega_2 \mathrm{Ln} K$ 和 $\omega_2 \mathrm{Ln} L$ 均显著, 表明模型 (4) 优于模型 (1). 从产出弹性 α 和 β 的估计值来看, 珠江流域四省区工业的区域间产业关联增加了资本投入对工业产出的影响, 却降低了劳动投入对工业产出的影响, 这表明珠江流域区域的工业正从劳动密集型转向资本密集型. 空间滞后项 $\omega_2 \mathrm{Ln} K$ 的系数在 1% 的水平下显著为正, 表明珠江流域区域间的资本投入对工业产出具有显著的后向溢出效应, 即若区域内某一省区工业需求增加, 将会拉动区域内其他省份工业产出增加. 空间滞后 $\omega_2 \mathrm{Ln} L$ 的系数为负, 在 10% 的水平下显著, 表明珠江流域区域间的劳动投入对工业产出具有显著的负向溢出效应, 起到了 "挤出" 作用.

从模型 (5) 的估计结果看, 加入了空间产业前向关联矩阵 ω_3 后, 模型 (5) 的 adj-R^2 比模型 (1) 小, 模型误差 SE 比模型 (1) 大, 这可能是由于模型 (5) 的岭参数偏大的原因. 模型 (5) 中产出弹性 α 和 β 的估计值和模型 (1) 较为接近, 空间滞后项 $\omega_3 \mathrm{Ln} K$ 和 $\omega_3 \mathrm{Ln} L$ 在 5% 的水平下显著为正, 表明珠江流域区域间的资本投入和劳动投入对工业产出具有前向溢出效应, 即若区域内某一省区工业产业供给增加, 将会推动其他省份工业产出增加.

从总模型 (6) 的估计结果来看, 在考虑了产业内水平溢出、区域内溢出和区域间溢出后, 相比模型 (1), 模型 (6) 的 adj-R^2 有所增加, 误差 SE 明显减小, 表明模型 (6) 优于模型 (1). 但相比模型 (4), 模型 (6) 没有明显改进. 从模型 (6) 中产出弹性的估计值看, α 的估计值大于模型 (1) 中的估计值, β 的估计值小于模型 (1) 中的估计值, 表明珠江流域四省区工业的区域间产业关联增加了资本投入对工业产出的影响, 降低了劳动投入对工业产出的影响. 空间滞后项 $\omega_2 \mathrm{Ln} K$, $\omega_3 \mathrm{Ln} K$ 和 $\omega_2 \mathrm{Ln} L$ 显著, 其余空间滞后项不显著, 表明珠江流域四省区的工业部门仅存在显著的区域间溢出效应, 产业内溢出效应和区域内产业间溢出效应不显著. 珠江流域区域间溢出效应主要通过区域间产业后向关联产生, 且资本投入的溢出效应为正, 劳动投入的溢出效应为负; 也即资本投入有溢出效应, 劳动投入有挤出效应.

9.3.4 省区间产业关联空间溢出效应

珠江流域滇黔桂粤四省区的经济总量、经济结构存在较大差别, 在区域工业经济增长中的作用必然各不相同, 因此, 进一步考察各省对区域内其他省份的溢出效应显得很有必要. 在研究某一省区工业部门的溢出效应时, 仅保留空间产业关联矩阵 ω 中和该省相关的分块阵, 将其余的元素均设为 0, 并按照式 (9.3) 和式 (9.4) 构造相应的空间产业关联矩阵 $\omega_0, \omega_1, \omega_2, \omega_3$. 珠江流域四个省区分别估计出模型 (9.5) 的参数, 其结果如表 9.6 所示.

表 9.6 珠江流域各省产业空间关联对珠江流域产业产出溢出效应的估计结果

变量	广东	广西	贵州	云南
$\mathrm{Ln}A$	2.0369	2.7305	2.7877	2.8778
$\mathrm{Ln}K$	0.5494***	0.4159***	0.4397***	0.4313***
$\mathrm{Ln}L$	0.3800***	0.3594***	0.3696***	0.3592***
$\omega_0\mathrm{Ln}K$	0.0784*	0.0892	-0.5267**	-0.1795*
$\omega_1\mathrm{Ln}K$	0.0531*	0.0325	-0.0226	-0.0205
$\omega_2\mathrm{Ln}K$	0.3537***	0.2105**	-0.2391**	-0.2450***
$\omega_3\mathrm{Ln}K$	0.0874	0.5714***	0.8416**	1.1484***
$\omega_0\mathrm{Ln}L$	-0.1105	0.2595	0.3386	-0.0342
$\omega_1\mathrm{Ln}L$	-0.0101	0.0685	0.0705	-0.0311
$\omega_2\mathrm{Ln}L$	-0.5675***	0.3094	-0.3253*	-0.3609**
$\omega_3\mathrm{Ln}L$	0.6240	1.6212**	7.0423**	2.3049*
adj-R^2	0.9317	0.8983	0.9021	0.8973
SE	0.2614	0.3189	0.3129	0.3205
F	92.3895	60.1884	62.7372	59.5347
λ	0.1610	0.5269	0.4049	0.4814

注: ***、** 和 * 分别表示 1%、5%和 10%的显著性水平.

表 9.6 显示, 四个省区的模型估计结果中 adj-R^2 均在 0.9 左右, F 统计量均显著, 这表明模型整体显著, 且拟合效果较好.

在广东省空间产业关联溢出效应模型中, 资本和产出的弹性分别为 0.5494 和 0.3800, 在 1%的水平下显著, 表明资本和劳动投入是影响广东工业产出的最主要因素, 资本投入对工业产出的影响大于劳动投入. 由 $\alpha + \beta$=0.9294 可知, 广东的工业呈现轻微的规模报酬递减状态. 在空间产业关联矩阵的滞后项中, $\omega_0\mathrm{Ln}K$, $\omega_1\mathrm{Ln}K$, $\omega_2\mathrm{Ln}K$ 和 $\omega_2\mathrm{Ln}L$ 显著, 其余项不显著, 表明广东省工业资本投入对珠江流域工业产出具有显著的产业内溢出效应、产业间溢出效应和区域间溢出效应; 劳动投入只有区域间溢出效应显著. 从溢出效应的符号看, 资本的各项溢出效应符号均为正, 劳动溢出的符号为负, 表明资本投入对珠江流域的工业产出具有溢出效应, 而劳动投入对珠江流域滇黔桂三省的工业产出具有挤出效应.

从广西的空间产业关联溢出效应模型估计结果看, 资本和产出的弹性分别为 0.4159 和 0.3594, 在 1%的水平下显著. $\alpha + \beta$=0.7753, 表明资本和劳动投入是影响广西工业产出的最主要因素,且资本投入对工业产出的影响大于劳动投入,广西的工业呈现出规模报酬递减状态. 空间产业关联矩阵滞后项当中,$\omega_2 \mathrm{Ln}K$,$\omega_2 \mathrm{Ln}L$ 和 $\omega_3 \mathrm{Ln}L$ 显著,其余项不显著,表明广西的工业资本投入和劳动投入对珠江流域的工业产出仅具有显著的区域间溢出效应. 各项溢出效应符号均为正,表明广西资本投入和劳动投入均对珠江流域的工业产出具有溢出效应.

在贵州省空间产业关联溢出效应模型中,资本和产出的弹性分别为 0.4397 和 0.3696,且 1% 的水平下显著,表明资本和劳动投入是影响贵州工业产出的最主要因素,资本投入对工业产出的影响大于劳动投入. $\alpha + \beta = 0.8093$,说明贵州省的工业呈现出规模报酬递减状态. 空间产业关联矩阵的滞后项中,$\omega_0 \mathrm{Ln}K$,$\omega_2 \mathrm{Ln}K$,$\omega_3 \mathrm{Ln}K$ 和 $\omega_2 \mathrm{Ln}L$,$\omega_3 \mathrm{Ln}L$ 显著,其余项不显著,表明贵州工业资本投入对珠江流域的工业产出具有显著的产业内溢出效应和区域间溢出效应,工业劳动投入的区域间溢出效应显著. 从溢出效应的符号看,$\omega_0 \mathrm{Ln}K$,$\omega_2 \mathrm{Ln}K$ 和 $\omega_2 \mathrm{Ln}L$ 的符号为负,说明贵州的资本投入产业内溢出具有挤出效应,资本和劳动投入通过区域间产业后向关联的溢出对珠江流域工业产出具有挤出效应;$\omega_3 \mathrm{Ln}K$ 和 $\omega_3 \mathrm{Ln}L$ 的符号为正,说明贵州的资本和劳动投入通过区域间产业前向关联溢出对工业产出具有溢出效应.

从云南省空间产业关联溢出效应模型的估计结果可以看出,资本和产出的弹性分别为 0.4313 和 0.3592,且在 1% 的水平下显著. $\alpha + \beta = 0.7905$,表明资本和劳动投入是影响云南工业产出的最主要因素,资本投入对工业产出的影响大于劳动投入,云南省工业呈现出规模报酬递减状态. 在空间产业关联矩阵的滞后项中,$\omega_0 \mathrm{Ln}K$,$\omega_2 \mathrm{Ln}K$,$\omega_3 \mathrm{Ln}K$ 和 $\omega_2 \mathrm{Ln}L$,$\omega_3 \mathrm{Ln}L$ 显著,其余项不显著,表明云南的工业资本投入对珠江流域的工业产出具有显著的产业内溢出效应和区域间溢出效应,工业劳动投入对珠江流域的工业产出均具有显著的区域间溢出效应. 从溢出效应的符号看,$\omega_0 \mathrm{Ln}K$,$\omega_2 \mathrm{Ln}K$ 和 $\omega_2 \mathrm{Ln}L$ 的符号为负,说明云南资本投入的产业内溢出具有挤出效应,资本和劳动投入通过区域间产业后向关联的溢出对珠江流域工业产出具有挤出效应;$\omega_3 \mathrm{Ln}K$ 和 $\omega_3 \mathrm{Ln}L$ 的符号为正,说明云南工业资本和劳动投入通过区域间产业前向关联的溢出对工业产出具有溢出效应.

综合本章研究,技术溢出作为一种外部效应,是促进区域经济共同增长的力量. 由于区域间的产业关联,珠江流域四省的要素投入产生"溢出"和"挤压"双重效应,两者之和为正效应,正改变着四省的生产函数. 这表明,由于产业关联和空间关联,珠江流域四省的工业产生了集聚溢出效应.

第 10 章 研究结论与政策启示

10.1 研究结论

本课题的研究成果主要体现在两个方面,一是编制出了珠江流域滇黔桂粤四省区的区域间投入产出表. 课题组以已有区域间投入产出表的编制理论与文献为基础, 在深入分析珠江流域滇黔桂粤四省区经济发展现状的前提下, 运用珠江流域各省区投入产出表以及经济、社会、交通等数据资料, 进行地区间投入产出引力模型、最大熵模型等数据关系模型的研制与求解, 最终编制出区域间投入产出表, 包括: 2002、2007、2012 三个年份 19 部门珠江流域四省区区域间投入产出表; 2012 年 42 部门珠江流域四省区区域间投入产出表. 二是对编制好的区域间投入产出表进行相应的应用分析. 应用分析从三个方面展开, 分别是产业关联分析; 产业群集的形成与结构、功能分析; 以及四省区各部门的区域溢出与产业溢出效应分析.

在编制珠江流域区域间投入产出表的过程中, 主要运用了 CK 引力模型, 并采用广义矩方法求解广义逆来获得参数; 进一步运用地区间流量矩阵平衡方法研制了地区间投入产出模型.

运用本课题组编制的珠江流域区域间投入产出表进行三方面的应用研究.

应用之一: 产业关联分析. 珠江流域产业关联研究结论显示对于珠江流域整体而言, 影响力系数较大的部门主要有建筑业 (E)、卫生和社会工作 (Q)、公共管理、社会保障和社会组织 (S), 这三个产业部门对于珠江流域总体拉动作用较大, 同时对珠江流域的经济有较强的辐射和带动作用; 感应度系数较大的部门主要集中于制造业 (C)、电力、热力、燃气及水生产和供应业 (D)、交通运输、仓储和邮政业 (G) 三个部门, 说明珠江流域经济发展过程中各部门对于这三个产业部门的需求较大, 这三个产业对于珠江流域的经济有较大的推动和制约作用. 由产业分布的象限图可知, 电力、热力、燃气及水生产和供应业 (D) 对于珠江流域经济的影响作用不稳定, 且变动幅度较大; 建筑业 (E) 对于珠江流域经济的拉动作用较强, 却不是基础产业.

珠江流域四省区间的经济互通往来不断加深, 报告将 2002、2007、2012 年产业关联关系的变化情况通过社会网络图展现了出来. 网络图显示 2002 年四省区融合度不高, 各省均以本地制造业为中心带动各产业. 近年来随着信息技术与交通业发展，珠江流域各省区部门间的关联一体化趋势逐步加强. 2007 年与 2012 年滇黔桂粤四省区各部门开始出现复杂的跨省区关联，省区间关联关系相比 2002 年有了较大的提升，各省区制造业仍然处于网络图较中心位置. 2012 年展现出了更加深入的融合状况，区域间的产业集聚现象渐渐多极化.

应用之二：产业集群分析. 珠江流域产业集群分析研究了滇黔桂粤四省区及流域整体产业集群形成、发展、效益等情况. 结论显示广东制造业突出，特别是传统支柱产业纺织服装业的发展最为稳定，始终单独成群且集聚度持续提升，内部功能较强. 多个集群区位商大于 1，集中度较高，具有较规范的集群模式. 广西饮食类行业领先，资源类产业发达；饮食业集群在当地经济发展中占据着主要地位，且该集群成员相对稳定，发展模式较为成熟. 但广西新型产业以及高新技术产业起步晚，基础薄弱. 云南作为珠江流域的发源地，其农业和食品烟草业仍然是传统支柱产业，农业集群在近 10 年来集聚度较高且比较稳定. 云南还具有丰富的矿产资源与水电资源，金属矿集群通过结构的调整和发展后，2012 年形成独立的聚集程度较高的集群. 贵州省产业布局相对分散，集中度不高. 电子信息为主的高新技术产业群自 2002 年以来不断发展和调整，到 2012 年形成了独立的集群. 贵州虽然具有独特的资源等优势，但缺乏产业配套体系.

根据产业集群结构分析图，珠江流域四省区优势集群结点稳定，特别是结点行业建筑业均呈现出以此为中心的辐射结构. 如广东建筑业连接了多个有关产业和产业链的发展. 集群效益综合指数分析表明，广东产业集群效益综合指数比较稳定，各集群发展较平衡，集聚度较好. 与广东不同的是，广西、贵州、云南三省区饮食业集群均具有显著的产业优势，能源开采集群效益较好，环境资源都在一定程度上为其带来了较大的经济发展动力；但在一定程度上均呈现出了产业集群发展的不平衡状态，集群效益在不同集群和不同年份波动较大.

应用之三：溢出效应分析. 珠江流域溢出效应分析主要基于区域间投入产出分解分析模型和空间计量经济与投入产出 (SP-EC + IO) 联合模型进行的各种效应分解与讨论. 前者分析了滇黔桂粤四省区与全国其他地区之间、四省区间的乘数效应、溢出效应以及反馈效应；后者分析了工业部门在珠江流域省区间和产业间的空间溢出效应，探讨珠江流域工业集聚溢出对经济的影响. 研究结论显示，与区域间反馈效应相比，区域内乘数效应和区域间溢出效应更为突出、明显，且反馈效应在不同区域之间差别不明显. 自 2002 年以来，珠江流域四省区乘数效应总体均呈现出下降趋势，这说明各省区内部门之间的相互影响能力降低了；分省来看，广东省乘数效应远高于其他三省. 从溢出效应来看，滇黔桂粤各个省区与珠江流域除自身外的其他省区各部门之间的后向关联关系在弱化，与国内其他省份各部门之间的后向关联关系在加强，这说明各省区受到国内其他地区的部门影响力上升了，而受到珠江流域其他省份的影响下降了.

SP-EC + IO 联合模型分析结果表明,区域间的产业关联关系使得珠江流域四省区的要素投入产生"溢出"和"挤压"双重效应,两者之和为正效应,正改变着四省区的生产函数. 也就是说由于产业关联和空间关联,珠江流域四省区的工业部门产生了集聚溢出效应. 从产业角度看,珠江流域四省区工业部门没有显著的产业内溢出效应和区域内产业间溢出效应,存在显著的区域间溢出效应. 在区域间溢出效应中,资本投入的溢出效应为正,劳动投入的溢出效应为负,即劳动投入产生了挤出效应,两者之和为正,即具有正向溢出效应. 从省区间溢出来看,在各省的溢出总效应中,除了广东省为负效应,其余三省区均为正效应. 表明经济发达的广东对珠江流域其他省份存在挤压效应,而经济欠发达的滇黔桂三省区却对其他省份存在溢出效应,工业集聚溢出不利于珠江流域工业经济的协调发展.

10.2 政策启示

10.2.1 促进区域经济一体化

流域经济是一种特殊类型的区域经济. 流域经济合作是以江河为纽带和轴心,通过区域内水资源、资金、技术等要素的优化与整合,形成了优势互补、具有开放性的经济区域[①]. 建议通过以下措施促进珠江流域区域经济一体化进程.

第一,发展地区优势产业,促进地区间优势互补.

云南省位于珠江上游,独特的地理条件造就了高原特色农业、珠江中游贵州、广西,具有丰富的煤炭资源、有色金属矿藏,以及丰富的水能资源. 珠江下游的广东省是我国最早对外开放的区域,已成为我国经济增长的龙头.

珠江流域四省区之间优势产业各不相同,产业结构和经济资源均具有良好的互补性. 中上游地区可作为下游地区的能源和原材料供应站,同时也是下游地区工业品的销售市场之一. 因此,开展珠江流域内的经济合作,促进区域经济一体化,对实现全流域的共同发展是有力的支撑.

第二,加强基础设施建设,增强省区间产业关联.

交通和通信的发展缩短了地理空间的距离,使得区域间的经济联系更为紧密. 珠江上游地区地处云贵高原,地势险峻,交通状况是造成其经济发展缓慢的重要因素,也阻碍着区域间沟通、交流与合作.

虽然经过多年的投资建设,已经初步建立了较为完善的运输网络,但目前网络结点多集中于省会城市,还未全面覆盖. 因此,需要加强珠江流域区域内铁路、公路、航空等运输网络的建设,提高交通效率,降低交通成本,以此加强流域内人员交流和物资流通,促进珠江下游地区对中上游地区的辐射,增加区域间的经济关联.

---

① 张敦富. 区域经济开发研究. 北京: 中国轻工业出版社, 1998.

第三, 发挥广东的经济带头作用, 促进区域经济协调发展.

广东制造业是珠江流域经济发展的前提与基础, 对流域经济发展有很强的拉动和推动作用, 同时也具有很强的制约性. 在物联网日益加强的今天, 珠江流域四省区之间的贸易也随之加强, 广东省制造业作为珠江流域区域经济发展增长极, 对珠江其他三省区的辐射力通过省区间贸易往来日渐提升. 在近十年间, 广东省制造业在产业关联社会网络图中一直是四省区融合的源头产业. 因此, 发展广东省制造业的带动作用, 对珠江流域区域经济的进一步协调发展至关重要.

10.2.2 培育产业集群稳健发展

第一, 加强产业集群建设, 促进产业跨区域联系与融合.

珠江流域各省区不同产业间的关联关系进一步深化, 形成了产业集聚现象, 即产业集群. 这种产业集聚也随着经济发展、技术进步渐渐多极化. 其中最为突出的产业集群是广东制造业集群, 其内部功能逐渐增强, 发展稳定, 集聚度持续提升. 这种较规范的集群模式对周边地区, 以及对相关产业的带动作用稳固, 可持续性强, 对当地经济发展可产生长期正向影响.

云南省丰富的矿产资源、水电资源、旅游资源等优势还没有形成稳定且拉动力明显的集群. 贵州省的高新技术产业集群, 在近十年的持续调整中渐渐强大并显现出优势, 如能在市场经济发展框架内制定更好的引导机制, 构建相关产业配套体系, 以促进优势产业发展为成熟的产业集群, 并能以此为中心成长为产业链中的集群辐射源, 从而更加有力地推动珠江流域区域经济健康快速发展.

第二, 推动产业转移, 建设跨区域产业链.

经过 40 多年的发展, 珠三角区域劳动力密集型产业在科技变革冲击下, 迫切需要转型升级. 珠江流域滇黔桂三省区, 已基本形成了较为完整的工业体系, 具备了承接东部产业转移的能力. 通过产业转移, 促进流域上下的产业结构升级, 实现结构的高度化, 建设出跨区域产业链.

珠江流域上下游地区可通过资产型合作, 进行资产重组和结构调整. 上游地区政府需重视并加强软环境建设, 改善投资环境, 吸引下游地区的资金技术. 结合本地的资源优势, 提高本地产业的技术水平, 提升产品附加值以带动地区经济发展.

10.2.3 提升省区间的溢出水平

第一, 重视地缘经济, 促进地区间溢出.

已有研究表明, 区域间溢出是经济增长的原因之一. 由于产业关联和空间关联, 珠江流域四省区的工业部门产生了集聚溢出效应, 区域间溢出效应明显, 但没有显著的产业内溢出效应和区域内产业间溢出效应. 这种溢出效应主要来自知识积累和技术进步,通过区域间的产业关联,显著地提高了溢入地区的生产效率,从而促进了溢入地区的经济增长.

地方政府常出于保护地方经济的考虑,对地方产业施加地方保护,这在一定程度上使地区间流通不畅,阻断了地区间的部分交流,不利于发挥相邻地区间的溢出效应.因此,地方政府需坚持开放的态度,促进地区间商品的流通,才有助于区域间溢出的发生,进而促进本地产业的发展.

第二,发挥资本的正向溢出效应,提升流域技术水平.

在区域间溢出效应中,资本投入的溢出效应为正,且在各省的溢出总效应中,滇黔桂三省区均为正效应.表明珠江流域滇黔桂粤四省区在本地的资本投入,通过区域间产业关联关系促进了相邻地区的经济发展.这意味着珠江流域上游地区,可通过引进广东的资本、购买相应的设备等,快速提升自己的技术水平.

第三,建立合理的人才流动机制,抑制劳动投入的挤出效应.

劳动投入的区域间溢出效应为负,即劳动投入产生了挤出效应.从省区间溢出来看,经济发达的广东对珠江流域其他省份存在挤压效应.改革开放以来,珠江三角洲区域经济发展迅猛,吸引了全国各地的劳动力,滇黔桂三省区均属于劳动力流出省份.伴随劳动力的流动,隐含在其中的知识和技术从落后区域流向发达区域,导致挤出效应.因此,要建立合理的人才流动机制,促进人才双向流动,抑制劳动投入的挤出效应进一步加大.

10.3 研究不足与展望

10.3.1 研究不足

本书主要编制了珠江流域四省区区域间投入产出表,并对该表进行了相关的应用研究,由于篇幅的限制等多方面的原因,本课题研究仍有不足之处,主要体现在以下两个方面.

第一,由于省区间分部门的调入调出数据、进口出口数据,以及调入与进口产品的去向均没有可靠的统计调查资料记载,本课题组在编制珠江流域四省区区域间投入产出表的过程中,采用相关模型进行了推算与近似处理,与真实情况相比存在一定的误差.

第二,本书运用珠江流域区域间投入产出表进行了三方面的应用研究,包括产业关联关系研究、产业集群识别与分析、溢出效应分解与讨论.这些研究均是将研究对象界定为滇黔桂粤四个省区,显然在现实经济发展中,区域经济发展的边界并不那么清晰,如与滇黔桂粤四个省区以外其他相邻省区的关系未被考虑在内.

10.3.2 研究展望

本课题组在编制珠江流域区域间投入产出表的过程中,遇到各种困难的同时也预见了未来的研究方向.在今后对区域间投入产出表的相关研究中,初步计划从以下三个方面入手,以完善珠江流域各省区经济补偿的数据依靠与理论支持.

其一,若可以获得较详细可靠的省区间分部调入调出产品数据、进出口数据,以及调入与进口产品使用去向的数据资料,可以进行相对更准确的区域间投入产出表的编制.

其二,在研究珠江流域工业部门产业溢出效应、空间溢出效应的基础上,可进一步分析全部门的溢出效应,以及进行更细分部门的溢出效应分析,如此可以更加深入了解珠江流域区域经济的发展结构.

其三,尝试建立珠江流域区域经济补偿机制.珠江中上游三省区的生态环境保护与下游地区的经济飞速发展之间的矛盾日益加剧,利用区域间投入产出表等有效数据进行这方面的研究显得非常有必要.

参 考 文 献

本刊编辑部. 2014. 《珠江-西江经济带发展规划》获批跨省区流域经济合作开启新模式 [J]. 财经界, (8): 94-96.
曹改改, 孟彦菊, 尹晓梦. 2017. 贵州省产业关联度分析 [J]. 物流工程与管理, 39(6): 136-137.
曹改改. 2018. 基于虚拟消去法的广西产业关联分析 [D]. 昆明: 云南财经大学.
陈锡康. 2002. 国际投入产出技术发展情况简介 [M]. 中国投入产出理论与实证, 2001, 北京: 中国统计出版社.
陈锡康. 2004. 投入占用产出技术及其非线性和动态化研究 [C]. 北京: 中国统计出版社.
陈效珍, 赵炳新. 2015. 产业网络上的几类模型 [M]. 北京: 经济科学出版社.
陈森良, 单晓娅. 2002. 经济增长质量及其评价指标体系 [J]. 统计与决策, (7): 22.
邓建高, 江薇. 2015. 基于社会网络分析方法的江苏省产业结构研究 [J]. 商业经济研究, (14): 139-140.
杜华东, 赵尚梅. 2014. G7 与 BRIC 产业结构演进的比较研究: 基于 1995—2005 年投入产出数据的网络分析 [J]. 管理工程学报, 28(2): 17-25.
杜华东, 赵尚梅. 2013. 中国产业结构变迁的实证研究: 基于社会网络分析法的分析 [J]. 管理评论, 25(3): 38-47, 90.
方大春, 孙明月. 2015. 长江经济带核心城市影响力研究 [J]. 经济地理, 35 (1): 76-81.
方大春, 王海晨. 2017. 我国产业关联网络的结构特征研究: 基于 2002~2012 年投入产出表 [J]. 当代经济管理, 39(11): 71-78.
方大春, 周正荣. 2013. 安徽省城市经济联系结构研究: 基于社会网络分析 [J]. 华东经济管理, 27(1): 18-22.
冯超, 马光文. 2013. WT 模型在地区低碳工业主导产业选择中的应用 [J]. 水电能源科, 31(7): 250-252,245.
国家统计局国民经济核算司. 2011. 2007 中国地区投入产出表 [M]. 北京: 中国统计出版社.
国家统计局国民经济核算司. 2014. 中国 2012 年投入产出表编制方法 [M]. 北京: 中国统计出版社.
国家统计局国民经济核算司. 2016. 中国地区投入产出表 2012[M]. 北京: 中国统计出版社.
国家统计局云南调查总队. 2012. 2012 云南调查年鉴 [M]. 北京: 中国统计出版社.
国家信息中心. 2015. 中国区域间投入产出表 [M]. 北京: 社会科学文献出版社.
黄伟, 张阿玲, 张晓华. 2005. 统筹区域发展与区域间投入产出模型 [J]. 技术经济与管理研究, (6): 123-124.
韩斌, 刘朝明, 汪涛. 2008. 川渝地区产业关联与产业合作政策研究 [J]. 经济学家, (6): 64-69.
韩斌. 2009. 基于区域间投入产出分析的成渝经济区产业关联研究 [D]. 成都: 西南交通大学, (6): 1-26.
劳昕, 沈体雁, 杨洋, 张远. 2016. 长江中游城市群经济联系测度研究: 基于引力模型的社会网络分析 [J]. 城市发展研究, 23(7): 91-98.

李景华, 陈锡康. 2004. 长江流域片水利投入占用产出分析 [J]. 长江科学院院报, 21(2): 44-47.
李茂. 2016. 中国产业关联网络研究 [M]. 北京: 群言出版社.
李向升. 2012. 基于投入产出模型的广东省产业结构关联特征分析 [J]. 金融经济, (22): 36-39.
李雪梅, 李学伟. 2009. 城市轨道交通产业关联理论与应用: 北京城市轨道交通实证 [M]. 北京: 中国经济出版社.
廖明球. 2007. 中国北京奥运经济投入产出与计量模型研究 [J]. 首都经济贸易大学学报, (1): 49-56.
林春燕, 孔凡超. 2016. 中国产业结构高度化的空间关联效应分析基于社会网络分析方法 [J]. 经济学家, (11): 45-53.
李岳平. 2001. 经济增长质量评估体系 [J]. 上海统计, (1): 15-17.
刘起运, 陈璋, 苏汝劼. 2006. 投入产出分析 [M]. 北京: 中国人民大学出版社.
刘起运, 陈璋, 苏汝劼, 等. 2011. 投入产出分析 [M]. 2版. 北京: 中国人民大学出版社.
刘起运. 2002. 关于投入产出系数结构分析方法的研究 [J]. 统计研究, (2): 40-42.
刘卫东, 陈杰, 等. 2012. 中国2007年30省区市区域间投入产出表编制理论与实践 [M]. 北京: 中国统计出版社.
刘卫东, 唐志鹏, 陈杰, 杨波. 2014. 2010年中国30省区市区域间投入产出表 [M]. 北京: 中国统计出版社.
刘卫东, 唐志鹏, 韩梦瑶, 等. 2018. 2012年中国31省区市区域间投入产出表 [M]. 北京: 中国统计出版社.
刘颖男, 王盼. 2016. 基于社会网络分析法的区域产业结构变迁研究 [J]. 阅江学刊, (2): 55-67.
刘志彪. 2015. 经济发展新常态下产业政策功能的转型 [J]. 南京社会科学, (3): 33-41.
罗泽举, 等. 2010. Weaver-Thomas 模型的战略产业选择研究 [J]. 重庆大学学报 (社会科学版), 16(6): 27-32.
孟彦菊, 唐寅, 李卓然. 2016. 云南民族地区民生发展综合测评 [J]. 红河学院学报, 14(4): 42-46.
马国霞, 石敏俊. 2007. 中国制造业产业间集聚度及产业间集聚机制 [C]// 中国地理学会2007年学术年会论文摘要集: 240-241.
潘峰华, 贺灿飞. 2010. 新经济地理学和经济地理学的对话: 回顾和展望 [J]. 地理科学进展, 29(12): 1518-1524.
潘峰华, 赖志勇, 葛岳静. 2015. 经贸视角下中国周边地缘环境分析: 基于社会网络分析方法 [J]. 地理研究, 34(4): 775-786.
潘文卿, 李子奈. 2007. 中国沿海与内陆间经济影响的反馈与溢出效应 [J]. 经济研究, (5): 68-77.
潘文卿. 2012a. 中国的区域关联与经济增长的空间溢出效应 [J]. 经济研究, 47(1): 54-65.
潘文卿. 2012b. 中国沿海与内陆间经济影响的溢出与反馈效应 [J]. 统计研究, 29(10): 30-38.
潘文卿. 2015. 中国区域经济发展: 基于空间溢出效应的分析 [J]. 世界经济, 38(07): 120-142.
彭志龙, 刘起运, 佟仁城. 2009. 中国投入产出理论与实践-2007[M]. 北京: 中国统计出版社.
彭志龙, 刘起运, 佟仁城. 2012. 中国投入产出理论与实践-2010[M]. 北京: 中国统计出版社.
彭志龙, 佟仁城, 陈璋. 2015. 中国投入产出理论与实践-2013[M]. 北京: 中国统计出版社.
祁晓清. 2014. 产业集群与区域经济发展研究: 基于江苏省的实证分析 [D]. 北京: 北京邮电大学

阮建青, 石琦, 张晓波. 2014. 产业集群动态演化规律与地方政府政策 [J]. 管理世界 (月刊), (12): 79-91.
石敏俊, 王妍, 张卓颖, 周新. 2012. 中国各省区碳足迹与碳排放空间转移 [J]. 地理学报, 67(10): 1327-1338.
石敏俊, 张卓颖, 等. 2012. 中国省区间投入产出模型与区际经济联系 [M]. 北京: 科学出版社.
孙露, 薛冰, 张子龙, 等. 2014. 基于 SNA 的中国产业网络结构演化及定量测度 [J]. 生态经济, 30(2): 83-87, 115.
市村真一, 王慧炯. 2007. 中国经济区域间投入产出表 [M]. 北京: 化学工业出版社.
汪云林, 付允, 李丁. 2008. 基于投入产出的产业关联研究 [J]. 工业技术经济, 5(27): 120-123.
王宇鹏, 许建, 吴灿. 2010. 中国投入产出表直接消耗系数变动研究 [J]. 统计研究, 7: 73-77.
沃西里•里昂惕夫著. 1990. 投入产出经济学 [M]. 崔书香, 等译. 北京: 中国统计出版社.
吴福象, 朱蕾. 2010. 中国三大地带间的产业关联及其溢出和反馈效应: 基于多区域投入产出分析技术的实证研究 [J]. 南开经济研究, (5): 140-152.
吴添, 潘文卿. 2014. 中日经济的相互影响: 溢出效应、反馈效应与产业价值链 [J]. 经济学报, 1(3): 141-168.
魏峰. 2011. 基于投入产出表的安徽省主导产业集群的识别与评价 [J]. 安徽农业大学学报 (社会科学版) 20(3): 57-62.
夏明, 张红霞. 2013. 投入产出分析理论、方法与数据 [M]. 北京: 中国人民大学出版社.
夏炎, 王会娟, 张凤, 郭剑锋. 2018. 数字经济对中国经济增长和非农就业影响研究: 基于投入占用产出模型 [J]. 中国科学院院刊, 33(7): 707-716.
向蓉美, 孟彦菊. 2011. 地区投入产出模型扩展研究 [M]. 成都: 西南财经大学出版社.
向蓉美. 2013. 投入产出法 [M]. 3 版. 成都: 西南财经大学出版社.
新饭田宏. 1990. 投入产出分析方法 [M]. 林贤郁, 齐舒畅, 译北京: 中国统计出版社.
行伟波, 李善同. 2010. 引力模型、边界效应与中国区域间贸易: 基于投入产出数据的实证分析 [J]. 国际贸易问题, (10): 32-41.
徐振宇. 2013. 社会网络分析在经济学领域的应用进展 [J]. 经济学动态, 10: 61-72.
许宪春, 刘起运. 2004. 中国投入产出分析应用论文精粹 [M]. 北京: 中国统计出版社.
许召元, 李善同. 区域间劳动力迁移对经济增长和地区差距的影响 [J]. 数量经济技术经济研究, 2008(2): 38-52.
杨灿, 郑正喜. 2014. 产业关联效应测度理论辨析 [J]. 统计研究, 31(12): 11-19.
杨灿. 2005. 产业关联测度方法及其应用问题探析 [J]. 统计研究, (9): 72-75.
杨根子. 1993. 中国地区间投入产出模型及其在长江中下游地区金属物料平衡中的应用 [J]. 系统工程理论与实践, (4): 59-64.
姚愉芳, 陈杰, 张晓梅. 2016. 京津冀地区间经济影响及溢出和反馈效应分析 [J]. 城市与环境研究, (1): 3-14.
叶阿忠, 吴继贵, 陈生明, 等. 2015. 空间计量经济学 [M]. 厦门: 厦门大学出版社.
叶安宁, 张敏. 2010. 后向关联的稳定性和相关性研究 [C]. 北京: 中国投入产出学会年会.
叶安宁, 张敏. 2011. 产业关联与漏出效应分析 [J]. 经济视角 (下), (10): 105-107.
叶安宁, 张敏. 2006. 加权关联度系数的经济含义及其应用 [J]. 统计与决策, (18): 19-20.
叶安宁, 张敏. 2010. 前向关联测度: 基于中国各省投入产出表分析 [J]. 科技和产业, 10(12): 38-44, 53.

叶安宁, 张敏, 刘艳艳. 2011. 后向关联的稳定性研究 [J]. 统计与决策, 331(7): 163-164.
叶安宁. 2007. C&W、Rasmussen 和虚拟消去法后向关联的比较 [C]. 北京: 中国投入产出学会年会.
叶安宁. 2008. 国外关键部门识别研究综述 [J]. 科技和产业, (11): 89-92.
张阿玲, 李继峰. 2004. 地区间投入产出模型分析 [J]. 系统工程学报, 19(6): 615-619.
张敦富. 1998. 区域经济开发研究 [M]. 北京: 中国轻工业出版社.
张江波, 杨开泰, 熊长松. 2006. 管理系统中经济计量模型与投入产出 [J]. 湖南涉外经济学院学报, (1): 27-30.
张亚雄, 刘宇, 李继峰. 2012. 中国区域间投入产出模型研制方法研究 [J]. 统计研究, 29(5): 3-9.
张亚雄, 齐舒畅. 2012. 2002—2007 年中国区域间投入产出表 [M]. 北京: 中国统计出版社.
张亚雄, 赵坤, 王飞. 2010. 国家间投入产出模型方法、研制与应用 [J]. 统计研究, 27(11): 9-16.
张亚雄, 赵坤. 2006. 区域间投入产出分析 [M]. 北京: 社会科学文献出版社.
赵果庆, 等. 2015. 中国 FDI 双重集聚与效应 [M]. 北京: 中国社会科学出版社.
赵巧芝, 闫庆友, 何永贵. 2017. 基于投入产出方法的各行业碳减排效果模拟研究 [J]. 统计研究, 34(8): 71-79.
赵素萍, 葛明, 林玲. 2015. 区域经济的空间联系: 基于中国的投入产出分析 [J]. 经济问题探索, (4): 94-101.
中国投入产出学课题组, 许宪春, 齐舒畅, 杨翠红, 赵同录. 2015. 我国目前产业关联度分析: 2002 年投入产出表系列分析报告之一 [J]. 统计研究, (11): 3-8.
中华人民共和国国家统计局. 2012. 中国统计年鉴 2012[M]. 北京: 中国统计出版社.
钟契夫, 陈锡康, 刘起运. 1993. 投入产出分析 [M]. 2 版 (修订本). 北京: 中国财政经济出版社.
朱喜安, 魏国栋. 2015. 熵值法中无量纲化方法优良标准的探讨 [J]. 统计与决策, (2): 12-15.
朱英明. 2006. 中国产业集群的识别方法及类型划分 [J]. 统计与决策, (12): 30-32.
Alonso-Concheiro A 1978 On the definitions of non-interaction for linear time-varying systems[J]. International Journal of Control, 28(6): 917-925.
Alonso J. 1973. Number of Solutions of the Congruence $x_m = r(\mod n)$ [J]. Mathematics Magazine, 46(4): 215-217.
Amaral F, Dias J, Lopes J 2007. Complexity as interdependence in input-output systems[J]. Environment and Planning, 39(9): 15-32.
Anderson G 1994. Industry clustering for economic development[J]. Economic Development Reciew, 12(2): 20-38.
Anderson JE. 1979 Theoretical Foundation for the Gravity Equation [J]. American Economic Review 69.
Anselin L. 2010. Local indicators of spatial association-LISA[J]. Geographical Analysis, 27(2): 93-115.
Aquino A. 1978. Intra-industry trade and inter-industry specialization as concurrent sources of international trade in manufactures[J]. weltwirtschaftliches Arches, (114): 275-296.

Arthur B. 1999. Complexity and the economy[J]. Science, 28(4): 17-20.

Atkin R .1974 Mathematical structure in human affairs[J]. Siam Review, 18(2): 312-313.

Best M. 2001. The New Competitive Advantage: The Renewal of American Industry[M]. Oxford: Oxford University Press.

Brun J F, Combes J L, Renard M F. 2002. Are there spillover effects between coastal and noncoastal regions in China? [J]. China Economic Review, (13): 161-169.

Burt R S. 1995. Structural holes: The Social Structure of Competition[M]. Harvard University Press.

Carlos L, Joao D, Ferreira J, Amaral. 2008. Multiregional input-output structural path analysis[J]. Annals of Regional Science, 32(3): 23-31.

Carter A P 1970. Structural Change in the American Economy[M]. Cambridge: Harvard University Press

Chenery H B, Watanabe T. 1958. International comparisons of the structure of production[J]. Econometrica, 26(4): 487-521.

Carlos J, Dias J, Ferreira J. 2008. Assessing Economic Complexity with Input-Output based Measures[R]. Department of Economics of Technical University of Lisbon Working Paper, No.23.

Cai J N, Leung P S. 2004. Linkage measures, a revisit and a suggested alternative[J]. Economic System Research, 16(1): 63.

Dietzenbacher E. 1997. In vindication of the Ghosh model: a reinterpretation as a price model[J]. Journal of Regional Science, 37(4): 629.

Durlauf S. 2003. Complexity and Empirical Economics[R]. Santa Fe Institute Working Paper, No.71.

Dietzenbacher E, Romero I. 2007. Production chains in an interregional framework: identification by means of average propagation lengths[J]. International Regional Science Review, 30(4): 362-383.

Fath B D, Patten B C. 2000. Ecosystem Theory: Network Environ Analysis[M]. Washington, DC: Lewis Publishers.

Feldman M P, Audretsch D B.1998 Innovation in cities: science-based diversity, specialization and localized competition[J]. European Economic Review, (43): 409-429.

Finn J. 1976. Measures of ecosystem structure and function derived from analysis of flows[J]. Journal of Theoretical Biology, 56(8): 78-92.

Fotheringham S. 1984. Geography in the United Kingdom [J]. The Professional Geographer, 36(4): 482-486.

Glennon D, Lane J, Johnson S. 1987. Regional econometric models that reflect labor market relations[J]. International Journal of Forecasting, 3(2): 299-312.

Groenewold N, Lee G, Chen A 2008 Inter-regional spillovers in China: the importance of common shocks and the definition of the regions[J]. China Economic Review, (19): 32-52.

Groenewold N, Lee G, Chen A 2007 Chen. Regional output spillovers in China: estimates from a VAR model[J]. Papers in Regional Science, (86): 101-122.

Groenewold N, Guoping L, Chen A. 2010. Regional output spillovers in China: estimates from a VAR model[J]. Papers in Regional Science, 86(1): 101-122.

Grassini M, Smyshlyaev A. 1983. Input-Output Modeling: Proceedings of the Third IIASA Task Force Meeting[J].

Harris C D. 1954. The market as a factor in the localization of industry in the United States[J]. Annals of the Association of American Geographer, (44): 315-348.

Hewings G J D, Sonis M, Guo J, Israilevich P R, Schindler G R. 1998 The hollowing-out process in the Chicago economy,1975-2015[J]. Geographical Analysis, 30(6): 217-233.

Holub H W, Schnabl H, Tappeiner G. 1985. Qualitative input-output analysis with variable filter[J]. Zeitschrift FüR Die Gesamte Staatswissenschaft, 141(6): 282-300.

Isard W, Ostroff D J. 1960. General Interregional Equilbrium[J]. Journal of Regional Science, 2(1): 67

Albala-Bertrand, Jose, Miguel. 1999. Structural change in Chile: 1960–90[J]. Economic Systems Research, 11(3): 301-320.

Jackson R W, Hewings G J D, Sonis M. 1989. Decomposition approaches to the identification of change in regional economies[J]. Economic Geography, 65(4): 216-231.

Jones L P. 1976. The Measurement of Hirshmanian Linkages[J]. Quarterly Journal of Economics, 90(2): 323-333.

Jones-Smith J C, Popkin B M. 2010 Understanding community context and adult health changes in China: development of an urbanicity scale. [J]. Social Science & Medicine, 71(8): 1436-1446.

Krugman P. 1980. Scale economics, product differentiation and the pattern of trade[J]. American Economic Review, 70: 950-959.

LeBaron B, Tesfatsion L. 2008. Modeling macroeconomies as open-ended dynamic systems of interacting agents[J]. American Economic Review, 98(5): 67-81.

Lenzen M. 2006. Structural decomposition analysis and the mean-rate-of-change index[J]. Applied Energy, 83(2): 185-198.

Leoncini R, Montresor S 2000. Network analysis of eight technological systems[J]. International Review of Applied Economics, 14(7): 213-234.

Leontief W 1941. Structure of the American Economy[M]. New York: Oxford University Press

Leontief W. 1953. Studies in the Structure of the American Economy[M]. New York: Oxford University Press

Leontief W. 1963. When should history be written backwards? [J]. The Economic History Review, 16(1): 1-8.

Lin N. 2001. Social Capital: A Theory of Social Structure and Action[M]. Cambridge: Cambridge University Press

Long G Y. 2010. Measuring the spillover effects: some Chinese evidence[J]. Papers in Regional Science, 79(1): 75-89.

Long G Y. 2003. Understanding China's recent growth experience: a spatial econometric perspective[J]. The Annals of Regional Science, 37(4/2003): 613-628.

Leontief W, Strout A. 1963 Multiregional input-output analysis[M]//Structural interdependence and economic development. London: Palgrave Macmillan, 119-150.

Miller K R, Lyon M K. 1985. Reply from Miller and Lyon[J]. Trends in Biochemical Sciences, 10(12): 472.

Malmberg A, Malmberg B, Lundequist P. 2000. Agglomeration and firm performance: economies of scale, localisation, and urbanisation among Swedish export firms[J]. Environment and Planning a, 32(2): 305-321.

Miller H W. 1963. Ophiuraster Miller 1958, Preoccupied by Ophiuraster Clark 1939[J]. Journal of Paleontology, 37(3): 725.

Miller R E. 1966. Interregional feedback effects in input-output models: some preliminary results[C]//Papers of the Regional Science Association. Springer-Verlag, 17(1): 105-125.

Miller R E, Blair P D. 1985. Input-Output Analysis: Foundations and Extensions[M]. Englewood Cliffs, New Jersey: Prentice-Hall.

Miller, R E., et al. Input-Output Analysis[M]. Cambridge: Cambridge University Press, 2009.

Mion G. 2003. Spatial externalities and empirical analysis: the case of Italy[J]. Journal of Urban Economics, (56): 97-118.

Montresor S, Marzetti G V. 2008. Innovation Clusters in Technological Systems: A Network Analysis of 15 OECD Countries for the mid-19[J]. Industry & Innovation, 15(3): 321-346.

Moghadam K, Ballard K P. 1988 Small area modeling of the industrial sector (SAMIS): An integrated econometric: interindustry approach[J]. Environment and Planning A, 20(5): 655-668.

Oosterhaven J, Van Der Linden J A. 1997. European technology, trade and income changes for 1975-85: an intercountry input–output decomposition[J]. Economic Systems Research, 9(4): 393-412.

Polenske K R. 1970. A multiregional input-output model for the United States[J]. 1970z

Porter M E. 1998. Clusters and the new economics of competition. [J]. Harvard business review, 77-90.

Porter M E. 1990. The competitive advantage of nations[M]. New York: Free Press.

Putnam R D. 1997. The Prosperous Community: Social Capital and Public Life[J]. The American Prospect, (13): 27-48.

Poyhiinen, P. 1963. "Tpward a General Theory of International Trade." Ekonomiska Samfundets Tid- skrf, Tredje Serien, Argang 16: 69-77.

Preston R S. 1975 The Wharton long term model: input-output within the context of a macro forecasting model[J]. International Economic Review, 3-19.

R E, Blair P D. 2009. Input-Output Analysis[M]. Cambridge: Cambridge University Press.

Rey S J, Jackson R W. 1999 Interindustry employment demand and labor productivity in econometric+ input-output models[J]. Environment and Planning A, 31: 1583-1599.

Robinson S, Markandya A. 2010. Complexity and adjustment in input-output systems[J]. Oxford Bulletin of Economics & Statistics, 35(2): 119-134.

Romero I, Erik D, Geoffrey J, Hewings D. 2009. Fragmentation and complexity: analyzing structural change in the chicago regional[J]. Economy Revista De Economia Mundial, 23(4): 15-23.

Rose A, Casler S. 2006. Input–output structural decomposition analysis: a critical appraisal economic[J]. Systems Research, 8(1): 33-62.

Rose A, Chen C Y. 1991. Sources of change in energy use in the US economy, 1972-1982: a structural decomposition analysis[J]. Resources and Energy, 47(13): 1-21.

Samprit satterjee, Ali S. Hadi Bertram Price. 2013. 例解回归分析 [M]. 郑明, 郑忠国, 许静, 等译. 北京: 机械工业出版社.

Suh S. 2009. Handbook of Input-Output Economics In Industrial Ecology[M]. Berlin: Springer Verlag.

Saxenian A. 1994. Regional advantage: Culture and competition in Silicon Valley and Route 128[M]. Cambridge, MA: Harvard University Press.

Schnabl H. 1994. The Evolution of Production Structures, Analyzed by a Multi-layer Procedure[J]. Economic Systems Research, 6(1): 51-68.

Schnabl H, Holub H W. 1979. Qualitative und quantitative aspekte der Input-Output analyse[J]. Zeitschrift FüR Die Gesamte Staatswissenschaft, 135(3): 657-678.

Skolka J. 1989. Input-output structural decomposition analysis for Austria[J]. Journal of Policy Modeling, 11(1): 45-66.

Sonis M, Hewings G. 1998. Economic complexity as network complication: multiregional Input-output structural path analysis[J]. Annals of Regional Science, 32(9): 45-62.

Sonis M. 1970. Analysis of concrete states of lineal geographical systems[J]. Moscow University Vestnik, Geographical Series, 78(4): 24-37.

Sonis M, Hewings G J D. 2000. Introduction to Input-Output structural q-analysis[R]. Discussion Paper 00-T-1, Regional Economic Applications Laboratory, University of Illinois at Urbana-Champaign.

Sonis M, Hewings G J D, Bronstein A. 1994. Structure of fields of influence of economic changes: case study of changes in the Israeli economy[R]. Discussion Paper 94-T-10, Regional Economics Applications Laboratory, University of Illinois at UrbanaChampaign.

Storper M. 1997. The Regional World: territorial Development in a Global Economy[M]. New York: Guiford Press.

Tinbergen J. 1962. Economy and economics of the East-European countries: development and applicability (the proceedings of a seminar) [J]. Soviet Studies, 13(3): 324-327.

Ulanowicz R. Identifying the structure of cycling in ecosystems[J]. Mathematical Biosciences, 1983, 65(2): 219-237.

Vicent Alcántara a, B R D. 2004. Comparison of energy intensities in European Union countries. Results of a structural decomposition analysis[J]. Energy Policy, 32(2): 177-189.

Wellman B, Berkowitz S D. 1997. Social Structures: A Network Approach[M]. Greenwich: JaI Press Inc.

Watts D J. 1999. Small Worlds: The Dynamics of Networks between Order and Randomness[M]. Princetion: Princetion University Press.

Wilson S R. 1976 Statistical notes on the evaluation of calibrated gravity models[J]. Transportation Research, 10(5): 343-345.

Yamada, Mitsuo. 2015. Construction of a multi-regional input-output table for Nagoya metropolitan area, Japan[J]. Journal of Economic Structures, 4(1): 1-18.

Yan C, Ames E. 1965 Economic Interrelatedness[J]. The Review of Economic Studies, 32(2): 37-44.

Young A A. 1928. Increasing returns and rconomic progress[J]. The Economic Journal, 38(152): 527-542.

Zhang Q, Felmingham B. 2002. The role of FDI, exports and spillover effects in the regional development of China[J]. Journal of Development Studies, 38(4): 157-178.

附　　录

附录 1　珠江流域区域间投入产出表

附表 1.1　珠江流域区域间投入产出表部门合并情况说明表

2012 年投入产出表 42 部门名称	合并后 19 部门
1 农林牧渔产品和服务	1 农、林、牧、渔业
2 煤炭采选产品	2 采矿业
3 石油和天然气开采产品	
4 金属矿采选产品	
5 非金属矿和其他矿采选产品	
6 食品和烟草	3 制造业
7 纺织品	
8 纺织服装鞋帽皮革羽绒及其制品	
9 木材加工品和家具	
10 造纸印刷和文教体育用品	
11 石油、炼焦产品和核燃料加工品	
12 化学产品	
13 非金属矿物制品	
14 金属冶炼和压延加工品	
15 金属制品	
16 通用设备	
17 专用设备	
18 交通运输设备	
19 电气机械和器材	
20 通信设备、计算机和其他电子设备	
21 仪器仪表	
22 其他制造产品	
23 废品废料	
24 金属制品、机械和设备修理服务	

续表

2012 年投入产出表 42 部门名称	合并后 19 部门
25 电力、热力的生产和供应	4 电力、热力、燃气及水生产和供应业
26 燃气生产和供应	
27 水的生产和供应	
28 建筑	5 建筑业
29 批发和零售	6 批发和零售业
30 交通运输、仓储和邮政	7 交通运输、仓储和邮政业
31 住宿和餐饮	8 住宿和餐饮业
32 信息传输、软件和信息技术服务	9 信息传输、软件和信息技术服务业
33 金融	10 金融业
34 房地产	11 房地产业
35 租赁和商务服务	12 租赁和商务服务业
36 科学研究和技术服务	13 科学研究和技术服务业
37 水利、环境和公共设施管理	14 水利、环境和公共设施管理业
38 居民服务、修理和其他服务	15 居民服务、修理和其他服务业
39 教育	16 教育
40 卫生和社会工作	17 卫生和社会工作
41 文化、体育和娱乐	18 文化、体育和娱乐业
42 公共管理、社会保障和社会组织	19 公共管理、社会保障和社会组织

附表 1.2 2012 年珠江流域 4 省区 19 部门区域间投入产出表 (单位: 万元)
基本流量表 (按当年生产者价格计算)

		代码	中间使用 广东						
			农林牧渔业	采矿业	制造业	电力热力、燃气及水生产和供应业	建筑业	批发和零售业	交通运输、仓储和邮政业	住宿和餐饮业
	代码	—	1	2	3	4	5	6	7	8
中间投入	广东									
	农、林、牧、渔业	1	949956	187	6926120	597	335516	19330	978	112634
	采矿业	2	3667	465297	12452120	4869759	884287	5498	125	4
	制造业	3	3529781	473057	381516373	1209035	35307209	251973	8424703	877013
	电力、热力、燃气及水生产和供应业	4	235468	198467	17239999	17858878	1290751	99037	1502293	191816
	建筑业	5	377	0	188992	83222	1989194	6769	17212	5809
	批发和零售业	6	144494	33323	15594181	79367	3497001	190383	349976	61458
	交通运输、仓储和邮政业	7	119284	209604	10363801	656361	1485992	333022	4098439	33739
	住宿和餐饮业	8	8398	28861	3256283	203972	326888	83222	505120	11800
	信息传输、软件和信息技术服务业	9	46976	5280	888907	39736	46193	68703	77895	10260
	金融业	10	39218	41512	3773461	1422897	995207	416369	1311626	29508
	房地产业	11	2678	4604	1097582	9206	17725	217772	644306	134085
	租赁和商务服务业	12	5811	141468	8338551	368414	285891	295461	735103	139453
	科学研究和技术服务业	13	416	1268	262672	5349	350147	4558	8729	7197
	水利、环境和公共设施管理业	14	1468	269	14109	1035	1922	445	1174	52
	居民服务、修理和其他服务业	15	939	12222	1397412	69122	185255	8268	216081	15712
	教育	16	347	1732	77642	6083	12461	4959	16172	741
	卫生和社会工作	17	0	0	0	0	0	7	16	3
	文化、体育和娱乐业	18	227	2931	157324	13216	34396	5595	16741	2814
	公共管理、社会保障和社会组织	19	2749	77	55018	485	6567	775	2405	179
广西	农、林、牧、渔业	1	167332	20	916451	25	72071	9857	129	63027
	采矿业	2	544	41833	1387930	174921	160010	2362	14	2
	制造业	3	177501	14414	14411553	14718	2165167	36681	317575	140100
	电力、热力、燃气及水生产和供应业	4	21446	10952	1179470	393744	143358	26112	102565	55497
	建筑业	5	8	0	3059	434	52268	422	278	398
	批发和零售业	6	10424	1457	845053	1386	307643	39760	18926	14084
	交通运输、仓储和邮政业	7	8275	8810	540049	11022	125708	66877	213122	7435
	住宿和餐饮业	8	543	1131	158211	3194	25784	15583	24491	2425
	信息传输、软件和信息技术服务业	9	1992	136	28310	408	2388	8432	2476	1382
	金融业	10	2328	1493	168237	20444	72032	71541	58356	5564
	房地产业	11	65	68	20119	54	527	15384	11786	10394
	租赁和商务服务业	12	230	3393	247942	3530	13800	33857	21812	17536
	科学研究和技术服务业	13	14	26	6746	44	14599	451	224	782
	水利、环境和公共设施管理业	14	56	6	407	10	90	49	34	6
	居民服务、修理和其他服务业	15	42	331	46882	747	10090	1069	7234	2229
	教育	16	29	88	4867	123	1268	1198	1012	196
	卫生和社会工作	17	0	0	0	0	0	1	1	1
	文化、体育和娱乐业	18	16	123	8213	222	2915	1126	872	621
	公共管理、社会保障和社会组织	19	32	1	478	1	93	26	21	7

附　录   · 215 ·

续表

中间使用
广东

信息传输、软件和信息技术服务业	金融业	房地产业	租赁和商务服务业	科学研究和技术服务业	水利、环境和公共设施管理业	居民服务、修理和其他服务业	教育	卫生和社会工作	文化、体育和娱乐业	公共管理、社会保障和社会组织
9	10	11	12	13	14	15	16	17	18	19
10949	1614	35981	219	265165	34774	172348	24	3193	7246	0
0	27	0	0	0	0	4614	0	0	0	0
2633060	1660592	378407	9720493	1391648	20379	1282426	1010438	4590274	471205	1013776
449737	341938	157840	156875	96936	12227	783040	351455	201218	37697	634581
15855	60591	50834	2530	0	882	48289	41956	8442	2532	57992
100646	193562	43567	281317	74491	6186	83738	82560	306613	44616	77716
172604	514684	124480	480345	170925	4483	352174	213522	81866	82450	433492
147260	1262881	634519	898287	163970	6947	169015	297522	66008	162211	1254762
2292345	503149	36958	37177	33799	2542	46624	42898	18881	6834	91559
138556	2227447	1847453	719891	53454	10121	391014	74009	180223	235267	101553
271994	1382537	820941	280626	104802	2626	570571	424488	87803	40211	92038
955752	2182295	1304512	454348	226914	11301	201175	176582	516262	183665	686129
19693	722	8	152	8117	6	13	7551	5856	1655	118
1499	9324	4912	7594	279	288	623	807	571	1158	3392
14505	77064	24912	64859	14578	7521	60206	882754	60102	17381	1119201
11992	128980	12618	3161	4078	621	2178	403481	7161	3395	117671
0	0	0	0	0	0	0	0	159	0	0
17145	102652	56536	83986	4308	552	8520	14897	6310	15660	67113
2287	4910	7179	5370	19574	237	24887	3444	1262	472	176280
1617	196	10731	31	50931	30185	27249	5	744	1203	0
0	3	0	0	0	0	615	0	0	0	0
110997	57613	32219	392551	76309	5050	57884	57032	305219	22333	64539
34337	21486	24340	11474	9627	5488	64013	35928	24232	3236	73167
286	901	1855	44	0	94	934	1015	241	51	1582
6087	9634	5321	16298	5860	2199	5422	6685	29247	3034	7098
10037	24633	14621	26759	12929	1533	21928	16625	7509	5391	38069
7985	56356	69489	46660	11565	2214	9812	21600	5645	9889	102744
81473	14718	2653	1266	1563	531	1774	2041	1058	273	4914
6894	91212	185656	34313	3459	2960	20831	4930	14144	13161	7631
5564	23276	33919	5499	2789	316	12497	11627	2833	925	2843
31715	59598	87430	14443	9794	2205	7148	7846	27021	6852	34383
564	17	0	4	303	1	0	290	265	53	5
48	247	319	234	12	55	21	35	29	42	165
543	2375	1884	2326	710	1655	2414	44252	3549	732	63280
839	7426	1783	212	371	255	163	37792	790	267	12431
0	0	0	0	0	0	0	0	14	0	0
999	4922	6653	4687	327	189	531	1162	580	1026	5905
22	39	141	50	247	14	259	45	19	5	2583

续表

			代码	中间使用 广西							
				农林牧渔业	采矿业	制造业	电力热力、燃气及水生产和供应业	建筑业	批发和零售业	交通运输、仓储和邮政业	住宿和餐饮业
		代码	—	1	2	3	4	5	6	7	8
中间投入	广东	农、林、牧、渔业	1	257656	1216	1505673	0	13721	23	10554	30911
		采矿业	2	1772	27489	2067838	411089	229865	0	1709	0
		制造业	3	669914	122096	11059933	147901	4797468	6260	541643	121260
		电力、热力、燃气及水生产和供应业	4	30205	70604	1137229	991958	119241	9273	39525	24807
		建筑业	5	575	791	8474	1111	14476	24	2751	798
		批发和零售业	6	52587	15720	729080	3394	544230	21683	25560	10284
		交通运输、仓储和邮政业	7	18158	26597	614167	12334	428528	18114	209934	8191
		住宿和餐饮业	8	8124	6303	119955	6951	91630	7906	16720	2824
		信息传输、软件和信息技术服务业	9	2709	1862	20657	3100	3939	1457	13278	906
		金融业	10	8679	12242	384345	105321	121564	32634	225037	8341
		房地产业	11	115	112	4702	20	1918	7092	18174	13113
		租赁和商务服务业	12	225	6814	228213	6098	116468	10298	26679	14601
		科学研究和技术服务业	13	225	857	2202	84	23456	597	327	3
		水利、环境和公共设施管理业	14	9	4	96	924	124	37	67	8
		居民服务、修理和其他服务业	15	331	1251	39954	3392	12628	527	12835	1610
		教育	16	1052	242	5196	998	3593	393	2493	185
		卫生和社会工作	17	0	0	0	2	0	2	4	2
		文化、体育和娱乐业	18	71	131	3781	574	1947	707	2084	4149
		公共管理、社会保障和社会组织	19	0	0	0	0	0	0	0	0
	广西	农、林、牧、渔业	1	697524	1934	1256297	0	42260	6	12939	9610
		采矿业	2	4042	36829	1453394	228247	596377	0	1765	0
		制造业	3	517745	55438	2634465	27830	4218260	431	189574	10762
		电力、热力、燃气及水生产和供应业	4	42279	58062	490614	338055	189889	1156	25055	3988
		建筑业	5	190	154	865	90	5454	1	413	30
		批发和零售业	6	58304	10239	249137	916	686480	2142	12834	1309
		交通运输、仓储和邮政业	7	19358	16659	201810	3201	519778	1721	101360	1003
		住宿和餐饮业	8	8076	3681	36751	1682	103628	700	7527	322
		信息传输、软件和信息技术服务业	9	1765	713	4149	492	2920	85	3918	68
		金融业	10	7917	6561	108055	23391	126157	2652	92962	874
		房地产业	11	43	25	544	2	819	237	3087	565
		租赁和商务服务业	12	137	2435	42790	903	80610	558	7350	1020
		科学研究和技术服务业	13	118	265	357	11	14022	28	78	0
		水利、环境和公共设施管理业	14	6	1	17	133	83	2	18	1
		居民服务、修理和其他服务业	15	227	505	8452	567	9861	32	3990	127
		教育	16	1349	182	2054	312	5243	45	1448	27
		卫生和社会工作	17	0	0	0	0	0	0	2	0
		文化、体育和娱乐业	18	76	82	1245	149	2366	67	1008	509
		公共管理、社会保障和社会组织	19	0	0	0	0	0	0	0	0

附　录　　　·217·

续表

中间使用

广西

信息传输、软件和信息技术服务业	金融业	房地产业	租赁和商务服务业	科学研究和技术服务业	水利、环境和公共设施管理业	居民服务、修理和其他服务业	教育	卫生和社会工作	文化、体育和娱乐业	公共管理、社会保障和社会组织
9	10	11	12	13	14	15	16	17	18	19
623	0	310	188	6	13	158	0	0	94	0
0	0	2	40	4	3	44	0	324	0	0
40587	104716	23891	147278	8995	1350	25352	76951	560370	30554	249130
10298	21704	6330	58276	1336	326	6462	32795	17761	2207	42124
521	3544	1080	564	184	63	765	4100	3664	246	19962
1556	15484	3855	15103	1904	286	13062	6978	42242	1029	19057
4917	44289	10284	20826	3010	271	18380	17436	25769	1580	88583
1936	95770	8616	38818	5399	646	13340	15866	16716	2266	105547
25856	61989	4521	3833	991	87	3083	3820	1749	786	15968
3446	60625	14183	37940	996	51	2639	458	1164	2196	26477
5814	56442	6411	2755	254	17	4832	6892	12314	2231	28488
30083	131477	36266	34675	1664	103	3498	4896	16250	2252	20429
71	0	0	7	1321	3	0	0	1	2	184
29	656	27	85	10	30	14	59	21	6	122
466	3754	5094	2471	2678	344	4003	7508	15271	1348	64234
402	7538	636	713	538	34	635	10277	1584	242	44617
0	0	0	0	0	0	0	0	0	0	0
942	8085	408	2839	191	8	193	5424	1085	2309	6693
87	712	130	327	64	2	85	209	366	49	1453
465	0	403	143	8	7	141	0	0	140	0
0	0	2	26	5	1	33	0	1013	0	0
8663	32476	8857	31933	3486	223	6431	45139	593567	12959	234941
3981	12191	4250	22885	938	98	2969	34842	34072	1696	71948
48	471	172	52	31	4	83	1031	1663	45	8066
476	6889	2050	4698	1059	68	4754	5872	64189	626	25781
1448	18948	5260	6229	1609	62	6432	14109	37654	925	115239
532	38203	4109	10826	2691	137	4353	11971	22774	1236	128026
4653	16209	1413	701	324	12	659	1889	1562	281	12696
868	22192	6206	9709	456	10	790	317	1455	1099	29470
602	8494	1153	290	48	1	595	1962	6330	459	13037
5054	32097	10584	5918	507	13	698	2260	13549	752	15165
10	0	0	1	348	0	0	0	1	0	118
5	155	8	14	3	4	3	27	17	2	88
88	1034	1677	476	922	51	902	3911	14366	508	53800
142	3879	391	257	346	9	267	10004	2785	170	69823
0	0	0	0	0	0	0	0	0	0	0
278	3466	209	851	102	2	67	4397	1589	1353	8723
4	51	11	16	6	0	5	28	89	5	315

续表

		代码	中间使用 贵州							
			农林牧渔业	采矿业	制造业	电力热力、燃气及水生产和供应业	建筑业	批发和零售业	交通运输、仓储和邮政业	住宿和餐饮业
	代码	—	1	2	3	4	5	6	7	8
中间投入	广东									
	农、林、牧、渔业	1	35085	207	93727	2	2464	10	8530	13629
	采矿业	2	4804	126568	199613	125102	29398	0	351	0
	制造业	3	93568	57324	1329874	59599	1203128	7930	198894	58264
	电力、热力、燃气及水生产和供应业	4	5222	31918	214760	490946	55402	1331	25467	14575
	建筑业	5	0	1844	5437	4115	4677	2119	8723	2010
	批发和零售业	6	10822	5075	85402	14886	54167	2589	4783	3337
	交通运输、仓储和邮政业	7	9810	46253	112337	37985	67167	18794	69546	3670
	住宿和餐饮业	8	498	3573	11187	1696	7263	2269	10868	720
	信息传输、软件和信息技术服务业	9	26	3246	6205	2539	2782	1363	2198	816
	金融业	10	467	10865	54574	68826	25825	12155	110789	3543
	房地产业	11	11	101	2390	266	476	4606	2493	1163
	租赁和商务服务业	12	588	7382	39480	2336	39250	11383	14927	1255
	科学研究和技术服务业	13	220	40	1345	48	6384	597	49	2
	水利、环境和公共设施管理业	14	0	18	59	508	29	8	627	3
	居民服务、修理和其他服务业	15	1258	883	3657	2334	1368	333	18829	875
	教育	16	514	286	732	192	1372	160	1034	208
	卫生和社会工作	17	0	7	57	213	0	1	1	0
	文化、体育和娱乐业	18	0	231	674	379	489	91	866	82
	公共管理、社会保障和社会组织	19	0	25	435	9	35	4	583	10
广西	农、林、牧、渔业	1	37213	155	23932	0	3014	2	4629	3338
	采矿业	2	4292	79940	42934	29076	30281	0	160	0
	制造业	3	28333	12270	96938	4694	420000	509	30812	4074
	电力、热力、燃气及水生产和供应业	4	2864	12374	28352	70036	35028	155	7145	1846
	建筑业	5	0	169	170	139	700	58	579	60
	批发和零售业	6	4701	1558	8930	1682	27126	238	1063	335
	交通运输、仓储和邮政业	7	4098	13657	11296	4127	32345	1664	14862	354
	住宿和餐饮业	8	194	984	1049	172	3261	187	2165	65
	信息传输、软件和信息技术服务业	9	7	586	381	169	819	74	287	48
	金融业	10	167	2745	4695	6398	10641	921	20257	292
	房地产业	11	2	11	85	10	81	143	187	39
	租赁和商务服务业	12	140	1244	2265	145	10785	575	1820	69
	科学研究和技术服务业	13	45	6	67	3	1515	26	5	0
	水利、环境和公共设施管理业	14	0	3	3	31	8	0	74	0
	居民服务、修理和其他服务业	15	338	168	237	163	424	19	2591	54
	教育	16	258	102	89	25	795	17	266	24
	卫生和社会工作	17	0	2	6	23	0	0	0	0
	文化、体育和娱乐业	18	0	68	68	41	236	8	185	8
	公共管理、社会保障和社会组织	19	0	1	7	0	3	0	21	0

附　录

续表

				中间使用						
					贵州					
信息传输、软件和信息技术服务业	金融业	房地产业	租赁和商务服务业	科学研究和技术服务业	水利、环境和公共设施管理业	居民服务、修理和其他服务业	教育	卫生和社会工作	文化、体育和娱乐业	公共管理、社会保障和社会组织
9	10	11	12	13	14	15	16	17	18	19
0	71	6	0	19	0	0	0	0	17	0
0	0	0	0	14	0	0	159	218	42	321
35573	36089	3480	40605	6544	1790	59631	20836	96286	10427	155467
9697	5402	374	2957	179	288	7577	6315	2434	2722	10921
1531	2356	713	310	17	3	285	0	744	837	1697
6334	3670	92	2235	53	43	5408	292	1654	294	3397
4716	12488	1224	18830	472	134	7907	2802	1233	1181	34010
3246	17044	3103	18453	605	169	8923	2969	984	1018	66758
14392	7822	626	1947	91	53	1305	944	121	999	11983
3166	2480	10985	26282	145	164	1713	5870	1300	1295	7243
1344	9207	1011	2	94	5	468	2909	1032	1284	2670
5678	24929	14516	6328	260	233	3110	1108	493	778	19083
0	0	3	0	66	0	0	0	0	0	37
13	149	19	720	1	30	81	29	6	6	220
8672	1854	511	19049	98	317	2834	2994	1262	1091	58740
468	2705	55	1389	96	52	108	1121	388	279	9453
0	0	0	0	0	0	0	0	0	0	118
1154	2584	482	2454	13	31	956	306	68	341	3636
2	207	20	1403	2	4	242	49	139	24	4532
0	28	3	0	11	0	0	0	0	12	0
0	0	0	0	7	0	0	103	284	24	381
3959	4107	493	3812	1069	308	9966	4563	42571	2018	62589
1955	1113	96	503	53	90	2293	2505	1949	954	7963
73	115	43	12	1	0	20	0	141	69	293
1011	599	19	301	13	11	1297	92	1049	82	1962
724	1960	239	2439	106	32	1823	847	752	315	18888
465	2495	566	2228	127	37	1918	836	559	253	34568
1351	750	75	154	13	8	184	174	45	163	4067
416	333	1838	2912	28	33	338	1517	678	296	3442
73	508	70	0	7	0	38	309	221	121	522
497	2233	1620	468	33	32	409	191	172	118	6047
0	0	0	0	7	0	0	0	0	0	10
1	13	2	52	0	4	10	5	2	1	67
857	187	64	1588	14	48	421	582	496	188	21003
86	511	13	216	26	15	30	407	284	90	6316
0	0	0	0	0	0	0	0	0	0	65
178	406	95	318	3	7	221	93	41	91	2023
0	5	1	30	0	0	9	2	14	1	420

续表

<table>
<tr><th colspan="2" rowspan="3"></th><th rowspan="3">代码</th><th colspan="8">中间使用</th></tr>
<tr><th colspan="8">云南</th></tr>
<tr><th>农林牧渔业</th><th>采矿业</th><th>制造业</th><th>电力热力、燃气及水生产和供应业</th><th>建筑业</th><th>批发和零售业</th><th>交通运输、仓储和邮政业</th><th>住宿和餐饮业</th></tr>
<tr><td colspan="2">代码</td><td>—</td><td>1</td><td>2</td><td>3</td><td>4</td><td>5</td><td>6</td><td>7</td><td>8</td></tr>
<tr><td rowspan="19">中间投入</td><td>农、林、牧、渔业</td><td>1</td><td>119201</td><td>1267</td><td>291491</td><td>0</td><td>5799</td><td>192</td><td>2211</td><td>34163</td></tr>
<tr><td>采矿业</td><td>2</td><td>1484</td><td>39474</td><td>630385</td><td>100897</td><td>78259</td><td>104</td><td>2071</td><td>1102</td></tr>
<tr><td>制造业</td><td>3</td><td>159421</td><td>129016</td><td>2219782</td><td>174257</td><td>2147213</td><td>48392</td><td>129787</td><td>127805</td></tr>
<tr><td>电力、热力、燃气及水生产和供应业</td><td>4</td><td>13596</td><td>55551</td><td>377943</td><td>465457</td><td>75996</td><td>7316</td><td>20447</td><td>30814</td></tr>
<tr><td>建筑业</td><td>5</td><td>101</td><td>440</td><td>3383</td><td>289</td><td>462889</td><td>1180</td><td>2898</td><td>893</td></tr>
<tr><td>批发和零售业</td><td>6</td><td>13810</td><td>16482</td><td>223610</td><td>46711</td><td>198386</td><td>6288</td><td>14081</td><td>8617</td></tr>
<tr><td>交通运输、仓储和邮政业</td><td>7</td><td>14344</td><td>26332</td><td>147351</td><td>4096</td><td>159289</td><td>36106</td><td>31278</td><td>5403</td></tr>
<tr><td>住宿和餐饮业</td><td>8</td><td>3353</td><td>6899</td><td>32579</td><td>3539</td><td>37261</td><td>10926</td><td>6209</td><td>5017</td></tr>
<tr><td>信息传输、软件和信息技术服务业</td><td>9</td><td>3429</td><td>1339</td><td>42682</td><td>4567</td><td>54699</td><td>3326</td><td>7833</td><td>2052</td></tr>
<tr><td>金融业</td><td>10</td><td>6769</td><td>8237</td><td>107450</td><td>59882</td><td>44845</td><td>13408</td><td>36104</td><td>5301</td></tr>
<tr><td>房地产业</td><td>11</td><td>26</td><td>658</td><td>7948</td><td>474</td><td>1600</td><td>13696</td><td>4107</td><td>6914</td></tr>
<tr><td>租赁和商务服务业</td><td>12</td><td>1635</td><td>3191</td><td>61872</td><td>88</td><td>14946</td><td>10157</td><td>4037</td><td>7047</td></tr>
<tr><td>科学研究和技术服务业</td><td>13</td><td>2992</td><td>2475</td><td>9134</td><td>2318</td><td>14148</td><td>465</td><td>148</td><td>38</td></tr>
<tr><td>水利、环境和公共设施管理业</td><td>14</td><td>613</td><td>230</td><td>845</td><td>1328</td><td>68</td><td>42</td><td>53</td><td>74</td></tr>
<tr><td>居民服务、修理和其他服务业</td><td>15</td><td>1033</td><td>1649</td><td>11946</td><td>7307</td><td>5398</td><td>3992</td><td>4597</td><td>4260</td></tr>
<tr><td>教育</td><td>16</td><td>894</td><td>949</td><td>2482</td><td>492</td><td>1183</td><td>752</td><td>1211</td><td>397</td></tr>
<tr><td>卫生和社会工作</td><td>17</td><td>28</td><td>51</td><td>272</td><td>61</td><td>48</td><td>1</td><td>7</td><td>3</td></tr>
<tr><td>文化、体育和娱乐业</td><td>18</td><td>51</td><td>797</td><td>4266</td><td>1839</td><td>3136</td><td>506</td><td>488</td><td>1262</td></tr>
<tr><td>公共管理、社会保障和社会组织</td><td>19</td><td>332</td><td>110</td><td>916</td><td>159</td><td>522</td><td>65</td><td>99</td><td>86</td></tr>
<tr><td rowspan="19">广西</td><td>农、林、牧、渔业</td><td>1</td><td>156742</td><td>1094</td><td>94875</td><td>0</td><td>9151</td><td>49</td><td>1130</td><td>10618</td></tr>
<tr><td>采矿业</td><td>2</td><td>1644</td><td>28702</td><td>172837</td><td>27980</td><td>104019</td><td>22</td><td>891</td><td>289</td></tr>
<tr><td>制造业</td><td>3</td><td>59845</td><td>31792</td><td>206260</td><td>16377</td><td>967223</td><td>3499</td><td>18934</td><td>11340</td></tr>
<tr><td>电力、热力、燃气及水生产和供应业</td><td>4</td><td>9244</td><td>24792</td><td>63604</td><td>79228</td><td>62000</td><td>958</td><td>5403</td><td>4952</td></tr>
<tr><td>建筑业</td><td>5</td><td>16</td><td>46</td><td>135</td><td>12</td><td>89343</td><td>37</td><td>181</td><td>34</td></tr>
<tr><td>批发和零售业</td><td>6</td><td>7437</td><td>5826</td><td>29807</td><td>6298</td><td>128199</td><td>652</td><td>2947</td><td>1097</td></tr>
<tr><td>交通运输、仓储和邮政业</td><td>7</td><td>7428</td><td>8951</td><td>18888</td><td>531</td><td>98982</td><td>3601</td><td>6295</td><td>661</td></tr>
<tr><td>住宿和餐饮业</td><td>8</td><td>1619</td><td>2187</td><td>3894</td><td>428</td><td>21589</td><td>1016</td><td>1165</td><td>573</td></tr>
<tr><td>信息传输、软件和信息技术服务业</td><td>9</td><td>1085</td><td>278</td><td>3344</td><td>362</td><td>20774</td><td>203</td><td>963</td><td>154</td></tr>
<tr><td>金融业</td><td>10</td><td>2999</td><td>2396</td><td>11784</td><td>6642</td><td>23842</td><td>1144</td><td>6217</td><td>555</td></tr>
<tr><td>房地产业</td><td>11</td><td>5</td><td>79</td><td>358</td><td>22</td><td>350</td><td>481</td><td>291</td><td>298</td></tr>
<tr><td>租赁和商务服务业</td><td>12</td><td>483</td><td>619</td><td>4525</td><td>7</td><td>5300</td><td>578</td><td>464</td><td>492</td></tr>
<tr><td>科学研究和技术服务业</td><td>13</td><td>764</td><td>415</td><td>577</td><td>148</td><td>4333</td><td>23</td><td>15</td><td>2</td></tr>
<tr><td>水利、环境和公共设施管理业</td><td>14</td><td>176</td><td>43</td><td>60</td><td>95</td><td>23</td><td>2</td><td>6</td><td>5</td></tr>
<tr><td>居民服务、修理和其他服务业</td><td>15</td><td>344</td><td>361</td><td>986</td><td>610</td><td>2160</td><td>256</td><td>596</td><td>336</td></tr>
<tr><td>教育</td><td>16</td><td>557</td><td>388</td><td>383</td><td>77</td><td>884</td><td>90</td><td>293</td><td>58</td></tr>
<tr><td>卫生和社会工作</td><td>17</td><td>14</td><td>17</td><td>34</td><td>8</td><td>30</td><td>0</td><td>1</td><td>0</td></tr>
<tr><td>文化、体育和娱乐业</td><td>18</td><td>26</td><td>271</td><td>548</td><td>239</td><td>1952</td><td>51</td><td>98</td><td>155</td></tr>
<tr><td>公共管理、社会保障和社会组织</td><td>19</td><td>29</td><td>6</td><td>20</td><td>3</td><td>54</td><td>1</td><td>3</td><td>2</td></tr>
</table>

续表

中间使用

云南

信息传输、软件和信息技术服务业	金融业	房地产业	租赁和商务服务业	科学研究和技术服务业	水利、环境和公共设施管理业	居民服务、修理和其他服务业	教育	卫生和社会工作	文化、体育和娱乐业	公共管理、社会保障和社会组织
9	10	11	12	13	14	15	16	17	18	19
0	0	10	1184	244	2	2594	632	355	0	3
0	0	32	101	46	22	329	430	1787	35	197
97454	48374	18558	237185	16109	2969	37132	37491	275489	22137	152396
19869	8281	2150	10346	848	469	1145	9696	11637	1228	22064
1288	1540	988	332	118	203	433	2223	3281	652	9836
11751	2543	1609	18488	1116	233	2695	3229	18699	1716	11933
5399	10399	1711	52964	2624	129	1593	6373	2215	1519	37778
6200	18371	6597	25904	2904	253	1448	9436	6253	2618	81255
9869	13053	1040	2545	213	112	292	2965	6435	1099	21853
4820	26133	14329	4170	1708	1738	1802	8155	5523	1348	14057
2172	14849	780	11860	642	26	1802	1583	1490	1315	4486
15436	34819	14793	25357	1093	166	1166	7229	4597	1826	11488
1642	370	163	233	1195	46	28	444	380	51	470
55	50	30	1571	3	39	11	35	63	8	24
3900	1343	159	6317	183	296	957	1764	2598	742	17047
1044	1931	153	827	117	41	59	3835	1565	165	21672
3	8	0	2	1	2	0	25	68	4	160
1294	1426	993	1863	177	55	252	1574	607	1398	10187
191	344	177	375	28	4	31	69	191	17	314
0	0	7	628	216	1	1213	659	657	0	4
0	0	18	45	35	12	130	378	2787	25	279
15724	6688	3583	35913	4075	559	4954	11168	145617	5394	73150
5806	2073	752	2837	389	160	277	5231	11141	542	19181
89	91	82	22	13	16	25	284	743	68	2023
2720	504	446	4016	405	63	516	1380	14179	600	8217
1202	1983	456	11063	916	34	293	2619	1615	511	25015
1287	3267	1638	5045	945	61	248	3615	4251	820	50166
1343	1521	169	325	45	18	33	745	2868	226	8844
918	4264	3265	745	510	386	284	2867	3446	388	7964
170	996	73	871	79	2	117	229	382	156	1045
1960	3789	2248	3022	218	25	122	1695	1913	350	4341
180	35	21	24	205	6	3	90	136	8	154
7	5	4	182	1	6	1	8	25	2	9
559	165	27	849	41	50	113	467	1220	160	7267
279	443	49	208	49	13	13	1896	1372	67	17263
1	2	0	1	0	0	0	10	49	1	105
288	272	265	390	62	14	46	648	443	471	6758
7	11	8	13	2	0	1	5	23	1	35

续表

		代码	中间使用 其他							
			农林牧渔业	采矿业	制造业	电力热力、燃气及水生产和供应业	建筑业	批发和零售业	交通运输、仓储和邮政业	住宿和餐饮业
	代码	—	1	2	3	4	5	6	7	8
中间投入										
广东	农、林、牧、渔业	1	2472632	4217	13141211	416	480941	9788	194689	2174587
	采矿业	2	1493	1508436	20264779	1006875	446194	346	17732	3703
	制造业	3	6380398	2992466	199516961	769712	53678791	3029578	6941918	10838368
	电力、热力、燃气及水生产和供应业	4	364050	1072813	11825907	2499347	1696791	1102883	660767	512469
	建筑业	5	1675	21671	314850	15837	1683979	132217	122358	78778
	批发和零售业	6	388113	182797	10480462	64968	1757052	2064678	472816	1742256
	交通运输、仓储和邮政业	7	324338	325836	8948941	81665	2852003	2553595	3212375	562454
	住宿和餐饮业	8	28250	64296	1501887	13551	520982	479634	364515	62615
	信息传输、软件和信息技术服务业	9	26536	23274	583268	18565	1029189	233387	212184	122800
	金融业	10	329243	461706	6448502	282843	2519231	2918802	1872593	403935
	房地产业	11	447	3394	194463	946	8702	4227229	100912	362185
	租赁和商务服务业	12	10412	261764	4373083	24729	694652	7508325	322538	342137
	科学研究和技术服务业	13	54221	51587	944021	8175	1149275	101459	11675	315
	水利、环境和公共设施管理业	14	14088	4682	86124	11412	4396	14559	3873	2931
	居民服务、修理和其他服务业	15	21002	52362	881339	11328	371221	483859	368972	110707
	教育	16	3248	6145	61980	748	38994	42752	12943	9128
	卫生和社会工作	17	77	126	2373	50	628	604	207	57
	文化、体育和娱乐业	18	831	12098	245301	7497	79996	52547	32426	49553
	公共管理、社会保障和社会组织	19	7692	4046	111468	906	21942	23315	8216	4817
广西	农、林、牧、渔业	1	1996109	3199	9885464	71	397772	7923	148590	1838179
	采矿业	2	1015	963867	12841296	143803	310865	236	11400	2637
	制造业	3	1470453	648026	42846961	37256	12674292	700155	1512536	2615492
	电力、热力、燃气及水生产和供应业	4	151956	420765	4599672	219101	725607	461630	260752	223980
	建筑业	5	165	2011	28972	328	170369	13093	11423	8146
	批发和零售业	6	128317	56788	3228823	4511	595154	684523	147789	603149
	交通运输、仓储和邮政业	7	103114	97337	2651116	5453	928941	814106	965538	187238
	住宿和餐饮业	8	8374	17909	414854	844	158220	142574	102155	19435
	信息传输、软件和信息技术服务业	9	5156	4249	105606	758	204879	45475	38978	24984
	金融业	10	89558	118008	1634493	16158	702058	796161	481564	115050
	房地产业	11	50	357	20265	22	997	474070	10670	42413
	租赁和商务服务业	12	1889	44621	739247	942	129107	1365894	55318	64991
	科学研究和技术服务业	13	8496	7595	137839	269	184499	15942	1730	52
	水利、环境和公共设施管理业	14	2479	774	14119	422	792	2569	644	540
	居民服务、修理和其他服务业	15	4299	10071	168099	487	77846	99314	71400	23727
	教育	16	1242	2208	22088	60	15279	16396	4680	3656
	卫生和社会工作	17	24	37	693	3	202	190	61	19
	文化、体育和娱乐业	18	265	3621	72804	502	26104	16783	9764	16526
	公共管理、社会保障和社会组织	19	408	202	5511	10	1193	1240	412	268

续表

信息传输、软件和信息技术服务业	金融业	房地产业	租赁和商务服务业	科学研究和技术服务业	水利、环境和公共设施管理业	居民服务、修理和其他服务业	教育	卫生和社会工作	文化、体育和娱乐业	公共管理、社会保障和社会组织	中间使用合计
9	10	11	12	13	14	15	16	17	18	19	TIU
14601	126	1530	74739	72815	506189	23228	47161	29868	6066	180	30566077
0	0	619	369	9986	25719	7765	14426	19494	2304	17407	46116571
2438416	979667	231179	6429873	4350160	2597523	2258881	1272780	6971072	721725	3248214	799701446
177362	141385	100449	55487	110845	524492	227611	137045	155153	33397	301890	68186198
31543	101467	168698	23057	44271	160208	34277	45632	29523	18413	195906	6399918
275990	201062	41641	688106	378886	254800	249058	135825	533233	139790	469664	44096015
131839	358998	60663	811911	411978	411831	206101	336306	206626	128283	1292378	45718221
82196	713875	57141	729326	451344	175876	123046	289249	90517	92389	1050215	17372531
1311040	462695	43220	82220	59884	109541	36061	184739	189132	35140	628567	10097615
416910	1057806	1072301	1073270	488506	719702	170632	465583	199001	63479	627785	37362421
277669	1338871	405693	172342	84401	54730	488174	136878	108282	48138	274781	14774487
541085	1782377	461928	1020832	323639	218262	170435	82763	20159	61903	405815	36940973
52464	10705	800	2946	576152	12991	225	33954	3987	1335	3115	3778495
1994	6955	1075	21280	1284	66854	2927	2298	2401	1502	15715	327269
30338	93275	18335	106589	132858	444544	140264	135610	99292	34087	415474	8581697
7297	82638	3362	6333	20135	29202	6080	168273	31716	4168	170460	1662823
1	185	1	4	30	79	66	166	2621	38	2406	11061
28059	144375	15269	20587	24110	29586	20336	39711	20283	87109	193817	1803042
13731	12509	10038	86257	8033	11308	8231	12337	6012	2146	90578	772979
11400	93	2809	58125	59956	469228	18425	38461	24846	4858	150	18688719
0	0	957	242	6927	20083	5189	9910	13660	1554	12165	18963347
543503	207391	121157	1427574	1022575	687399	511544	296322	1655458	164989	769290	99360194
71599	54208	95345	22312	47191	251386	93355	57787	66732	13827	129493	12021981
3013	9204	37883	2193	4459	18166	3326	4552	3004	1804	19880	520626
88249	61061	31307	219167	127768	96733	80912	45364	181660	45844	159572	9327510
40537	104838	43858	248669	133592	150344	64385	108010	67689	40455	422233	9713162
23565	194380	38518	208274	136463	59865	35840	86617	27648	27166	319920	3141109
246372	82582	19097	15391	11868	24440	6885	36262	37867	6773	125510	1308080
109678	264302	663287	281248	135533	224795	45607	127936	55777	17128	175485	7418716
30033	137539	103175	18568	9627	7028	53646	15464	12478	5340	31580	1180528
94934	297011	190562	178407	59884	45466	30382	15167	3768	11139	75655	4318339
7951	1541	285	445	92083	2337	35	5375	644	207	502	516397
339	1124	430	3607	230	13506	506	408	435	262	2841	49416
6006	17537	8534	21018	27737	104483	28211	28040	20942	6921	87392	1151911
2699	29031	2924	2333	7854	12824	2285	65012	12499	1581	66994	475442
0	53	1	1	10	28	20	52	847	12	775	3419
8643	42239	11059	6317	7833	10821	6365	12777	6657	27521	63439	434757
705	610	1211	4409	435	689	429	661	329	113	4938	29123

续表

<table>
<tr><th rowspan="3"></th><th rowspan="3"></th><th rowspan="3">代码</th><th colspan="6">最终使用</th></tr>
<tr><th colspan="2">广东</th><th colspan="2">广西</th><th colspan="2">贵州</th></tr>
<tr><th>最终消费支出</th><th>资本形成总额</th><th>最终消费支出</th><th>资本形成总额</th><th>最终消费支出</th><th>资本形成总额</th></tr>
<tr><td colspan="2">代码</td><td>—</td><td>TC</td><td>GCF</td><td>TC</td><td>GCF</td><td>TC</td><td>GCF</td></tr>
<tr><td rowspan="19">中间投入</td><td rowspan="19">广东</td><td>农、林、牧、渔业</td><td></td></tr>
</table>

		代码	—	TC	GCF	TC	GCF	TC	GCF
中间投入（广东）	农、林、牧、渔业	1		6480710	0	1434906	181080	743828	60309
	采矿业	2		(4357997)	(7767209)	(340535)	0	(832422)	(233853)
	制造业	3		80820769	100417726	12660967	13917808	5116696	5407513
	电力、热力、燃气及水生产和供应业	4		2582755	0	562554	0	186596	0
	建筑业	5		974468	54285216	122704	7514933	48932	3057688
	批发和零售业	6		9777086	4032716	610214	930145	554197	158043
	交通运输、仓储和邮政业	7		4457391	1189844	1055651	387976	485326	150174
	住宿和餐饮业	8		6499567	0	805788	0	267701	0
	信息传输、软件和信息技术服务业	9		11493255	3187301	1122787	54587	490742	36269
	金融业	10		7334326	0	768862	0	150202	0
	房地产业	11		14687572	10539034	1950815	2300412	606549	81475
	租赁和商务服务业	12		8306093	0	1872009	0	535896	0
	科学研究和技术服务业	13		6361958	87339	454005	91063	480578	46738
	水利、环境和公共设施管理业	14		1623380	0	207139	0	58106	0
	居民服务、修理和其他服务业	15		5492899	0	574587	0	104092	0
	教育	16		10154149	0	2812302	0	904568	0
	卫生和社会工作	17		8354035	0	3194774	0	757872	0
	文化、体育和娱乐业	18		1571923	0	216567	0	122230	0
	公共管理、社会保障和社会组织	19		13537821	0	2950166	0	1354922	0
广西	农、林、牧、渔业	1		327018	0	675638	121766	130412	13661
	采矿业	2		(425365)	(1003139)	(310155)	0	(282302)	(102460)
	制造业	3		3552899	5841060	5193601	8153383	781529	1067076
	电力、热力、燃气及水生产和供应业	4		(10466)	0	(21272)	0	(2627)	0
	建筑业	5		219075	16148385	257410	22514297	38222	3085725
	批发和零售业	6		399065	217797	232411	505931	78595	28957
	交通运输、仓储和邮政业	7		261184	92252	577202	302955	98809	39500
	住宿和餐饮业	8		225147	0	260462	0	32220	0
	信息传输、软件和信息技术服务业	9		402784	147800	367171	25493	59755	5706
	金融业	10		20631	0	20181	0	1468	0
	房地产业	11		998342	947876	1237335	2083734	143249	24860
	租赁和商务服务业	12		88745	0	186637	0	19894	0
	科学研究和技术服务业	13		106312	1931	70794	20279	27903	3506
	水利、环境和公共设施管理业	14		(72)	0	(86)	0	(9)	0
	居民服务、修理和其他服务业	15		173631	0	169482	0	11432	0
	教育	16		296671	0	766718	0	91827	0
	卫生和社会工作	17		758302	0	2706001	0	239022	0
	文化、体育和娱乐业	18		59219	0	76131	0	15999	0
	公共管理、社会保障和社会组织	19		1109697	0	2256544	0	385892	0

续表

最终使用						总产出
云南		其他				
最终消费支出	资本形成总额	最终消费支出	资本形成总额	出口	最终使用合计	
TC	GCF	TC	GCF	EX	TFU	GO
650638	349002	1378295	272419	12733402	24284589	54850666
(4963956)	(11573)	(248268)	(465826)	0	−19221639	26894932
2521896	6664286	19613095	26182924	236080975	509404656	1309106102
145007	477	548412	1074	1993942	6020818	74207016
168323	2235268	170293	11969809	747268	81294902	87694820
366826	4929	2373038	676677	16529573	36013443	80109458
194572	0	1732977	138382	8937727	18730021	64448243
144691	0	960775	0	8819311	17497833	34870364
359915	0	1167492	538083	1845300	20295730	30393345
162596	0	1257478	0	10179788	19853253	57215673
691284	0	2706993	1356778	0	34920913	49695400
848684	0	3260149	0	15131281	29954112	66895084
613757	0	1170190	284740	790	9591158	13369653
64395	0	278329	0	2234175	4465524	4792793
160046	0	1308579	0	0	7640203	16221900
939798	0	3531778	0	0	18342596	20005419
767358	0	3440100	0	0	16514139	16525200
116371	0	346628	0	2390396	4764116	6567159
1430533	0	4648778	0	0	23922221	24695200
145713	110413	406937	88270	14663188	16683016	35371735
(2150362)	(7082)	(141785)	(291962)	0	−4714613	14248734
492035	1836785	5044784	7391041	50320083	89674276	189034470
(2608)	(12)	(13003)	(28)	2281498	2231480	14253461
167949	3150654	224006	17279888	239318	63324930	63845556
66451	1261	566728	177355	3763038	6037590	15365099
50600	0	594149	52068	3456618	5525338	15238500
22245	0	194734	0	4175413	4910222	8051330
55981	0	239397	121089	764331	2189506	3497586
2030	0	20696	0	4366680	4431685	11850401
208543	0	1076597	592196	85669	7398401	8578929
40244	0	203809	0	29292	568622	4886961
45520	0	114416	30554	712996	1134210	1650607
(13)	0	(72)	0	789904	789652	839067
22453	0	242025	0	411052	1030075	2181986
121864	0	603756	0	3418636	5299472	5774914
309139	0	1827063	0	0	5839527	5842946
19457	0	76406	0	718603	965815	1400572
520430	0	2229620	0	0	6502183	6531307

续表

<table>
<tr><th colspan="2" rowspan="3"></th><th rowspan="3">代码</th><th colspan="8">中间使用</th></tr>
<tr><th colspan="8">广东</th></tr>
<tr><th>农林牧渔业</th><th>采矿业</th><th>制造业</th><th>电力热力、燃气及水生产和供应业</th><th>建筑业</th><th>批发和零售业</th><th>交通运输、仓储和邮政业</th><th>住宿和餐饮业</th></tr>
<tr><td colspan="2">代码</td><td>—</td><td>1</td><td>2</td><td>3</td><td>4</td><td>5</td><td>6</td><td>7</td><td>8</td></tr>
<tr><td rowspan="19">中间投入</td><td colspan="2" style="text-align:left">农、林、牧、渔业</td><td></td><td></td><td></td><td></td><td></td><td></td><td></td><td></td><td></td></tr>
<tr><td rowspan="19">贵州</td><td>农、林、牧、渔业</td><td>1</td><td>13705</td><td>2</td><td>111949</td><td>3</td><td>9307</td><td>2635</td><td>16</td><td>18456</td></tr>
<tr><td>采矿业</td><td>2</td><td>92</td><td>8016</td><td>350382</td><td>43091</td><td>42702</td><td>1305</td><td>4</td><td>1</td></tr>
<tr><td>制造业</td><td>3</td><td>17396</td><td>1599</td><td>2106551</td><td>2099</td><td>334562</td><td>11735</td><td>47599</td><td>49092</td></tr>
<tr><td>电力、热力、燃气及水生产和供应业</td><td>4</td><td>5352</td><td>3094</td><td>439058</td><td>143026</td><td>56413</td><td>21274</td><td>39149</td><td>49524</td></tr>
<tr><td>建筑业</td><td>5</td><td>4</td><td>0</td><td>2198</td><td>304</td><td>39695</td><td>664</td><td>205</td><td>685</td></tr>
<tr><td>批发和零售业</td><td>6</td><td>1278</td><td>202</td><td>154488</td><td>247</td><td>59454</td><td>15909</td><td>3548</td><td>6172</td></tr>
<tr><td>交通运输、仓储和邮政业</td><td>7</td><td>2068</td><td>2492</td><td>201290</td><td>4009</td><td>49531</td><td>54557</td><td>81453</td><td>6643</td></tr>
<tr><td>住宿和餐饮业</td><td>8</td><td>111</td><td>262</td><td>48256</td><td>951</td><td>8313</td><td>10403</td><td>7660</td><td>1773</td></tr>
<tr><td>信息传输、软件和信息技术服务业</td><td>9</td><td>419</td><td>32</td><td>8875</td><td>125</td><td>791</td><td>5786</td><td>796</td><td>1039</td></tr>
<tr><td>金融业</td><td>10</td><td>474</td><td>344</td><td>51056</td><td>6054</td><td>23109</td><td>47518</td><td>18159</td><td>4048</td></tr>
<tr><td>房地产业</td><td>11</td><td>8</td><td>9</td><td>3532</td><td>9</td><td>98</td><td>5910</td><td>2121</td><td>4374</td></tr>
<tr><td>租赁和商务服务业</td><td>12</td><td>42</td><td>708</td><td>68188</td><td>947</td><td>4012</td><td>20380</td><td>6151</td><td>11561</td></tr>
<tr><td>科学研究和技术服务业</td><td>13</td><td>3</td><td>6</td><td>2174</td><td>14</td><td>4974</td><td>318</td><td>74</td><td>604</td></tr>
<tr><td>水利、环境和公共设施管理业</td><td>14</td><td>35</td><td>4</td><td>375</td><td>9</td><td>88</td><td>100</td><td>32</td><td>14</td></tr>
<tr><td>居民服务、修理和其他服务业</td><td>15</td><td>12</td><td>106</td><td>19860</td><td>309</td><td>4518</td><td>991</td><td>3142</td><td>2264</td></tr>
<tr><td>教育</td><td>16</td><td>8</td><td>28</td><td>2019</td><td>50</td><td>556</td><td>1087</td><td>430</td><td>195</td></tr>
<tr><td>卫生和社会工作</td><td>17</td><td>0</td><td>0</td><td>0</td><td>0</td><td>0</td><td>72</td><td>19</td><td>36</td></tr>
<tr><td>文化、体育和娱乐业</td><td>18</td><td>3</td><td>28</td><td>2429</td><td>64</td><td>911</td><td>729</td><td>265</td><td>440</td></tr>
<tr><td>公共管理、社会保障和社会组织</td><td>19</td><td>36</td><td>1</td><td>818</td><td>2</td><td>168</td><td>97</td><td>37</td><td>27</td></tr>
<tr><td rowspan="19">云南</td><td>农、林、牧、渔业</td><td>1</td><td>36879</td><td>4</td><td>246153</td><td>7</td><td>22021</td><td>7180</td><td>34</td><td>47504</td></tr>
<tr><td>采矿业</td><td>2</td><td>138</td><td>10370</td><td>427735</td><td>51587</td><td>56095</td><td>1974</td><td>4</td><td>2</td></tr>
<tr><td>制造业</td><td>3</td><td>45411</td><td>3615</td><td>4493367</td><td>4391</td><td>767931</td><td>31015</td><td>97589</td><td>122576</td></tr>
<tr><td>电力、热力、燃气及水生产和供应业</td><td>4</td><td>7118</td><td>3563</td><td>477104</td><td>152415</td><td>65966</td><td>28644</td><td>40890</td><td>62994</td></tr>
<tr><td>建筑业</td><td>5</td><td>19</td><td>0</td><td>8795</td><td>1194</td><td>170947</td><td>3292</td><td>788</td><td>3208</td></tr>
<tr><td>批发和零售业</td><td>6</td><td>2974</td><td>407</td><td>293846</td><td>461</td><td>121689</td><td>37492</td><td>6486</td><td>13743</td></tr>
<tr><td>交通运输、仓储和邮政业</td><td>7</td><td>2259</td><td>2358</td><td>179701</td><td>3510</td><td>47582</td><td>60347</td><td>69894</td><td>6942</td></tr>
<tr><td>住宿和餐饮业</td><td>8</td><td>178</td><td>364</td><td>63318</td><td>1223</td><td>11738</td><td>16912</td><td>9660</td><td>2723</td></tr>
<tr><td>信息传输、软件和信息技术服务业</td><td>9</td><td>1076</td><td>72</td><td>18643</td><td>257</td><td>1789</td><td>15058</td><td>1607</td><td>2554</td></tr>
<tr><td>金融业</td><td>10</td><td>594</td><td>374</td><td>52364</td><td>6089</td><td>25504</td><td>60385</td><td>17902</td><td>4859</td></tr>
<tr><td>房地产业</td><td>11</td><td>20</td><td>20</td><td>7495</td><td>19</td><td>224</td><td>15541</td><td>4327</td><td>10865</td></tr>
<tr><td>租赁和商务服务业</td><td>12</td><td>55</td><td>791</td><td>71905</td><td>980</td><td>4553</td><td>26627</td><td>6235</td><td>14270</td></tr>
<tr><td>科学研究和技术服务业</td><td>13</td><td>14</td><td>26</td><td>8206</td><td>52</td><td>20202</td><td>1488</td><td>268</td><td>2668</td></tr>
<tr><td>水利、环境和公共设施管理业</td><td>14</td><td>76</td><td>8</td><td>666</td><td>15</td><td>168</td><td>219</td><td>55</td><td>29</td></tr>
<tr><td>居民服务、修理和其他服务业</td><td>15</td><td>14</td><td>112</td><td>19694</td><td>300</td><td>4822</td><td>1218</td><td>2995</td><td>2628</td></tr>
<tr><td>教育</td><td>16</td><td>10</td><td>30</td><td>2052</td><td>50</td><td>608</td><td>1369</td><td>420</td><td>232</td></tr>
<tr><td>卫生和社会工作</td><td>17</td><td>0</td><td>0</td><td>0</td><td>0</td><td>0</td><td>83</td><td>17</td><td>39</td></tr>
<tr><td>文化、体育和娱乐业</td><td>18</td><td>6</td><td>49</td><td>4053</td><td>105</td><td>1636</td><td>1506</td><td>424</td><td>860</td></tr>
<tr><td>公共管理、社会保障和社会组织</td><td>19</td><td>32</td><td>1</td><td>584</td><td>2</td><td>129</td><td>86</td><td>25</td><td>23</td></tr>
</table>

续表

					中间使用					
					广东					
信息传输、软件和信息技术服务业	金融业	房地产业	租赁和商务服务业	科学研究和技术服务业	水利、环境和公共设施管理业	居民服务、修理和其他服务业	教育	卫生和社会工作	文化、体育和娱乐业	公共管理、社会保障和社会组织
9	10	11	12	13	14	15	16	17	18	19
204	24	2485	4	6496	9439	3693	1	96	150	0
0	1	0	0	0	0	172	0	0	0	0
16750	8573	8928	58967	11647	1890	9386	8577	47192	3329	9962
13196	8142	17177	4389	3742	5229	26433	13760	9542	1229	28763
212	659	2526	32	0	172	744	750	183	38	1200
1149	1793	1844	3062	1119	1029	1100	1257	5656	566	1370
3862	9346	10331	10250	5032	1462	9067	6375	2961	2049	14985
2514	17498	40182	14625	3683	1729	3320	6778	1821	3076	33095
26369	4697	1577	408	511	426	617	658	351	87	1627
2160	28178	106815	10701	1096	2300	7013	1539	4540	4074	2445
1008	4159	11288	992	511	142	2434	2100	526	166	527
9005	16685	45585	4082	2813	1552	2181	2220	7861	1922	9986
188	6	0	1	102	1	0	96	90	18	2
46	232	558	222	11	129	22	33	28	39	160
238	1024	1513	1013	314	1795	1134	19287	1590	316	28310
359	3136	1402	90	161	271	75	16128	347	113	5445
0	0	0	0	0	0	0	0	344	1	0
305	1482	3730	1425	101	143	174	354	181	309	1844
39	68	456	88	441	59	491	79	35	9	4665
477	51	2367	8	15103	23923	7555	1	210	345	0
0	1	0	0	0	0	195	0	0	0	0
38009	17339	8249	123204	26267	4646	18630	18468	100008	7433	20921
15255	8389	8084	4672	4299	6550	26729	15094	10301	1397	30771
904	2500	4378	127	0	795	2772	3030	727	158	4729
2324	3234	1519	5705	2249	2256	1946	2414	10688	1126	2566
3668	7912	3995	8963	4750	1505	7532	5745	2626	1915	13170
3510	21771	22835	18797	5110	2615	4054	8978	2374	4224	42752
58924	9355	1435	839	1136	1032	1206	1396	732	192	3365
2357	27404	47449	10751	1189	2719	6693	1594	4626	4373	2469
2276	8369	10375	2062	1147	347	4805	4498	1109	368	1101
10101	16684	20820	4216	3136	1886	2140	2363	8235	2121	10367
754	20	0	5	406	4	0	366	338	69	6
87	390	429	386	21	263	36	59	50	73	281
251	963	650	984	329	2052	1047	19307	1567	328	27638
388	3022	617	90	173	318	71	16545	350	120	5448
0	0	0	0	0	0	0	0	319	0	0
541	2345	2696	2328	178	275	271	596	301	540	3030
30	46	141	61	333	49	326	57	25	7	3279

续表

		代码	中间使用 广西								
			农林牧渔业	采矿业	制造业	电力热力、燃气及水生产和供应业	建筑业	批发和零售业	交通运输、仓储和邮政业	住宿和餐饮业
	代码	—	1	2	3	4	5	6	7	8
中间投入	贵州									
	农、林、牧、渔业	1	21802	71	53006	0	2306	1	652	2543
	采矿业	2	261	2804	126730	22252	67253	0	184	0
	制造业	3	19365	2444	133007	1571	275429	88	11423	3408
	电力、热力、燃气及水生产和供应业	4	4027	6519	63081	48597	31575	599	3845	3216
	建筑业	5	35	33	215	25	1750	1	122	47
	批发和零售业	6	2727	565	15732	65	56060	545	967	519
	交通运输、仓储和邮政业	7	1846	1873	25981	461	86541	892	15574	810
	住宿和餐饮业	8	630	339	3872	198	14119	297	946	213
	信息传输、软件和信息技术服务业	9	142	67	449	60	409	37	506	46
	金融业	10	615	600	11326	2741	17102	1119	11630	574
	房地产业	11	2	1	33	0	64	58	223	215
	租赁和商务服务业	12	10	202	4065	96	9903	213	833	608
	科学研究和技术服务业	13	10	26	40	1	2019	13	10	0
	水利、环境和公共设施管理业	14	1	0	6	47	34	2	7	1
	居民服务、修理和其他服务业	15	25	64	1237	93	1866	19	697	117
	教育	16	143	23	294	50	971	26	248	24
	卫生和社会工作	17	0	0	0	4	0	7	18	11
	文化、体育和娱乐业	18	6	7	127	17	313	28	123	326
	公共管理、社会保障和社会组织	19	0	0	0	0	0	0	0	0
	云南									
	农、林、牧、渔业	1	73600	201	146591	0	7259	4	1563	7086
	采矿业	2	1489	4385	194585	32556	117530	0	245	0
	制造业	3	63416	6679	356839	4016	841038	323	26580	9212
	电力、热力、燃气及水生产和供应业	4	6719	9075	86216	63289	49119	1125	4557	4428
	建筑业	5	215	171	1080	119	10027	5	533	240
	批发和零售业	6	7964	1376	37635	147	152646	1791	2007	1250
	交通运输、仓储和邮政业	7	2531	2142	29173	493	110600	1377	15167	916
	住宿和餐饮业	8	1270	569	6390	312	26521	674	1355	354
	信息传输、软件和信息技术服务业	9	457	181	1187	150	1230	134	1160	123
	金融业	10	968	789	14611	3369	25110	1985	13011	747
	房地产业	11	6	4	88	0	195	212	517	578
	租赁和商务服务业	12	16	273	5391	121	14949	389	959	812
	科学研究和技术服务业	13	57	124	188	6	10908	82	43	1
	水利、环境和公共设施管理业	14	4	1	12	101	87	8	13	3
	居民服务、修理和其他服务业	15	37	82	1543	110	2649	33	754	146
	教育	16	223	30	376	61	1413	45	274	32
	卫生和社会工作	17	0	0	0	4	0	11	18	13
	文化、体育和娱乐业	18	15	16	267	34	746	80	224	689
	公共管理、社会保障和社会组织	19	0	0	0	0	0	0	0	0

续表

				中间使用						
				广西						
信息传输、软件和信息技术服务业	金融业	房地产业	租赁和商务服务业	科学研究和技术服务业	水利、环境和公共设施管理业	居民服务、修理和其他服务业	教育	卫生和社会工作	文化、体育和娱乐业	公共管理、社会保障和社会组织
9	10	11	12	13	14	15	16	17	18	19
22	0	29	7	0	3	10	0	0	7	0
0	0	0	2	1	1	5	0	115	0	0
495	1919	766	1795	215	95	571	2641	39071	745	15338
579	1834	936	3277	147	106	671	5191	5712	248	11962
13	137	73	14	9	9	36	296	538	13	2588
34	509	222	330	82	36	528	430	5284	45	2105
211	2855	1160	893	253	67	1457	2105	6320	136	19184
63	4710	741	1270	346	122	807	1461	3128	148	17441
570	2054	262	84	43	11	126	237	221	35	1778
103	2722	1114	1133	58	9	146	38	199	131	3994
41	603	120	20	4	1	63	138	500	32	1022
543	3568	1722	626	59	11	117	249	1678	81	1863
1	0	0	0	47	0	0	0	0	0	17
2	58	4	5	1	10	2	10	7	1	36
15	177	420	78	165	62	232	663	2741	85	10179
23	650	96	41	60	11	67	1661	520	28	12935
0	0	0	0	0	0	0	0	0	1	0
32	414	37	97	13	2	12	520	212	157	1152
3	35	11	11	4	0	5	19	69	3	241
91	0	42	16	2	7	19	0	0	22	0
0	0	0	3	1	2	5	0	169	0	0
1968	4287	1065	4255	860	265	1008	7343	100184	2321	38208
1173	2088	663	3956	300	150	604	7353	7461	394	15180
100	573	190	64	70	49	120	1546	2589	74	12097
121	1014	275	698	291	90	831	1065	12083	125	4676
351	2669	675	886	424	78	1076	2450	6783	177	20001
155	6473	634	1852	852	209	876	2500	4934	284	26725
2233	4519	359	197	169	30	218	649	557	106	4361
197	2924	745	1291	112	12	124	51	245	197	4784
163	1340	166	46	14	2	111	381	1276	98	2533
1068	3941	1184	733	116	15	102	342	2127	125	2294
9	0	0	0	335	1	0	0	1	0	75
6	108	5	10	4	23	2	23	15	2	75
27	184	272	85	306	81	190	857	3267	123	11788
44	692	64	46	115	15	57	2200	635	41	15352
0	0	0	0	0	0	0	0	0	2	0
100	724	40	179	40	4	17	1132	424	384	2245
4	26	5	9	5	0	3	18	59	3	201

续表

<table>
<tr><th rowspan="3">　</th><th rowspan="3">　</th><th rowspan="3">代码</th><th colspan="8">中间使用</th></tr>
<tr><th colspan="8">贵州</th></tr>
<tr><th>农林牧渔业</th><th>采矿业</th><th>制造业</th><th>电力热力、燃气及水生产和供应业</th><th>建筑业</th><th>批发和零售业</th><th>交通运输、仓储和邮政业</th><th>住宿和餐饮业</th></tr>
<tr><td colspan="2">代码</td><td>—</td><td>1</td><td>2</td><td>3</td><td>4</td><td>5</td><td>6</td><td>7</td><td>8</td></tr>
<tr><td rowspan="19">中间投入</td><td colspan="2" style="text-align:center">贵州</td><td colspan="9"></td></tr>
<tr><td>农、林、牧、渔业</td><td>1</td><td>29680</td><td>193</td><td>27289</td><td>1</td><td>5121</td><td>0</td><td>7257</td><td>826</td></tr>
<tr><td>采矿业</td><td>2</td><td>7074</td><td>205442</td><td>101178</td><td>88002</td><td>106349</td><td>0</td><td>519</td><td>0</td></tr>
<tr><td>制造业</td><td>3</td><td>27039</td><td>18258</td><td>132272</td><td>8227</td><td>854074</td><td>95</td><td>57802</td><td>1207</td></tr>
<tr><td>电力、热力、燃气及水生产和供应业</td><td>4</td><td>6961</td><td>46891</td><td>98522</td><td>312571</td><td>181400</td><td>74</td><td>34137</td><td>1392</td></tr>
<tr><td>建筑业</td><td>5</td><td>0</td><td>1237</td><td>1139</td><td>1196</td><td>6992</td><td>54</td><td>5339</td><td>88</td></tr>
<tr><td>批发和零售业</td><td>6</td><td>5611</td><td>2900</td><td>15240</td><td>3687</td><td>68991</td><td>56</td><td>2494</td><td>124</td></tr>
<tr><td>交通运输、仓储和邮政业</td><td>7</td><td>9972</td><td>51821</td><td>39303</td><td>18443</td><td>167721</td><td>795</td><td>71095</td><td>267</td></tr>
<tr><td>住宿和餐饮业</td><td>8</td><td>387</td><td>3054</td><td>2986</td><td>629</td><td>13837</td><td>73</td><td>8477</td><td>40</td></tr>
<tr><td>信息传输、软件和信息技术服务业</td><td>9</td><td>14</td><td>1870</td><td>1116</td><td>634</td><td>3571</td><td>30</td><td>1155</td><td>31</td></tr>
<tr><td>金融业</td><td>10</td><td>330</td><td>8480</td><td>13301</td><td>23280</td><td>44924</td><td>358</td><td>78897</td><td>180</td></tr>
<tr><td>房地产业</td><td>11</td><td>2</td><td>19</td><td>138</td><td>21</td><td>197</td><td>32</td><td>422</td><td>14</td></tr>
<tr><td>租赁和商务服务业</td><td>12</td><td>252</td><td>3482</td><td>5816</td><td>478</td><td>41265</td><td>203</td><td>6425</td><td>39</td></tr>
<tr><td>科学研究和技术服务业</td><td>13</td><td>95</td><td>19</td><td>201</td><td>10</td><td>6794</td><td>11</td><td>21</td><td>0</td></tr>
<tr><td>水利、环境和公共设施管理业</td><td>14</td><td>0</td><td>28</td><td>28</td><td>337</td><td>98</td><td>0</td><td>877</td><td>0</td></tr>
<tr><td>居民服务、修理和其他服务业</td><td>15</td><td>935</td><td>724</td><td>936</td><td>829</td><td>2500</td><td>10</td><td>14085</td><td>47</td></tr>
<tr><td>教育</td><td>16</td><td>700</td><td>429</td><td>343</td><td>125</td><td>4586</td><td>9</td><td>1416</td><td>20</td></tr>
<tr><td>卫生和社会工作</td><td>17</td><td>0</td><td>443</td><td>1200</td><td>6198</td><td>0</td><td>2</td><td>39</td><td>2</td></tr>
<tr><td>文化、体育和娱乐业</td><td>18</td><td>0</td><td>206</td><td>187</td><td>146</td><td>971</td><td>3</td><td>703</td><td>5</td></tr>
<tr><td>公共管理、社会保障和社会组织</td><td>19</td><td>0</td><td>22</td><td>116</td><td>3</td><td>67</td><td>0</td><td>456</td><td>1</td></tr>
<tr><td colspan="2" style="text-align:center">云南</td><td colspan="9"></td></tr>
<tr><td>农、林、牧、渔业</td><td>1</td><td>26912</td><td>128</td><td>18892</td><td>0</td><td>4075</td><td>1</td><td>4208</td><td>2429</td></tr>
<tr><td>采矿业</td><td>2</td><td>3561</td><td>75514</td><td>38888</td><td>30875</td><td>46980</td><td>0</td><td>167</td><td>0</td></tr>
<tr><td>制造业</td><td>3</td><td>23784</td><td>11726</td><td>88830</td><td>5043</td><td>659233</td><td>375</td><td>32517</td><td>3441</td></tr>
<tr><td>电力、热力、燃气及水生产和供应业</td><td>4</td><td>3119</td><td>15342</td><td>33707</td><td>97615</td><td>71330</td><td>148</td><td>9783</td><td>2022</td></tr>
<tr><td>建筑业</td><td>5</td><td>0</td><td>1490</td><td>1435</td><td>1376</td><td>10126</td><td>396</td><td>5635</td><td>469</td></tr>
<tr><td>批发和零售业</td><td>6</td><td>4401</td><td>1661</td><td>9127</td><td>2015</td><td>47485</td><td>196</td><td>1251</td><td>315</td></tr>
<tr><td>交通运输、仓储和邮政业</td><td>7</td><td>3671</td><td>13930</td><td>11047</td><td>4732</td><td>54182</td><td>1308</td><td>16739</td><td>319</td></tr>
<tr><td>住宿和餐饮业</td><td>8</td><td>209</td><td>1207</td><td>1234</td><td>237</td><td>6570</td><td>177</td><td>2933</td><td>70</td></tr>
<tr><td>信息传输、软件和信息技术服务业</td><td>9</td><td>12</td><td>1183</td><td>738</td><td>383</td><td>2714</td><td>115</td><td>640</td><td>86</td></tr>
<tr><td>金融业</td><td>10</td><td>140</td><td>2619</td><td>4295</td><td>6862</td><td>16673</td><td>677</td><td>21341</td><td>246</td></tr>
<tr><td>房地产业</td><td>11</td><td>2</td><td>12</td><td>93</td><td>13</td><td>151</td><td>126</td><td>236</td><td>40</td></tr>
<tr><td>租赁和商务服务业</td><td>12</td><td>109</td><td>1106</td><td>1931</td><td>145</td><td>15746</td><td>394</td><td>1787</td><td>54</td></tr>
<tr><td>科学研究和技术服务业</td><td>13</td><td>148</td><td>22</td><td>238</td><td>11</td><td>9278</td><td>75</td><td>21</td><td>0</td></tr>
<tr><td>水利、环境和公共设施管理业</td><td>14</td><td>0</td><td>15</td><td>16</td><td>172</td><td>63</td><td>1</td><td>411</td><td>1</td></tr>
<tr><td>居民服务、修理和其他服务业</td><td>15</td><td>383</td><td>216</td><td>292</td><td>236</td><td>897</td><td>19</td><td>3684</td><td>62</td></tr>
<tr><td>教育</td><td>16</td><td>293</td><td>131</td><td>110</td><td>36</td><td>1686</td><td>17</td><td>379</td><td>28</td></tr>
<tr><td>卫生和社会工作</td><td>17</td><td>0</td><td>125</td><td>352</td><td>1662</td><td>0</td><td>4</td><td>10</td><td>2</td></tr>
<tr><td>文化、体育和娱乐业</td><td>18</td><td>0</td><td>103</td><td>98</td><td>70</td><td>586</td><td>9</td><td>310</td><td>11</td></tr>
<tr><td>公共管理、社会保障和社会组织</td><td>19</td><td>0</td><td>5</td><td>26</td><td>1</td><td>17</td><td>0</td><td>86</td><td>1</td></tr>
</table>

附　录

续表

中间使用

贵州

信息传输、软件和信息技术服务业	金融业	房地产业	租赁和商务服务业	科学研究和技术服务业	水利、环境和公共设施管理业	居民服务、修理和其他服务业	教育	卫生和社会工作	文化、体育和娱乐业	公共管理、社会保障和社会组织
9	10	11	12	13	14	15	16	17	18	19
0	42	7	0	18	0	0	0	0	18	0
0	0	0	0	22	0	0	313	1025	75	1326
7214	7389	1263	6678	2042	129	23747	8055	89011	3650	126117
9071	5101	626	2243	257	96	13917	11262	10377	4395	40864
654	1016	545	107	11	0	239	0	1449	617	2899
2305	1348	60	659	30	6	3864	202	2744	185	4944
3365	8994	1562	10893	518	34	11077	3811	4010	1454	97049
1767	9366	3023	8145	507	33	9537	3080	2441	956	145348
5278	2896	411	579	51	7	940	660	202	633	17577
1574	1244	9769	10591	111	29	1672	5561	2944	1111	14398
159	1099	214	0	17	0	109	655	556	262	1262
1705	7559	7802	1541	120	25	1834	634	675	403	22927
0	0	2	0	31	0	0	0	0	0	45
13	147	33	570	2	10	156	55	29	10	857
4527	977	477	8063	79	59	2905	2979	3004	983	122651
447	2608	93	1076	141	18	202	2041	1687	460	36112
0	0	0	0	0	0	0	0	88	0	20205
655	1480	490	1129	11	6	1064	331	175	334	8249
1	114	19	621	1	1	260	51	347	23	9901
0	23	2	0	17	0	0	0	0	13	0
0	0	0	0	12	0	0	123	368	31	454
6206	3854	437	3811	1952	356	11775	5532	55789	2651	75556
3975	1356	111	652	125	135	3516	3940	3313	1626	12472
1055	994	354	115	20	2	223	0	1704	840	3259
1768	627	19	336	26	14	1708	124	1534	120	2641
1211	1963	227	2602	207	39	2299	1095	1052	442	24334
935	3005	644	2859	298	55	2909	1301	941	427	53565
4471	1488	140	325	48	19	459	446	125	452	10370
651	312	1627	2906	51	38	399	1836	887	388	4148
136	570	74	0	16	1	54	448	347	189	752
725	1949	1336	435	57	34	450	215	209	145	6790
0	0	1	0	52	0	0	0	0	0	48
9	64	9	271	1	24	64	31	15	6	428
1810	237	77	2139	35	75	670	951	875	332	34160
183	648	15	292	64	23	48	668	504	159	10307
0	0	0	0	0	0	0	0	24	0	5294
441	604	133	504	8	14	413	178	86	190	3866
0	20	2	119	0	1	43	12	73	6	1985

续表

		代码	中间使用 云南							
			农林牧渔业	采矿业	制造业	电力热力、燃气及水生产和供应业	建筑业	批发和零售业	交通运输、仓储和邮政业	住宿和餐饮业
	代码	—	1	2	3	4	5	6	7	8
中间投入 贵州	农、林、牧、渔业	1	33802	319	26870	0	3702	9	415	2810
	采矿业	2	733	17285	101160	20313	86966	8	677	158
	制造业	3	15443	11086	69900	6884	468223	748	8323	3591
	电力、热力、燃气及水生产和供应业	4	6075	22016	54893	84813	76435	522	6048	3993
	建筑业	5	21	80	224	24	212569	38	391	53
	批发和零售业	6	2400	2541	12634	3311	77618	174	1620	434
	交通运输、仓储和邮政业	7	4888	7959	16322	569	122183	1964	7055	534
	住宿和餐饮业	8	872	1591	2753	375	21808	453	1069	378
	信息传输、软件和信息技术服务业	9	601	208	2430	326	21568	93	908	104
	金融业	10	1607	1734	8291	5797	23963	508	5673	365
	房地产业	11	1	33	146	11	203	123	153	113
	租赁和商务服务业	12	235	406	2886	5	4827	233	383	293
	科学研究和技术服务业	13	435	319	431	137	4625	11	14	2
	水利、环境和公共设施管理业	14	286	95	128	252	71	3	16	10
	居民服务、修理和其他服务业	15	258	365	968	743	3030	159	759	308
	教育	16	408	384	368	92	1215	55	366	53
	卫生和社会工作	17	573	932	1803	507	2226	4	90	16
	文化、体育和娱乐业	18	14	191	376	203	1912	22	88	99
	公共管理、社会保障和社会组织	19	87	26	78	17	307	3	17	7
云南	农、林、牧、渔业	1	454333	3375	292575	0	43313	32	3701	7829
	采矿业	2	5468	101608	611553	113354	564905	17	3350	244
	制造业	3	201364	113863	738356	67124	5314282	2654	72001	9706
	电力、热力、燃气及水生产和供应业	4	40353	115199	295393	421292	441953	943	26654	5499
	建筑业	5	504	1534	4446	440	4526591	256	6353	268
	批发和零售业	6	27908	23273	119000	28788	785557	552	12498	1047
	交通运输、仓储和邮政业	7	26672	34213	72157	2323	580400	2915	25546	604
	住宿和餐饮业	8	6992	10053	17891	2251	152257	989	5687	629
	信息传输、软件和信息技术服务业	9	7713	2105	25281	3132	241069	325	7738	278
	金融业	10	10073	8566	42111	27178	130771	866	23600	474
	房地产业	11	19	336	1533	106	2295	435	1321	304
	租赁和商务服务业	12	1512	2062	15068	25	27084	408	1640	392
	科学研究和技术服务业	13	10025	5794	8059	2369	92883	68	218	8
	水利、环境和公共设施管理业	14	3106	814	1126	2050	673	9	118	23
	居民服务、修理和其他服务业	15	1561	1741	4755	3368	15987	262	3052	387
	教育	16	2534	1879	1852	425	6570	93	1507	68
	卫生和社会工作	17	3270	4185	8330	2162	11049	6	340	19
	文化、体育和娱乐业	18	141	1538	3104	1550	16976	61	593	210
	公共管理、社会保障和社会组织	19	378	88	275	55	1165	3	49	6

续表

中间使用

云南

信息传输、软件和信息技术服务业	金融业	房地产业	租赁和商务服务业	科学研究和技术服务业	水利、环境和公共设施管理业	居民服务、修理和其他服务业	教育	卫生和社会工作	文化、体育和娱乐业	公共管理、社会保障和社会组织
9	10	11	12	13	14	15	16	17	18	19
0	0	4	230	84	0	656	241	269	0	2
0	0	21	34	28	9	145	285	2356	19	233
7023	2896	2348	15766	1895	227	3210	4875	71261	2363	35390
6604	2286	1254	3172	460	166	456	5816	13884	605	23633
195	194	263	46	29	33	79	609	1787	147	4811
1519	273	365	2205	236	32	418	753	8679	329	4972
1369	2190	762	12384	1086	35	484	2915	2015	570	30860
1199	2951	2240	4621	917	52	336	3293	4341	750	50645
1286	1413	238	306	45	16	46	697	3010	212	9177
851	3833	4443	679	492	326	382	2599	3501	353	7999
91	518	58	459	44	1	91	120	225	82	607
1647	3087	2772	2496	190	19	149	1392	1761	289	3951
177	33	31	23	211	5	4	87	147	8	164
19	14	18	503	2	14	5	22	78	4	26
723	207	52	1081	55	58	213	590	1730	204	10190
354	544	91	259	65	15	24	2349	1906	83	23700
49	106	12	34	36	26	9	697	3727	92	7840
261	239	351	346	58	12	61	572	439	417	6616
37	55	60	67	9	1	7	24	133	5	197
0	0	21	2200	1135	1	4655	2621	2711	0	17
0	0	62	181	209	13	571	1725	13195	123	1273
88860	24113	12273	146039	24868	608	22081	51540	697437	26821	337082
42571	9699	3340	14969	3077	226	1600	31320	69227	3497	114671
4639	3033	2582	808	718	165	1018	12072	32817	3123	85964
17143	2028	1702	18212	2756	76	2564	7103	75740	3326	42230
7247	7632	1666	48010	5962	39	1395	12898	8254	2710	123021
9333	15119	7202	26333	7400	86	1421	21416	26137	5236	296730
16024	11586	1225	2790	584	41	310	7258	29012	2371	86072
5178	15349	11165	3026	3106	420	1263	13210	16475	1924	36633
1148	4291	299	4234	574	3	621	1262	2187	924	5753
10305	12708	7162	11431	1235	25	507	7276	8521	1620	18604
3971	490	285	380	4892	25	44	1619	2550	163	2760
200	99	80	3878	21	32	27	191	639	39	210
4255	801	126	4654	338	73	681	2901	7870	1075	45120
2135	2160	227	1143	405	19	78	11829	8887	449	107547
274	386	28	138	205	30	27	3224	15955	458	32661
2580	1555	1436	2509	596	25	328	4732	3362	3706	49287
157	154	105	208	40	1	17	85	435	18	627

续表

		代码	中间使用 其他							
			农林牧渔业	采矿业	制造业	电力热力、燃气及水生产和供应业	建筑业	批发和零售业	交通运输、仓储和邮政业	住宿和餐饮业
	代码	—	1	2	3	4	5	6	7	8
贵州	农、林、牧、渔业	1	660125	1070	3362559	26	136265	2375	50739	560189
	采矿业	2	694	666598	9027037	110903	220083	146	8045	1661
	制造业	3	581894	259494	17439894	16636	5195476	251113	618032	953786
	电力、热力、燃气及水生产和供应业	4	153138	429089	4767867	249161	757490	421641	271335	208008
	建筑业	5	322	3957	57958	721	343246	23079	22941	14600
	批发和零售业	6	63508	28441	1643687	2519	305128	307054	75526	275089
	交通运输、仓储和邮政业	7	104049	99390	2751573	6209	970997	744534	1006012	174108
	住宿和餐饮业	8	6915	14964	352348	786	135337	106701	87100	14789
	信息传输、软件和信息技术服务业	9	4376	3649	92191	726	180126	34980	34159	19541
	金融业	10	73580	98109	1381237	14980	597498	592840	408527	87105
	房地产业	11	24	172	9906	12	491	204185	5235	18574
	租赁和商务服务业	12	1406	33618	566126	792	99575	921704	42528	44591
	科学研究和技术服务业	13	7413	6706	123707	265	166761	12607	1558	42
	水利、环境和公共设施管理业	14	6185	1954	36237	1187	2048	5809	1660	1242
	居民服务、修理和其他服务业	15	4930	11687	198294	630	92482	103231	84553	25076
	教育	16	1395	2509	25512	76	17773	16687	5426	3783
	卫生和社会工作	17	1480	2308	43686	229	12804	10546	3887	1051
	文化、体育和娱乐业	18	212	2934	59962	453	21652	12180	8073	12195
	公共管理、社会保障和社会组织	19	1889	945	26240	53	5719	5204	1970	1142
云南	农、林、牧、渔业	1	1205209	1934	6058655	44	246793	5988	90988	1398138
	采矿业	2	703	668680	9030222	103132	221299	205	8010	2301
	制造业	3	1030609	454829	30483435	27032	9128228	614266	1075143	2309300
	电力、热力、燃气及水生产和供应业	4	138174	383143	4245570	206247	678000	525438	240465	256568
	建筑业	5	1069	13014	190070	2198	1131475	105922	74876	66320
	批发和零售业	6	100300	44452	2561901	3650	478042	669768	117159	593918
	交通运输、仓储和邮政业	7	77129	72910	2012923	4222	714012	762251	732461	176431
	住宿和餐饮业	8	7534	16134	378851	786	146269	160558	93207	22026
	信息传输、软件和信息技术服务业	9	7633	6299	158687	1161	311650	84264	58518	46591
	金融业	10	62661	82683	1160851	11704	504761	697289	341715	101406
	房地产业	11	42	299	17225	19	858	496912	9061	44740
	租赁和商务服务业	12	1231	29130	489196	636	86489	1114624	36575	53374
	科学研究和技术服务业	13	23233	20799	382604	762	518431	54569	4797	178
	水利、环境和公共设施管理业	14	9123	2853	52755	1607	2997	11835	2405	2504
	居民服务、修理和其他服务业	15	4059	9523	161133	476	75540	117395	68381	28226
	教育	16	1177	2095	21246	59	14877	19448	4497	4364
	卫生和社会工作	17	1146	1769	33396	163	9839	11283	2957	1113
	文化、体育和娱乐业	18	294	4022	81981	576	29756	23305	10985	23095
	公共管理、社会保障和社会组织	19	1120	554	15352	29	3364	4261	1147	925

续表

				中间使用							中间使用合计
					其他						
信息传输、软件和信息技术服务业	金融业	房地产业	租赁和商务服务业	科学研究和技术服务业	水利、环境和公共设施管理业	居民服务、修理和其他服务业	教育	卫生和社会工作	文化、体育和娱乐业	公共管理、社会保障和社会组织	
9	10	11	12	13	14	15	16	17	18	19	TIU
3896	32	1807	19857	20523	144160	6346	13140	8519	1659	51	5392326
0	0	1272	171	4900	12752	3693	6997	9679	1097	8611	11491464
222269	84632	93289	583584	418850	252710	210815	121138	679200	67414	315304	33737473
74569	56336	186963	23228	49226	235357	97978	60161	69724	14388	135163	10434724
6055	18460	143363	4407	8977	32824	6737	9146	6058	3622	40048	1047922
45138	31165	30149	112055	65454	44477	41705	23194	93216	23428	81799	3876722
42273	109092	86110	259212	139532	140937	67660	112592	70816	42150	441286	8733240
20109	165520	61888	177661	116636	45924	30821	73887	23670	23162	273611	2303062
216095	72279	31537	13494	10426	19271	6086	31794	33321	5935	110330	1062981
93123	223928	1060343	238701	115258	171578	39022	108585	47512	14530	149328	6184913
14750	67403	95403	9115	4736	3103	26550	7592	6148	2620	15544	542873
73046	228044	276070	137220	46150	31449	23557	11666	2909	8563	58341	2979889
7169	1386	484	401	83165	1895	32	4845	582	187	453	444606
875	2892	2087	9297	595	31308	1315	1053	1126	675	7343	122079
7118	20741	19044	24901	32926	111322	33694	33222	24901	8195	103808	1235891
3132	33618	6388	2707	9129	13378	2672	75417	14552	1833	77918	448519
27	3361	70	77	615	1609	1299	3324	53793	740	49184	237562
7152	34879	17230	5225	6492	8049	5307	10570	5526	22754	52613	340394
3371	2910	10909	21083	2083	2963	2069	3162	1578	540	23678	138663
7068	57	1383	35688	37044	358193	11344	23694	15330	3000	92	11022184
0	0	540	171	4910	17591	3665	7005	9670	1102	8598	12600698
391205	146921	69251	1017485	733403	609126	365577	211904	1185661	118299	550106	66884659
66861	49822	70703	20632	43911	289004	86556	53613	62007	12863	120135	10689564
19995	60125	199668	14416	29490	148442	21918	30018	19840	11925	131091	7226922
70841	48243	19957	174212	102198	95597	64489	36179	145103	36659	127259	7476010
31140	79262	26753	189150	102254	142180	49106	82431	51739	30956	322228	7396943
21772	176756	28260	190543	125629	68093	32877	79507	25418	25002	293648	2911685
374543	123563	23054	23168	17978	45742	10392	54769	57282	10256	189558	2212921
78808	186915	378465	200110	97038	198854	32537	91331	39880	12259	125270	5172986
25827	116411	70457	15811	8250	7441	45805	13212	10677	4575	26980	1028207
63558	195711	101312	118274	39949	37475	20196	10089	2510	7429	50320	2861726
22327	4258	636	1236	257667	8081	97	14995	1799	580	1399	1511671
1283	4182	1291	13501	868	62853	1899	1534	1637	987	10670	205532
5824	16739	6572	20183	26803	124744	27164	27017	20209	6686	84198	1086463
2627	27805	2259	2248	7616	15364	2208	62855	12103	1533	64769	488178
21	2552	23	59	471	1696	985	2543	41070	568	37530	239912
9847	47361	10005	7126	8891	15176	7199	14462	7546	31232	71799	535666
1986	1691	2710	12304	1221	2390	1201	1851	922	317	13828	79004

续表

			代码	最终使用				
				广东		广西		贵州
				最终消费支出	资本形成总额	最终消费支出	资本形成总额	最终消费支出
		代码	—	TC	GCF	TC	GCF	TC
中间投入	贵州	农、林、牧、渔业	1	642542	0	464648	80692	2617916
		采矿业	2	79046	186801	20173	0	535973
		制造业	3	381361	628264	195120	295165	857052
		电力、热力、燃气及水生产和供应业	4	335648	0	238774	0	860813
		建筑业	5	33973	2509356	13971	1177519	60557
		批发和零售业	6	274503	150125	55955	117373	552339
		交通运输、仓储和邮政业	7	392108	138782	303296	153395	1515526
		住宿和餐饮业	8	393759	0	159437	0	575707
		信息传输、软件和信息技术服务业	9	336525	123742	107373	7184	510072
		金融业	10	18345	0	6281	0	13337
		房地产业	11	199046	189375	86346	140117	291793
		租赁和商务服务业	12	9029	0	6646	0	20679
		科学研究和技术服务业	13	54868	999	12788	3530	147127
		水利、环境和公共设施管理业	14	31199	0	13002	0	39640
		居民服务、修理和其他服务业	15	235362	0	80411	0	158328
		教育	16	162243	0	146760	0	513061
		卫生和社会工作	17	98924	0	123557	0	318572
		文化、体育和娱乐业	18	39117	0	17601	0	107973
		公共管理、社会保障和社会组织	19	623559	0	443809	0	2215375
	云南	农、林、牧、渔业	1	756860	0	736809	136813	1038857
		采矿业	2	3349	8017	1151	0	7651
		制造业	3	425207	709500	292875	473712	321927
		电力、热力、燃气及水生产和供应业	4	231010	0	221233	0	199591
		建筑业	5	62991	4712564	34874	3142696	37827
		批发和零售业	6	588211	325826	161415	362027	398729
		交通运输、仓储和邮政业	7	8062	2890	8395	4540	10498
		住宿和餐饮业	8	825174	0	449801	0	406445
		信息传输、软件和信息技术服务业	9	366317	136427	157344	11256	187050
		金融业	10	320273	0	147620	0	78438
		房地产业	11	238539	229866	139304	241703	117806
		租赁和商务服务业	12	230581	0	228493	0	177909
		科学研究和技术服务业	13	103123	1901	32357	9549	93158
		水利、环境和公共设施管理业	14	80206	0	44998	0	34332
		居民服务、修理和其他服务业	15	96350	0	44314	0	21835
		教育	16	163754	0	199411	0	174453
		卫生和社会工作	17	300744	0	505685	0	326278
		文化、体育和娱乐业	18	83501	0	50581	0	77648
		公共管理、社会保障和社会组织	19	622386	0	596343	0	744931

续表

贵州	云南		其他		出口	最终使用合计	总产出
资本形成总额	最终消费支出	资本形成总额	最终消费支出	资本形成总额			
GCF	TC	GCF	TC	GCF	EX	TFU	GO
235968	727839	522295	2327308	505322	921641	9046171	14438497
167389	1015873	3169	76692	158077	1348993	3592187	15083651
1006933	134263	474651	1576129	2311439	0	7860377	41597850
0	212622	935	1213782	2612	0	2865186	13299910
4206732	66210	1176250	101109	7807293	0	17152971	18200893
175107	116202	2089	1134683	355443	0	2933819	6810541
521325	193118	0	2596275	227749	0	6041575	14774815
0	98902	0	991289	0	0	2219093	4522155
41908	118902	0	582185	294764	0	2122655	3185636
0	4589	0	53567	0	0	96119	6281032
43573	105701	0	624775	344004	0	2024730	2567603
0	10409	0	60354	0	0	107117	3087006
15907	59722	0	171875	45944	0	512760	957366
0	13963	0	91097	0	0	188901	310980
0	77374	0	954922	0	0	1506397	2742288
0	169424	0	961058	0	0	1952547	2401066
0	102523	0	693762	0	0	1337338	1574900
0	32673	0	146901	0	346000	690265	1030659
0	743435	0	3646700	0	0	7672878	7811541
110880	4477669	3495300	2147353	467309	3888705	17256557	28278741
2829	224820	763	2546	5259	3	256387	12857085
447868	781851	3006728	1376549	2023341	582138	10441698	77326357
0	764287	3656	654369	1411	0	2075557	12765121
3111569	641171	12390920	146851	11365057	0	35646520	42873442
149684	1300479	25429	1904567	597969	0	5814336	13290346
4276	20738	0	41815	3676	142582	247473	7644416
0	1082485	0	1627236	0	0	4391140	7302825
18198	675978	0	496405	251905	0	2300879	4513800
0	418398	0	732534	0	1723621	3420884	8593870
20831	661585	0	586496	323662	0	2559793	3588000
0	1388329	0	1207348	0	0	3232660	6094386
11926	586245	0	253039	67793	0	1159091	2670762
0	187483	0	183449	0	0	530468	736000
0	165429	0	306208	0	0	634137	1720600
0	893103	0	759817	0	2193026	4383564	4871742
0	1627866	0	1652115	0	0	4412688	4652600
0	364270	0	245634	0	0	821634	1357300
0	3875507	0	2851137	0	0	8690304	8769308

续表

		代码	中间使用 广东							
			农林牧渔业	采矿业	制造业	电力热力、燃气及水生产和供应业	建筑业	批发和零售业	交通运输、仓储和邮政业	住宿和餐饮业
	代码	—	1	2	3	4	5	6	7	8
中间投入	农、林、牧、渔业	1	3448129	741	7979021	1115	182980	458801	1631	1767275
	采矿业	2	10360	1431828	11165990	7077256	375385	101574	162	46
	制造业	3	7723565	1127378	264949294	1360793	11607605	3605307	8470483	8295234
	电力、热力、燃气及水生产和供应业	4	380584	349377	8843734	14847597	313452	1046726	1115725	1340159
	建筑业	5	1356	0	215629	153889	1074412	159130	28432	90263
	批发和零售业	6	355526	89300	12177634	100449	1292783	3063137	395679	653656
	交通运输、仓储和邮政业	7	286100	547550	7889251	809773	535504	5223090	4516887	349801
	住宿和餐饮业	8	16371	61276	2014652	204528	95743	1060847	452456	99434
	信息传输、软件和信息技术服务业	9	112914	13822	678119	49129	16682	1079846	86033	106603
	金融业	10	95252	109810	2908735	1777630	363168	6612731	1463788	309799
	房地产业	11	5281	9888	686929	9338	5251	2808120	583810	1142951
	租赁和商务服务业	12	12462	330428	5675494	406399	92118	4143354	724378	1292750
	科学研究和技术服务业	13	3089	10261	619380	20443	390862	221442	29798	231133
	水利、环境和公共设施管理业	14	10204	2040	31129	3701	2008	20210	3750	1572
	居民服务、修理和其他服务业	15	2514	35648	1187691	95213	74538	144786	265888	181879
	教育	16	863	4699	61368	7792	4663	80751	18506	7976
	卫生和社会工作	17	21	0	0	0	0	3092	480	847
	文化、体育和娱乐业	18	735	10319	161380	21971	16703	118244	24862	39313
	公共管理、社会保障和社会组织	19	9528	290	60529	865	3420	17567	3831	2680
	地区中间投入合计	T1	18095907	5878194	820829663	54893613	68632497	32823593	37367083	18324999
	进口	IM	8282166	12785139	256561767	107461	153420	0	3406543	3461364
	中间投入合计	I2	26378073	18663333	1077391429	55001073	68785917	32823593	40773626	21786363
增加值	劳动者报酬	V1	27955800	2533400	112886400	4858512	9435000	23887800	10989900	10193100
	生产税净额	V2	16300	1327100	37331000	2893243	3689100	9671058	2105600	1053900
	固定资产折旧	V3	500500	1041800	25110800	6017627	1367800	2631200	5877200	1297200
	营业盈余	V4	0	3329300	56387400	5436585	4417100	11095800	4701945	539800
	增加值合计	TV	28472593	8231599	231714673	19205943	18908903	47285865	23674617	13084001
	总投入	T3	54850666	26894932	1309106102	74207016	87694820	80109458	64448243	34870364

附　录　　　　　　　　　　　　　　　　　　　　　　　　　　　　　　　　　· 239 ·

续表

| | | | | | 中间使用 | | | | | |
| | | | | | 广东 | | | | | |
信息传输、软件和信息技术服务业	金融业	房地产业	租赁和商务服务业	科学研究和技术服务业	水利、环境和公共设施管理业	居民服务、修理和其他服务业	教育	卫生和社会工作	文化、体育和娱乐业	公共管理、社会保障和社会组织
9	10	11	12	13	14	15	16	17	18	19
14971	3470	72246	247	696574	652235	182557	16	1062	13700	0
0	45	0	0	0	0	3804	0	0	0	0
2170430	2152714	458032	6591113	2203794	230426	818870	411557	920508	537030	268630
273837	327431	141124	78573	113390	102117	369331	105740	29806	31735	124207
21472	129047	101089	2818	0	16388	50657	28076	2781	4741	25246
93290	282160	59298	214495	132646	78652	60125	37813	69140	57178	23157
155956	731360	165159	357018	296697	55562	246495	95330	17995	103003	125910
108143	1458526	684242	542643	231332	69978	96147	107961	11793	164702	296211
2075701	716506	49141	27692	58795	31575	32703	19194	4159	8556	26651
126772	3205130	2482131	541816	93958	127023	277134	33459	40116	297622	29869
202056	1615199	895517	171484	149567	26756	328336	155816	15868	41301	21979
772136	2772683	1547563	301941	352181	125238	125898	70490	101466	205153	178189
55118	3177	33	350	43644	233	28	10443	3987	6406	106
3927	38400	18889	16359	1405	10354	1264	1045	364	4194	2855
14633	122266	36905	53823	28252	104070	47050	440037	14751	24244	362952
11251	190303	17383	2439	7351	7994	1583	187043	1635	4404	35488
4	0	0	0	0	0	0	0	937	11	0
20875	196561	101081	84116	10078	9214	8036	8962	1869	26363	26268
2987	10084	13766	5768	49105	4248	25174	2222	401	853	73999
13896910	25220179	13256705	23040326	7392204	1907700	7264206	6173007	8031913	2955602	8286710
315545	275873	0	22530584	253	408193	0	6919	0	312059	0
14212455	25496052	13256705	45570910	7392457	2315893	7264206	6179926	8031913	3267660	8286710
4057500	9411600	4366200	6418600	3355600	1246900	7325100	11614700	6334600	1779200	14189300
1164800	3976313	7256100	1721300	556100	123500	365300	112300	101200	416000	74900
3917100	529800	16616600	3662500	591500	659100	561700	1733400	678300	644000	2139600
7041500	17801920	8199800	9521800	1474000	447400	705600	365100	1379200	460300	4700
16180890	31719621	36438695	21324174	5977196	2476900	8957694	13825493	8493287	3299498	16408490
30393345	57215673	49695400	66895084	13369653	4792793	16221900	20005419	16525200	6567159	24695200

续表

		代码	中间使用							
			广西							
			农林牧渔业	采矿业	制造业	电力热力、燃气及水生产和供应业	建筑业	批发和零售业	交通运输、仓储和邮政业	住宿和餐饮业
	代码	—	1	2	3	4	5	6	7	8
中间投入 其他	农、林、牧、渔业	1	3686554	18045	9986873	3	43081	845	91751	727199
	采矿业	2	19740	317600	10676024	2138592	561774	0	11566	0
	制造业	3	5778150	1092493	44222285	595879	9080228	137158	2838580	1719700
	电力、热力、燃气及水生产和供应业	4	192440	466658	3358810	2952089	166709	150062	153006	259865
	建筑业	5	8144	11625	55669	7353	45015	880	23689	18596
	批发和零售业	6	510033	158164	3278043	15374	1158293	534182	150626	164001
	交通运输、仓储和邮政业	7	171670	260864	2691796	54469	889061	435028	1205973	127337
	住宿和餐饮业	8	62426	50241	427301	24950	154508	154308	78064	35674
	信息传输、软件和信息技术服务业	9	25667	18299	90733	13719	8191	35064	76440	14116
	金融业	10	83090	121585	1705787	470995	255391	793624	1309053	131297
	房地产业	11	895	904	16944	74	3272	140029	85837	167590
	租赁和商务服务业	12	1899	59755	894319	24080	216050	221134	137029	202952
	科学研究和技术服务业	13	6603	26049	29900	1151	150738	44387	5815	143
	水利、环境和公共设施管理业	14	257	116	1216	11829	745	2579	1115	380
	居民服务、修理和其他服务业	15	3491	13704	195514	16725	29251	14118	82321	27953
	教育	16	10328	2464	23645	4575	7740	9788	14871	2987
	卫生和社会工作	17	0	0	0	187	0	1491	622	788
	文化、体育和娱乐业	18	908	1732	22332	3413	5442	22877	16135	86904
	公共管理、社会保障和社会组织	19	0	0	0	0	0	0	0	0
	地区中间投入合计	T1	13183495	3150128	103421055	8837853	27844238	2836665	8014180	3998997
	进口	IM	464540	7158023	40902979	2301099	26319648	2706621	968576	407699
	中间投入合计	I2	13648035	10308151	144324035	11138951	54163886	5543286	8982756	4406696
增加值	劳动者报酬	V1	21240297	1529466	16224948	1264260	6040945	5141754	4107286	3104421
	生产税净额	V2	9368	485163	10091463	668618	1536803	2551391	831090	171196
	固定资产折旧	V3	474035	364051	4594741	700495	460202	495117	960883	325064
	营业盈余	V4	0	1561901	13799298	1508220	1643735	1633551	356486	43953
	增加值合计	TV	21723700	3940583	44710436	3114510	9681670	9821814	6255745	3644634
	总投入	T3	35371735	14248734	189034470	14253461	63845556	15365099	15238500	8051330

续表

					中间使用					
					广西					
信息传输、软件和信息技术服务业	金融业	房地产业	租赁和商务服务业	科学研究和技术服务业	水利、环境和公共设施管理业	居民服务、修理和其他服务业	教育	卫生和社会工作	文化、体育和娱乐业	公共管理、社会保障和社会组织
9	10	11	12	13	14	15	16	17	18	19
5936	0	3576	1346	175	1093	1212	0	0	1232	0
0	0	16	224	102	184	261	0	449	0	0
233292	688340	165896	636318	170368	70958	117139	245043	600854	240661	385611
43725	105384	32468	185983	18693	12671	22055	77140	14067	12842	48162
4916	38277	12316	4003	5732	5451	5805	21450	6455	3185	50763
10055	114449	30098	73374	40558	16926	67865	24987	50931	9112	33168
30980	319120	78280	98630	62489	15588	93087	60862	30288	13645	150294
9916	560856	53301	149418	91102	30264	54913	45011	15968	15903	145546
163261	447615	34489	18193	20612	5006	15649	13363	2060	6802	27150
21987	442343	109320	181950	20939	2972	13534	1617	1385	19201	45489
30115	334365	40121	10727	4335	791	20119	19780	11899	15833	39739
169474	847044	246817	146830	30881	5284	15840	15279	17077	17385	30991
1394	0	0	95	84932	455	0	0	5	44	967
520	13710	597	1163	593	4926	210	602	73	140	601
3275	30200	43289	13068	62078	22147	22635	29260	20040	12997	121680
2629	56393	5029	3506	11590	2022	3337	37248	1933	2165	78599
10	0	0	0	0	0	0	0	0	65	0
8001	78506	4187	18121	5341	642	1314	25511	1719	26859	15302
795	7414	1426	2238	1912	157	619	1054	622	614	3563
905793	4951364	1044124	2030960	680389	203464	591535	993205	2498280	476712	2960366
603980	1168511	2640466	636427	220753	299531	303898	1681642	1407986	305079	0
1509773	6119875	3684590	2667387	901142	502995	895433	2674847	3906266	781791	2960366
345847	1556411	544069	898258	541140	229513	1112064	2786186	1592459	431808	3142437
144490	582497	802452	185693	52024	13822	63069	9094	12032	56368	7008
744124	221612	3066563	386363	57948	61092	49523	244735	137870	58881	269320
753351	3370006	481254	749259	98354	31645	61897	60052	194320	71724	152176
1987813	5730526	4894338	2219574	749466	336073	1286553	3100067	1936680	618781	3570940
3497586	11850401	8578929	4886961	1650607	839067	2181986	5774914	5842946	1400572	6531307

续表

		代码	中间使用 贵州							
			农林牧渔业	采矿业	制造业	电力热力、燃气及水生产和供应业	建筑业	批发和零售业	交通运输、仓储和邮政业	住宿和餐饮业
	代码	—	1	2	3	4	5	6	7	8
中间投入	农、林、牧、渔业	1	1552153	7474	1771498	31	24190	381	193011	348953
	采矿业	2	16541	3557198	2936685	1738543	224605	0	6176	0
	制造业	3	2495363	1247713	15152149	641436	7118934	177405	2712854	899268
	电力、热力、燃气及水生产和供应业	4	102878	513175	1807450	3903012	242147	22000	256586	166169
	建筑业	5	0	65927	101776	72754	45468	77867	195475	50979
	批发和零售业	6	324543	124206	1094158	180155	360401	65139	73352	57924
	交通运输、仓储和邮政业	7	286787	1103534	1402985	448116	435641	460869	1039784	62098
	住宿和餐饮业	8	11842	69277	113555	16266	38285	45221	132058	9902
	信息传输、软件和信息技术服务业	9	764	77621	77660	30022	18083	33501	32935	13843
	金融业	10	13813	262506	690181	822211	169615	301830	1677319	60693
	房地产业	11	257	1986	24536	2576	2538	92856	30641	16170
	租赁和商务服务业	12	15367	157478	440860	24644	227617	249571	199547	18987
	科学研究和技术服务业	13	15367	2962	52021	1750	128252	45325	2283	92
	水利、环境和公共设施管理业	14	0	1273	2125	17364	539	535	27175	127
	居民服务、修理和其他服务业	15	41046	23511	50997	30749	9910	9130	314315	16527
	教育	16	15602	7093	9497	2350	9239	4078	16059	3662
	卫生和社会工作	17	0	4228	19179	67425	0	597	257	167
	文化、体育和娱乐业	18	0	7427	11344	6024	4277	3007	17438	1876
	公共管理、社会保障和社会组织	19	0	868	7846	149	328	134	12599	256
	地区中间投入合计	T1	5447108	8129396	28802609	9550795	13596063	1665631	7900285	1856344
	进口	IM	72252	755528	572432	0	0	0	0	0
	中间投入合计	I2	5519360	8884924	29375041	9550795	13596063	1665631	7900285	1856344
增加值	劳动者报酬	V1	8345421	2775452	3231928	785394	2927577	1593798	4101308	1981093
	生产税净额	V2	158198	715479	2602346	140362	858682	1462708	220520	126370
	固定资产折旧	V3	415517	555738	1170764	1350886	222834	327022	2390901	406286
	营业盈余	V4	0	2152055	5217768	1472470	595739	1761382	161800	152062
	增加值合计	TV	8919137	6198727	12222809	3749115	4604830	5144910	6874530	2665811
	总投入	T3	14438497	15083651	41597850	13299910	18200893	6810541	14774815	4522155

续表

中间使用

贵州

信息传输、软件和信息技术服务业	金融业	房地产业	租赁和商务服务业	科学研究和技术服务业	水利、环境和公共设施管理业	居民服务、修理和其他服务业	教育	卫生和社会工作	文化、体育和娱乐业	公共管理、社会保障和社会组织
9	10	11	12	13	14	15	16	17	18	19
0	2151	192	0	1616	0	0	0	0	566	0
0	0	0	0	910	25	0	1935	1183	1081	1528
515593	663032	65337	464968	329536	87840	619189	196520	405599	206984	573614
103818	73304	5189	25011	6641	10453	58115	44000	7573	39909	29765
36451	71127	22001	5829	1378	218	4869	0	5150	27289	10286
103240	75829	1951	28780	3026	2400	63141	3096	7836	6560	14093
74933	251485	25191	236355	26041	7185	90000	28972	5694	25698	137550
41917	278980	51909	188255	27140	7370	82546	24945	3692	17999	219439
229136	157865	12911	24488	5043	2851	14887	9784	558	21791	48567
50939	50577	228944	334057	8090	8908	19742	61450	6077	28537	29664
17554	152443	17113	18	4278	201	4376	24731	3917	22966	8878
80654	448885	267140	71022	12827	11193	31653	10242	2036	15130	69007
0	0	181	0	11209	12	0	0	0	0	463
621	8699	1119	26189	199	4692	2678	880	87	390	2574
153830	41695	11732	266960	6039	19016	36019	34560	6509	26514	265243
7725	56561	1165	18106	5511	2924	1271	12033	1858	6309	39698
0	0	0	0	0	0	0	0	56	0	12821
24713	70123	13381	41509	963	2270	14658	4268	421	10002	19817
57	6034	588	25447	140	320	3983	725	929	758	26491
1611127	2622309	800103	1985254	467835	173100	1263202	575662	805403	509501	2993568
0	0	0	0	0	0	0	0	0	832	0
1611127	2622309	800103	1985254	467835	173100	1263202	575662	805403	510333	2993568
333001	1522754	262536	798021	359069	91280	1329820	1615599	611469	412779	4435676
188999	721607	247922	116465	29572	9778	49522	9625	8281	19247	11009
611801	160773	1033574	176668	36896	27393	73654	190569	110181	55471	205898
440708	1253589	223468	10598	63994	9429	26090	9611	39566	32829	165391
1574509	3658723	1767500	1101752	489531	137880	1479086	1825404	769497	520326	4817973
3185636	6281032	2567603	3087006	957366	310980	2742288	2401066	1574900	1030659	7811541

续表

		代码	中间使用 云南							
			农林牧渔业	采矿业	制造业	电力热力、燃气及水生产和供应业	建筑业	批发和零售业	交通运输、仓储和邮政业	住宿和餐饮业
	代码	—	1	2	3	4	5	6	7	8
中间投入	农、林、牧、渔业	1	4024912	39054	4509000	0	36648	6877	45590	803794
	采矿业	2	39011	947012	7590236	1161054	384942	2908	33236	20187
	制造业	3	3244977	2397054	20699290	1552960	8179615	1043679	1613465	1812715
	电力、热力、燃气及水生产和供应业	4	204426	762386	2603279	3064074	213843	116547	187763	322830
	建筑业	5	3377	13428	51824	4233	2897006	41800	59197	20816
	批发和零售业	6	316093	344346	2344701	468106	849804	152508	196841	137433
	交通运输、仓储和邮政业	7	320028	536275	1506140	40011	665137	853583	426220	83995
	住宿和餐饮业	8	60798	114202	270654	28098	126458	209938	68762	63391
	信息传输、软件和信息技术服务业	9	76678	27335	437213	44707	228897	78809	106968	31976
	金融业	10	152923	169879	1112157	592359	189619	320973	498200	83454
	房地产业	11	482	11009	66792	3808	5491	266205	46011	88383
	租赁和商务服务业	12	32626	58112	565463	772	55802	214693	49183	97957
	科学研究和技术服务业	13	206788	156130	289202	70147	182993	34017	6242	1818
	水利、环境和公共设施管理业	14	39661	13584	25021	37587	821	2899	2095	3339
	居民服务、修理和其他服务业	15	25727	37491	136331	79692	25166	105370	69938	73952
	教育	16	20711	20069	26338	4994	5130	18460	17136	6407
	卫生和社会工作	17	16809	28103	74491	15959	5425	747	2430	1117
	文化、体育和娱乐业	18	1532	21866	58757	24209	17644	16121	8967	26438
	公共管理、社会保障和社会组织	19	10701	3252	13538	2251	3152	2211	1947	1941
	地区中间投入合计	T1	10264494	6603791	49735210	9010219	33008717	3673945	3983779	3996124
	进口	IM	1468745	1878213	1212001	0	0	0	0	0
	中间投入合计	I2	11733239	8482004	50947211	9010219	33008717	3673945	3983779	3996124
增加值	劳动者报酬	V1	15378700	1541351	6329703	902316	5953500	3031500	1099235	2713800
	生产税净额	V2	467500	1498417	10567478	1059243	1695055	3531000	566201	247000
	固定资产折旧	V3	699300	307206	2167798	1001601	920970	646200	1052020	274900
	营业盈余	V4	0	1028106	7314161	791740	1295210	2407700	943181	71000
	增加值合计	TV	16545502	4375081	26379146	3754902	9864725	9616401	3660637	3306701
	总投入	T3	28278741	12857085	77326357	12765121	42873442	13290346	7644416	7302825

续表

| | | | | | 中间使用 | | | | | |
| | | | | | 云南 | | | | | |
信息传输、软件和信息技术服务业	金融业	房地产业	租赁和商务服务业	科学研究和技术服务业	水利、环境和公共设施管理业	居民服务、修理和其他服务业	教育	卫生和社会工作	文化、体育和娱乐业	公共管理、社会保障和社会组织
9	10	11	12	13	14	15	16	17	18	19
0	0	262	17098	14015	149	43335	7250	1397	0	13
0	0	637	1136	2078	1178	4279	3843	5473	712	784
1094333	731746	283318	2064866	558784	121711	373883	259353	653452	349664	468828
164810	92528	24240	66534	21733	14216	8515	49545	20390	14330	50138
23755	38276	24788	4748	6711	13695	7168	25260	12785	16931	49715
148380	43252	27619	180982	43525	10729	30514	25121	49875	30476	41281
66453	172435	28638	505416	99752	5804	17581	48325	5758	26301	127395
62025	247575	89718	200908	89728	9245	12987	58153	13214	36837	222700
121740	216898	17438	24335	8102	5045	3233	22530	16768	19073	73850
60077	438789	242817	40300	65751	79060	20145	62622	14542	23634	47999
21976	202429	10733	93052	20061	964	16354	9870	3185	18722	12437
169885	516221	221331	216355	37153	6666	11502	49010	10687	28267	34638
62602	19017	8430	6874	140703	6362	956	10425	3058	2717	4914
1951	2392	1464	43452	366	5100	357	761	474	407	231
53594	24871	2977	67306	7764	14854	11789	14932	7541	14336	64182
13339	33247	2654	8197	4619	1928	671	30196	4224	2968	75881
1075	3738	208	622	1469	1908	144	5174	4769	1904	14491
21458	31857	22392	23951	9050	3343	3746	16080	2127	32622	46290
3393	8232	4278	5175	1562	256	501	751	717	417	1532
2545200	3165493	1157700	4374986	1234562	313400	675800	1052600	2509201	732100	3593609
0	0	0	0	0	0	0	11342	0	0	0
2545200	3165493	1157700	4374986	1234562	313400	675800	1063942	2509201	732100	3593609
352200	1631200	390400	917600	894000	268900	928800	3370000	1623900	424500	4640600
332200	716000	1025900	119500	116600	26000	13300	9600	12200	36800	13000
618000	266700	1619800	361900	187700	112200	30700	412300	314400	111000	523700
666200	2814477	−605800	320400	237900	15500	72000	15900	192900	52900	−1600
1968600	5428377	2430300	1719400	1436200	422600	1044800	3807800	2143399	625200	5175699
4513800	8593870	3588000	6094386	2670762	736000	1720600	4871742	4652600	1357300	8769308

续表

		代码	中间使用 其他							
			农林牧渔业	采矿业	制造业	电力热力、燃气及水生产和供应业	建筑业	批发和零售业	交通运输、仓储和邮政业	住宿和餐饮业
	代码	—	1	2	3	4	5	6	7	8
中间投入 其他	农、林、牧、渔业	1	100844186	221143	367261940	46710	8335370	94737	6276739	14542603
	采矿业	2	47394	61576945	440835643	87966772	6019377	2609	444984	19274
	制造业	3	156866094	94605462	3361323518	52079532	560823357	17677324	134915667	43693745
	电力、热力、燃气及水生产和供应业	4	6611372	25053002	147168146	124914954	13094852	4753492	9485936	1526061
	建筑业	5	67637	1125586	8714631	1760413	28905102	1267465	3906880	521766
	批发和零售业	6	10729762	6498420	198546236	4943007	20642325	13546821	10332985	7898016
	交通运输、仓储和邮政业	7	8740705	11291525	165260576	6056808	32661829	16332531	68434679	2485476
	住宿和餐饮业	8	618775	1810922	22542197	816823	4849250	2493290	6311407	224886
	信息传输、软件和信息技术服务业	9	716669	808258	10794400	1379857	11811861	1495930	4529965	543816
	金融业	10	8984882	16201950	120587992	21242201	29215018	18904000	40396243	1807515
	房地产业	11	9913	96709	2952529	57668	81931	22228794	1767474	1315865
	租赁和商务服务业	12	250886	8110753	72207402	1639887	7113017	42937907	6143667	1351821
	科学研究和技术服务业	13	4526291	5537597	54001524	1878013	40770019	2010097	770437	4316
	水利、环境和公共设施管理业	14	1100433	470297	4609787	2453105	145927	269900	239138	37540
	居民服务、修理和其他服务业	15	631931	2025975	18172016	938054	4746636	3455274	8776196	546213
	教育	16	90883	221099	1188445	57602	463680	283918	286287	41884
	卫生和社会工作	17	55652	117394	1188445	57602	463680	283918	286287	6716
	文化、体育和娱乐业	18	30193	564941	6104291	749281	1234521	452881	930839	295071
	公共管理、社会保障和社会组织	19	299589	202643	2975036	97139	363177	215517	252951	30766
	地区中间投入合计	T1	319971344	249478703	5465267928	315199259	881372845	188420101	328800616	107615711
	进口	IM	38191505	228446628	551101619	114412	2042657	0	29169559	8055621
	中间投入合计	I2	358162848	477925332	6016369548	315313671	883415501	188420101	357970175	115671332
增加值	劳动者报酬	V1	457532336	95235083	545258809	33388139	194456093	124899999	92921287	49768902
	生产税净额	V2	−24999032	56310273	270434390	17612462	44337689	137639073	6238705	6698134
	固定资产折旧	V3	19495290	25035306	186791883	38416987	14249169	23600944	42288406	8302482
	营业盈余	V4	0	62940556	398246294	22382989	65584196	134439878	51750933	9614788
	增加值合计	TV	452028656	239521297	1400732072	111800741	318627155	420579899	193199384	74384289
	总投入	T3	810191505	717446628	7417101619	427114412	1202042657	609000000	551169559	190055621

附　录　　　　　　　　　　　　　　　　　　　　　　　　　　　　　　　· 247 ·

续表

				中间使用							中间使用合计
					其他						
信息传输、软件和信息技术服务业	金融业	房地产业	租赁和商务服务业	科学研究和技术服务业	水利、环境和公共设施管理业	居民服务、修理和其他服务业	教育	卫生和社会工作	文化、体育和娱乐业	公共管理、社会保障和社会组织	
9	10	11	12	13	14	15	16	17	18	19	TIU
397769	5283	73761	1843364	1772660	2446539	533672	907737	492415	175054	3002	549771982
0	0	23212	7094	189235	96760	138876	216123	250156	51761	225504	650838690
40045733	24808012	6718022	95599960	63841216	7568128	31286013	14767816	69280304	12555027	32588917	5296042587
2151582	2644627	2156194	609389	1201601	1128800	2328624	1174561	1138988	429144	2237293	403435415
851064	4221380	8054086	563214	1067398	766882	779958	869855	482039	526245	3229139	74225850
5096738	5725243	1360696	11504328	6252516	834795	3878901	1772116	5959060	2734474	5298629	357262842
2373339	9964889	1932353	13232165	6627300	1315270	3128991	4277256	2250935	2446148	14212875	414007718
1202623	16105113	1479349	9660623	5901084	456525	1518277	2989950	801433	1431840	9387113	103904121
23651807	12870869	1379679	1342871	965391	350594	548655	2354622	2064790	671495	6927507	93813192
7599862	29732675	34587928	17712459	7957577	2327538	2623199	5996179	2195231	1225712	6991191	411957308
4109613	30554690	10624698	2309253	1116266	143708	6093372	1431275	969823	754678	2484497	100247573
8709177	44236063	13156198	14875555	4655004	623263	2313550	941155	196358	1055402	3990401	261768093
2925504	920397	78956	148703	28709594	128516	10603	1337667	134539	78840	106111	147558219
104056	559528	99208	1005206	59844	618840	128796	84725	75802	83018	500900	13140318
609774	2890748	652069	1939525	2386228	1585160	2377565	1925685	1207689	725704	5101515	66896957
136393	2381721	111188	107171	336312	96836	95842	2222155	358749	82520	1946465	11961397
670	137460	705	1756	13068	6723	26902	56530	765524	19239	709228	3900921
680652	5400196	655387	452113	522635	127327	416028	680587	297743	2238290	2872253	26579391
357230	501810	462109	2031688	186758	52195	180607	226760	94660	59135	1439659	10490620
110161047	205099468	90809845	192768973	145984288	32780564	64961750	50258160	102790780	29762353	116298273	10593082043
7071390	4153109	0	5220510	2245213	1783822	1364308	1258311	872352	12102283	655608	1298924993
117232437	209252577	90809845	197989483	148229501	34564387	66326059	51516471	103663132	41864635	116953880	11892007036
30416922	94895754	33036253	45943778	45961356	13642408	47288899	119003089	65372922	16452966	150298310	2690352270
4208609	33841989	46737314	9388599	5675389	299954	5988897	784999	801709	2395078	1193	746373866
24739570	7833785	133194769	20170060	6975455	4408041	3603032	14800384	7683388	4882215	19626176	716498911
38473837	166328958	53221793	17728572	26403493	4869040	13157417	4153362	4351204	6507386	2776041	1274231588
97838953	302900532	266190155	93231027	85015712	23219436	70038250	138741840	78209220	30237647	172701727	5426429550
215071390	512153109	357000000	291220510	233245213	57783822	136364308	190258311	181872352	72102283	289655608	17318436585

续表

			代码	最终使用					
				广东		广西		贵州	
				最终消费支出	资本形成总额	最终消费支出	资本形成总额	最终消费支出	资本形成总额
		代码	—	TC	GCF	TC	GCF	TC	GCF
中间投入	其他	农、林、牧、渔业	1	22122098	0	24053319	1958877	34713872	1959348
		采矿业	2	3158088	3133559	1211846	0	8247229	1612886
		制造业	3	89444028	61869182	68808653	48812760	77418550	56957303
		电力、热力、燃气及水生产和供应业	4	1691954	0	1809744	0	1671228	0
		建筑业	5	3914612	121405481	2420618	95671018	2687477	116906241
		批发和零售业	6	16036703	3682467	4915133	4834935	12427869	2467202
		交通运输、仓储和邮政业	7	5758631	855784	6697410	1588466	8572338	1846528
		住宿和餐饮业	8	6662073	0	4055957	0	3751481	0
		信息传输、软件和信息技术服务业	9	18290483	2823845	8774597	275299	10677312	549334
		金融业	10	8316774	0	4281449	0	2328608	0
		房地产业	11	26424959	10556033	17235670	13116084	14919608	1395126
		租赁和商务服务业	12	1217585	0	1347591	0	1074014	0
		科学研究和技术服务业	13	9485540	72496	3324144	430274	9796306	663234
		水利、环境和公共设施管理业	14	(468609)	0	(293629)	0	(229318)	0
		居民服务、修理和其他服务业	15	4404761	0	2262688	0	1141208	0
		教育	16	8062294	0	10965408	0	9819362	0
		卫生和社会工作	17	6768416	0	12710968	0	8394865	0
		文化、体育和娱乐业	18	2778339	0	1879726	0	2953657	0
		公共管理、社会保障和社会组织	19	13175580	0	14099874	0	18028606	0
	地区中间投入合计		T1	461807086	402819214	244868583	232150825	258769373	207580992
	进口		IM						
	中间投入合计		I2						
增加值	劳动者报酬		V1						
	生产税净额		V2						
	固定资产折旧		V3						
	营业盈余		V4						
	增加值合计		TV						
	总投入		T3						

续表

最终使用							总产出
云南		其他		出口	最终使用合计	
最终消费支出	资本形成总额	最终消费支出	资本形成总额			
TC	GCF	TC	GCF	EX	TFU	GO
24562643	8657088	120444293	13208180	8739805	260419523	810191505
39782954	60944	4605722	4794710	0	66607938	717446628
30866499	53594688	555667129	411574182	666046058	2121059032	7417101619
1050575	2269	9197134	9994	8246100	23678997	427114412
7478185	65251496	17512888	682983055	11585734	1127816807	1202042657
6654229	58746	99643851	15764805	85251216	251737158	609000000
2780035	0	57315439	2539330	49207879	137161841	551169559
1640207	0	25210810	0	44830972	86151500	190055621
6334519	0	47563777	12162780	13806252	121258198	215071390
2039095	0	36503575	0	46726299	100195801	512153109
13754752	0	124678528	34671667	0	256752427	357000000
1375880	0	12234329	0	12203019	29452418	291220510
10120436	0	44665054	6030058	1099451	85686994	233245213
(205577)	0	(2056790)	0	47897428	44643504	57783822
1419373	0	26863395	0	33375927	69467352	136364308
8252423	0	71787483	0	69409943	178296914	190258311
6875759	0	71351324	0	71870100	177971431	181872352
2274742	0	15684014	0	19952413	45522892	72102283
15397521	0	115824375	0	102639031	279164987	289655608
212116095	163061825	1553031641	1277294325	1674847252	6725354543	17318436585

附录 2　各省区对珠江流域两种系数及排序

附表 2.1　2002 年任一省区对珠江流域的影响力系数及其排序

产业代码	粤 系数	粤 排序	桂 系数	桂 排序	黔 系数	黔 排序	滇 系数	滇 排序
A	0.8614	60	0.8255	65	0.8303	64	0.8408	63
B	0.9716	44	0.9009	56	0.9472	51	1.1166	22
C	1.1502	14	1.1326	19	1.1198	21	1.0719	30
D	1.0052	36	0.9734	42	0.9572	49	0.9905	39
E	1.2671	3	1.1860	10	1.2435	5	1.2528	4
F	0.9973	38	0.6886	74	0.7154	72	0.8827	58
G	0.9677	46	0.8134	66	0.9500	50	1.0361	33
H	0.8711	59	1.0219	35	0.9670	47	1.0982	25
I	1.2214	7	0.8610	61	0.9300	53	1.0679	31
J	0.9090	55	0.9172	54	0.7082	73	1.0036	37
K	0.7420	70	0.8080	67	0.6665	75	0.7300	71
L	1.2056	9	1.1159	23	0.9768	41	1.2262	6
M	1.2830	2	1.0728	29	0.9725	43	1.1557	13
N	1.0242	34	0.8489	62	0.6039	76	1.0927	26
O	1.1372	18	1.0738	28	0.9870	40	1.1658	11
P	1.0887	27	0.9702	45	0.7603	69	0.8029	68
Q	1.3537	1	1.1439	15	1.2058	8	1.1002	24
R	1.1396	17	0.9399	52	0.8881	57	1.1435	16
S	1.1620	12	1.1302	20	1.0526	32	0.9581	48

附表 2.2　2002 年任一省区对珠江流域的感应度系数及其排序

产业代码	粤 系数	粤 排序	桂 系数	桂 排序	黔 系数	黔 排序	滇 系数	滇 排序
A	0.9633	21	1.1462	12	1.0314	17	1.0852	14
B	0.7662	36	0.9077	25	1.0411	16	0.9635	20
C	9.8761	1	3.4933	3	2.6353	4	3.7538	2
D	1.2474	8	1.0934	13	1.1466	11	1.1728	10
E	0.5793	58	0.6571	44	0.6223	48	0.5844	57
F	0.8471	27	0.8458	28	0.9142	24	0.8315	29
G	1.5763	5	1.4975	6	1.0441	15	1.2410	9
H	0.8481	26	0.9153	23	0.8183	31	0.7380	38
I	0.8201	30	0.7319	39	0.6613	43	0.7674	35
J	1.3268	7	0.9165	22	0.9859	18	0.7818	33
K	0.7793	34	0.6802	42	0.6361	47	0.6044	51
L	0.9817	19	0.8066	32	0.7209	40	0.7469	37
M	0.6032	53	0.5592	66	0.5579	68	0.5779	59
N	0.5591	67	0.5535	69	0.5446	72	0.5410	74
O	0.6828	41	0.6502	45	0.6413	46	0.6079	49
P	0.5709	60	0.5912	54	0.5693	62	0.5704	61
Q	0.5871	56	0.5652	64	0.5660	65	0.5479	71
R	0.6034	52	0.6051	50	0.5885	55	0.5630	65
S	0.5432	73	0.5520	70	0.5296	76	0.5368	75

附表 2.3 2007 年任一省区对珠江流域的影响力系数及其排序

产业代码	粤 系数	排序	桂 系数	排序	黔 系数	排序	滇 系数	排序
A	0.9832	31	0.9439	43	0.8871	70	0.9103	58
B	0.8964	63	0.8851	71	0.9139	52	0.8622	75
C	1.2191	7	1.0056	27	0.9134	53	0.9282	48
D	1.2401	5	1.0555	20	0.9871	30	1.0082	26
E	1.2829	2	1.1793	10	1.0321	23	1.3029	1
F	0.9822	32	0.8849	72	0.8875	69	0.8973	62
G	1.1312	13	0.9542	40	0.9112	57	0.9328	45
H	1.2483	4	0.9536	41	0.9118	56	0.9559	39
I	1.1399	12	0.9227	49	0.9197	50	0.9756	34
J	1.1065	18	0.9810	33	0.8782	73	0.9588	38
K	0.9897	29	0.9169	51	0.8919	67	0.8950	64
L	1.2241	6	1.0302	25	0.9094	59	1.0316	24
M	1.1996	8	0.9299	47	0.8936	65	0.9644	37
N	1.1724	11	0.9123	55	0.8607	76	1.0772	19
O	1.1100	17	0.9649	36	0.9088	60	0.9733	35
P	1.0406	21	0.8912	68	0.8663	74	0.9024	61
Q	1.2666	3	0.9456	42	0.9366	44	1.0011	28
R	1.1262	14	0.9128	54	0.8928	66	0.9301	46
S	1.1841	9	1.1222	15	1.0401	22	1.1156	16

附表 2.4 2007 年任一省区对珠江流域的感应度系数及其排序

产业代码	粤 系数	排序	桂 系数	排序	黔 系数	排序	滇 系数	排序
A	1.0656	12	0.9304	25	0.8616	51	0.9041	32
B	1.1199	9	0.8845	38	0.8757	44	0.9760	15
C	5.2078	1	1.2330	5	0.9631	18	1.2147	6
D	1.7265	2	0.9703	16	0.9415	23	0.9490	21
E	0.8839	41	0.8569	58	0.8510	71	0.9138	28
F	1.0308	13	0.9174	27	0.8868	37	0.9449	22
G	1.1657	7	0.9224	26	0.8992	34	0.9921	14
H	1.1221	8	0.9025	33	0.8872	36	0.9344	24
I	1.0970	10	0.8769	43	0.8580	57	0.9680	17
J	1.6517	3	0.9067	31	0.9070	30	0.9600	20
K	1.0925	11	0.8600	52	0.8544	63	0.8685	46
L	1.3297	4	0.8789	42	0.8667	48	0.9120	29
M	0.8840	40	0.8520	69	0.8497	74	0.8591	55
N	0.8593	54	0.8503	73	0.8488	75	0.8509	72
O	0.9614	19	0.8672	47	0.8661	49	0.8842	39
P	0.8541	67	0.8583	56	0.8544	64	0.8736	45
Q	0.8563	59	0.8543	65	0.8542	66	0.8517	70
R	0.8961	35	0.8645	50	0.8557	61	0.8595	53
S	0.8559	60	0.8530	68	0.8481	76	0.8545	62

附表 2.5 2012 年任一省区对珠江流域的影响力系数及其排序

产业代码	粤 系数	排序	桂 系数	排序	黔 系数	排序	滇 系数	排序
A	0.9659	35	0.9278	45	0.8838	68	0.8983	60
B	0.9017	58	0.8760	71	0.9161	49	0.9402	41
C	1.3252	4	1.0188	26	0.9778	31	0.9821	30
D	1.2923	5	1.0448	23	0.9927	28	1.0239	25
E	1.5834	1	1.0997	15	1.1556	10	1.3602	2
F	0.8916	66	0.8402	76	0.8534	74	0.8621	72
G	1.2123	7	0.9941	27	0.9424	40	0.9489	39
H	0.9507	38	0.9135	51	0.8953	63	0.9255	47
I	1.1411	11	0.8942	64	0.9308	43	0.9869	29
J	1.0573	21	0.9368	42	0.9039	56	0.8978	62
K	0.9636	36	0.8483	75	0.8780	70	0.8927	65
L	1.0923	18	0.9701	32	0.9684	33	1.0452	22
M	1.1149	14	0.8994	59	0.9061	55	0.9141	50
N	0.9030	57	0.8556	73	0.9103	52	0.8829	69
O	1.1608	8	0.9082	53	0.9555	37	0.9284	44
P	1.0774	20	0.8983	61	0.8885	67	0.9075	54
Q	1.3311	3	1.1587	9	1.0961	16	1.2168	6
R	1.0915	19	0.9164	48	0.9274	46	0.9669	34
S	1.1252	13	1.1258	12	1.0338	24	1.0959	17

附表 2.6 2012 年任一省区对珠江流域的感应度系数及其排序

产业代码	粤 系数	排序	桂 系数	排序	黔 系数	排序	滇 系数	排序
A	1.0295	13	0.9379	21	0.8428	43	0.8937	29
B	1.2214	8	0.9408	20	0.8928	30	0.9159	23
C	6.2080	1	1.5912	3	1.1113	11	1.5616	4
D	1.9024	2	0.9754	17	0.9535	18	0.9981	14
E	0.8760	33	0.8178	62	0.8234	57	0.9467	19
F	1.1523	9	0.8954	28	0.8443	41	0.9051	26
G	1.3121	5	0.9195	22	0.9069	25	0.9077	24
H	1.1361	10	0.8816	32	0.8650	36	0.8981	27
I	0.9766	16	0.8288	51	0.8250	56	0.8538	39
J	1.2875	6	0.8819	31	0.8693	35	0.8701	34
K	1.0423	12	0.8259	54	0.8168	64	0.8231	58
L	1.2815	7	0.8575	37	0.8424	44	0.8453	40
M	0.8298	50	0.8140	69	0.8136	70	0.8228	59
N	0.8152	66	0.8122	74	0.8130	71	0.8142	68
O	0.9769	15	0.8369	46	0.8440	42	0.8363	47
P	0.8572	38	0.8303	49	0.8262	53	0.8338	48
Q	0.8119	75	0.8119	76	0.8167	65	0.8208	60
R	0.8415	45	0.8196	61	0.8177	63	0.8267	52
S	0.8253	55	0.8122	73	0.8142	67	0.8129	72

附录3 目标区域间各部门两种系数及排序

附表3.1 2002年粤-粤桂黔滇四省区的影响力系数及排序

产业代码	粤-粤 系数	排序	粤-桂 系数	排序	粤-黔 系数	排序	粤-滇 系数	排序
A	0.7944	18	2.1381	1	0.7741	17	1.3461	2
B	0.9076	14	0.7238	16	1.2371	3	0.8823	13
C	1.0737	7	1.0635	8	1.0970	9	0.9600	10
D	0.9399	12	0.6870	17	0.8819	13	0.8799	14
E	1.1830	3	1.1134	4	1.3771	1	1.0996	7
F	0.9322	13	0.7508	14	0.8406	16	0.8428	15
G	0.9046	15	0.7322	15	0.8551	15	0.7469	18
H	0.8148	17	0.5580	18	0.7249	18	0.7776	17
I	1.1334	4	2.0359	2	1.3079	2	1.4683	1
J	0.8477	16	0.8510	11	0.9499	11	1.0916	8
K	0.6952	19	0.3876	19	0.4379	19	0.4709	19
L	1.1263	5	0.9604	9	1.1163	7	1.1083	6
M	1.1984	2	1.0762	7	1.1516	6	1.1254	5
N	0.9566	11	0.8615	10	0.9035	12	0.9389	11
O	1.0600	9	1.2295	3	1.1058	8	1.1822	4
P	1.0182	10	0.7722	13	0.8600	14	0.8211	16
Q	1.2650	1	1.1025	6	1.1640	5	1.0690	9
R	1.0654	8	0.8432	12	0.9793	10	0.9365	12
S	1.0838	6	1.1134	5	1.2361	4	1.2526	3

附表3.2 2002年粤-粤桂黔滇四省区的感应度系数及排序

产业代码	粤-粤 系数	排序	粤-桂 系数	排序	粤-黔 系数	排序	粤-滇 系数	排序
A	0.8295	5	0.3496	10	0.3447	8	0.3317	10
B	0.6532	9	0.2760	13	0.4105	6	0.2485	12
C	6.5419	1	11.9460	1	13.6532	1	11.0839	1
D	1.0772	3	0.4385	8	0.3884	7	0.4551	8
E	0.5404	13	0.0277	19	0.0154	18	0.0266	19
F	0.6274	11	0.5159	6	0.6550	4	1.1876	2
G	1.2680	2	0.8454	2	1.1046	2	0.9907	4
H	0.6794	7	0.5975	5	0.3435	9	0.5700	7
I	0.6748	8	0.4289	9	0.2138	11	0.6156	6
J	1.0555	4	0.7576	3	0.7441	3	1.0955	3
K	0.6443	10	0.4929	7	0.2151	10	0.3971	9
L	0.7725	6	0.6882	4	0.4469	5	0.8300	5
M	0.5213	15	0.2545	15	0.0852	13	0.2365	13
N	0.5049	16	0.1432	17	0.0254	17	0.0834	17
O	0.5837	12	0.3111	11	0.1474	12	0.2835	11
P	0.5016	18	0.2229	16	0.0527	16	0.1538	16
Q	0.5032	17	0.3081	12	0.0649	15	0.2155	14
R	0.5247	14	0.2754	14	0.0787	14	0.1635	15
S	0.4967	19	0.1205	18	0.0105	19	0.0315	18

附表 3.3 2007 年粤-粤桂黔滇四省区的影响力系数及排序

产业代码	粤-粤 系数	排序	粤-桂 系数	排序	粤-黔 系数	排序	粤-滇 系数	排序
A	0.8728	18	0.6082	15	0.4333	16	0.4961	16
B	0.8021	19	0.1208	19	0.1471	19	0.2017	19
C	1.0762	6	1.0721	7	0.9130	9	0.9747	9
D	1.0868	4	1.3737	5	1.9177	1	1.4458	5
E	1.1181	1	1.9529	1	1.8722	2	1.7314	1
F	0.8744	17	0.3930	17	0.3995	17	0.4372	17
G	1.0001	11	0.8380	14	0.8818	12	0.8914	12
H	1.0925	3	1.6329	3	1.4682	5	1.5082	3
I	1.0065	10	0.9146	10	0.8500	13	1.0581	7
J	0.9817	13	0.5766	16	0.8053	14	0.7159	15
K	0.8823	16	0.3191	18	0.3819	18	0.3733	18
L	1.0828	5	0.8941	11	0.9078	10	0.9049	11
M	1.0589	7	1.0119	8	0.9536	8	1.0332	8
N	1.0281	9	1.3376	6	1.4740	4	1.3532	6
O	0.9810	14	0.8497	13	0.8860	11	0.8857	13
P	0.9188	15	0.8752	12	0.7790	15	0.8619	14
Q	1.1090	2	1.6539	2	1.4027	6	1.4943	4
R	0.9937	12	0.9724	9	0.9741	7	0.9518	10
S	1.0342	8	1.6032	4	1.5527	3	1.6814	2

附表 3.4 2007 年粤-粤桂黔滇四省区的感应度系数及排序

产业代码	粤-粤 系数	排序	粤-桂 系数	排序	粤-黔 系数	排序	粤-滇 系数	排序
A	0.8612	10	0.6435	8	0.5163	9	0.5289	10
B	0.8669	9	0.7212	6	0.9258	5	0.9417	5
C	3.1357	1	9.4699	1	8.6931	1	9.5535	1
D	1.1969	3	2.2152	2	2.5296	2	1.7568	2
E	0.7766	15	0.0929	14	0.0611	15	0.1438	13
F	0.8329	11	0.5241	9	0.6634	8	0.5375	9
G	0.9014	7	0.8604	5	0.9355	4	0.8634	6
H	0.8928	8	0.7073	7	0.7035	7	0.6669	8
I	0.9014	6	0.4023	11	0.3716	11	0.7401	7
J	1.2625	2	1.2015	3	1.7523	3	1.2280	3
K	0.9062	5	0.5066	10	0.3880	10	0.4186	11
L	1.0344	4	0.8974	4	0.9054	6	1.0986	4
M	0.7803	13	0.0649	16	0.0672	14	0.1105	14
N	0.7656	16	0.0459	17	0.0270	17	0.0259	17
O	0.8206	12	0.2489	13	0.2929	12	0.2437	12
P	0.7622	18	0.0261	19	0.0223	18	0.0313	16
Q	0.7639	17	0.0334	18	0.0364	16	0.0167	18
R	0.7771	14	0.2544	12	0.1064	13	0.0825	15
S	0.7613	19	0.0842	15	0.0023	19	0.0117	19

附表 3.5　2012 年粤-粤桂黔滇四省区的影响力系数及排序

产业代码	粤-粤 系数	排序	粤-桂 系数	排序	粤-黔 系数	排序	粤-滇 系数	排序
A	0.8748	14	0.6588	16	0.5321	18	0.5788	17
B	0.8251	17	0.3177	19	0.3311	19	0.3052	19
C	1.1840	2	1.4279	3	1.1803	5	1.2509	5
D	1.1675	4	0.8804	11	1.0339	10	0.8700	12
E	1.3890	1	2.5487	1	1.9071	1	2.3482	1
F	0.8044	18	0.5133	18	0.8489	15	0.8181	13
G	1.0859	5	1.1522	5	1.1767	6	1.0733	7
H	0.8434	16	0.9195	8	1.3204	2	1.4407	2
I	1.0276	7	0.8886	10	0.8745	13	0.9419	9
J	0.9565	13	0.6801	15	0.7680	16	0.7079	15
K	0.8711	15	0.6336	17	0.9391	11	0.5184	18
L	0.9877	10	0.7792	14	0.6725	17	0.7020	16
M	0.9947	9	1.1958	4	1.0942	8	1.1471	6
N	0.8024	19	0.8215	13	1.1819	4	1.3680	3
O	1.0420	6	1.0526	7	1.0447	9	0.9396	10
P	0.9712	12	0.8410	12	0.8536	14	0.7661	14
Q	1.1838	3	1.6997	2	1.2019	3	1.3315	4
R	0.9815	11	0.9113	9	0.9134	12	0.8991	11
S	1.0075	8	1.0781	6	1.1256	7	0.9932	8

附表 3.6　2012 年粤-粤桂黔滇四省区的感应度系数及排序

产业代码	粤-粤 系数	排序	粤-桂 系数	排序	粤-黔 系数	排序	粤-滇 系数	排序
A	0.8379	12	0.4597	9	0.4752	9	0.5299	8
B	0.9142	7	0.9374	4	0.9229	4	0.8819	3
C	3.1984	1	10.1336	1	10.9922	1	11.1430	1
D	1.3014	2	2.1716	2	1.8261	2	1.7956	2
E	0.7828	13	0.0812	14	0.0855	13	0.1980	12
F	0.8967	8	0.7400	7	0.6310	7	0.7787	5
G	0.9830	5	1.0671	3	0.9867	3	0.8761	4
H	0.9247	6	0.6497	8	0.4824	8	0.4709	9
I	0.8468	11	0.2746	11	0.2208	12	0.2342	11
J	0.9934	4	0.8541	5	0.8922	5	0.7730	6
K	0.8929	9	0.3564	10	0.2738	11	0.2832	10
L	1.0132	3	0.7955	6	0.7151	6	0.6813	7
M	0.7595	17	0.0306	16	0.0340	16	0.0530	16
N	0.7534	18	0.0051	18	0.0101	18	0.0096	18
O	0.8471	10	0.2525	12	0.3242	10	0.1585	13
P	0.7767	14	0.1085	13	0.0507	15	0.0585	15
Q	0.7522	19	0.0000	19	0.0004	19	0.0007	19
R	0.7645	15	0.0720	15	0.0552	14	0.0634	14
S	0.7613	16	0.0104	17	0.0216	17	0.0106	17

附表 3.7 2002 年桂-粤桂黔滇四省区的影响力系数及排序

产业代码	桂-粤 系数	排序	桂-桂 系数	排序	桂-黔 系数	排序	桂-滇 系数	排序
A	0.6527	15	0.8807	16	0.8740	10	0.6458	14
B	0.7462	12	0.9634	13	0.6946	14	0.5222	16
C	1.9881	1	1.0337	9	2.3229	1	1.8063	2
D	0.5289	18	1.0849	5	0.4638	18	0.3554	18
E	1.7932	3	1.1309	2	2.0648	2	1.5634	3
F	0.2628	19	0.7830	19	0.2531	19	0.2506	19
G	0.9138	10	0.8369	18	0.7192	12	0.4785	17
H	0.9182	9	1.0742	7	0.9154	8	1.0158	9
I	0.6434	16	0.9268	14	0.6220	16	0.7008	13
J	0.7334	13	0.9800	11	0.7126	13	0.7716	11
K	0.5395	17	0.8805	17	0.5271	17	0.5744	15
L	1.3693	4	1.1135	3	1.2976	4	1.5237	4
M	1.2222	6	1.0861	4	1.1657	6	1.3486	6
N	0.6644	14	0.9089	15	0.6427	15	0.7268	12
O	1.2655	5	1.0798	6	1.2041	5	1.4153	5
P	0.8279	11	1.0278	10	0.8030	11	0.8903	10
Q	1.8129	2	1.0733	8	1.6829	3	2.1096	1
R	0.9328	8	0.9739	12	0.8891	9	1.0421	8
S	1.1846	7	1.1617	1	1.1453	7	1.2588	7

附表 3.8 2002 年桂-粤桂黔滇四省区的感应度系数及排序

产业代码	桂-粤 系数	排序	桂-桂 系数	排序	桂-黔 系数	排序	桂-滇 系数	排序
A	7.2654	1	1.2091	4	1.1623	3	0.9016	3
B	0.5039	8	1.0061	7	0.6581	6	0.6963	4
C	4.5130	2	2.7951	1	9.4836	1	12.5081	1
D	0.3811	11	1.2442	3	0.5302	7	0.5677	6
E	0.0829	15	0.7808	12	0.0798	15	0.0495	14
F	0.6604	6	0.9248	8	0.9908	4	0.6923	5
G	1.2606	4	1.5388	2	3.5593	2	1.9052	2
H	0.5885	7	1.0604	5	0.4162	9	0.2573	9
I	0.4902	9	0.8464	10	0.2055	10	0.2453	10
J	1.4216	3	1.0296	6	0.8097	5	0.4507	7
K	0.4359	10	0.7995	11	0.1646	12	0.0981	12
L	0.8413	5	0.9235	9	0.4427	8	0.3007	8
M	0.0925	14	0.6611	17	0.0926	13	0.0712	13
N	0.0401	16	0.6607	18	0.0281	18	0.0206	18
O	0.2438	12	0.7646	13	0.1660	11	0.1035	11
P	0.0383	17	0.7031	15	0.0583	17	0.0438	15
Q	0.0327	18	0.6727	16	0.0617	16	0.0352	17
R	0.0982	13	0.7189	14	0.0833	14	0.0437	16
S	0.0094	19	0.6606	19	0.0072	19	0.0090	19

附表 3.9 2007 年桂-粤桂黔滇四省区的影响力系数及排序

产业代码	桂-粤 系数	排序	桂-桂 系数	排序	桂-黔 系数	排序	桂-滇 系数	排序
A	0.6790	13	1.0062	4	0.6530	13	0.7595	7
B	0.3393	17	0.9758	19	0.2832	19	0.3739	17
C	1.5781	5	0.9915	9	0.7283	8	0.7106	11
D	1.8618	3	1.0107	3	2.1316	3	1.3996	3
E	2.2467	1	1.0941	1	3.1549	2	3.5858	1
F	0.3161	18	0.9783	17	0.2867	18	0.3064	18
G	0.9588	8	0.9907	10	0.7750	6	0.7897	6
H	0.9342	9	0.9932	8	0.7092	9	0.7139	9
I	0.7159	12	0.9804	16	0.4223	16	0.6201	14
J	1.3642	6	0.9843	14	0.7034	11	0.6462	13
K	0.7224	11	0.9764	18	0.2868	17	0.2867	19
L	1.9285	2	0.9865	12	0.6753	12	0.7089	12
M	0.5849	14	0.9952	6	0.7055	10	1.2261	4
N	0.4135	16	0.9948	7	0.8352	5	0.7309	8
O	1.1329	7	0.9872	11	0.7398	7	0.7113	10
P	0.2653	19	0.9865	13	0.6300	14	0.6118	15
Q	0.7449	10	1.0006	5	0.9193	4	0.8012	5
R	0.5782	15	0.9830	15	0.5207	15	0.4807	16
S	1.6353	4	1.0846	2	3.8399	1	3.5367	2

附表 3.10 2007 年桂-粤桂黔滇四省区的感应度系数及排序

产业代码	桂-粤 系数	排序	桂-桂 系数	排序	桂-黔 系数	排序	桂-滇 系数	排序
A	1.4313	4	1.0193	3	1.3954	5	1.4079	4
B	0.5977	10	0.9857	8	1.0522	8	0.9178	7
C	7.9411	1	1.1802	1	6.2792	1	7.1567	1
D	2.5086	2	1.0371	2	2.7732	2	1.7819	2
E	0.0889	14	0.9737	17	0.0721	16	0.3819	11
F	0.7612	7	1.0135	5	1.6184	3	1.2477	5
G	0.8520	5	1.0167	4	1.4090	4	1.4838	3
H	0.7046	8	1.0043	6	1.1686	6	0.9064	8
I	0.6240	9	0.9827	11	0.3560	11	0.8122	9
J	1.7426	3	0.9925	7	1.0763	7	1.2270	6
K	0.3288	11	0.9756	14	0.1967	13	0.1882	14
L	0.8176	6	0.9846	9	0.5412	9	0.5252	10
M	0.0826	15	0.9716	18	0.0650	17	0.0934	16
N	0.0405	17	0.9711	19	0.0330	18	0.0395	18
O	0.2863	12	0.9807	12	0.4107	10	0.3776	12
P	0.0290	18	0.9768	13	0.1880	14	0.2535	13
Q	0.0430	16	0.9749	16	0.1274	15	0.0453	17
R	0.1172	13	0.9838	10	0.2345	12	0.1409	15
S	0.0029	19	0.9752	15	0.0031	19	0.0133	19

附表 3.11　2012 年桂-粤桂黔滇四省区的影响力系数及排序

产业代码	桂-粤 系数	桂-粤 排序	桂-桂 系数	桂-桂 排序	桂-黔 系数	桂-黔 排序	桂-滇 系数	桂-滇 排序
A	0.7021	12	1.0051	5	0.7260	13	0.8381	9
B	0.4567	16	0.9771	13	0.4733	17	0.4269	17
C	1.6475	5	1.0049	6	1.1038	6	1.0696	5
D	1.8472	2	1.0112	4	1.3763	4	1.1381	4
E	1.7354	4	1.0707	3	1.8273	3	2.3456	3
F	0.2265	19	0.9631	19	0.2875	19	0.2568	18
G	1.4119	6	1.0006	7	1.2228	5	1.0475	6
H	0.8141	9	0.9735	15	0.9682	7	0.9145	7
I	0.6837	13	0.9726	16	0.5101	16	0.5300	15
J	0.9797	8	0.9847	10	0.9166	9	0.8086	11
K	0.2795	18	0.9672	17	0.3115	18	0.2251	19
L	1.3104	7	0.9880	8	0.9231	8	0.8229	10
M	0.6435	14	0.9769	14	0.8399	10	0.8530	8
N	0.3203	17	0.9663	18	0.5351	15	0.5125	16
O	0.7630	11	0.9784	12	0.7281	12	0.5810	14
P	0.5807	15	0.9865	9	0.6271	14	0.6363	13
Q	2.0327	1	1.1033	1	2.1274	2	2.5804	2
R	0.7885	10	0.9830	11	0.7523	11	0.7572	12
S	1.7765	3	1.0869	2	2.7435	1	2.6557	1

附表 3.12　2012 年桂-粤桂黔滇四省区的感应度系数及排序

产业代码	桂-粤 系数	桂-粤 排序	桂-桂 系数	桂-桂 排序	桂-黔 系数	桂-黔 排序	桂-滇 系数	桂-滇 排序
A	1.6889	3	1.0071	5	1.5177	4	1.6015	4
B	1.2449	4	1.0132	4	1.8588	2	1.6468	3
C	8.6472	1	1.3111	1	9.3745	1	9.2115	1
D	1.9450	2	1.0406	2	1.6662	3	1.7085	2
E	0.0488	15	0.9614	15	0.0341	15	0.1475	12
F	0.8452	7	1.0024	6	0.7663	7	1.0265	6
G	1.0658	5	1.0188	3	1.1288	5	1.0419	5
H	0.7354	9	0.9995	7	0.5935	8	0.6682	8
I	0.2320	12	0.9667	12	0.1520	11	0.2105	10
J	1.0156	6	0.9877	8	0.8163	6	0.7485	7
K	0.2467	11	0.9657	13	0.1168	12	0.1124	14
L	0.7488	8	0.9781	9	0.4669	9	0.4383	9
M	0.0243	16	0.9600	16	0.0246	16	0.0379	16
N	0.0041	18	0.9593	18	0.0063	17	0.0060	17
O	0.3040	10	0.9732	10	0.3063	10	0.1394	13
P	0.1342	13	0.9730	11	0.0973	13	0.1493	11
Q	0.0001	19	0.9592	19	0.0005	19	0.0014	19
R	0.0612	14	0.9636	14	0.0671	14	0.1014	15
S	0.0078	17	0.9593	17	0.0059	18	0.0024	18

附表 3.13　2002 年黔-粤桂黔滇四省区的影响力系数及排序

产业代码	黔-粤 系数	排序	黔-桂 系数	排序	黔-黔 系数	排序	黔-滇 系数	排序
A	0.5127	14	0.7752	12	0.9371	14	0.5352	14
B	0.8128	11	1.0418	9	1.0486	8	0.6829	12
C	1.2515	5	1.4300	3	1.2095	2	1.3200	7
D	0.5735	13	0.7699	13	1.0860	5	0.4075	17
E	2.2203	2	1.9825	2	1.2753	1	1.4392	3
F	0.3981	17	0.4074	17	0.8161	16	0.3979	18
G	1.7302	3	1.3687	4	0.9789	13	0.6942	11
H	0.9980	10	1.0370	10	1.0529	6	1.2651	8
I	1.0267	9	0.9601	11	1.0086	11	1.1968	9
J	0.4265	16	0.4140	16	0.8044	17	0.4863	15
K	0.3411	18	0.3322	18	0.7629	18	0.4131	16
L	1.1484	8	1.1111	8	1.0509	7	1.3973	5
M	1.2363	6	1.2330	6	1.0370	10	1.3972	6
N	0.1925	19	0.1875	19	0.7033	19	0.2291	19
O	1.3528	4	1.3131	5	1.0428	9	1.5534	2
P	0.4994	15	0.4915	15	0.8589	15	0.5820	13
Q	2.3047	1	2.2115	1	1.2064	3	2.7255	1
R	0.7517	12	0.7411	14	0.9860	12	0.8584	10
S	1.2228	7	1.1923	7	1.1345	4	1.4191	4

附表 3.14　2002 年黔-粤桂黔滇四省区的感应度系数及排序

产业代码	黔-粤 系数	排序	黔-桂 系数	排序	黔-黔 系数	排序	黔-滇 系数	排序
A	1.0918	6	0.9386	6	1.2078	5	1.3506	2
B	0.8987	8	0.8383	9	1.2226	4	1.1992	5
C	5.3525	1	7.6162	1	2.9810	1	6.6937	1
D	1.7347	4	1.0768	2	1.3459	2	1.0686	7
E	0.0826	16	0.0874	19	0.7432	13	0.0896	18
F	1.0418	7	1.0357	3	1.0668	7	1.3022	3
G	2.6269	2	0.9879	5	1.2227	3	1.0859	6
H	0.7730	9	0.9218	7	0.9571	8	0.9719	9
I	0.5980	10	0.5622	11	0.7750	10	0.8716	10
J	2.1512	3	0.9938	4	1.1525	6	1.1994	4
K	0.5851	11	0.6356	10	0.7477	12	0.4955	11
L	1.1164	5	0.8385	8	0.8408	9	0.9859	8
M	0.1611	13	0.3747	15	0.6604	17	0.2708	14
N	0.0646	18	0.2123	17	0.6482	18	0.1151	17
O	0.3698	12	0.4730	13	0.7570	11	0.4389	12
P	0.0803	17	0.3502	16	0.6745	15	0.2541	16
Q	0.1070	15	0.4887	12	0.6684	16	0.2946	13
R	0.1493	14	0.4162	14	0.6966	14	0.2630	15
S	0.0151	19	0.1522	18	0.6317	19	0.0494	19

附表 3.15 2007 年黔-粤桂黔滇四省区的影响力系数及排序

产业代码	黔-粤 系数	排序	黔-桂 系数	排序	黔-黔 系数	排序	黔-滇 系数	排序
A	0.5876	16	0.9538	6	0.9890	14	0.5426	11
B	0.9621	11	0.8483	8	0.9950	7	1.2960	4
C	1.2995	4	0.6700	11	0.9885	16	0.4319	14
D	2.0832	1	1.7245	3	1.0187	3	1.4388	3
E	2.0019	2	3.2029	2	1.0403	2	3.7682	2
F	0.5885	15	0.5678	13	0.9918	11	0.5649	10
G	0.9622	10	0.7443	9	0.9978	5	0.8047	7
H	0.9972	9	0.9724	5	0.9953	6	0.7946	8
I	1.2160	6	0.8485	7	0.9921	10	1.0581	6
J	0.5705	17	0.2560	18	0.9874	18	0.2414	18
K	0.9145	12	0.2773	17	0.9866	19	0.2436	17
L	1.2353	5	0.4186	15	0.9890	13	0.4023	15
M	0.8443	13	0.5058	14	0.9882	17	0.4517	13
N	0.1289	19	0.2256	19	0.9886	15	0.2294	19
O	1.0471	8	0.7302	10	0.9930	9	0.6091	9
P	0.1587	18	0.3171	16	0.9916	12	0.3754	16
Q	1.1844	7	1.5778	4	1.0068	4	1.1864	5
R	0.6712	14	0.6609	12	0.9938	8	0.5278	12
S	1.5470	3	3.4983	1	1.0666	1	4.0333	1

附表 3.16 2007 年黔-粤桂黔滇四省区的感应度系数及排序

产业代码	黔-粤 系数	排序	黔-桂 系数	排序	黔-黔 系数	排序	黔-滇 系数	排序
A	0.7229	9	0.7881	8	0.9896	10	0.5557	11
B	0.9336	6	0.9952	7	1.0003	7	1.0667	7
C	5.1844	1	4.8199	1	1.0419	2	4.7140	1
D	3.8590	2	3.6949	2	1.0429	1	2.6245	2
E	0.0558	16	0.0828	16	0.9847	17	0.2917	13
F	0.7523	8	1.3136	5	1.0113	6	1.2295	5
G	1.1035	4	1.8688	3	1.0155	4	2.0565	4
H	0.7908	7	1.2015	6	1.0124	5	1.1842	6
I	0.4040	11	0.2686	13	0.9882	13	0.6136	10
J	3.0920	3	1.4348	4	1.0159	3	2.4326	3
K	0.3559	12	0.2174	15	0.9875	15	0.2230	14
L	0.9413	5	0.5881	9	0.9948	9	0.6346	9
M	0.0825	15	0.0753	17	0.9847	16	0.0923	17
N	0.0380	17	0.0490	19	0.9843	18	0.0404	18
O	0.4284	10	0.5304	10	0.9961	8	0.6513	8
P	0.0309	18	0.2228	14	0.9880	14	0.3050	12
Q	0.0933	14	0.3291	12	0.9888	12	0.0984	16
R	0.1300	13	0.4495	11	0.9893	11	0.1786	15
S	0.0013	19	0.0700	18	0.9838	19	0.0074	19

附表 3.17 2012 年黔-粤桂黔滇四省区的影响力系数及排序

产业代码	黔-粤 系数	排序	黔-桂 系数	排序	黔-黔 系数	排序	黔-滇 系数	排序
A	0.5424	16	0.7205	14	0.9810	16	0.5365	16
B	0.6835	15	0.8924	9	0.9984	6	0.7729	11
C	1.4927	3	1.1026	4	0.9894	11	0.8403	8
D	1.4278	4	1.0201	6	1.0117	4	1.0097	4
E	2.1451	1	2.6358	1	1.0616	1	3.3800	1
F	0.3811	19	0.3006	19	0.9740	19	0.2275	19
G	1.0235	8	0.9130	8	0.9964	7	0.7984	10
H	0.7724	13	0.6058	16	0.9765	18	0.4506	17
I	0.9798	9	0.7789	12	0.9888	12	0.8203	9
J	0.7690	14	0.6615	15	0.9843	14	0.5455	15
K	0.5200	18	0.4546	18	0.9846	13	0.3670	18
L	1.3240	5	1.0226	5	0.9953	8	0.8615	6
M	0.7774	12	0.7750	13	0.9817	15	0.6608	13
N	0.8373	11	0.8360	11	0.9796	17	0.6770	12
O	1.0877	7	0.9731	7	1.0024	5	0.9134	5
P	0.5395	17	0.5378	17	0.9899	10	0.5612	14
Q	1.6915	2	2.3268	2	1.0525	3	2.7153	2
R	0.8841	10	0.8465	10	0.9919	9	0.8546	7
S	1.1212	6	1.5965	3	1.0601	2	2.0076	3

附表 3.18 2012 年黔-粤桂黔滇四省区的感应度系数及排序

产业代码	黔-粤 系数	排序	黔-桂 系数	排序	黔-黔 系数	排序	黔-滇 系数	排序
A	1.1550	6	0.9076	7	0.9821	10	0.7634	8
B	1.6794	4	1.9347	4	1.0169	4	1.7705	4
C	5.6591	1	5.9076	1	1.1587	1	6.2270	1
D	3.0295	2	2.8664	2	1.0579	2	2.8348	2
E	0.1500	14	0.1428	13	0.9750	13	0.5683	9
F	0.7380	9	0.8690	8	0.9859	9	0.8774	7
G	1.7989	3	2.2013	3	1.0305	3	1.7990	3
H	0.8921	8	0.9738	6	1.0067	5	1.0315	6
I	0.2860	11	0.2257	12	0.9785	12	0.3274	11
J	1.5732	5	1.1326	5	1.0043	6	1.1006	5
K	0.2033	12	0.1359	14	0.9731	16	0.0901	16
L	0.9531	7	0.6474	9	0.9877	8	0.5667	10
M	0.0423	17	0.0408	16	0.9717	18	0.0579	17
N	0.0226	18	0.0189	18	0.9717	19	0.0256	18
O	0.4811	10	0.4724	10	0.9983	7	0.2898	13
P	0.1869	13	0.3745	11	0.9797	11	0.3209	12
Q	0.0151	19	0.0135	19	0.9742	15	0.1759	14
R	0.0824	15	0.1110	15	0.9744	14	0.1525	15
S	0.0519	16	0.0240	17	0.9729	17	0.0206	19

附表 3.19 2002 年滇-粤桂黔滇四省区的影响力系数及排序

产业代码	滇-粤 系数	排序	滇-桂 系数	排序	滇-黔 系数	排序	滇-滇 系数	排序
A	0.4350	18	0.1594	19	0.4028	19	0.9017	15
B	1.0591	10	0.4051	16	0.9615	10	1.1371	3
C	0.9114	13	0.3131	17	0.7947	13	1.1081	4
D	0.6996	15	0.2640	18	0.6333	16	1.0387	9
E	1.1466	8	0.4347	15	2.6683	1	1.2660	1
F	0.6878	16	0.5871	14	0.6527	15	0.8882	16
G	1.4484	1	0.6428	13	0.6992	14	0.9954	11
H	0.9375	12	0.9193	8	1.0626	7	1.0793	5
I	1.0928	9	0.9812	7	0.9847	8	1.0274	10
J	0.9600	11	0.9009	9	0.9724	9	0.9724	12
K	0.4337	19	0.7753	11	0.4411	18	0.7206	19
L	1.3968	2	1.2300	5	1.4392	2	1.1561	2
M	1.2712	6	1.5089	4	1.2006	5	1.0635	6
N	1.2878	5	3.1442	1	1.3264	3	0.8434	17
O	1.3338	3	1.7338	3	1.1458	6	1.0503	8
P	0.5734	17	0.7796	10	0.5763	17	0.7904	18
Q	1.1736	7	1.0546	6	0.9039	11	1.0517	7
R	1.3099	4	2.4942	2	1.3103	4	0.9575	13
S	0.8416	14	0.6718	12	0.8245	12	0.9522	14

附表 3.20 2002 年滇-粤桂黔滇四省区的感应度系数及排序

产业代码	滇-粤 系数	排序	滇-桂 系数	排序	滇-黔 系数	排序	滇-滇 系数	排序
A	2.7851	2	1.0857	2	1.8655	2	1.1889	4
B	0.7744	8	0.7691	5	0.8315	6	1.0713	5
C	5.2104	1	9.7322	1	10.4072	1	3.9851	1
D	1.2670	5	0.9261	4	0.9012	4	1.3044	3
E	0.0530	17	0.0424	19	0.0334	18	0.6626	13
F	0.9100	7	0.7685	6	1.0038	3	0.9193	6
G	2.4318	3	1.0661	3	0.8870	5	1.3767	2
H	0.7200	9	0.6618	8	0.5273	8	0.8202	10
I	0.6878	10	0.5218	10	0.3491	10	0.8576	8
J	1.6969	4	0.6232	9	0.8141	7	0.8651	7
K	0.5420	11	0.4386	11	0.2239	11	0.6755	12
L	1.1294	6	0.6701	7	0.4973	9	0.8294	9
M	0.1567	13	0.2731	15	0.1087	14	0.6504	14
N	0.0479	18	0.1442	17	0.0395	17	0.6116	18
O	0.3112	12	0.3232	12	0.2056	12	0.6822	11
P	0.0656	15	0.2452	16	0.0884	15	0.6428	15
Q	0.0610	16	0.3123	13	0.0843	16	0.6161	17
R	0.1244	14	0.2780	14	0.1138	13	0.6334	16
S	0.0255	19	0.1183	18	0.0181	19	0.6074	19

附表 3.21 2007 年滇-粤桂黔滇四省区的影响力系数及排序

产业代码	滇-粤 系数	排序	滇-桂 系数	排序	滇-黔 系数	排序	滇-滇 系数	排序
A	0.4248	16	0.7840	9	0.3669	15	0.9679	15
B	0.1142	19	0.0879	19	0.0743	19	0.9453	19
C	0.8999	11	0.4706	15	0.3563	16	0.9600	16
D	1.5566	3	1.1429	5	1.4967	4	0.9889	7
E	2.3593	1	3.8928	1	3.8197	1	1.2131	1
F	0.4128	17	0.3585	17	0.3126	17	0.9595	17
G	0.8058	12	0.6170	13	0.5010	14	0.9686	14
H	0.7771	13	0.8652	7	0.7189	7	0.9916	6
I	1.1936	6	0.7567	10	0.6009	11	0.9881	8
J	1.2443	5	0.5282	14	0.5435	12	0.9691	13
K	0.6185	15	0.1714	18	0.1522	18	0.9469	18
L	2.0149	2	0.8722	6	0.7860	6	0.9931	5
M	1.1119	8	0.7521	11	0.6816	10	0.9804	9
N	1.0453	10	1.8892	3	2.5157	3	1.0827	3
O	1.2773	4	0.8459	8	0.7155	8	0.9780	10
P	0.2629	18	0.4597	16	0.5123	13	0.9724	12
Q	1.0638	9	1.4665	4	1.3353	5	1.0111	4
R	0.6486	14	0.6337	12	0.6964	9	0.9742	11
S	1.1686	7	2.4054	2	2.8140	2	1.1089	2

附表 3.22 2007 年滇-粤桂黔滇四省区的感应度系数及排序

产业代码	滇-粤 系数	排序	滇-桂 系数	排序	滇-黔 系数	排序	滇-滇 系数	排序
A	1.0242	8	1.1036	7	0.7121	10	0.9790	11
B	1.6940	4	1.5804	4	2.3076	2	1.0350	4
C	5.8230	1	5.1513	1	4.2551	1	1.2274	1
D	2.0164	3	1.7850	3	1.9433	3	1.0053	9
E	0.2168	13	0.3204	14	0.1982	15	1.0058	8
F	0.8094	9	1.3851	5	1.7552	5	1.0129	6
G	1.1041	7	1.8554	2	1.9195	4	1.0580	2
H	0.7622	10	1.1408	6	1.4023	6	1.0069	7
I	1.2137	5	0.8679	9	0.8083	9	1.0495	3
J	2.0264	2	0.9292	8	1.3322	7	1.0302	5
K	0.4282	11	0.2637	16	0.2594	13	0.9543	14
L	1.1891	6	0.7365	10	0.8511	8	0.9883	10
M	0.1388	14	0.1249	17	0.1077	16	0.9481	15
N	0.0415	16	0.0534	19	0.0328	18	0.9409	18
O	0.3306	12	0.4048	12	0.5240	11	0.9684	12
P	0.0412	17	0.2843	15	0.2680	12	0.9619	13
Q	0.0342	18	0.1232	18	0.1067	17	0.9405	19
R	0.0934	15	0.3427	13	0.2061	14	0.9461	16
S	0.0128	19	0.5476	11	0.0106	19	0.9414	17

附表 3.23　2012 年滇-粤桂黔滇四省区的影响力系数及排序

产业代码	滇-粤 系数	排序	滇-桂 系数	排序	滇-黔 系数	排序	滇-滇 系数	排序
A	0.4735	18	0.7365	12	0.4464	18	0.9666	12
B	0.8090	12	0.8766	9	0.8203	8	0.9744	9
C	1.3079	5	0.9812	6	0.8069	9	0.9717	10
D	1.5009	4	1.0483	5	1.2237	5	0.9943	4
E	2.0977	1	2.6902	1	2.8876	1	1.2674	1
F	0.4333	19	0.3257	19	0.2784	19	0.9396	19
G	1.0027	8	0.8072	10	0.7875	10	0.9673	11
H	0.9784	10	0.7509	11	0.5942	15	0.9464	17
I	1.1712	6	0.9472	7	0.9085	6	0.9900	6
J	0.6475	14	0.5166	17	0.5074	16	0.9529	16
K	0.5693	15	0.5063	18	0.6065	14	0.9535	15
L	1.7045	2	1.3352	4	1.2401	4	0.9927	5
M	0.6823	13	0.6721	13	0.6151	13	0.9636	13
N	0.5657	16	0.5239	16	0.4837	17	0.9438	18
O	0.8534	11	0.6642	14	0.6550	11	0.9629	14
P	0.4933	17	0.5472	15	0.6205	12	0.9770	8
Q	1.6601	3	2.4908	2	2.4066	2	1.1555	2
R	0.9919	9	0.9447	8	0.8754	7	0.9851	7
S	1.0574	7	1.6352	3	2.2364	3	1.0953	3

附表 3.24　2012 年滇-粤桂黔滇四省区的感应度系数及排序

产业代码	滇-粤 系数	滇-粤 排序	滇-桂 系数	滇-桂 排序	滇-黔 系数	滇-黔 排序	滇-滇 系数	滇-滇 排序
A	1.7494	3	1.2653	5	0.9744	5	0.9765	8
B	1.2644	4	1.4275	3	1.4929	3	0.9961	7
C	7.7963	1	8.1027	1	8.9638	1	1.4511	1
D	2.1945	2	2.0777	2	2.0455	2	1.0626	3
E	0.4056	11	0.3952	10	0.3515	11	1.0741	2
F	0.9493	6	1.1140	6	0.7742	7	1.0040	4
G	1.0408	5	1.2798	4	1.1327	4	0.9975	6
H	0.7189	8	0.8664	7	0.7923	6	1.0011	5
I	0.4080	10	0.3213	12	0.3309	12	0.9684	10
J	0.8980	7	0.6768	8	0.7226	8	0.9703	9
K	0.2623	13	0.1821	14	0.1214	14	0.9401	17
L	0.6207	9	0.4309	9	0.3918	10	0.9538	11
M	0.1030	15	0.0978	16	0.0867	16	0.9432	16
N	0.0255	17	0.0202	17	0.0308	18	0.9361	18
O	0.3202	12	0.3222	11	0.4577	9	0.9469	14
P	0.1275	14	0.2726	13	0.1495	13	0.9524	12
Q	0.0098	19	0.0084	19	0.0506	17	0.9436	15
R	0.0827	16	0.1293	15	0.1069	15	0.9472	13
S	0.0229	18	0.0098	18	0.0238	19	0.9350	19

附录 4 珠江流域四省区产业集群投入产出表

附表 4.1 2002年广东省合并后的产业集群投入产出表

(单位：万元)

集群名称	饮食-公共事业	设备制造	建筑-非金属制造业	能源-交通业	金属业	纺织业	消费合计	资本合计	总产出
饮食-公共事业	28790662	3327070	8535912	3889803	953626	1406303	48278310	956639	93199872
设备制造	3843673	45231044	3100435	1978928	731112	212227	2342293	13143540	84396818
建筑-非金属制造业	11345868	10651963	37477576	3737314	2243043	4315177	13356673	27458811	111621846
能源-交通业	6496389	4178937	9434731	22404085	2272313	2060671	5918332	3669342	51112722
金属业	486094	4567237	4936074	1810087	6748145	101895	98333	1589873	17270514
纺织业	488087	112608	1547965	130788	60248	10397499	2872401	810832	24778323
劳动者报酬	24950392	8252964	16584737	4426942	1690408	4112227			
生产税净额	3757341	1911590	7116703	2839854	604710	642466			
固定资产折旧	4782287	2790225	9124980	3406017	569644	951043			
营业盈余	8259079	3373179	13762735	6488904	1397266	578815			
增加值合计	41749100	16327958	46589156	17161717	4262028	6284551			
总投入	93199872	84396818	111621846	51112722	17270515	24778323			

附表 4.2 2007年广东省合并后的产业集群投入产出表

(单位：万元)

集群名称	饮食-公共事业	建筑-设备制造业	文体-金属制造业	石油-运输业	化工-公共事业	纺织业	消费合计	资本合计	总产出
饮食-公共事业	34009038	3152572	1803647	1389207	4456335	2554375	50864150	1436765	103283610
建筑-设备制造业	5244419	152221773	15719362	6518893	14954154	2167206	36580049	82971991	324090349
文体-金属制造业	4212873	27349836	103434991	4941278	16923091	1630821	8388041	8758311	194385133
石油-运输业	3342202	10317318	5165995	37076158	12158983	1598758	11379547	5345613	83916027
化工-公共事业	12995325	35216168	27033463	7232743	81839902	6439794	38454651	12114791	215987371
纺织业	1093478	156220	989899	541703	1902528	23317038	3688725	898833	54450404
劳动者报酬	29498208	29927090	16200570	6191849	28361319	9877808			
生产税净额	3396756	14173402	6322174	3351097	10544253	2387066			
固定资产折旧	2873655	18432091	5883406	4810811	11274969	1748510			
营业盈余	6545594	35096783	11941869	12051150	33567932	2697517			
总投入	103283610	324090349	194385133	83916027	215987371	54450404			

附表 4.3 2012年广东省合并后的产业集群投入产出表

(单位：万元)

集群名称	饮食-公共事业	石油运输-电子信息业	金属-设备制造	建筑-化工业	能源供应集群	纺织业	消费合计	资本合计	总产出
饮食-公共事业	91653665	25756939	9405902	15423085	3492258	4521583	148680852	24058895	311456428
石油运输-电子信息业	29709551	297779737	54496961	46747028	3502014	8244793	40282913	35031513	560207889
金属-设备制造业	8847336	26702705	186605972	35823864	464836	1533777	42379636	28598584	370813057
建筑-化工业	7619490	14598760	28488720	134658631	722659	8790036	46881291	139445705	332041948
能源供应集群	6127728	7944084	9004432	12331307	39031636	2451010	5161886	251195	64350505
纺织业	553036	916514	1987724	2438421	115543	39150667	9256022	1332608	87454463
劳动者报酬	91246124	85638888	36830220	40548330	4142658	13992080			
生产税净额	17426285	28567067	10839044	12073580	2569336	2361160			
固定资产折旧	25077006	23648109	10078426	9072572	5631778	1849010			
营业盈余	33196210	46358237	21319450	22925132	4677788	4560347			
总投入	311456428	560207889	370813057	332041948	64350505	87454463			

附表 4.4 2002年广西壮族自治区合并后的产业集群投入产出表

(单位：万元)

集群名称	饮食-信息业	建筑-化工制造业	石油-运输业	设备制造-公共事业	商业-社会服务业	消费合计	资本合计	总产出
饮食-信息业	5739765	2555879	147449	1039844	450254	6509548	1204997	18245903
建筑-化工制造业	1638163	7439816	175874	1653908	624460	1603349	4784761	18360221
石油-运输业	535014	1059713	477374	474365	188711	410852	−658639	3054114
设备制造-公共事业	241122	856986	156375	3050153	252449	6238948	1327565	10979137
商业-社会服务业	889719	1181553	168372	679901	1183223	2222743	2124340	6778442
劳动者报酬	861447	630096	401749	481974	808041			
生产税净额	7024286	2734422	1442206	2849129	2285854			
固定资产折旧	808414	995762	104255	389483	562479			
营业盈余	507974	905994	−19539	360381	422971			
总投入	18245903	18360221	3054114	10979137	6778442			

附录

附表 4.5 2007年广西壮族自治区合并后的产业集群投入产出表

(单位：万元)

集群名称	饮食-公共事业	建筑-信息服务业	金属制造业	设备制造业	金融-能源供应业	消费合计	资本合计	总产出
饮食-公共事业	14367290	1800739	172299	927235	434626	19210508	1589734	47885118
建筑-信息服务业	3339653	10490444	2338054	1888184	931168	6237259	20105151	37813790
金属制造业	452901	3532991	8234185	1896468	72692	888609	1487398	18430743
设备制造业	3013282	1550675	738341	85924728	166059	5038484	7315788	19958283
金融-能源供应业	1286351	2051015	1566640	715110	4685323	2199047	-85771	10745594
劳动者报酬	17516798	5924203	742723	2180634	1217443			
生产税净额	371800	3044836	777812	691946	682060			
固定资产折旧	1159250	3690989	319974	417781	851606			
营业盈余	6377792	5727899	3540716	2648454	1704616			
总投入	47885118	37813790	18430743	19958283	10745594			

附表 4.6 2012年广西壮族自治区合并后的产业集群投入产出表

(单位：万元)

集群名称	饮食-文体业	建筑-能源开采业	金属-能源供应业	电子信息业	商业-社会事业	消费合计	资本合计	总产出
饮食-文体业	30363950	1855432	557141	149076	4090529	21912644	2602470	83442716
建筑-能源开采业	2424820	27857710	4733950	476654	4588433	5337706	65152284	80812939
金属-能源供应业	2212400	13241192	36464880	394244	5181884	3939258	16594721	68108992
电子信息业	198901	717189	1077530	3312399	1217262	3020564	1261181	9127694
商业-社会事业	8525043	11802263	4818261	845144	20489403	31148128	8605444	76454365
劳动者报酬	29977977	13504247	6717007	1308174	20326167			
生产税净额	3066122	4671854	4944430	249506	5341729			
固定资产折旧	1950849	2432482	2654959	879874	5754458			
营业盈余	4722654	4730570	6140833	1512623	9464501			
总投入	83442716	80812939	68108992	9127694	76454365			

附表 4.7 2002 年贵州省合并后的产业集群投入产出表

(单位：万元)

集群名称	饮食-化工纺织业	建筑-金属制造业	能源供应业	设备制造业	公共事业	商业集群	消费合计	资本合计	总产出
饮食-化工纺织业	4140267	952137	292275	59112	233835	173488	4385088	233578	12132232
建筑-金属制造业	414870	3377670	78071	56706	188962	103264	422764	5215597	8560198
能源供应业	791173	1186354	676318	19009	86302	69666	459501	2301	2572435
设备制造业	128339	61460	25833	213866	48980	61666	326438	318443	793553
公共事业	327150	392650	99593	27876	422542	85556	2704882	492860	2676642
商业集群	600292	557256	162070	93677	81202	440669	604427	230541	2454685
劳动者报酬	3258538	1257986	605566	158090	1478422	565999			
生产税净额	460367	267456	369833	143827	78179	380537			
固定资产折旧	1098844	427175	210178	35152	41306	272545			
营业盈余	912394	80055	52699	-13762	16912	301295			
总投入	12132232	8560198	2572435	793553	2676642	2454685			

附表 4.8 2007 年贵州省合并后的产业集群投入产出表

(单位：万元)

集群名称	饮食-文教制造业	建筑-设备制造业	金属制造业	能源供应-其他制造业	商业-社会公共事业	消费合计	资本合计	总产出
饮食-文教制造业	3106758	241054	84214	593898	839639	6229275	387332	12676726
建筑-设备制造业	158560	1934445	335661	454564	300220	1668588	8924553	9542397
金属制造业	159976	1620935	2922103	832646	492675	731273	2156094	9079783
能源供应-其他制造业	1161928	1166793	1671517	7586779	698638	4848923	2178859	18220983
商业-社会公共事业	1104781	1577667	1522508	2433736	3565669	7865842	563262	14764715
劳动者报酬	3759081	1369739	518843	2044434	4156662			
生产税净额	951614	351724	468135	896695	1006965			
固定资产折旧	369461	531401	213498	1054662	1612047			
营业盈余	1904567	748639	1343305	2323568	2092200			
总投入	12676726	9542397	9079783	18220983	14764715			

附表 4.9　2012 年贵州省合并后的产业集群投入产出表

(单位：万元)

集群名称	饮食-社会公共事业	建筑-矿物制品业	能源供应业	纺织-设备制造业	电子信息业	商业-社会公共事业	消费合计	资本合计	总产出
饮食-社会公共事业	7735542	434248	877369	160366	241538	2224268	19799069	673382	42909454
建筑-矿物制品业	409415	13666565	975745	1021294	168025	664774	1718459	28975307	35204104
能源供应业	2422980	3616758	9093710	1117043	188533	821247	5367485	2101776	24521369
纺织-设备制造业	1851971	2650836	3659975	5405389	92568	2254462	2881244	2674594	16611101
电子信息业	262149	133715	90670	149926	788058	457712	1544690	1167041	3698096
商业-社会公共事业	4070430	6400684	3484707	2220006	496064	10446561	8195495	6051600	36333221
劳动者报酬	18553555	4745183	1864922	3117562	386131	8846622			
生产税净额	2455157	1339796	237938	680650	189843	2793308			
固定资产折旧	1461789	939061	1671011	627202	622391	4201372			
营业盈余	3686466	1277258	2565322	2111663	524945	3622895			
总投入	42909454	35204104	24521369	16611101	3698096	36333221			

附表 4.10　2002 年云南省合并后的产业集群投入产出表

(单位：万元)

集群名称	饮食-公共事业	交通-能源供应业	矿物开采-设备制造业	文教-电子信息业	商业集群	消费合计	资本合计	总产出
饮食-公共事业	5824009	247039	676922	505988	303209	8091888	2332753	20635868
交通-能源供应业	1333008	1866710	2037135	596055	376011	531934	-3263	5185774
矿物开采-设备制造业	585724	273974	5564985	252288	133060	832957	6492371	12973550
文教-电子信息业	474110	94793	280971	1262825	265822	4574373	32488	5391821
商业集群	1396782	559995	1164039	348347	945942	1231380	20545	5691762
劳动者报酬	5372867	946663	1418862	1483653	982867			
生产税净额	3321903	481249	646170	115244	485447			
固定资产折旧	1088714	461476	448001	569526	1007295			
营业盈余	1238751	253875	736465	257895	1192109			
总投入	20635868	5185774	12973550	5391821	5691762			

附表 4.11 2007 年云南省合并后的产业集群投入产出表

(单位：万元)

集群名称	饮食-纺织业	化工-开采业	商业-公共事业	建筑-设备制造	金属制造业集群	消费合计	资本合计	总产出
饮食-纺织业	6614532	320785	646658	652515	885972	9705127	3072104	27834862
化工-开采业	1756012	2739455	362999	951850	1338504	3003843	5386241	8875509
商业-公共事业	217246	295697	827829	797872	1485531	8606268	0	11784900
建筑-设备制造业	463640	560008	1081450	4764707	1535123	4748613	12897680	23604453
金属制造业集群	2288222	2331889	1835964	8462467	20003473	3016949	5311275	38701648
劳动者报酬	8897254	1264327	4736000	2797371	3486848			
生产税净额	4926598	340184	311000	1129995	3019023			
固定资产折旧	807056	350651	693800	2450742	2150551			
营业盈余	1864302	672513	1289200	1596934	4796623			
总投入	27834862	8875509	11784900	23604453	38701648			

附表 4.12 2012 年云南省合并后的产业集群投入产出表

(单位：万元)

集群名称	饮食-公共事业	建筑-运输业	能源供应业	金属制品业	金融业集群	化工-开采业	消费合计	资本合计	总产出
饮食-公共事业	19565763	2683421	396979	371520	2303284	1285354	37894372	4880250	74659660
建筑-运输业	5100424	27425502	2678276	2678276	2073780	2118700	10427636	73760950	82321616
能源供应业	1757188	5015848	8290596	3904301	728561	2208651	2561653	293215	20831904
金属制品业	438195	9943989	1180225	11779572	613181	586367	751045	4141947	29901001
金融业集群	1774870	3661359	1068108	866545	3272126	596147	5872088	1473871	19243411
化工-开采业	3531535	3283889	253595	963090	196059	5540912	5560706	1213367	18378808
劳动者报酬	28438715	13158879	1930584	2803232	3232988	2827807			
生产税净额	8217875	6880242	1899205	2511071	1896288	648313			
固定资产折旧	2487833	3795661	1180942	917403	2362331	884225			
营业盈余	3347262	6472826	1953394	1611248	2564813	1682332			
总投入	74659660	82321616	20831904	29901001	19243411	18378808			

附录 5　熵值赋权法及其计算公式

熵值赋权方法. 熵是来自热力学的一个概念, 英文为 entropy, 是德国物理学家克劳修斯在 1850 年创造的一个术语. 熵值赋权法依据熵的概念和性质, 以及各指标相对重要程度的不确定性来分析各指标的权重. 熵值赋权法是根据指标的相对变化程度对系统整体的影响来决定指标的权重, 通过计算指标的信息熵反映指标相对变化程度的大小, 变化程度大的权重较大. 具体计算过程如下.

设 $x_{ij}(i=1,2,\cdots,n; j=1,2,\cdots,m)$ 为第 j 项指标下第 i 方案指标值, 经无量纲化处理后的指标值记为 y_{ij}, 计算第 j 项指标下第 i 方案指标值的比重 P_{ij}, 其中

$$P_{ij} = y_{ij} \div \sum_{i=1}^{n} y_{ij}$$

计算第 j 项指标的熵值为 $e_j = -1 \div \ln(n) \times \sum_{i=1}^{n} P_{ij} \ln P_{ij}$, 差异性系数为 $g_j = 1 - e_j$, 权值为

$$w_j = g_j \div \sum_{j=1}^{m} g_j$$

则第 i 个待评方案的评价值如下式:

$$I_i = \sum_{j=1}^{m} w_j P_{ij}$$

总体评价指数为

$$I = \sum_{i=1}^{n} I_i$$